中華古籍保護計劃

成　果

書卷

中國國家圖書館　中國國家古籍保護中心　編

第三輯

中華書局

圖書在版編目（CIP）數據

書志.第三輯/中國國家圖書館,中國國家古籍保護中心編.
—北京:中華書局,2022.5
ISBN 978-7-101-15906-6

Ⅰ.書…　Ⅱ.①中…②中…　Ⅲ.古籍-版本目録學-研究-
中國　Ⅳ.G256.22

中國版本圖書館 CIP 數據核字（2022）第 172780 號

書　　名　書志(第三輯)
編　　者　中國國家圖書館　中國國家古籍保護中心
責任編輯　李碧玉
責任印製　管　斌
出版發行　中華書局
　　　　　（北京市豐臺區太平橋西甲 38 號　100073）
　　　　　http://www.zhbc.com.cn
　　　　　E-mail:zhbc@zhbc.com.cn
印　　刷　三河市中晟雅豪印務有限公司
版　　次　2022 年 5 月第 1 版
　　　　　2022 年 5 月第 1 次印刷
規　　格　開本/710×1000 毫米　1/16
　　　　　印張 18½　插頁 24　字數 261 千字
國際書號　ISBN 978-7-101-15906-6
定　　價　98.00 元

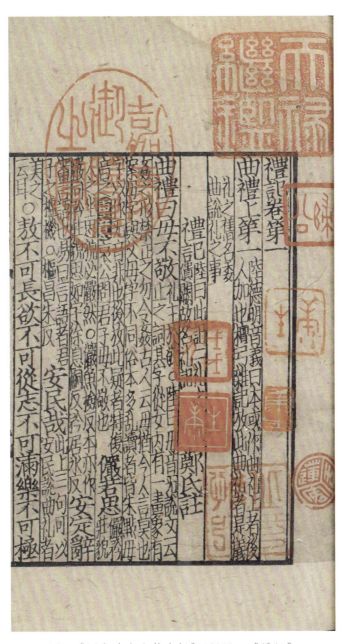

圖1 《國家珍貴古籍名録》06990 《禮記》
宋刻巾箱本 北京市文物局圖書資料中心藏

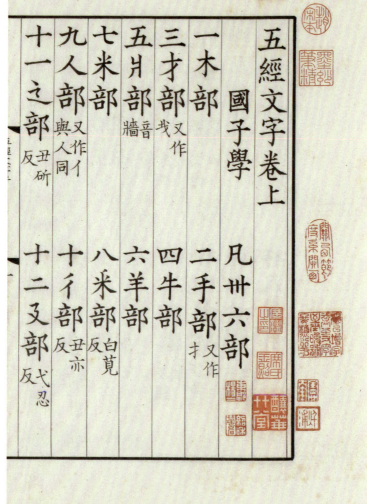

圖2 《國家珍貴古籍名録》03435 《五經文字》
清初席氏釀華草堂影宋抄本 中國國家圖書館藏

新加九經字樣

凡七十六部

四百廿一字 内一百卅五字重文

木部 凡十四字 六字重文

鬱鬱 鬯並盉入上木叢生也下芳草也說文云鬱芳草合釀之以降神今經典相承通用

字 上㮳榛 音臻實如小栗傳曰女贄不過㮳刊 㮳栗上說文下經典相承隸變

渴平書曰隨山㮦木上㮦夭 音妖木盛貞詩云桃之㮦㮦上說文下經說文下經典相承隸省

典相承 桓栢上說文 㮰栵 音例栭也見詩隸省 下隸省 上說文下隸省

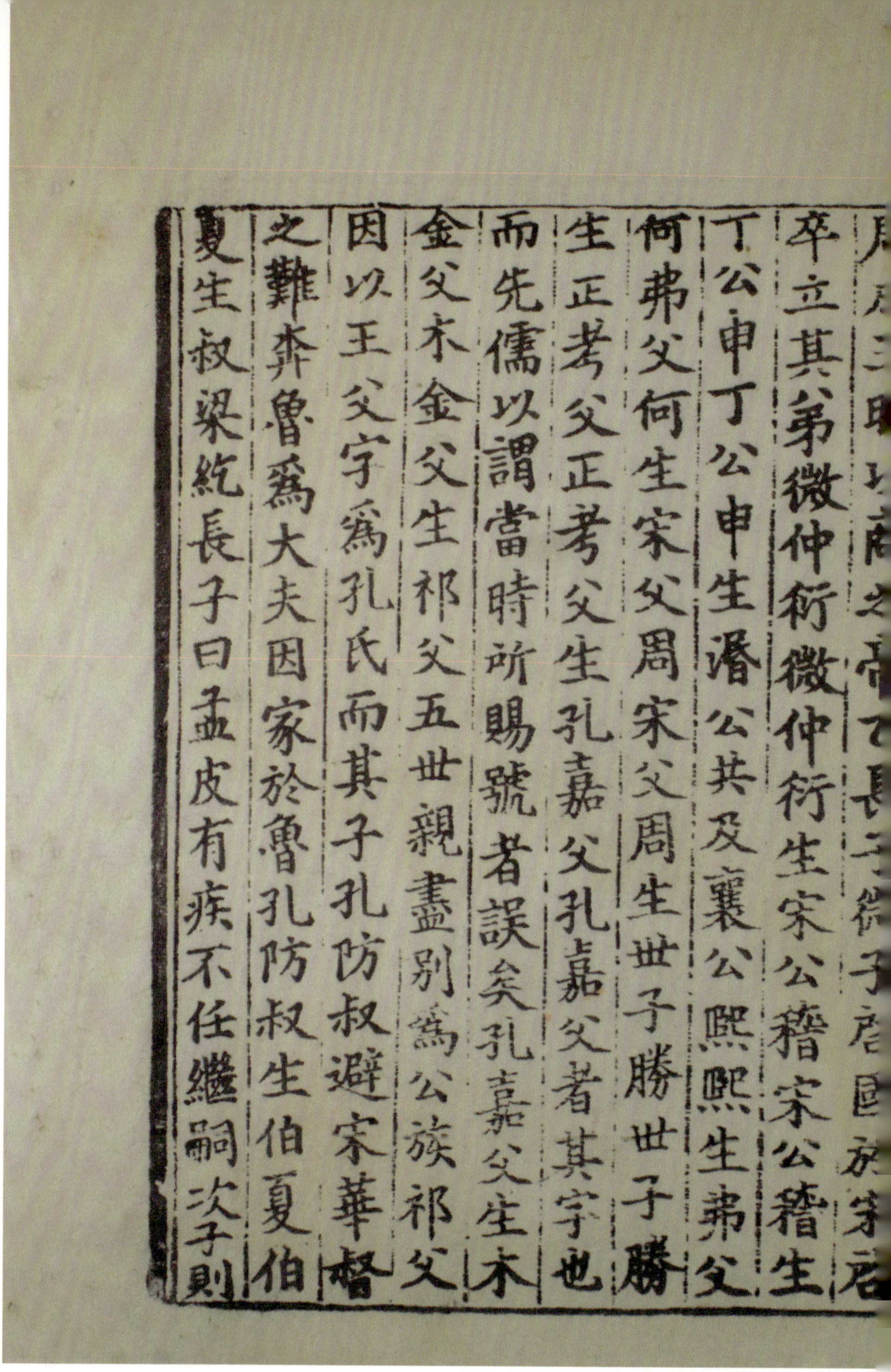

卒立其弟微仲衍，微仲衍生宋公稽，宋公稽生丁公申，丁公申生湣公共及襄公熙，熙生弗父何，弗父何生宋父周，宋父周生世子勝，世子勝生正考父，正考父生孔嘉父，孔嘉父生木金父〔者其字也，而先儒以謂當時所賜號者誤矣〕，木金父生祁父，五世親盡別為公族，祁父因以王父字為孔氏。而其子孔防叔避宋華督之難，奔魯為大夫，因家於魯。孔防叔生伯夏，伯夏生叔梁紇，長子曰孟皮，有疾不任繼嗣，次子則

圖4 《國家珍貴古籍名錄》00512 《東家雜記》
宋刻遞修本 中國國家圖書館藏

右朝議大夫知撫州軍州事兼管內勸農使仙源

縣開國男食邑三佰戶借紫金魚袋孔傳編

姓譜

先聖誕辰諱日

母顏氏　娶幷官氏

追封諡号　歷代崇奉

嗣龔襲封爵沿改　改衍聖公告

鄉官

姓譜

晉契以左島台水有功封於商而易生下...

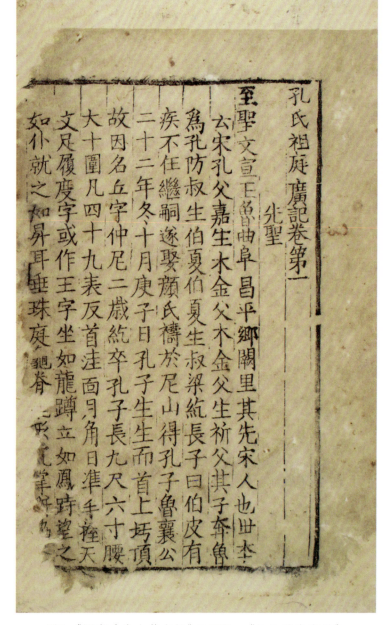

圖5 《國家珍貴古籍名錄》00528 《孔氏祖庭廣記》
蒙古乃馬真后元年（1242）孔氏刻本 中國國家圖書館藏

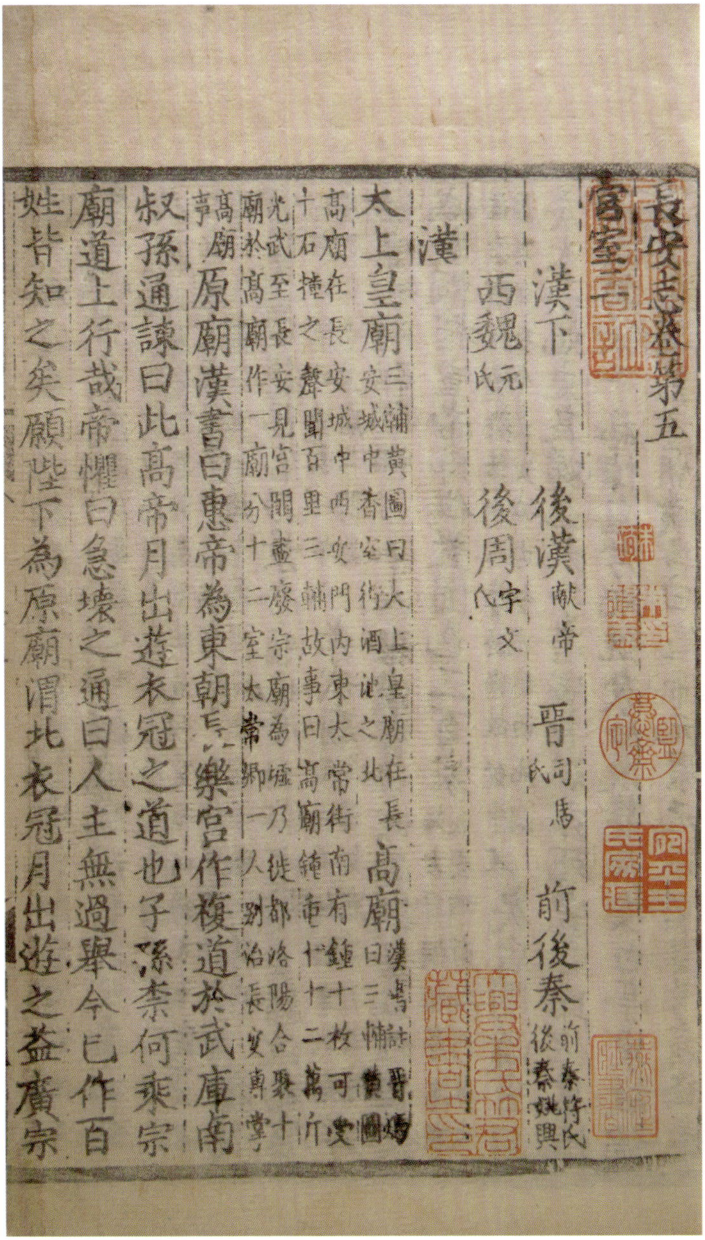

長安志卷第五

宮室三

漢下　後漢獻帝　晉司馬氏　前後秦前秦苻氏 後秦姚興

西魏元氏　後周宇文氏

漢

太上皇廟三輔黃圖曰大上皇廟在長安城中香室街酒池之北　高廟漢書註晉灼曰三輔黃圖高廟在長安城中西安門内東太常街南有鍾十枚可受十石撞之聲聞百里三輔故事曰高廟鍾重十二萬斤光武至長安見宮闕盡廢宗廟為墟乃徙都洛陽合聚十廟於高廟作一廟分十二室太常卿一人別治長安專掌高廟亭

原廟漢書曰惠帝為東朝長樂宮作複道於武庫南叔孫通諫曰此高帝月出遊衣冠之道也子孫奈何乘宗廟道上行哉帝懼曰急壞之通曰人主無過舉今已作百姓皆知之矣願陛下為原廟渭北衣冠月出遊之益廣宗

圖6《國家珍貴古籍名録》04164　《長安志》

明成化四年（1468）郃陽書堂刻本　中國國家圖書館藏

類編長安志卷之一

雜著

總叙　分野　土產
管治郡縣
雍州　京都　土貢　風俗
　京兆尹　府縣官　四至
漢
京兆尹領十二縣　　左馮翊領二十四縣
右扶風領二十一縣
後漢
京兆尹治十城　　　左馮翊十三城
右扶風治十五城
晉

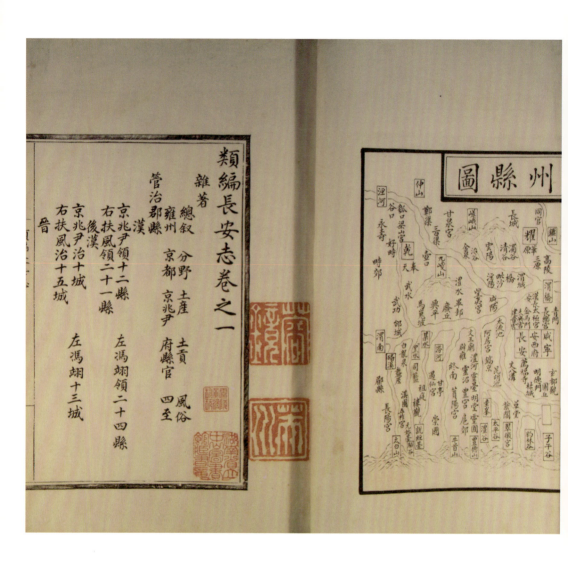

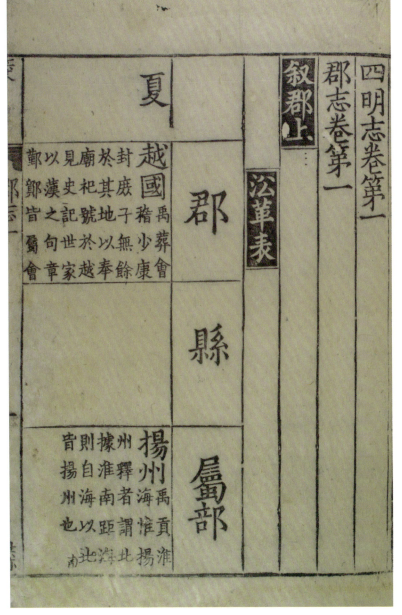

圖8 《國家珍貴古籍名録》00564 《[寶慶]四明志》
宋刻本 中國國家圖書館藏

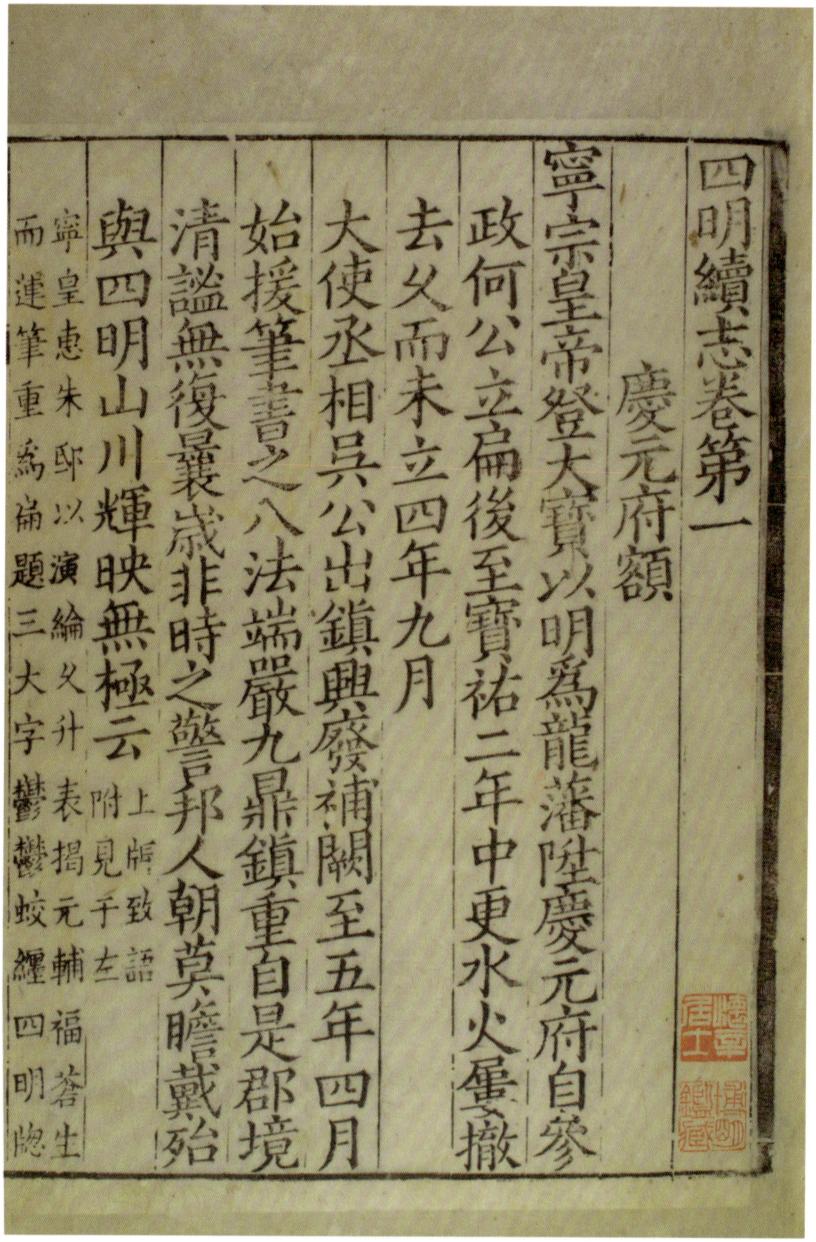

慶元府額

寧宗皇帝登大寶以明爲龍藩陞慶元府自參

政何公立扁後至寶祐二年中更水火畫撤

去久而未立四年九月

大使丞相吳公出鎮興廢補闕至五年四月

始援筆畫之八法端嚴九鼎鎮重自是郡境

清謐無復曩歲非時之警邦人朝莫瞻戴殆

與四明山川輝映無極云 上牋致語附見千左

寧皇恵朱邸以演綸父升表揭元輔福荅生
而蓮筆重爲扁題三大字鬱鬱蛟纒四明總

圖9 《國家珍貴古籍名錄》00565 　《[開慶]四明續志》
宋開慶元年（1259）刻本　中國國家圖書館藏

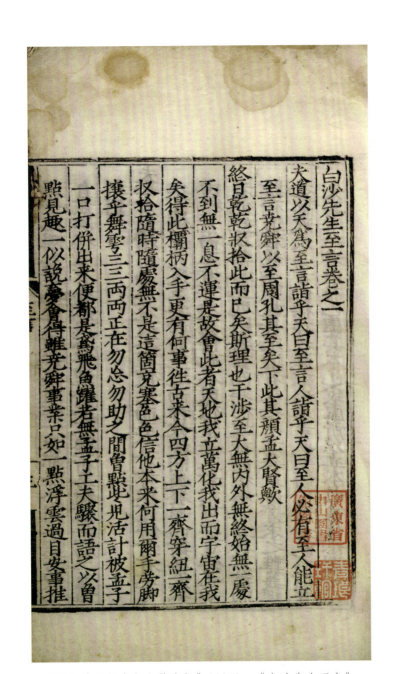

白沙先生至言卷之一

夫道以天爲至言諸乎天曰至言人諸乎天曰至人必得有至人能立

至言堯舜以至周孔其至矣下此其顔孟大賢歟

終日乾乾敢拾而已矣斯理也干涉至大無内外無終始無一處

不到無一息不運是故會此者天地我立萬化我出而宇宙在我

矣得此欄柄入手更有何事徃古来今四方上下一齊穿紐一齊

收拾隨時隨處無不是這箇充塞色色信他本来何用爾手勞脚

攘手舞零三三兩兩正在勿忘勿助之間曾點此兒活計被孟子

一口打併出来便都是鳶飛魚躍若無孟子工夫驟而語之以曾

點見趣一似説夢會得雖堯舜事業只如一點浮雲過目安重推

圖10 《國家珍貴古籍名録》08316 《白沙先生至言》
明嘉靖二十六年（1547）刻本 廣東省立中山圖書館藏

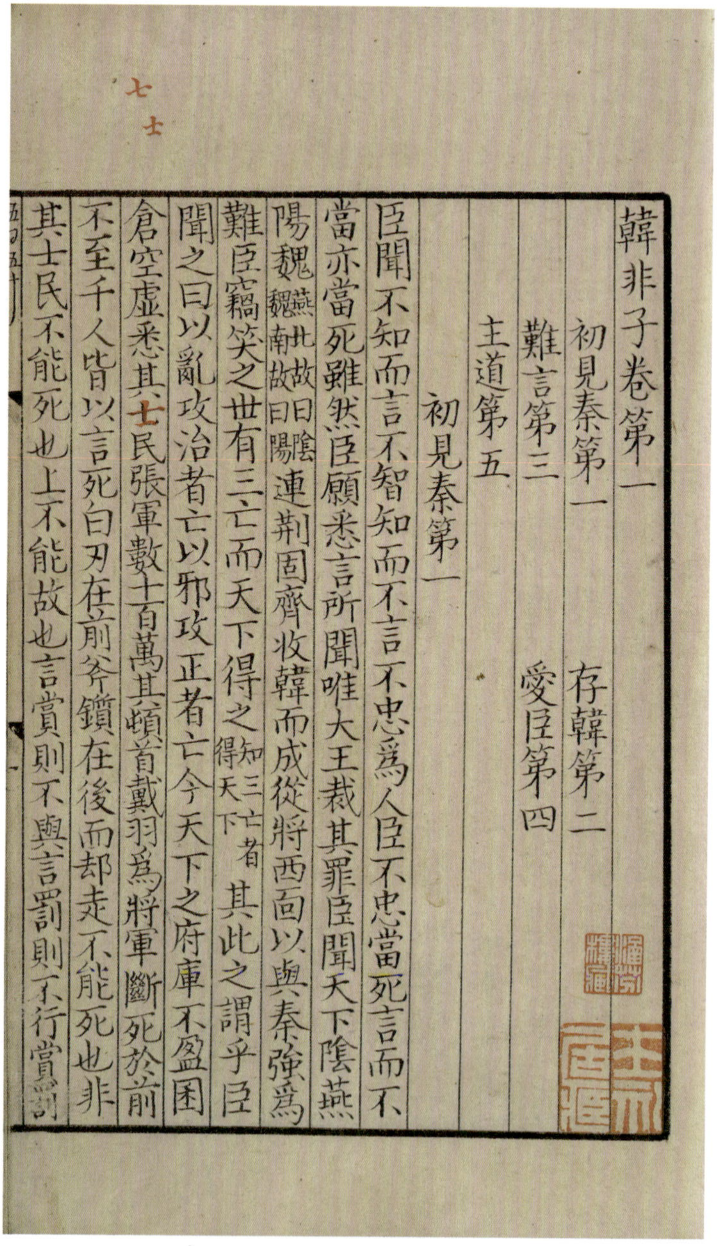
七士

韓非子卷第一

初見秦第一　存韓第二

難言第三　愛臣第四

主道第五

初見秦第一

臣聞不知而言不智知而不言不忠爲人臣不忠當死言而不當亦當死雖然臣願悉言所聞唯大王裁其罪臣聞天下陰燕陽魏燕北故曰陰魏南故曰陽連荊固齊收韓而成從將西面以與秦強爲難臣竊笑之世有三亡而天下得之知三亡者得天下其此之謂乎臣聞之曰以亂攻治者亡以邪攻正者亡今天下之府庫不盈囷倉空虛悉其士民張軍數十百萬其頓首戴羽爲將軍斷死於前不至千人皆以言死白刃在前斧鑕在後而却走不能死也非其士民不能死也上不能故也言賞則不與言罰則不行賞罰

圖11 《國家珍貴古籍名録》04513　《韓非子》
清初錢曾家影宋抄本　中國國家圖書館藏

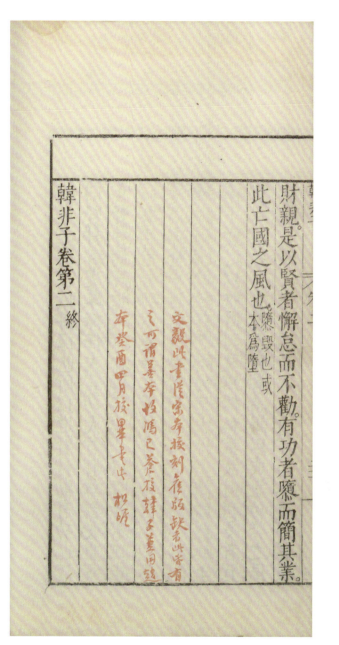

財親是以賢者懈怠而不勸有功者隳而簡其業。

此亡國之風也本爲隳

韓非子卷第二終

圖12 《韓非子》 明萬曆十年（1582）趙用賢刻本
中國國家圖書館藏 清顧廣圻録惠棟題識

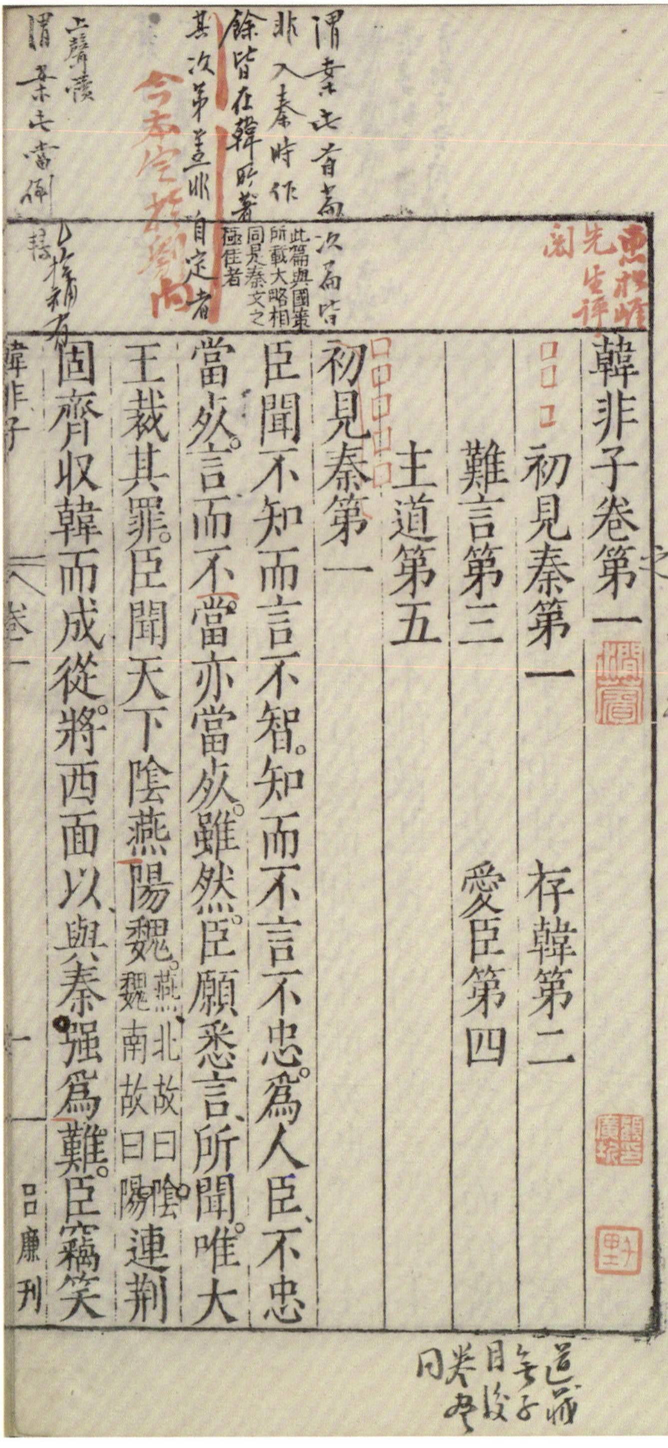

韓非子卷第一

韓非子

初見秦第一

臣聞不知而言不智。知而不言不忠。爲人臣不忠
當死。言而不當亦當死。雖然臣願悉言所聞唯大
王裁其罪。臣聞天下陰燕陽魏。燕、北故曰陰。魏、南故曰陽連荊
固齊收韓而成從將西面以與秦強爲難臣竊笑

卷一

一

呂廉刊

圖13 《韓非子》 明萬曆十年（1582）趙用賢刻本
中國國家圖書館藏　清顧廣圻、王渭校並跋

凡此楮之所言者固子韓非子

見

其儀技發此隱渊

耳廢後銳

機著不減挺手應

悟此言之失矣于

遠去舊郭技非好

釋子者若愛適

且小人之与人必衛不

計情釋以此老院可

歡堂用睡而明两侠

鳩黄吞嚥耶而彊弄

涉客我而彊非

李斯為我述其論議明初三以

助国作者之意首下氏從政之士

因其言而究者也之老實必其用临

而明俾不至感偽和氣則彼人並忘

其禍兵不死而以僕輩　書生之可敕

復以七以長慘窘恐以岳道以止

身有不免　崔氏云然也初以川庭實記

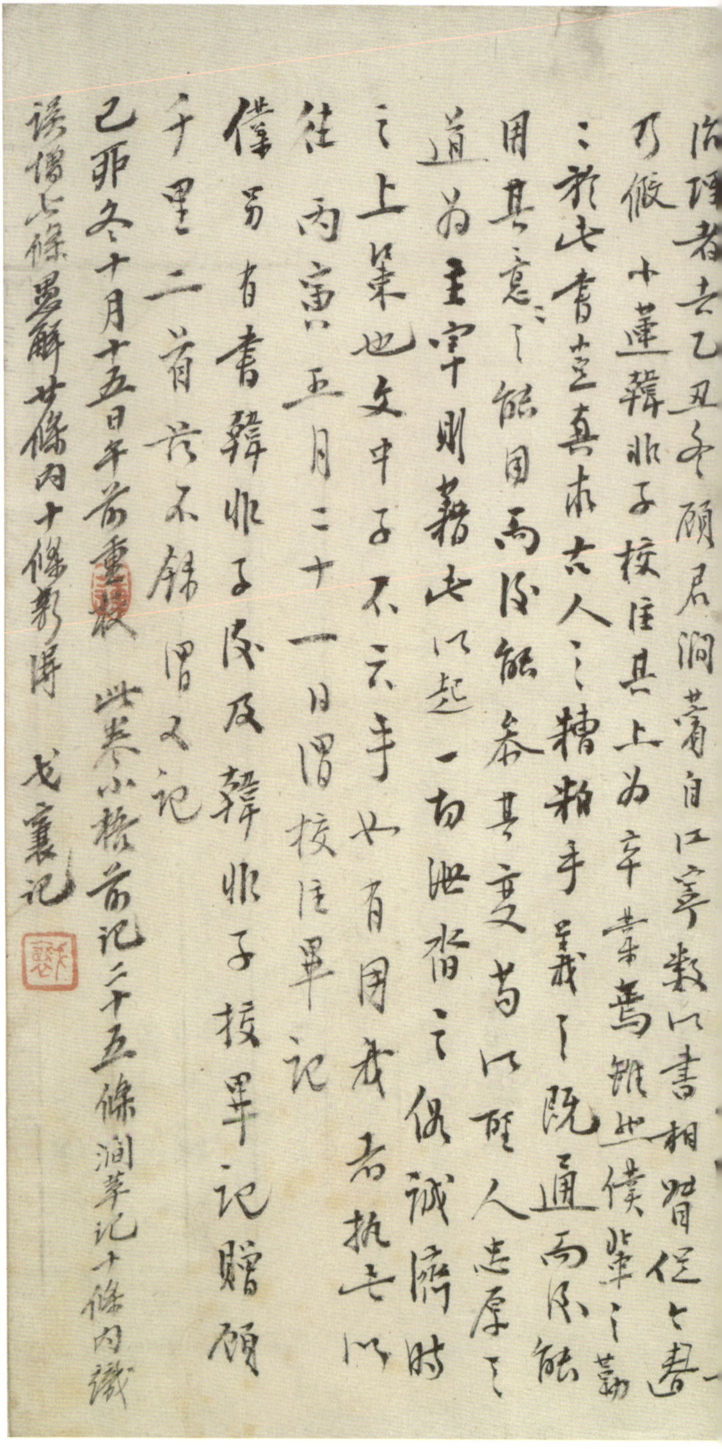

臨理者玄乙丑手願君洞蕭自江亭数以書相習倣之書
乃假十蓮韓非子按庄其上為辛葉焉雖此僕輩之勤
三旅此書主真末六人三糟粕手義一既通而研能
用其意之能用為所能參其変为以旅人忠厚之
道為王宇則藉此以起一句池皆之倣誠済時
之上集也文中子不云乎也有用我者為之以
往丙寅正月二十一日眉按庄畢記
僕易省書韓非子及及韓非子按畢記贈顧
于里二首六不餘眉又記
己卯冬十月十五日午荷重校　此叅小楷前記二十五條洞草記十條内識
謏僴七條愚解廿條内十條亦得　戈襄記

圖14　《韓非子》　明萬曆十年（1582）趙用賢刻本
中國國家圖書館藏　清戈襄、王渭跋

丁巳冬十月讀此書時三好邦子澗華校並手勘

勘一遍承校皆奏本藏本及舊本抄本迁評

萃有不僅者亦为吉之合涉校錄于旁因者

十四丑云　壬戌九月廿九日戈襄再祀　時年三十八

乙丑馮己蒼曰階常林宗道藏本及秦孝氏及元齋校本對遝　癸酉四月揆临　松崖

凡文有複出而張弨少數字皆脱耳平三音叠揆一遝

馮海迁評　丰盖凌氏刻本角脱改而皇揆也　澗蒙記

九月大日涉緩恆袁氏假正統十年道藏本校遻与屢椠

立本免合为與屢守老人所揆蓋林宗道藏本大不可有

郡不一標出修兒後再云　澗蒙又記　戈戌於拙本錄此寅

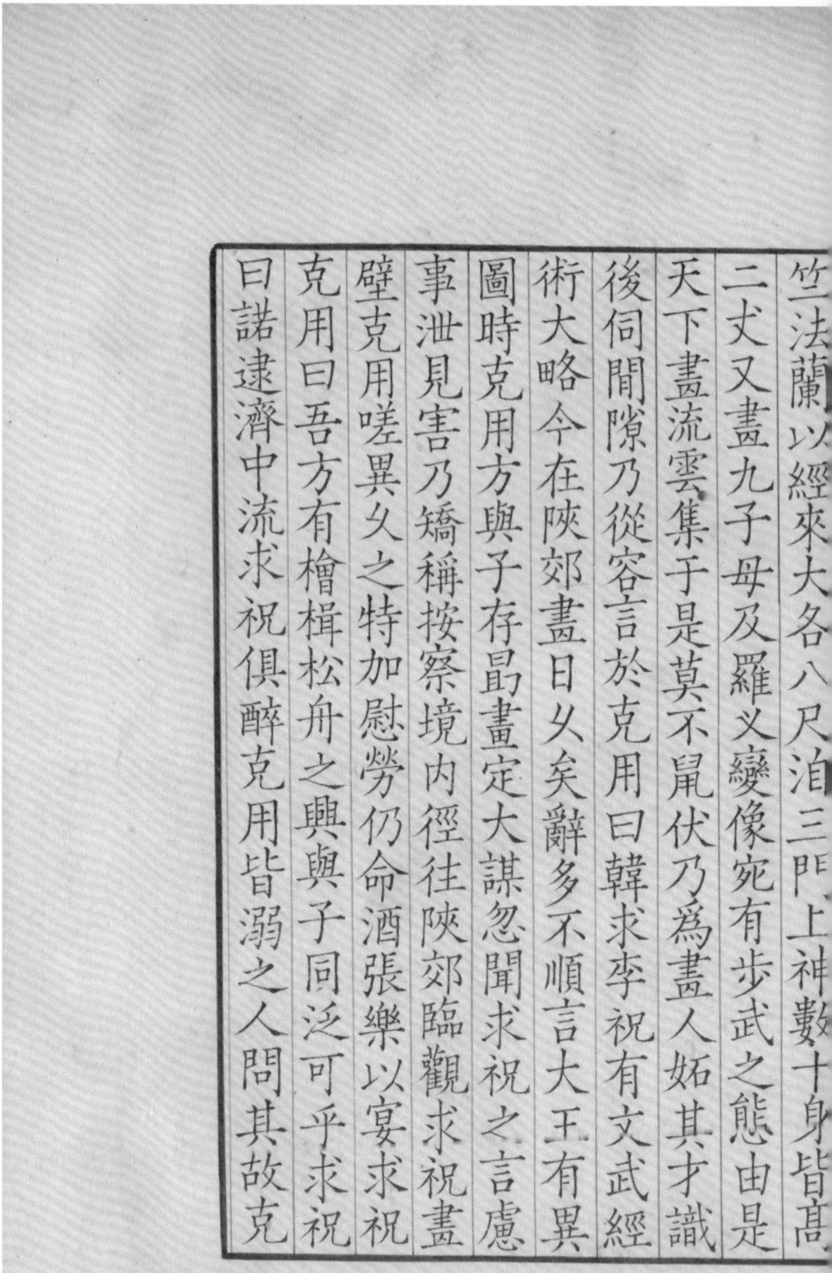

竺法蘭以經來大各八尺泊三門上神數十身皆高
二丈又畫九子母及羅义變像宛有步武之態由是
天下畫流雲集于是莫不鼠伏乃爲畫人姤其才識
後伺間隙乃從容言於克用曰韓求李祝有文武經
術大略今在陝郊畫曰义矣辭多不順言大王有異
圖時克用方與子存晶畫定大謀忽聞求祝之言慮
事泄見害乃矯稱按察境内徑往陝郊臨觀求祝畫
壁克用嗟異义之特加慰勞仍命酒張樂以宴求祝
克用曰吾方有檜楫松舟之興與子同泛可乎求祝
曰諾逮濟中流求祝俱醉克用皆溺之人問其故克

圖15　《國家珍貴古籍名録》04677　《五代名畫補遺》
明末毛氏汲古閣影宋抄本　天津圖書館藏

五代名畫補遺

人物門第一

大梁　劉　道醇　篹

神品四人

　　韓求　李祝
　　張圖　朱瑤

韓求〔虬一云李祝祝一云〕不知何處人皆倜儻不拘有經
略才能屬唐祚陵李遂退藏不仕以丹青自汚而好
遊晉唐間時大唐昭宗乾寧乙卯歲乃封并州節度
使李克用爲晉王城太原及天祐甲子歲秋八月梁
王朱全忠不軌乃立帝子輝王祝是爲哀帝四年夏
四月帝禪位于朱全忠時克用陰懷異圖窺伺神器

穆天子傳卷第一

晉　郭璞注

明　新安程榮校

飲天子觴山之上戊寅天子北征乃絕漳水
漳水今在鄴縣　庚辰至于□觴者所以
進酒因云
天子乃奏廣樂史記云趙簡子疾不知人七日而
寤曰我之帝所甚樂與百神遊于
鈞天廣樂九奏萬舞不類三代
之樂其聲動心廣樂義說此　載立不舍立不下也
至于鈃山之下郎鈃山令在常山　癸未雨雪天子獵
石邑縣鈃音邢

圖16　《國家珍貴古籍名錄》04819　《穆天子傳》
明萬曆程榮刻漢魏叢書本　天津圖書館藏

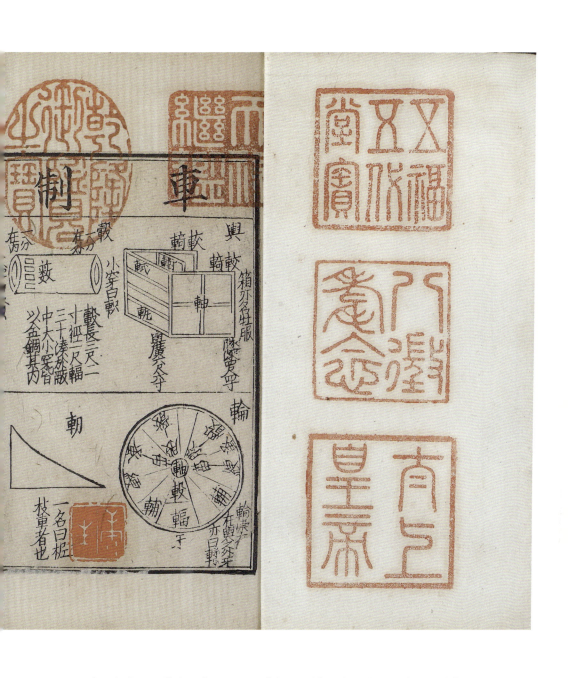

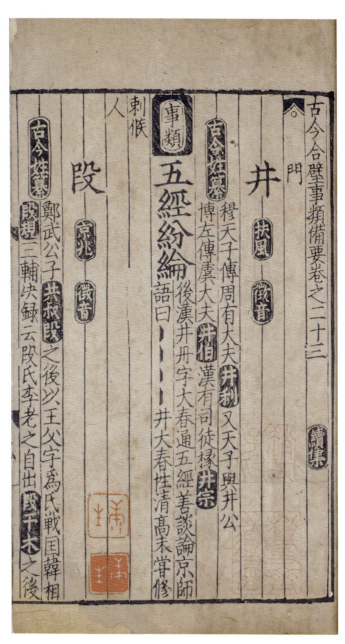

亼門

古今姓纂　井　扶風　戩音

穆天子傳周有大夫井利又天子與井公
博左傳虞大夫井伯漢有司徒掾井宗
後漢井丹字大春通五經善談論京師
井大春性清高未嘗修

事類　五經紛綸語曰

剌候

人

古今姓纂　段　京兆　戩音

鄭武公子共叔段之後少王父字爲氏戰國韓相
段規三輔决録云段氏李老之自出戩干末之後

圖18　《國家珍貴古籍名録》07152　《古今合璧事類備要》
宋刻本　北京市文物局圖書資料中心藏

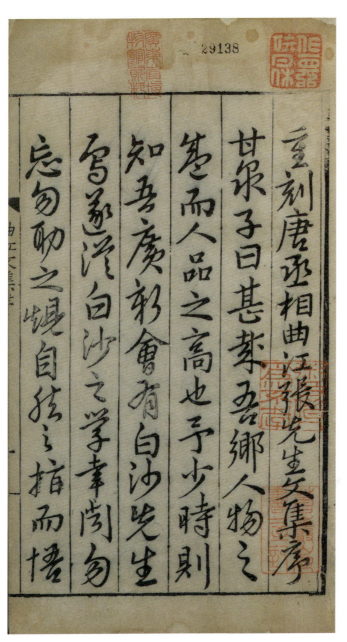

重刻唐丞相曲江張先生文集序

甘泉子曰甚矣吾鄉人物之
盛而人品之高也予少時則
知吾廣郭會有白沙先生
寫遂泛白沙之學韋崖句
忘句助之銀自孜之指而悟

圖19 《國家珍貴古籍名録》12729 《唐丞相曲江張先生文集》
明嘉靖十五年（1536）湛若水刻本 廣東省博物館藏

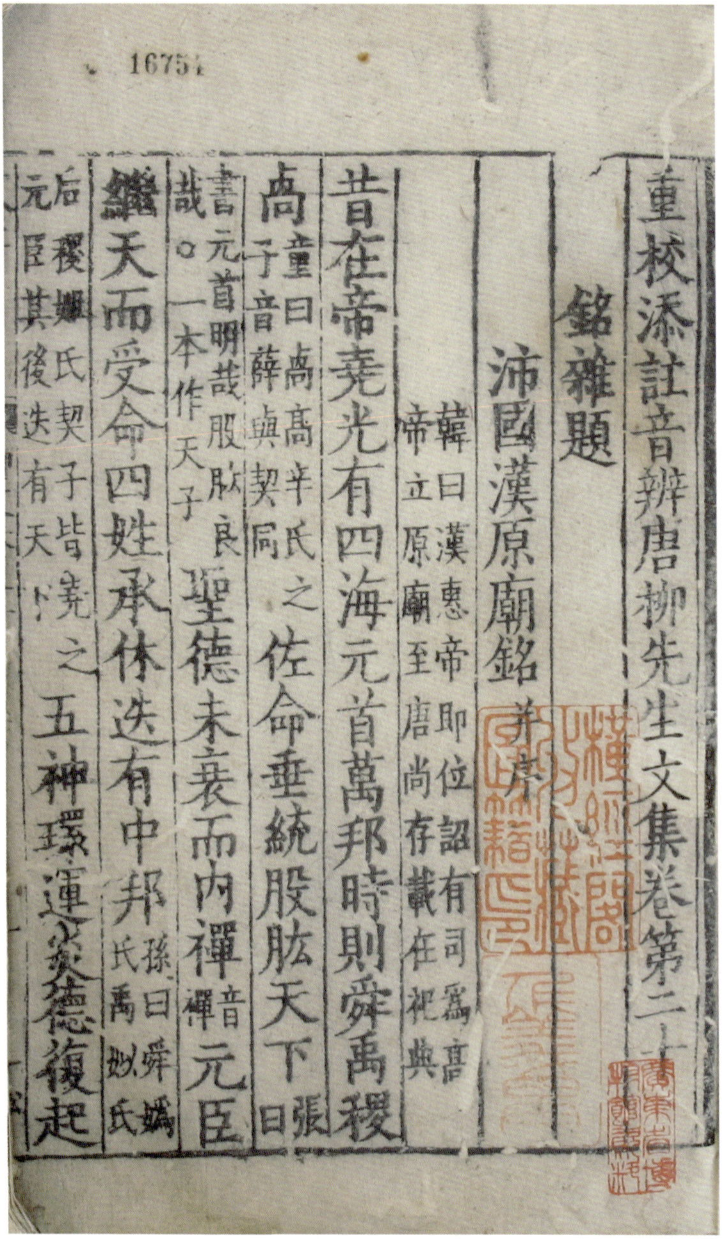

重校添註音辨唐柳先生文集卷第二十

銘雜題

沛國漢原廟銘 并序

韓曰漢惠帝即位詔有司爲高帝立原廟至唐尚存載在祀典

昔在帝堯光有四海元首萬邦時則舜禹稷

高童曰高高辛氏之佐命垂統股肱天下曰張 于音薛與契同

聖德未衰而内禪音元臣

書元首明哉股肱良哉。一本作天子 孫曰舜媯氏

繼天而受命四姓承休迭有中邦

氏孫曰禹姒氏

元匡其後迭有天下

后稷姬氏契子皆堯之

五神環運炎德復起

圖20 《國家珍貴古籍名録》03114 《重校添注音辨唐柳先生文集》
宋刻本 廣東省博物館藏

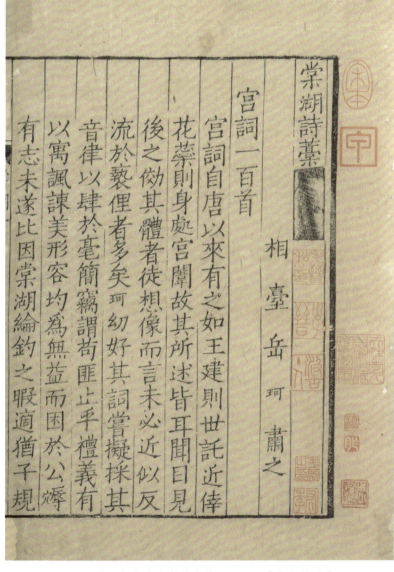

棠湖詩藁

宮詞一百首 　　相臺岳珂肅之

宮詞自唐以來有之如王建則世託近倖
花藥則身處宮闈故其所述皆耳聞目見
後之俲其體者徒想像而言未必近似反
流於褻俚者多矣珂幼好其詞嘗擬採其
音律以肆於毫簡竊謂苟匪止乎禮義有
以寓諷諫美形容均爲無益而困於公孾
有志未遂比因棠湖綸釣之暇適猶子規

圖21　《國家珍貴古籍名録》01159　《棠湖詩稿》
宋臨安府陳宅書籍鋪刻本　天津圖書館藏

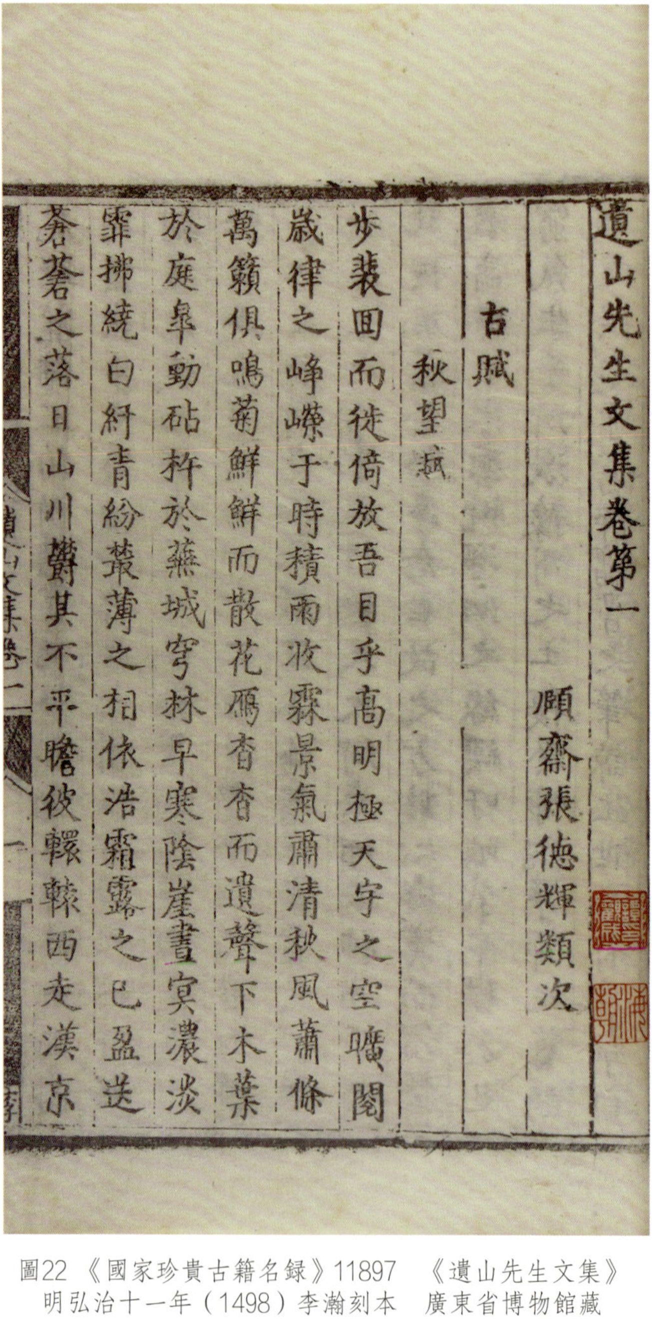
遺山先生文集卷第一
順齋張德輝類次
古賦
秋望賦
步裴回而徙倚放吾目乎高明極天宇之空曠閱
歲律之峥嶸于時積雨收霖景氣肅清秋風蕭條
萬籟俱鳴菊鮮鮮而散花鴈杳杳而遺聲下木葉
於庭臯動砧杵於蕪城穹林早寒陰崖晝溟濃淡
霏拂繞白紆青紛蔥蒨之相依浩霜露之已盈送
蒼蒼之落日山川鬱其不平瞻彼轘轅西走漢京

圖22 《國家珍貴古籍名録》11897 《遺山先生文集》
明弘治十一年（1498）李瀚刻本 廣東省博物館藏

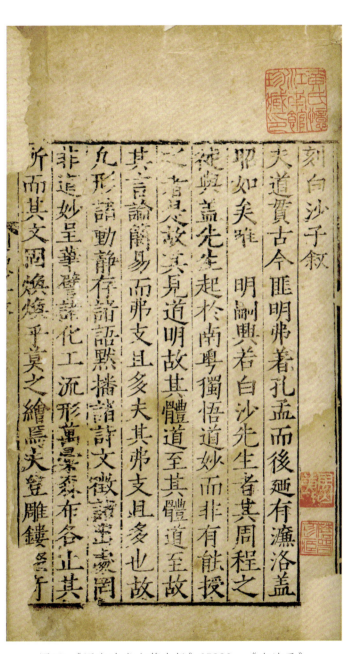

刻白沙子叙

夫道貫古今匪明弗著孔孟而後遂有濂洛蓋
耶如夫唯　明嗣興若白沙先生者其周程之
徒與蓋先生起於南粤獨悟道妙而非有能授
之者先故其實見道明故其體道至其體道至故
其言論簡易而弗支且多夫其弗支且多也故
凡形諸動静存諸語默播諸詩文徵諸造處罔
非追妙呈華譬諸化工流形萬彙森布各止其
所而其文罔焕焕乎莫之繪焉夫登雕鏤絮乎

圖23 《國家珍貴古籍名錄》05880　《白沙子》
明嘉靖十二年（1533）卞崇刻本　廣東省立中山圖書館藏

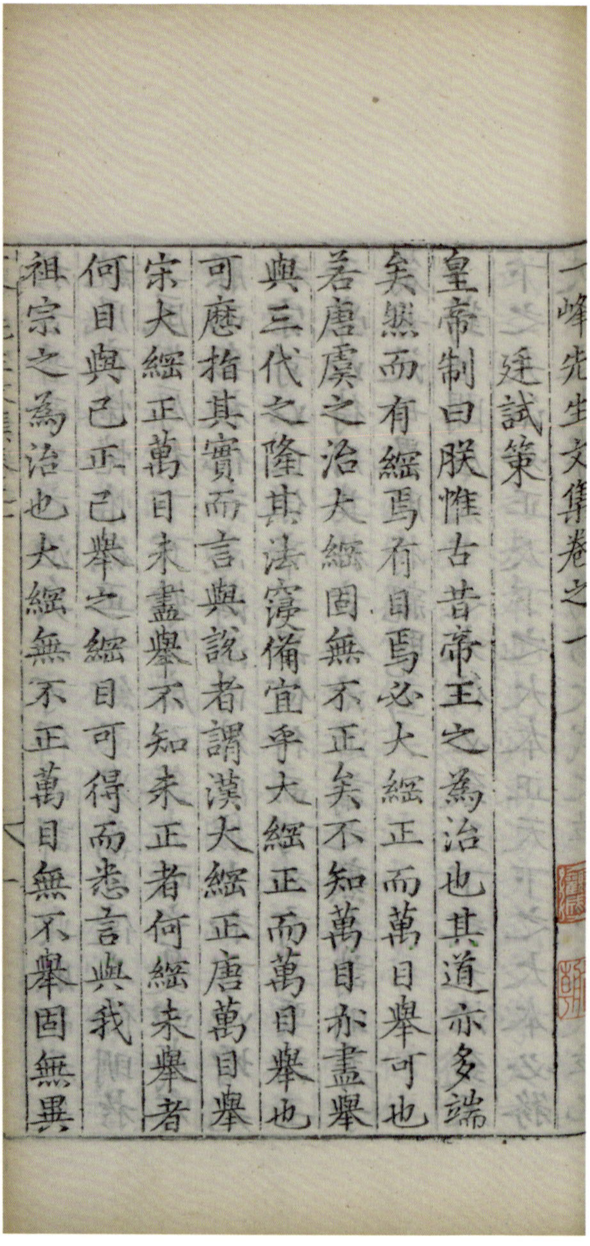

一峰先生文集卷之一

廷試策

皇帝制曰朕惟古昔帝王之爲治也其道亦多端矣然而有綱焉有目焉必大綱正而萬目舉可也若唐虞之治大綱固無不正矣不知萬目亦盡舉與三代之隆其法寖備宜乎大綱正而萬目舉也可歷指其實而言與說者謂漢大綱正唐萬目舉宋大綱正萬目未盡舉不知未正者何綱未舉者何目與已正已舉之綱目可得而悉言與我祖宗之爲治也大綱無不正萬目無不舉固無異

圖24 《國家珍貴古籍名録》12803　《一峰先生文集》
明嘉靖二十八年（1549）張言刻本　廣東省博物館藏

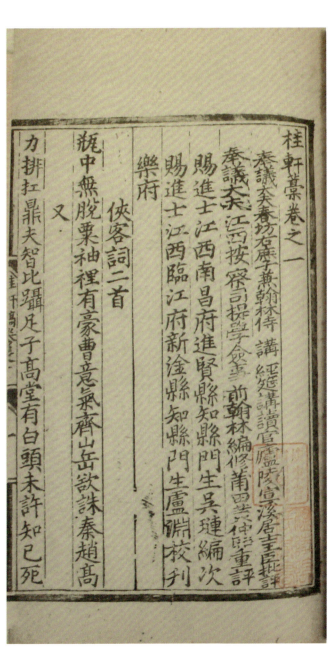

桂軒藁卷之一

奉議大夫春坊左庶子兼翰林侍　講經筵講讀官廬陵宣溪居士□批評

奉議大夫江西按察司提學僉事　前翰林編修莆田□□□□重評

賜進士江西南昌府進賢縣知縣門生吳璉編次

賜進士江西臨江府新淦縣知縣門生盧淵校刊

樂府

俠客詞二首

瓶中無脫粟袖裡有豪曹意氣齊齊山岳歟誅秦趙高

又

力排扛鼎夫智比蹑足子高堂有白頭未許知已死

圖25 《國家珍貴古籍名録》02112　《桂軒稿》
明弘治四年（1491）刻本　廣東省立中山圖書館藏

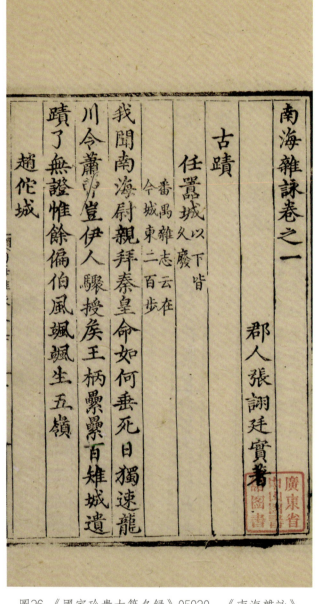

南海雜詠卷之一　　郡人張詡廷實著

古蹟

任囂城以下皆久廢

番禺雜志云在今城東二百步

我聞南海尉親拜秦皇命如何垂死日獨速龍川令蕭尹豈伊人驟授虞王柄纍纍百雉城遺蹟了無證惟餘偏伯風颯颯生五嶺

趙佗城

圖26　《國家珍貴古籍名錄》05930　《南海雜詠》
明弘治十八年（1505）袁寶刻本　廣東省立中山圖書館藏

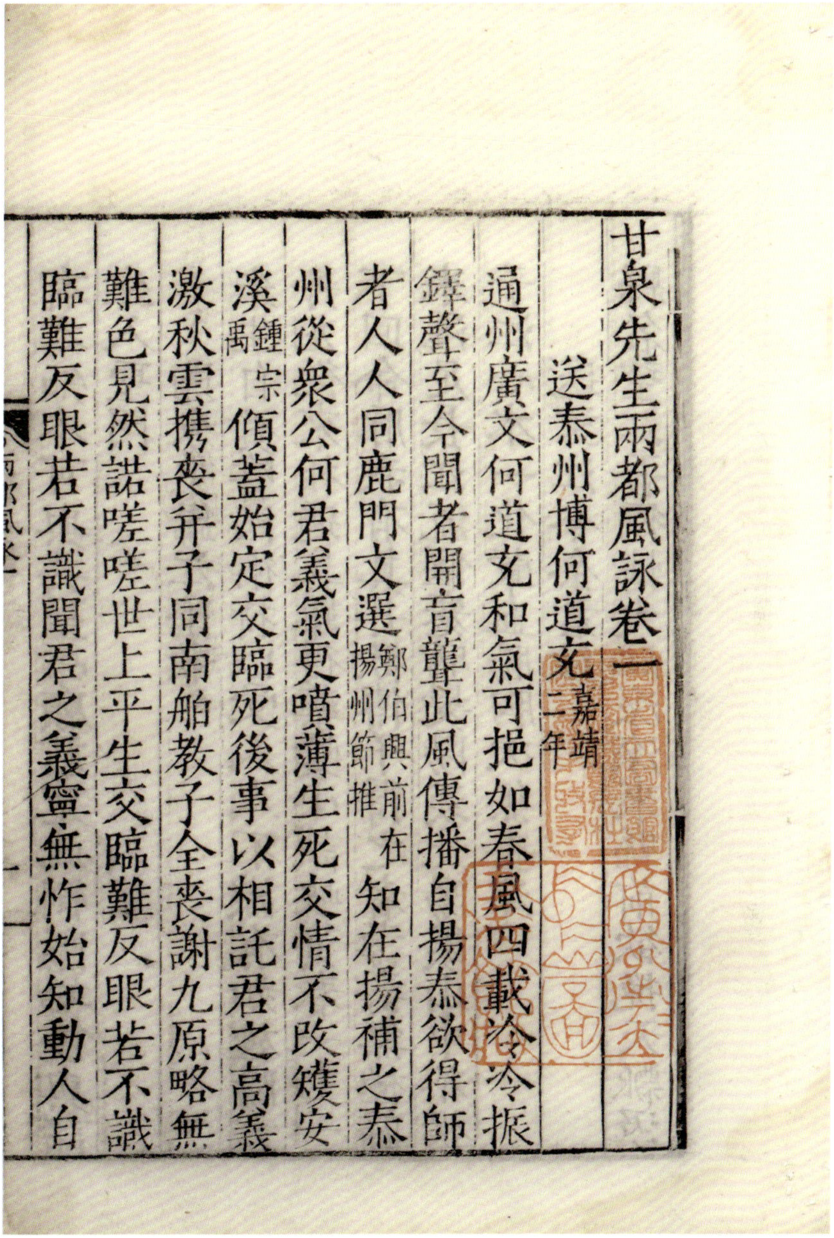

甘泉先生兩都風詠卷一

送泰州博何道充 嘉靖二年

通州廣文何道充和氣可把如春風四載泠泠振

鐸聲至今聞者開盲聾此風傳播自揚泰欲得師

者人人同鹿門文選 鄭伯與前在知在揚補之泰

州從衆公何君義氣更嗔薄生死交情不改孃安

溪 禹鍾宗傾蓋始定交臨死後事以相託君之高義

激秋雲攜喪弁子同南舶教子全喪謝九原略無

難色見然諾嗟世上平生交臨難反眼若不識

臨難反眼若不識聞君之義竇無怍始知動人自

圖27 《國家珍貴古籍名録》06010　《甘泉先生兩都風詠》
明嘉靖十四年（1535）朱敬之刻本　廣東省立中山圖書館藏

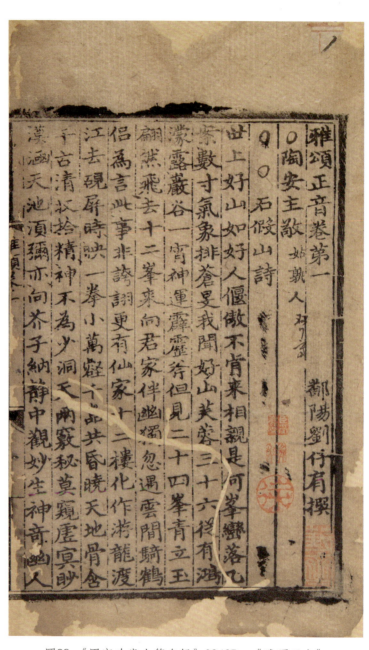

圖28 《國家珍貴古籍名錄》06465 《雅頌正音》
明洪武三年（1370）王舉直刻本[四庫底本] 中國國家圖書館藏

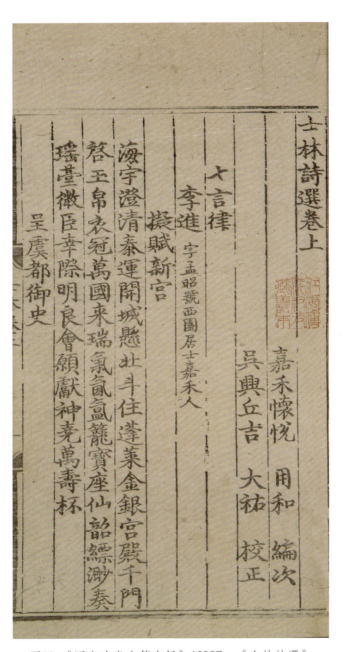

士林詩選卷上

嘉禾懷悅　用和　編次

吳興丘吉　大祐　校正

七言律

李進　字孟昭號西園居士嘉禾人

擬賦新宮

海宇澄清泰運開城懸壯斗住蓬萊金銀宮殿千門

啓玉帛衣冠萬國來瑞氣氤氳籠寶座仙韶縹緲奏

瑤臺徽臣幸際明良會願獻神堯萬壽杯

　　　　　呈虞都御史

圖29　《國家珍貴古籍名錄》10937　《士林詩選》
明天順五年（1461）懷悅自刻本　中國國家圖書館藏

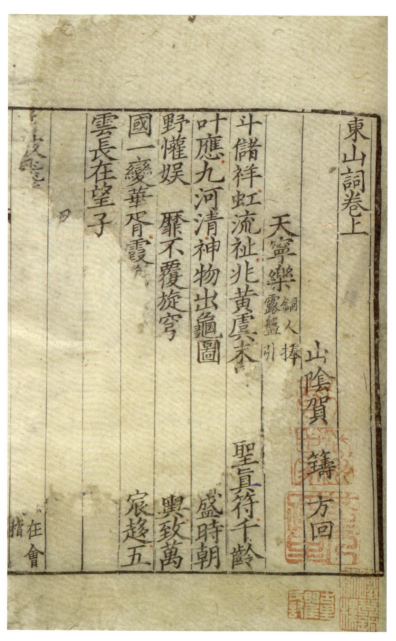

東山詞卷上　　　山陰賀　鑄　方回

天寧樂　銅人捧露盤引

斗儲祥虹流祉兆黃虞末　聖真符千齡

叶應九河清神物出龜圖　盛時朝

野懽娛　羣不覆旋穹　興致萬

國一縴華胥霞　宸趨五

雲長在堂子　　　　在會　楷

圖30　《國家珍貴古籍名録》01249　《東山詞》
宋刻本　中國國家圖書館藏

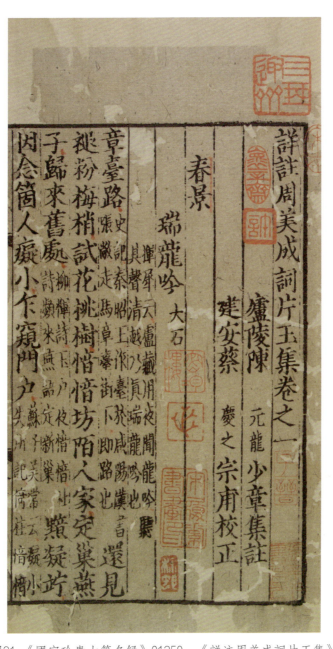

詳註周美成詞片玉集

詳註周美成詞片玉集卷之一

　　　　　廬陵陳　　元龍　少章集註

　　　　　建安蔡　　夔之　宗甫校正

春景

　　瑞龍吟　大石

章臺路　史達祖記云蘆藏用夜聞龍吟之具聲清越昭章臺上即路也於成陽宮見龍吟堪音還見

還見褪粉梅梢試花桃樹愔愔坊陌人家定巢燕子歸來舊處詩蕣水㒵定新巢黛疑竚

因念箇人癡小乍窺門戸蘇州記㒵尚當一云黛小愔愔

圖31 《國家珍貴古籍名録》01250　《詳注周美成詞片玉集》
宋刻本　中國國家圖書館藏

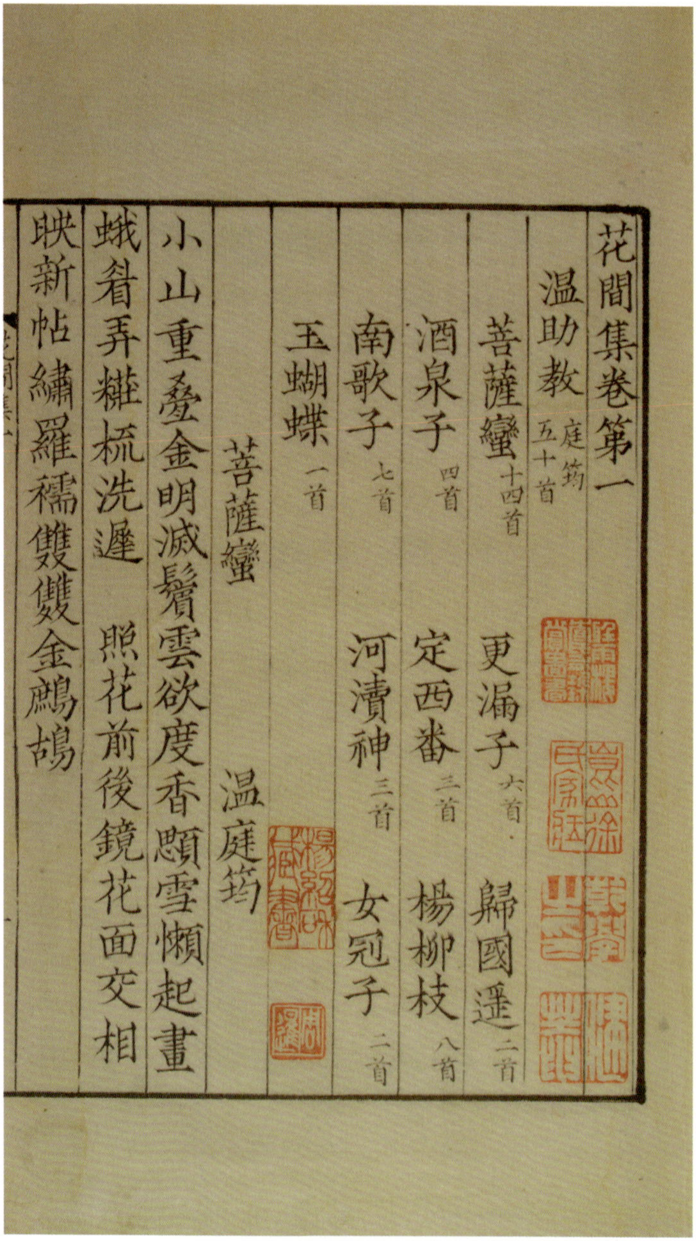
花間集卷第一

温助教 庭筠 五十首

菩薩蠻十四首　更漏子六首　歸國遥二首

酒泉子四首　定西番三首　楊柳枝八首

南歌子七首　河瀆神三首　女冠子二首

玉蝴蝶一首

菩薩蠻　温庭筠

小山重疊金明滅鬢雲欲度香顋雪懶起畫

蛾眉弄糚梳洗遲　照花前後鏡花面交相

映新帖繡羅襦雙雙金鷓鴣

圖32《國家珍貴古籍名録》01254　《花間集》

宋刻遞修公文紙印本　中國國家圖書館藏

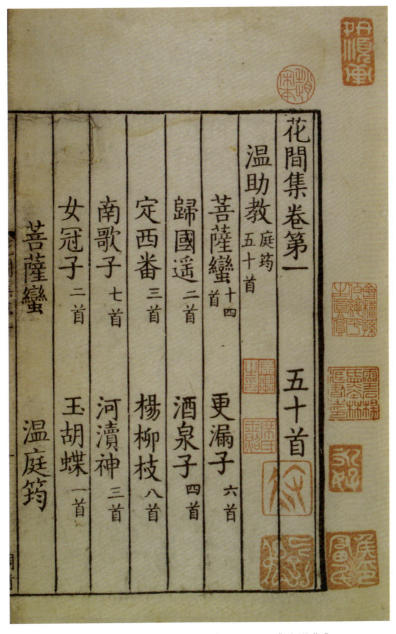

圖33　《國家珍貴古籍名錄》01255　《花間集》
宋紹興十八年（1148）晁謙之建康郡齋刻本　中國國家圖書館藏

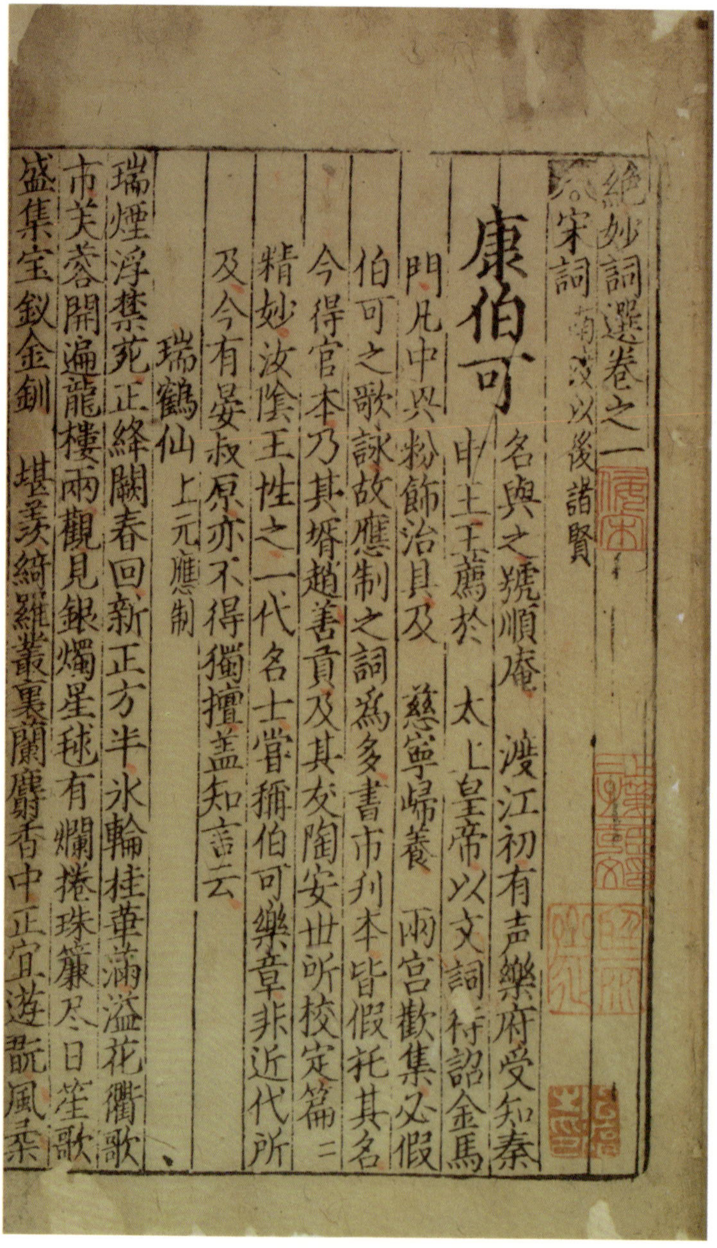

宋詞南渡以後諸賢

康伯可　名與之號順庵　渡江初有吉樂府受知秦
中王王薦於　太上皇帝以文詞　付詔金馬
門凡中興粉飾治具及　慈寧歸養　兩宮歡集必假
伯可之歌詠故應制之詞為多書市刊本皆假托其名
今得官本乃其壻趙善貢及其交陶安世所校定篇二
精妙汝陰王性之一代名士嘗稱伯可樂章非近代所
及今有晏叔原亦不得獨擅盖知言云

瑞鶴仙　上元應制

瑞煙浮禁苑　正絳闕春回　新正方半　冰輪桂華滿溢　花衢歌
市芙蓉開遍龍樓　兩觀見銀燭星球　有爛捲珠簾　盡日笙歌
盛集宝釵金釧　堪羨綺羅叢裏　闌廂香中　正宜遊翫　冠風柔

圖34　《國家珍貴古籍名録》01256　《中興以來絶妙詞選》
宋淳祐九年（1249）劉誠甫刻本　中國國家圖書館藏

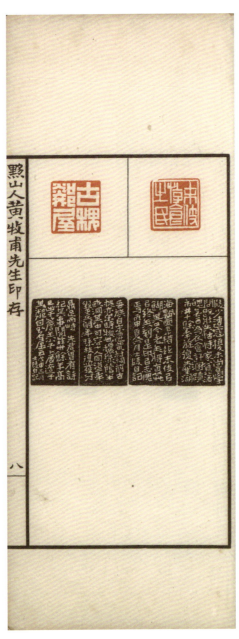

圖35 《黟山人黃牧甫先生印存》
1935年上海西泠印社影印本　林章松藏

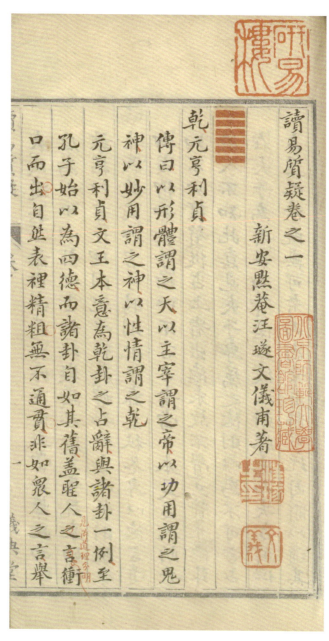

讀易質疑卷之一　　新安黟巷汪璇文儀甫著

乾元亨利貞

傳曰以形體謂之天以主宰謂之帝以功用謂之鬼

神以妙用謂之神以性情謂之乾

元亨利貞文王本意為乾卦之占辭與諸卦一例至

孔子始以為四德而諸卦自如其舊蓋聖人之言衝

口而出自然表裡精粗無不通貫非如眾人之言舉

見泄通禪分明

圖36　《讀易質疑》
清儀典堂稿本　北京師範大學圖書館藏

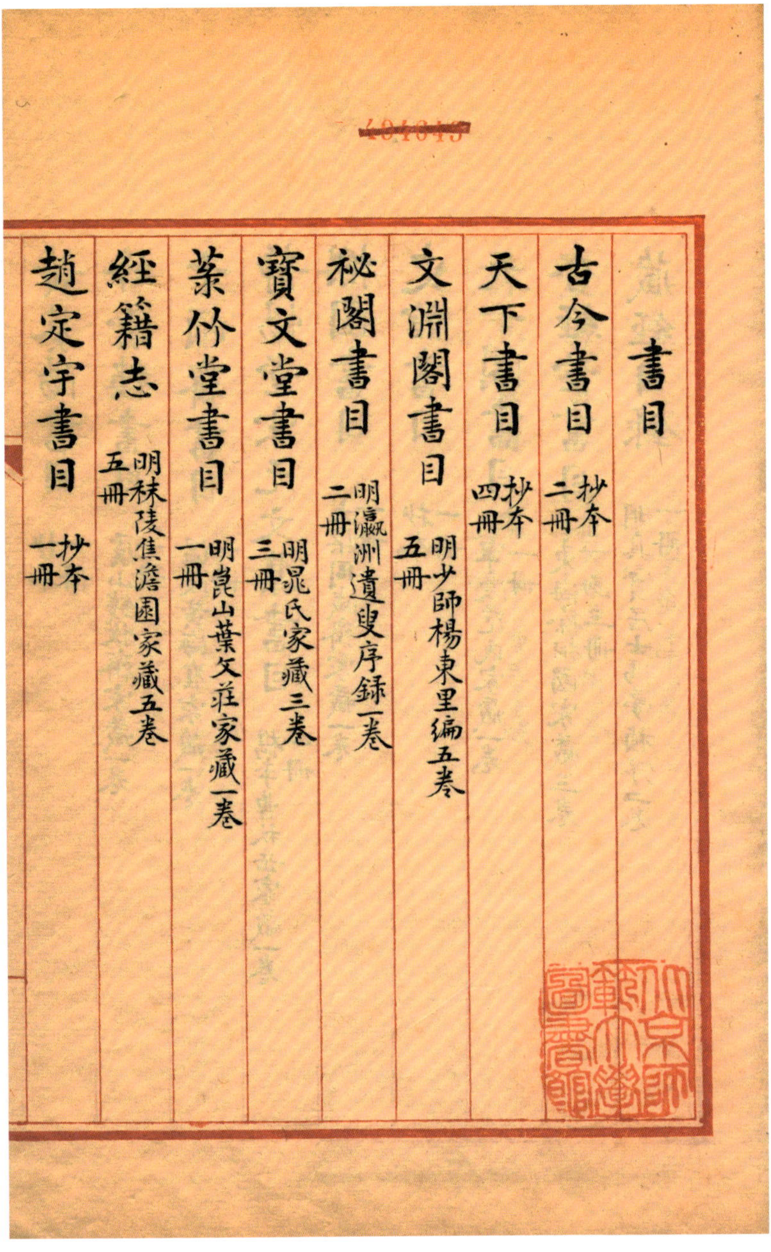

書目

古今書目　抄本
　　　　二冊

天下書目　抄本
　　　　四冊

文淵閣書目　明少師楊東里編五卷
　　　　五冊

祕閣書目　明瀛洲遺叟序錄一卷
　　　　二冊

寶文堂書目　明晁氏家藏三卷
　　　　三冊

萪竹堂書目　明崑山葉文莊家藏一卷
　　　　一冊

經籍志　明秣陵焦澹園家藏五卷
　　　　五冊

趙定宇書目　抄本
　　　　一冊

圖37 《棟亭書目》
民國抄本　北京師範大學圖書館藏

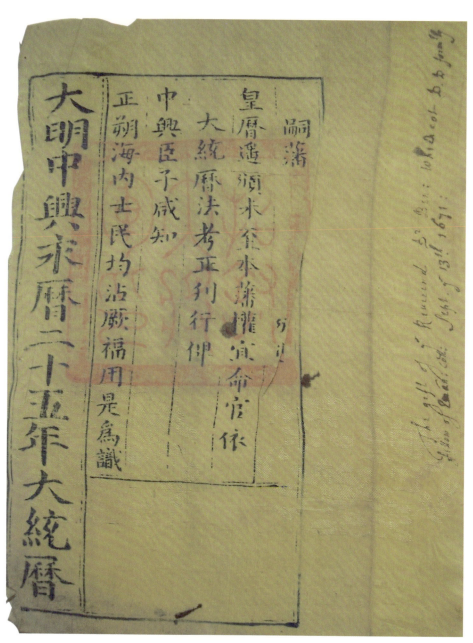

大明中興永曆二十五年大統曆

正朔海內士民均沾廠福用是為識

中興臣子咸知

大統曆法考正刊行俾

皇曆遍頒未至本藩權宜命官依

嗣藩

圖38 《大明中興永曆二十五年大統曆》
南明刻本　劍橋大學伊曼紐爾學院圖書館藏　封面

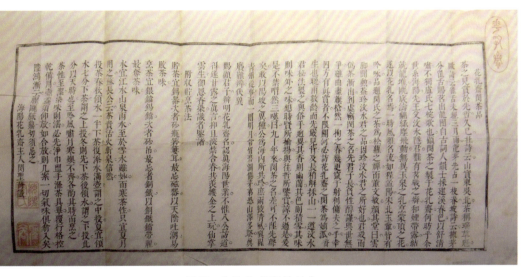

圖39 《花乳齋閱茶品》
清康熙間刻本　劍橋大學彼得學館圖書館藏

《書志》編委會

目　録

· 國家珍貴古籍書志

經　部

禮　記

北京市文物局　張晶晶

北京市文物局圖書資料中心一級 3kang26

國家珍貴古籍名録 06990

　　《禮記》二十卷。（漢）鄭玄注。宋刻巾箱本。九册。綫裝。存九卷：卷一至九。

　　【題著説明】卷端題“禮記卷第一”，“鄭氏注”。

　　【著者簡介】鄭玄（127—200），字康成，北海高密人。東漢經學家。少時習《易經》《公羊傳》，十八歲任鄉嗇夫，晉爲鄉佐。永壽三年（157），薦入太學，師從京兆第五元先、陳球。後拜馬融爲師，博通經學，遍注群經，爲漢代集經學之大成者，世稱“鄭學”。卒於建安五年（200），年七十四。撰有《毛詩箋》《三禮注》等。①

　　【内容】《禮記》二十卷，存九卷。卷一《曲禮》二篇，卷二《檀弓》上，卷三

---

① 張撝之、沈起煒、劉德重編《中國歷代人名大辭典》，上海古籍出版社 1999 年版，第 1560 頁。

《檀弓》下,卷四《王制》,卷五《月令》、卷六《曾子問》《文王世子》、卷七《禮運》《禮器》,卷八《郊特牲》《内則》,卷九《玉藻》《明堂位》。共計十四篇。

【刊印者】未見。

【行款版式】半葉十行,行十九字,小字雙行同。細黑口,左右雙邊,單魚尾。版心中鎸卷數,下鎸葉數,書耳鎸篇名。版框9.5厘米×6.8厘米。開本14.3厘米×9.4厘米。

【題名頁牌記】未見。

【刊寫題記】未見。

【刻(寫)工】未見。

【避諱】書中"恒""貞""桓"缺末筆。如卷三"三家視桓楹"之"桓"、"曹桓公"之"桓"缺末筆。"玄"字不缺。

【序跋附録】未見。

【批校題跋】無。

【鈐印】卷一卷端鈐"丘氏/惟弘"朱文方印、"于蓮客"白文圓印、"戊戌/人"朱文方印、"歸/公"朱文方印、"嘉慶/御覽/之寶"朱文橢圓印、"天禄/繼鑒"白文方印及"康生"印若干枚。卷九末葉乙面鈐"于/蓮客"朱文方印、"嘉慶/御覽/之寶"朱文橢圓印、"天禄/琳琅"朱文方印及"康生"印若干枚。每卷卷端均鈐"天禄/繼鑒"白文方印、"嘉慶/御覽/之寶"朱文橢圓印、"康生"鈐印若干枚。每卷末葉乙面鈐"嘉慶/御覽/之寶"朱文橢圓印、"天禄/琳琅"朱文方印。

【書目著録】無。

【遞藏】

1. 天禄琳琅:清朝皇室内廷藏書的代稱,主要收藏宋、元、明歷代善本書。

2. 于蓮客(1899—1980),名懷,字乃椿,號蓮客,以號行。清禮親王後裔,畢業於北京大學。是近代東北集文學、藝術、書法、繪畫於一身的大家,詩詞歌賦,無一不工,尤善填詞。于蓮客先生同時是近代著名的古籍善本收藏家、鑒賞家。鑒賞印有"蓮居士身外物"、"于蓮客"、"于懷"、"蓮客讀本"等。

【其他】

1. 外配六合織錦書套,絹質磁青色書衣,原書衣爲粉色地灑金箋紙,封面暗黃紙題簽"宋版禮記　第一册"。

2. 卷一第二葉配清影抄宋刻本。

【按語】是書爲天禄琳琅舊藏,爲清朝皇室内廷藏書。天禄琳琅自乾隆起,宫中檢閲内廷藏書,匯取善本呈覽,成爲皇家藏書菁華之書庫,以收藏宋、元、明善本書爲特色,乾隆九年(1744)由乾隆帝賜名爲"天禄琳琅",並於乾隆四十年(1775)命于敏中編纂《天禄琳琅書目》,嘉慶二年(1797)十月,藏書樓遇火,善本付之一炬,今日流傳者皆爲嘉慶年間重匯的圖書,並編定《天禄琳琅書目後編》。《後編》完成後庋藏與編目並未停止,一直延續至清末,而有《三編》《四編》,今皆不傳。《天禄琳琅研究》考證:"'天目三編書'承襲了天禄琳琅書'璽印鈐蓋劃一''書裝簽題劃一'的外觀特徵,每册首葉上方正中壓騎版框鈐有'嘉慶御覽之寶'……齊右邊框鈐'天禄繼鑒'白文方印;末葉有字的一面上方正中壓騎版框鈐有'嘉慶御覽之寶'朱文橢圓印,左側天頭處、版框外、齊着左邊框鈐'天禄琳琅'朱文小方印。"①我中心藏《禮記》之鈐印與其用印形制一致,印文方正嚴整,印色朱紅明净,係"天禄琳琅書目三編書"。

五經文字　新加九經字樣

中國國家圖書館　洪　琰

中國國家圖書館 07973 07974

國家珍貴古籍名録 03435 11536

《五經文字》三卷。(唐)張參撰。清初席氏釀華草堂影宋抄本。三册。綫裝。

《新加九經字樣》一卷。(唐)唐玄度撰。清初席氏釀華草堂影宋抄本。一册。綫裝。

【題著説明】《五經文字》卷端題"五經文字卷上",未題著者,著者據田敏序。《新加九經字樣》卷端題"新加九經字樣",未題著者,著者據唐玄度序。

【著者簡介】

張參(約714—786),里貫未詳,一説祖籍河間(今屬河北省),一説家住涇

---

① 劉薔《天禄琳琅研究》,北京大學出版社2012年版,第218頁。

川(今屬甘肅省)。唐開元中舉明經,大曆初爲司封員外郎。後授國子司業,爲當時名儒,善書①。

唐玄度(生卒年不詳),字彥升,唐文宗時翰林待詔。精於小學,有《九經字樣》《十體書》②。

【内容】

《五經文字》全書"凡一百六十部三千二百三十五字,分爲三卷"(張參《五經文字序例》)。張參時爲國子司業,奉詔參與校勘經本,後恐年久失其本真,乃命孝廉生顏傳經收集疑文互體,按偏旁部首排列,據《説文》《字林》《熹平石經》《經典釋文》等考訂字形,兼收字義及注音。注音多用反切,兼以直音。

《新加九經字樣》全書"凡七十六部四百廿六文"(《新加九經字樣序》)。唐開成中立石經於國子監,命唐玄度覆定字體,於《五經文字》删補穴漏,一以正之,又於本部之中採其疑誤舊未載者,撰成《新加九經字樣》一卷。注音多用直音,不用反切,沒有同音者用四聲轉之表達,如"某平""某上"。

【刊印者】席氏釀華草堂。"釀華草堂"爲席鑑堂號。席鑑(清人,生卒年不詳),字玉照,號茉萸山人,江蘇常熟人。藏書極富,尤留心搜訪説部小集。所藏書鈐有"萸山珍藏""學然後知不足"印(《藏書紀事詩》卷四補正),又有"席氏玉照""席鑑之印""釀華草堂""虞山席鑑玉照氏收藏""别字萸山"等。

【行款版式】

《五經文字》半葉八行,行十四字,小字雙行不等。白口,左右雙邊,雙順魚尾。版心中書"五經文字"及卷數。版框 22.1 厘米×15.1 厘米。開本 31.0 厘米×23.0 厘米。

《新加九經字樣》半葉八行,行十四字,小字雙行不等。白口,左右雙邊,白魚尾。版心上書數字(未知何用,非本葉字數),中書"九經字",下書刻工姓名。版框 21.9 厘米×18.9 厘米,開本 31.0 厘米×22.0 厘米。

【題名頁牌記】無。

【刊寫題記】無。

---

①朱彝尊《曝書亭集》卷四十九《跋五經文字》。
②《佩文齋書畫譜》卷二十九書家傳八。

【刻(寫)工】《五經文字》無。《新加九經字樣》版心有刻工名:第六葉有"慶",第七葉有"林",第十六葉有"籴"。

【避諱】

《五經文字》"玄"間有缺筆避諱,"弘"有一字缺末筆。

《五經文字·卷上》葉十四"窺"注中"貞"不缺筆。葉十八"眩"字頭缺末筆。葉十九"縣"字頭注中"眩"缺末筆。

《五經文字·卷中》葉六"敬"字頭不缺筆,葉十"積"字頭不缺筆,葉十二"慎""惇"字頭不缺筆。葉十三"犬部"注中"泫"缺末筆。葉二十三"構"字頭不避。葉二十六"挈"字頭注中"兹"一不缺筆,一缺末筆;"玄"缺末筆。葉二十七"爆"字頭注中"敬"不避。葉二十八"禎"字頭注中"貞"不避。

《五經文字·卷下》葉七"縣"字頭下注"玄""眩"皆缺末筆。葉九"鉉"字頭缺末筆,其注"玄"缺末筆。葉十一"纇"注中"朗"不缺筆。葉十四"畜"字頭注中"玄"缺末筆。葉十五"真"注中"慎"不缺筆。葉十六"愍"注中"慎"不缺筆。葉十九"弘"字頭不缺筆,注中"弘"字缺末筆。葉二十"匡"字頭不缺筆。葉二十三"盪"注中"朗"不缺筆。

《新加九經字樣》"玄""桓""朗"缺筆避諱。

《新加九經字樣序》署名"唐玄度"之"玄"缺末筆。正文卷端葉三字頭"桓"缺末筆。葉四字頭"殷"不缺筆。葉六字頭"朗"缺末二筆,葉六字頭"蓋"注中"玄"缺筆。葉八"世"注"廟"缺末二筆。葉十二字頭"華"下注中"弘農"之"弘"不缺筆。葉十五"竟"字頭注中"敬"不缺筆。葉十九"夙"字頭注中"敬"不缺筆。

【序跋附録】

《五經文字》首有田敏《國子監重刊書序》,録文如下:

《國子監重刊書序》

臣聞後漢立石經於太學,前朝復刊勒於國庠,皆不備注文,未全載籍,既難傳習,何以興行? 今我國家道焕文明,化同書軌,將弘啟迪,務廣典墳,於是博采古文,旁求碩學,詳校讎注,明徵指歸,寫案字書,雕成印本。計彼艱難之始,雖積歲而漆版方成。閲兹簡易之功,不終日而五經可集,誠謂光前絶後、超異古今者也。然有諸經文字,雖各依憑六體,或從避忌一時。苟不辨説所宜,亦恐誤惑來者。若漢惡水而改"洛",後漢都洛陽,以火德王而惡水,改"洛"字爲各傍作佳。今《禮》傳作"雒",《詩》《書》作"洛"。秦嫌"皇"以似"皇",《説文》云自取辛苦即爲皋,故"皋"字自下作辛。秦始皇欲其後世皆皇,嫌與"皋"字相似,改爲"皿"下作"非",即《爾雅》《周禮》"皋"字是。周人不諱二名,捨故起於親盡,前朝悉避群廟,闕文徧在諸經,或取形聲,"世"字《説文》"三十年爲世",前朝諱"世",若單言"世",則省一畫而作"廿"。若從偏傍,或形相似,或取聲相近,以"廿"形似"云",即石經"磥""菜""弄"之類,今添正作"牒""葉""棄"矣。又與正"云"字相亂,音他兀反,"流""疏""徹"之類。又言"世"字一畫曳長之,"世""曳"聲相近,則石經"漏洩""繰緤"之類,今添正作"漏泄""繰絏"矣。若依前以"世"作"云",則"緤"字似"紛紜"字。或省點畫。前朝諱"民",若單言"民",則省點與斜畫而作"㞢"。若從偏傍,則省上畫而作"氏",則石經"泯""惽""昏"之類,今添正作"泯""惽""昏"矣。又與正"氏"字相亂,"氏"謂姓氏之氏,即"抵""祇""底"之類,二字相亂,故特明之。若不指正,漸失根源。《書》《禮》《春秋》,未全改正。《尚書》《禮記》《春秋》在天福年前,或前朝諱"淵",石經作"渕"。《説文》云深也,從水,兩畫象古岸,中有横水。猶以"淵""世""民"依石經省點畫,其餘"虎""治""顯""旦""隆""基""亨""豫""适""誦""純""恒""湛"等字於印本並已添正矣。唯《月令》是前朝删定,以"丙丁"爲"景丁",又以"治"音直吏反,與"雉"同音,改"雉"爲野雞,以"虎"爲"武"。今《月令》石經印本並仍舊。二南十翼,可得歸真。《毛詩》《周易》聖朝所雕,"淵""世""民"字並於印本亦添正矣。緣印本與石經及張參《五經文字》不同,故辨明之。臣幸以官守膠庠,時逢校定,覩經文之或異,慮學者之未詳,竊思發明,俾知部類,則有大曆中國子司業張參纂成《五經文字》三卷,刻石於長安太學,采定古今隸省,聚類分門,音訓互明,偏傍曲盡,實文字之要道,儒學之成規。但僻在方隅,藐殊年代,傳聞蓋寡,磨滅良多。惜將隊於斯文,願續鎸於印版。又開成中立石經歲,別有一卷《新加九經字樣》,補張參之所不載,仍標雜辨,實益後生。雖《公》《穀》繫於《春秋》,《周》《儀》同於《禮》典,是以張參三卷通而謂之五經,張參《五經文字》部内並載《公羊》《穀梁》《周禮》《儀禮》中字,皆已音訓出見矣。然有所異聞,誠宜具載,今亦雕刻附集末焉。開運丙午歲九月十一日檢校尚書右僕射守國子祭酒臣田敏序。

次張參《五經文字序例》,録文如下:

《五經文字序例》

《易·繫辭》曰:"上古結繩以理,後代聖人易之以書契,百官以理,萬人以察,蓋取諸夬。"夬,決也。王庭孚號,決之大者,決以書契也。逮《周禮》保氏掌養國子以道,教之六書,謂象形、指事、會意、形聲、轉注、假借六者,造字之本也。雖蟲篆變體,古今異文,離此六者則爲謬惑矣。王者制天下,必使車同軌、書同文,故教人八歲入小學,文有疑者則必闕而求之。春秋之末保氏教廢,無所取正,各遂其私,故孔子曰:吾猶及史之闕文也,今亡矣。蓋夫子少時,人猶有闕疑之問,後亡斯道,歎其不知而作之也。蕭何漢制,亦有著法:太史試學童,諷書九千字,乃得爲史。以六體試之,吏人上書,字或不正,輒有舉劾。皆正史遺文可得焯知者也。劉子政父子校中祕書,自史籀以下凡十家,序爲小學,次於六藝之末。後漢許叔重收集籀篆古文諸家之學,就隷爲訓注,謂之《説文》。時蔡伯喈亦以滅學之後,經義分散,儒者師門各滯所習,傳記交亂,訛僞相蒙,乃請刊定五經,備體刻石,立於太學之門外,謂之石經,學者得以取法焉,遭離變難,僅有存者。後有吕忱又集《説文》之所漏略,著《字林》五篇以補之。今制國子監置書學博士,立《説文》、石經、《字林》之學,舉其文義,歲登下之,亦古之小學也。自頃考功、禮部課試貢舉,務於取人之急,許以所習爲通,人苟趨便,不求當否,字失六書,猶爲壹事,五經本文,蕩無守矣。十年夏六月,有司以職事之病上言其狀,詔委國子儒官勘校經本,送尚書省。參幸承詔旨,得與二三儒者分經鉤考而共決之,互發字義,更相難極。又以前古字少,後代稍益之,故經典音字多有假借。謂若借"后"爲"後","辟"爲"避","大"爲"太","知"爲"智"之類,經典通用。陸氏《釋文》自南徂北,徧通衆家之學,分析音訓特爲詳舉,固當以此正之。唯今文《尚書》改就今字,删定《月令》,依其時進本,與《釋文》音訓頗有不同。卒以所刊書於屋壁,雖未如蔡學之精密、石經之堅久,慕古之士且知所歸。然以經典之文六十餘萬,既字帶惑體,若"冪""幂"同物,《禮經》相舛;"蔦""蕮"同姓,《春秋》互出;"詁""故"同義,《詩》題交錯之類。音非一讀,若"鄉原"之"鄉"爲"嚮","取材"之"材"爲"哉",兩音出於一家而不決其當否。學者傳授,義有所存,離之若有失,合之則難並,至當之餘,但朱發其傍而已。猶慮歲月滋久,官曹代易,儻復蕪汗,失其本真,乃命孝廉生顔傳經收集疑文互體,受法師儒,以爲定例,凡一百六十部三千二百三十五字,分爲三卷。《説文》體包古今，先得六書之要，若古文作“明”，篆文作“朙”；古文作“坐”，篆文作“坔”之類，古體經典通行，不必改而從篆。有不備者求之《字林》；若“挑”“禰”“逭”“遥”之類，《説文》漏略，今得之於《字林》。其或古體難明、衆情驚懵者，則以石經之餘，比例爲助；若“宐”變爲“宜”、“晉”變爲“晉”之類，《説文》“宐”“晉”，人所難識，則以石經遺文“宜”與“晉”代之。石經湮没，所存者寡，通以經典及《釋文》，相承隸省，引而伸之，不敢專也。若“喬”變爲“壽”、“槀”變爲“栗”之類，石經湮没，經典及《釋文》相承作耳。近代字樣，多依四聲，傳寫之後，偏傍漸失，今則采《説文》《字林》諸部，以類相從，務於易了，不必舊次。自非經典文義之所在，雖切於時，略不集録，以明爲經不爲字也。其字非常體，偏有所合者，詳其證據，各以朱字記之，俾夫觀省，無至多惑。大曆十一年六月七日司業張參序。

《新加九經字樣》書首有唐玄度序：

《新加九經字樣序》

覆定石經字體官朝議郎權知沔王友翰林待詔上柱國賜緋魚袋臣唐玄度撰

臣聞秦焚詩書，塞人視聽，漢興典籍，以廣聰明。伏以龜鳥之文，去聖彌遠，點畫訛變，遂失本源。今陛下運契黄虞，道崇經籍，觀人文以成俗，念鳥跡之乖方，繇是遂微臣之上請，許於國學創立石經，仍令小臣覆定字體，謬當刊校，誓盡所知。大曆中，司業張參掇衆字之謬，著爲定體，號曰《五經文字》，專典學者，實有賴焉。臣今參詳，頗有條貫，傳寫歲久，或失舊規，今删補穴漏，一以正之。又於《五經文字》本部之中，採其疑誤舊未載者，撰成《新加九經字樣》一卷，凡七十六部四百廿六文。其偏旁上下木部所無者，乃纂爲雜辨部以統之，若體畫全虧者，則引文以證解。於雅言執禮，誠媿大儒，而辨體觀文，式遵小學。其聲韻謹依開元文字，避以反言，但鈕四聲，定其音旨。今條目已舉，刊削有成，願竭愚衷，以資後學。當開成丁巳歲序謹上。

【批校題跋】《五經文字》卷末有毛扆跋，疑爲過録，姑録文如下：

吾家當日有印書作，聚印匠廿人，刷印經籍。扆一日往觀之，先君適至，呼扆曰：“吾縮衣節食，惶惶然以刊書爲急務，今板逾十萬，亦云多矣。竊恐秘册之流傳者，尚十不及一也。汝曹習而不察，亦知印板始於何時乎？蓋權輿於李唐，而盛於五代也。”後夏日納涼，請問其詳，先君曰：“古人讀書，盡屬手抄，至唐末，益州始有墨板,皆術數、字學、小書,而不及經傳。經傳之刻在於後唐。"自後考之,後唐長興三年詔用西京石經本,雇匠雕印,廣頒天下。見《五代會要》第八卷。宰臣馮道等奏曰:"請依石經文字刻九經印板。"又按《國史志》:"長興三年,詔儒臣田敏校九經,鏤本於國子監。"宸購得《五經文字》一部,係從宋板影寫者,比大曆石本注益詳備,前有開運丙午九月十一日田敏序。按"丙午",開運三年也。則田敏之奉詔在後唐長興三年,越十六年,至石敬塘①之世而雕成印本。由此觀之,蓋祖於五代本矣。石刻舉世有之,但剝蝕處杜撰增補,殊不足據,要必以此本爲正也。虞山毛扆識。

《新加九經字樣》卷末有毛扆跋,疑爲過録,姑録文如下:

余當年有《九經字樣》與《五經文字》並得,崑山校經解時,兩書皆攜去,歸時失去《九經字樣》,不勝悵快。聞武林趙師道書坊有宋板者,覓之不得,後聞錢遵王往彼影寫一本,亦未之見。昨過錢塇家,遵王孫也。始得見之,借歸與石刻細校。石刻"宀"字之末多"寷""窜"二字,此本無之,據注云一十一字、五字重文,則無者爲準。又"乏"字注文"反正爲乏",石刻誤作"人反正"。雨部"霝"字音靈,石刻誤音灵。則此本勝於石刻矣。至釋"看"字云凡物見不審,則手遮目看之,故從手;釋"蓋"字云今或作"盖"者,乃從行書"艹",與"苔""若""著"等字皆訛俗;釋"鼎"字云上從"貞",下象析木以炊,篆文"米"如此,析之兩向,左爲"爿","爿"音牆,右爲"片",今俗作"鼎",云象耳足形,誤也;釋"晨"字云從臼,象叉手,"辰"省之義;其於小學可謂精詳矣。此書既得之,又失之,今復宛轉而得之,殆彼蒼憐余篤好小學,投老而使之一樂乎? 亟命友人影寫一通,寫畢述此,以識平生之幸云。庚寅秋八月虞山毛扆識,時年七十有一。

【鈐印】

《五經文字》田敏序首葉鈐"北京/圖書/館藏"朱文方印、"別字/萸山"白文方印、"席氏/玉照"朱文方印、"席鑑/之印"左朱右白方印,框右鈐"周/遅"白文方印、"三十五/峯/園主人"朱文方印、"汪印/士鐘"白文方印,其右鈐"東郡楊/紹和字/彥合藏/書之印"朱文方印、"儀晉觀/堂鑒/藏甲品"白文方印,其上鈐

①按,當作"塘"。

"墨妙/筆精"朱文方印、"趙/宋本"朱文圓印。

　　張參序首葉鈐"宋存書室"白文長方印。

　　卷上首葉鈐"釀華/艸堂"白文方印、"席氏/玉照"朱文方印、"席鑑/之印"左朱右白方印,左鈐"紹和/筑岩"左朱右白方印、"東郡/楊二"白文方印,框右鈐"秋/浦"朱文方印、"憲/奎"白文方印、"楊以增字/益之又字/至堂晚號/冬樵行一"朱文方印、"關西節/度系關西"朱文長橢圓印、"墨妙/筆精"朱文方印、"趙/宋本"朱文圓印,書眉鈐"宋存/書室"朱文方印。卷上末鈐"楊彦合讀書"朱文長方印,左鈐"虞山席/鑑玉照/氏收藏"朱文方印、"學然後/知不足"朱文長方印、"希世/之珍"朱文方印,左鈐"平陽汪氏/藏書印"朱文長方印。

　　卷中首葉鈐"釀華/艸堂"白文方印、"席氏/玉照"朱文方印、"席鑑/之印"左朱右白方印,左鈐"秋/浦"朱文方印、"憲/奎"白文方印,框右鈐"三十五/峯/園主人"朱文方印、"汪印/士鐘"白文方印、"楊氏協卿/平生真賞"朱文長方印、"墨妙/筆精"朱文方印、"趙/宋本"朱文圓印,書眉鈐"宋存書室"白文方印。卷中末鈐"東郡楊氏鑑/藏金石書畫印"白文長方印,左鈐"虞山席/鑑玉照/氏收藏"朱文方印、"學然後/知不足"朱文長方印、"希世/之珍"朱文方印,再左鈐"平陽汪氏/藏書印"朱文長方印。

　　卷下首葉鈐"釀華/艸堂"白文方印、"席氏/玉照"朱文方印、"席鑑/之印"左朱右白方印,左鈐"秋/浦"朱文方印、"憲/奎"白文方印,框右鈐"三十五/峯/園主人"朱文方印、"汪印/士鐘"白文方印,再右鈐"協卿/珍賞"白文方印、"儀晉/觀堂"朱文方印,上鈐"墨妙/筆精"朱文方印、"趙/宋本"朱文圓印,書眉鈐"宋存/書室"朱文方印。卷下末鈐"楊彦合讀書"朱文長方印,左鈐"虞山席/鑑玉照/氏收藏"朱文方印、"學然後/知不足"朱文長方印、"希世/之珍"朱文方印,再左鈐"東郡楊紹/和鑒藏金/石書畫印"白文方印。

　　跋末鈐"東郡楊氏/宋存書/室珍藏"白文方印,左鈐"袁廷檮/糈觀印""平陽汪氏/藏書印"二朱文長方印,框左鈐"聊城楊/承訓珍藏/書畫印"朱文長方印,再左鈐"北京/圖書/館藏"朱文方印。

　　《新加九經字樣》序首葉鈐"三十五/峰/園主人"朱文方印、"汪印/士鐘"白文方印、"釀華/艸堂"白文方印、"席氏/玉照"朱文方印、"席鑑/之印"左朱右白方印,書眉上鈐"趙/宋本"朱文圓印,第五行空白處鈐"周/暹"白文方印、"宋存書/室珍藏"朱文方印、"北京/圖書/館藏"朱文方印。

書首鈐"釀華/艸堂"白文方印、"席氏/玉照"朱文方印、"席鑑/之印"左朱右白方印、"秋/浦"朱文方印、"憲/奎"白文方印、"楊東樵/讀過"朱文橢圓印、"楊紹和/讀過"白文方印、"彦合/珍玩"朱文方印,書眉上鈐"趙/宋本"朱文圓印。

書末鈐"儀晉觀/堂鑒/藏甲品"白文方印、"楊彦合讀書"朱文長方印,乙面鈐"虞山席/鑑玉照/氏收藏"朱文方印、"學然後/知不足"朱文長方印、"希世/之珍"朱文方印、"聊城楊/承訓珍藏/書畫印"朱文長方印、"袁廷檮/耤觀印"朱文長方印。

跋末鈐"東郡楊/紹和字/彦合藏/書之印"朱文方印、"平陽汪氏/藏書印"朱文長方印、"北京/圖書/館藏"朱文方印。

【書目著録】

1.《楹書隅録》卷一經部著録"影宋精鈔本五經文字三卷三册、影宋精鈔本新加九經字樣一卷一册共一函",鈔録兩書末的毛扆跋,又記曰:

"顧亭林先生云:大歷中,張參作《五經文字》,據《説文》《字林》刊正謬失,甚有功於學者。開成中,唐元度復作《九經字樣》,石刻在關中,向無板本,間有殘缺,無別本可證。朱竹垞先生亦以二書止有拓本無雕本爲一闕事。伏讀《四庫全書總目》云:考《册府元龜》,稱周顯德二年尚書左丞判國子監田敏獻印版書《五經文字》,奏稱臣等自長興三年校勘雕印《九經》書籍。然則此書刻本在印版書甫創之初已有之,特其本不傳耳。可知二書除石經外,久無刻本傳世。而石經自明嘉靖乙卯地震損折,多爲後人屢補,紕繆百出。國朝歙項氏、揚州馬氏、曲阜孔氏、高郵孫氏先後重梓,亦第就石經校定,宋以來刻本仍未之見也。馬本雖未免舛漏,然所據尚是宋拓,最稱精善。孔本覆加讎對,尤審慎不苟。孫氏則取原書自爲編輯,删移淆亂,非復舊觀矣。此本首載開運丙午田敏序,《四庫》據馬本著録,未見此序,故引《册府元龜》爲證。當是南宋初卷中"桓"字缺筆。從田氏原本翻雕者,故首尾完具,注文特極詳備,以馬本及孔氏、孫氏校語證之,多相吻合,而諸本所譌誤者,又賴此得以考訂異同,誠可謂希世之珍矣。至其影摹工雅、楮墨精良,猶餘事爾。《汲古閣祕本書目》:'《五經文字》三本,宋板影鈔,六兩;《九經字樣》一本,影宋精鈔,二兩。'即此本也。同治壬戌冬月東郡楊紹和校畢識。

"武林趙意林信有摹刻宋本《九經字樣》,自序曰'從姚懷祖獲觀趙氏學士樓所藏宋槧凡十九葉,此顧亭林、朱竹垞俱未得見者,洵爲可寶用。手摹校定,重鏤板以行'云云。然意林校語皆附於每部之後,以致行式移易,殊失其真。且校之此本,仍不無譌謬,是意林所據雖出宋槧,亦未若此本之盡善矣。彦合又記。

"每册有'趙宋本''墨妙筆精''希世之珍''席氏玉照''席鑑之印''虞山席鑑玉照氏收藏''醸華草堂''袁廷檮借觀印'各印記。每册藏金紙面,有'興國福壽院轉輪大藏經'圓印。"(周批:"白紙精鈔,席氏原裝,書品寬大。")①

2. 冀淑英編《自莊嚴堪善本書目》經部小學類著録:"五經文字三卷唐張參撰,清初席氏醸華艸堂影宋抄本,三册

"新加九經字樣一卷唐唐元度撰,清初席氏醸華艸堂影宋抄本,一册

"此二書俱八行十四字,小字雙行二十或二十一字。海源閣舊藏,《楹書隅録》卷一著録。有'席氏玉照''席鑑之印'等印。"②

3.《北京圖書館古籍善本書目》經部小學類著録③。

4.《中國古籍善本書目》卷四經部小學類4457著録④。

【遞藏】

1. 汪士鐘(1786—?),字春霆,號閬源,又作朗園,別號三十五峰園主人、藝芸主人,江蘇長洲(今屬江蘇蘇州)人。世爲布商,好藏書。有"民部尚書郎"印,潘祖蔭《藝芸書舍宋元本書目跋》又稱其爲觀察。書齋名"藝芸書舍"。好刻書,多摹刻宋本。有《藝芸書舍宋元本書目》。

2. 海源閣:

楊以增(1787—1855),字益之,號至堂,別號東樵,山東聊城人。清道光二

①《周叔弢批註楹書隅録》,國家圖書館出版社2009年版,第1册143頁。
②《自莊嚴堪善本書目》,天津古籍出版社1985年版,第19頁。
③《北京圖書館古籍善本書目》,書目文獻出版社1987年版,第172頁。以下版本皆同。
④《中國古籍善本書目》,上海古籍出版社1994年版,第430頁。以下版本皆同。

年(1822)進士,歷任貴州荔波、貴筑知縣,興義、貴陽知府,再任廣西左江、湖北安襄荊鄖道員,河南開歸陳許道任職,升任兩淮鹽運使、甘肅按察使、陝西布政使、江南河道總督兼漕運總督。卒謚端勤。藏書樓名"海源閣",又別辟"宋存書室""四經四史之齋"。

楊紹和(1830—1875),字彦合,又字念微,號協卿,山東聊城人。楊以增次子。清同治四年(1865)進士,授翰林院編修;擢詹事府右春坊、右贊善、右中允,同經局洗馬;遷翰林院侍讀,賞三品銜,升侍講學士,充日講起居注,官文淵閣校理,授通議大夫。編有《海源閣書目》《宋存書室目錄》《宋存書室宋元秘本書目》《楹書隅錄》。

楊保彝(1852—1910),字秉齡,號鳳阿,別署瓾庵,山東聊城人。楊紹和之子。清同治九年(1870)舉人,以祖蔭得知縣,歷官內閣中書、户部員外郎、總理衙門章京,後任山東通志局會纂,兼山東優級師範學堂教務長。編有《海源閣宋元秘本書目》。

楊承訓(1900—1970),字敬夫。楊保彝之子。任北洋政府教育部秘書廳秘書廳行走、賑災委員會幹事。後於京奉鐵路局文書科、京漢鐵路總務處、北洋政府交通部任職。1927年遷居天津。

3. 周叔弢(1891—1984),原名明揚,後改名暹,以字行,安徽建德(今屬安徽東至縣)人。曾任唐山華新紗廠、天津華新紗廠經理,啟新洋灰公司總經理,1949年以後歷任中央人民政府政務院財經委員會委員、天津市副市長、天津市人大常委會副主任、全國人大常委會委員、全國工商聯副主席、全國政協副主席等職。書齋名"自莊嚴堪""寒在堂"。藏書被編爲《自莊嚴堪善本書目》《天津市人民圖書館藏活字本書目》《弢翁藏書題識》,有《周叔弢批註楹書隅錄》及多種藏書批校存世。

【其他】三册封面皆各鈐兩枚"興國福壽院轉輪大藏經"朱文圓印。

【按語】

1. 以景刊唐開成石經(影印民國十五年皕忍堂本,中華書局1997年版)觀,開成石經原避唐諱"虎""淵""世""民",今此本多改。如:

《五經文字》卷中葉十一"愍"注"傷也。前朝廟諱,偏傍準式省從氏,凡泯昏之類,皆從氏。今《詩》《易》改卻從民"。後"惛""婚""睯"皆改回"民"。石經本:"惽"注"傷也。緣廟諱,偏傍準式省從氏,凡泯昏之類,皆從氏"。

《五經文字》卷下葉六"紲"注"紲本從世,前朝廟諱偏傍皆作曳,今並改作世"。石經本:"紲"注"紲本文從廿,緣廟諱偏傍,今經典並准式例變"。《新加九經字樣》葉八"吉世"注"卅年爲一世……前朝廟諱省一畫,今添正作世"。石經本:"吉廿"注"卅年爲一廿……今廟諱作廿"。

《五經文字》卷下葉二十二:"虍部""虎"注"前朝諱省,今並添正"。以下從"虎"者皆不缺筆。石經本:"虜"注"緣諱故省一畫,凡從虜者皆放此"。以下從"虎"者皆缺末筆。《新加九經字樣》葉十四"嗁啼"注"號也……從虒聲"。石經本"嗁""號""虒"皆缺末筆。

《新加九經字樣》葉十一"淵"注"深水也。從𠝢,𠝢古文淵。象水左水右,岸中也。廟諱闕右畫作渊,今添正作淵。"石經本"淵""𠝢"皆缺末筆。席氏本"媌",石經本缺末筆。

《五經文字》田敏序所云"世"改作"云"的字,《五經文字》中如"揲""葉""渫",皆未改。而《新加九經字樣》"曡疊"注"音牒","牒"字已改,石經本仍作"渫"。

2.《五經文字》與《新加九經字樣》版心版式有異。修改唐諱有不一致處,宋諱字"朗"一避,一不避。且從跋文内容看,《五經文字》係從宋本直接影寫,《新加九經字樣》係從另一影宋本(錢遵王影宋本)影寫。其底本來源或不相同。

3. 此書舊有汲古閣毛氏抄本及席氏釀華草堂抄本兩種著録。《楹書隅録》以《汲古閣秘本書目》所收影宋抄《五經文字》爲此書,《自莊嚴堪善本書目》始著録爲席氏抄本。經查國家圖書館古籍館善本組草片,二者之間反復修改,最終定爲席氏所抄。按全書無毛氏藏印,席氏藏印爲書中最早。《五經文字》《新加九經字樣》卷末皆有毛扆題跋,筆跡工整,經比對他書毛扆真跡,結合跋文内容,疑從毛氏本過録。

4.《楹書隅録》稱,《五經文字》"國朝歙項氏、揚州馬氏、曲阜孔氏、高郵孫氏先後重梓",孫氏"取原書自爲編輯,删移淆亂,非復舊觀",不爲所據。本文現將席氏影抄本卷上與清康熙五十四年項絪刻本、清乾隆馬氏叢書樓刻本、清乾隆刻孔氏微波榭叢書本及景刊唐開成石經(影印民國十五年皕忍堂本,中華書局 1997 年版)對勘,可見席氏影抄本《五經文字》版本特徵如下:

(1)除席氏本外,餘四本每部所收字數皆大寫。如席氏本"木部凡一百九十二字六字重文",項氏、馬氏、石經本作"木部凡一伯玖拾貳字陸字重文",孔氏本作"木部凡一伯玖拾貳字陸字重文。按:拾壹字重文,疑陸字誤"。

(2)席氏本與馬氏本在所校勘五本中,所存文字最多。席氏本與他本比,僅卷上"標"注缺"落也,見《詩》。又浦交反,見《春秋傳》";"止部 凡十二字"缺"二字重文"。

孔氏本參照了馬氏本,但有部分石經缺漏處仍闕文不補。

項氏本與石經本缺漏部分比較一致,如"杦"字頭缺,"本"缺説文字,"柢"注"丁奚反"缺"丁"字。而項氏本又有順序錯亂,如"橖"下至"根"皆移位。

(3)《五經文字》中的唐諱"虎""淵""世""民",核以衆本,項氏本、馬氏本、石經本皆保留。席氏本多改,惟"揲""葉""牒"等字結構中"世"作"云"未改。孔氏本改唐諱與餘四本不一致,如"虘"注"緣諱故省一畫,凡從虘者皆放此",保留缺筆,但以下從"虎"者皆不缺筆;"揲""葉""牒",孔氏本皆改作"揲""葉""牒";"愍""婚"皆用"氏"不用"民",而"惛""瞖"由"氏"改爲"民"。

(4)席氏本有傳抄錯誤者,如"迥"注"從冋,同音坰",其中"同"爲"冋"之誤;"走部"注"祖苟反。《説文》從天從止。今依經典相承作走","天"爲"夭"之誤;"槀"注"若老反","若"爲"苦"之誤;"柲"注"弋柄","弋"爲"戈"之誤。

(5)席氏本與餘四本皆不同處:

席氏本有,而餘四本皆無或補處:多田敏序;在"冃部 凡陸字"後多"一字重文",項氏本、馬氏本與石經本皆無,孔氏本補注"補壹字重文";"痭"注"丕命反,又火命反,《爾雅》音柄",多"《爾雅》音柄";"徐"注多"似居反"。

席氏本與餘四本皆不同者:有反切不同者,如"傀"注"公回反,見《周禮》",餘皆作"公迴反";"侭"注"士限反,見《虞書》",餘皆作"士眷反";"徐"注"似居反,安行也",餘皆缺反切;"宀部"注"彌先反",餘皆作"彌仙反";"實"注"冊,公歡反",餘皆作"冊,公丸反";"完"注"乎官反,全也",餘皆作"音丸,全也"。

有釋義不同者,如"趨"注"𣥂一反。止行也,作蹖同",餘皆作"上行也"。有字形不同者,如席氏本樓樓,餘皆作櫻樓;席氏本"櫂"注"俗攉訛",餘皆作"俗作攉訛";席氏本"攜"注"户圭反,相乘作攜或携者皆非",餘皆作"户圭反,相乘作攜或作㩗者皆非"。

5. 以《新加九經字樣》席氏影抄本與清康熙五十四年項絪刻本、清乾隆馬氏叢書樓刻本、清乾隆刻孔氏微波榭叢書本及景刊唐開成石經(影印民國十五年皕忍堂本,中華書局 1997 年版)對勘,可見席氏影抄本版本特徵如下:

(1)每部所收字數諸本均未大寫。其中僅席氏本"凡幾字"正文書寫,其下小字注出"幾字重文"。餘本二者皆作小字下注。

(2)席氏本有傳抄誤、脱、衍字處,如"億億"注"從人意",""意"爲"意"之誤,末脱"聲"字;"他"注"相承作抪抪音馳",衍"抪"字,餘本皆無;"凜寒"注脱"涷也"二字;"恊"注"同心之和",末脱"也"字,此處剛好爲行末,或爲不單起一行;"昏"注"杅臼也","杅"爲"抒"之誤。

(3)席氏本與餘四本皆不同處不多,如"責責"注"從貝從朿",僅席氏本從"束",餘皆從"朿";"𦬊柬",席氏本注音"羊晉反",餘四本作"音胤"(孔氏本缺末筆);"奭"注"召公名",餘四本皆作"邵公名";"玉乏"席氏本注"文反正爲乏",餘四本皆作"人反正爲乏";"異異"席氏本注"從艸從畀",餘四本皆作"從艸分畀",主要出現在"雜辨部"。

史　部

東家雜記

中國國家圖書館　趙　嘉

中國國家圖書館 03786

國家珍貴古籍名録 00512

《東家雜記》二卷。（宋）孔傳撰。宋刻遞修本。四册。經折裝。（明）袁則明跋；（清）錢大昕、黄丕烈跋。

【題著説明】卷端題“東家雜記上”，次行、三行題“右朝議大夫知撫州軍州事兼管内勸農使仙源／縣開國男食邑三伯户借紫金魚袋孔傳編”。

【著者簡介】孔傳（生卒年不詳），字世文，晚號杉溪，兗州仙源（今山東曲阜）人。孔子四十七世孫，南孔始祖。精易學，操行介潔。建炎初，隨孔端友、孔端木等南渡，遂流寓衢州。紹興二年（1132）除知邠州，移知陝州，改知撫州，官至右朝議大夫。卒年七十五，封仙源縣開國男。著有《續六帖》《東家雜記》《洙南野史》《續尹植文樞秘要》《杉溪集》等。

【内容】書分二卷，卷前各有目録。卷上九篇：《姓譜》《先聖誕辰諱日》《母顔氏》《娶并官氏》《追封謚號》《歷代崇奉》《嗣襲封爵沿改》《改衍聖公告》《鄉官》；卷下十二篇：《先聖廟》《手植檜》《杏壇》《後殿》《先聖小影》《廟柏》《廟中古碑》《本朝御製書》《廟外古跡》《齊國公墓》《祖林古跡》《林中古碑》。

卷上多出《杏壇説》《北山移文》《擊蛇笏銘》《元祐黨籍》四篇,不見於目録,現置於卷上第一、二葉,即《姓譜》首兩葉之間,或是重裝失誤所致。卷下最末《宅圖》《續添襲封世系》兩篇,亦不見於目録。

孔傳在宣和六年曾撰《祖庭雜記》一書,南渡之後又撰此書,易“祖庭”爲“東家”,當如錢大昕所謂“改‘祖庭’爲‘東家’者,殆痛祖庭之淪陷,不忍質言之歟?”(見下文本書題跋)《東家雜記》是後人了解和研究孔子世家的重要資料,《宋史·藝文志》《郡齋讀書志》《直齋書録解題》《四庫全書總目》等皆著録此書。清紀昀在《河間孔氏族譜序》中評價:“自《史記》世家以後,今所傳者,叙述淵源莫古於王肅《家語》之《本姓解》,考求故實莫古於南宋孔傳之《東家雜記》。”①足見此書具有較强的真實性和可靠性。

【刊印者】待考。

【行款版式】半葉十行,行十八字。白口,左右雙邊,雙魚尾(間有單魚尾、無魚尾者)。版心中鐫“東家記”或“東家”及葉數,下鐫刊工姓名(亦間有刻字數者)。版框19.8厘米×14.5厘米,開本29.0厘米×18.1厘米。

【題名頁牌記】無。

【刊寫題記】無。

【刻(寫)工】版心所見刻工有楊端、王子正、陳、張、張圭、昇、端、楊、圭,其餘版印模糊,不可辨識。

【避諱】全書遞修、描補多處,避諱情況不一。

“敬(竟)”“弘”“胤”“桓(完)”“貞(徵)”“慎”等字缺末筆。

“玄”“勾”“禎”有缺末筆者,亦有不缺筆者。如卷上《歷代崇奉·加諡玄聖文宣王祭文》,“玄”缺筆。卷上末“轉運司勾當公事”之“勾”缺筆,作“勹”。卷上《歷代崇奉·孔子追封諡號》,“唐高宗乾封元年”條,“金鼎流禎”之“禎”缺筆。

亦有作“御名”“名犯廟諱”者。

“敦”字不缺筆。如卷上《歷代崇奉·御祭文》,“元符元年奉”條,“敦睦族人”之“敦”不缺筆。

---

①《紀文達公遺集》卷八,清嘉慶十七年紀樹馨刻本。

《杏壇説》《北山移文》《擊蛇笏銘》《元祐黨籍》《宅圖》《續添襲封世系》不見於目録,其避諱情況如下:《北山移文》中,"耿""玄""郭"不缺筆,"貞"缺筆。《元祐黨籍》中,"勾"不缺筆。《續添襲封世系》,"八代"條下,"字子慎"之"慎"缺筆,"三十四代"條下,"禎,禮部員外郎、刺史"之"禎"不缺筆,"四十七代"條下,"惇,朝散大夫"之"惇"缺筆。其餘幾篇未見避諱情況。

【序跋附録】

書首目録前刻有孔傳序,録文如下:

《東家雜記》

先聖没逮今一千五百餘年,傳世五十。或問其姓,則内求而不得;或審其家,則舌舉而不下。爲之後者,得無愧乎? 傳竊嘗推原譜牒,參考載籍,則知鄭有孔張,出於子孔;衛有孔達,出於姬姓;蓋本非子氏之後而徙居於魯者,皆非吾族。若乃歷代褒崇之典,累朝班賚之恩,寵數便蕃,固可以枚陳而列數。以至驗祖壁之遺書,訪闕里之陳跡,荒墟廢址,淪没於春蕪秋草之中者,魯尚多有之。故老世傳之,將使聞見之所未嘗者,如接於耳目之近。於是纂其軼事,綴所舊聞,題曰"東家雜記",好古君子得以覽觀焉。時巨宋紹興甲寅三月辛亥,四十七代孫右朝議大夫知撫州軍州事兼管内勸農使仙源縣開國男食邑三伯户借紫金魚袋孔傳謹序。

書末有序三篇,録文如下:

《四十六代孫宗翰序》

家譜之法,世叙承襲者一□［人］①而已,疏略之弊,識者病之。蓋先聖之没於今千五百年,宗族世有賢俊,苟非見於史册,即後世泯然不聞,是可痛也。如太常博士諱臧、臨淮太守諱安國、丞相諱光、北海相諱融、蘭臺令史諱昱②,纔十數人,非見於漢史皆不復知矣。魏晉而下逮於隋唐,見於紀者止百餘人。按議郎本傳云:"自霸至昱,七世之内,爵位相係,其卿相牧守五十三人,列侯七

①"人"據國家圖書館所藏清抄本補,館藏索書號 07407。

②此處記録有誤,據《後漢書·儒林傳上·孔僖傳》《後漢書·黨錮傳·孔昱傳》,可知孔僖在漢章帝時曾官蘭臺令,孔昱在靈帝時曾官議郎。此處遺漏孔僖。蒙古刻本《孔氏祖庭廣記》已改正此句。

人。"①今考於傳記，乃知所遺之多也。宗翰假守豫章，蒙恩除魯郡，將歸之日，遂以舊譜命工鏤版，用廣流傳。或須講求，以俟他日。元豐八年十一月二十三日，四十六代孫朝議大夫知洪州軍州事兼管内勸農使江南西路兵馬鈐轄柱國賜紫金魚袋宗翰謹序。

《四十八代孫端朝序》

端朝聞諸父云，吾家自五代亂離，宗族散走，死亡略盡。獨襲封尚書諱仁玉守墳墓不去，尚書幼子諱勗，仕爲侍郎，長子□[及]②孫皆爲侍從，儒門復興。今聚族二百口，皆尚書公子孫，依廟爲宅，家有賜書，以至祭器、御書、田園、僕役，皆上所賜。許任鄉官，著在吏部爲□□[成法]③。由是土人不以姓名稱，止曰"廟宅"。族人無異居者，獨安州族祖六中書諱宗簡，因官不歸，遂家焉。宣和末，女真始入寇，靖康丙午，群盜起，家所蓄藏蕩然雲散。建炎戊申十月，端朝不得已，去陵廟南奔。明年己酉八月，蒙恩，以孔氏特差徽州黟縣令。後二年辛亥四月赴官，六月，張琪犯徽州，黟之四境焚殺一空。端朝與幼累奔山間，僅得不死，所攜上世告敕、祖父遺書、生生所資皆失之矣，獨此譜山中人得之，轉以見歸。此譜乃古本，頃叔祖貳卿削去旁支，獨載世襲者，有識惜之。今亡而更存，豈非天也。因書以示子孫。紹興二年歲次季五月朔，四十八世孫端朝謹書。

《五十代孫擬序》

孔氏子孫聚居祖廟幾二千年，無異居他州者。自經建炎兵火，獨四十七代孫中散公諱傳，與四十八代孫襲封公諱端友及右司公諱端木、四十九代孫知府公諱瓚、□□[主簿]④公諱琯，五位挈家隨駕南渡，散居於□[衢]⑤徽□[雪]⑥川江右松楸，因寓焉，餘皆留祖廟。自南渡後，蒙朝廷念孔氏子孫之無幾，計口給

①《後漢書·列傳第五七·孔昱傳》。
②"及"據國家圖書館所藏清抄本補，館藏索書號07407。
③"成法"據國家圖書館所藏清抄本補，同上。
④"主簿"據國家圖書館所藏清抄本補，同上。
⑤"衢"據國家圖書館所藏清抄本補，同上。
⑥"雪"據國家圖書館所藏清抄本補，同上。

田以□［贍］①之，乃於衢州撥賜田十頃，且俾春秋兩時饗先聖於家廟，州郡差官行禮，較之鄉邑，十才其一。今又四十餘年，子孫漸眾，所得益微，而其占籍於錫田者，皆先聖之後。至若歷代追崇之盛典，備見中散公所著《東家雜記》，兹不復云，獨此闕而不書，因以大概附於篇末。淳熙五年六月旦，五十代孫擬謹書。

【批校題跋】本書卷下《廟中古碑》有少量佚名朱筆批校。卷下末葉書眉有袁則明跋，書後護葉有黃丕烈、錢大昕跋，録文如下：

1.《東家雜記》書一本，得之胡祭酒先生家。觀其書，首有沈氏圖書，又有夏氏圖書，而又傳於胡矣。今吾家又得之於胡，子孫其念之哉。時成化乙巳十月十九日，袁則明甫寓南昌學識。

2. 題宋槧本東家雜記後，棘人黃丕烈

《東家雜記》二卷，葉九來曾有宋槧本，而錢遵王因假借繕寫，此見諸《讀書敏求記》者也。繼於顧抱沖案頭見有影宋本《東家雜記》，末有茱萸山人席鑑跋云：“往聞何義門太史得宋槧本《東家雜記》二卷，毛省庵先輩從之影寫一本，余於丙申仲夏得之汲古閣中。”據是，則錢、毛二家皆有影宋本，而葉與何所藏宋槧本，不知是一是二耳。今余於東城舊家得宋槧本，即爲毛氏影寫本所自出，是可喜也，敢不寶之？

3. 世文於宣和六年嘗撰《祖庭雜記》，及從思陵南渡，別撰此書，改“祖庭”爲“東家”者，殆痛祖庭之淪陷，而不忍質言之歟？考四十九代孫玠襲封衍聖公時，世文已稱本家尊長，而卷中述世系訖於五十三代孫洙，計其時代當在南宋之季，蓋後來續有增入矣。卷首《杏壇圖説》，與錢遵王所記正同。竊意此《圖説》及《北山移文》《擊蛇笏銘》《元祐黨籍》三篇，亦後人增入，非世文意。蕘圃主人精於考古，其以吾言爲然乎否？辛酉十一月，竹汀居士錢大昕記。（末鈐“錢印大昕”白文方印、“竹汀”朱文方印）

【鈐印】書前題籤葉鈐“鐵琴銅／劍樓”白文長方印。護葉鈐“平江汪／振勛／眉／泉氏印記”朱文方印、“唐越國／公四十二世／孫”朱文方印。孔傳序首葉鈐一

①“贍”據國家圖書館所藏清抄本補，館藏索書號07407。

朱文方印殘破不可辨識(或是“七峰/道人”朱文方印,册三卷端有此印)、“孫育/之印”白文方印、一朱文方印殘破不可辨識(或是“麗南/樓藏”,卷上《杏壇圖説》畫像葉上有此印),框外鈐“北京/圖書/館藏”朱文方印、“閬源/真賞”朱文方印、“汪印/士鐘”白文方印、“鐵琴銅/劍樓”白文長方印,葉末鈐“汪氏/梅泉”朱文方印、“修汲軒”朱文長方印。卷上卷端鈐“復/翁”白文方印、“黄印/丕烈”白文方印、“鐵琴銅/劍樓”白文長方印、“良士/眼福”白文方印、“瞿印/啟文”白文方印、“菰里/瞿鏞”朱白文相間方印(右朱左白)、“梅/泉”朱文方印、“汪印/振勛”朱文方印,框外鈐一朱文方印模糊不可辨識、“白/和”朱文方印、“義門/夏氏”白文方印,書眉上鈐“夏”朱文方印、“百宋一廛”朱文長方印。次葉《杏壇説》鈐“孫育/之印”白文方印、“麗南/樓藏”朱文方印、“吴下/汪三”朱文方印、“振勛/私印”朱白文相間方印(右白左朱)、“鐵琴銅/劍樓”白文長方印,次葉《北山移文》鈐“麗南/樓藏”朱文方印。册二首葉鈐“汪氏/梅泉”白文長方印,框外鈐“閬源/真賞”朱文方印、“汪印/士鐘”白文方印。册二末葉鈐“吴下/汪三”朱文方印、“振勛/私印”朱白文相間方印(右白左朱)、“春湖居士/七峰山人”朱文長方印,框外鈐“自怡/閣”白文方印、“仲”“殷”朱文連珠印。册三卷下卷端鈐“七峰/道人”朱文方印、“孫育/之印”白文方印、“麗南/樓藏”朱文方印、“梅/泉”朱文方印、“汪印/振勛”朱文方印,框外鈐“閬源/真賞”朱文方印、“汪印/士鐘”白文方印。册四首葉鈐“汪氏/梅泉”白文長方印、“閬源/真賞”朱文方印、“汪印/士鐘”白文方印,册四末葉鈐“蕘圃/卅年精/力所聚”白文方印、“士禮/居”白文方印、“紳之/號/眉泉”朱文方印、“振勛/汪印”白文方印、“修汲軒”朱文長方印、“春湖居士/七峰山人”朱文長方印、“瞿印/秉淵”白文方印、“瞿/潤印”白文方印、“子雝/金石”白文方印、“紹基/秘笈”白文方印、“鐵琴銅/劍樓”白文長方印、“周谿/沈氏”白文方印,兩白文方印殘破不可辨識(其一當是“自怡/閣”白文方印,參考影宋本所摹印記,另一爲“□□/書印”)。書後護葉鈐“歲寒/小隱”朱文方印、“雄/仲”白文方印、“沈偉/之印”白文方印、“孫/柏”朱文方印、“仲/殷”白文方印。書後黄丕烈題跋之葉鈐“鐵琴銅/劍樓”白文長方印。錢大昕題跋末鈐“錢印/大昕”白文方印、“竹/汀”朱文方印,該葉又鈐有“鐵琴銅/劍樓”白文長方印、“北京/圖書/館藏”朱文方印。

【書目著録】

1. 汪士鐘《藝芸書舍宋元本書目》宋板部分記有“東家雜記二卷”，當即此書①。

2. 瞿氏《鐵琴銅劍樓藏書目録》卷十史部三傳記類著録“《東家雜記》二卷宋刊本”，記曰：“首列紹興甲寅三月辛亥四十七代孫右朝議大夫知撫州軍州事兼管内勸農使仙源縣開國男食邑三佰户借紫金魚袋孔傳序。有《杏壇圖》及《説》與琴歌，壇作三重；核諸《敏求記》，所載悉合；即遵王所見之書也。後附元豐八年四十六代孫宗翰、紹興二年四十八世孫端朝《家譜舊序》，又淳熙五年五十世孫擬序一首，序云‘歷代追崇之盛典，備見中散公《東家雜記》’，則非序是書之文，當亦是家譜序耳。案：世文自序與《祖庭廣記》附刻者，字句稍異；而作序歲月亦不同，此本作紹興甲寅三月辛亥，《廣記》作宣和六年甲辰三月戊午；又署銜，此作朝議大夫知撫州，《廣記》作朝散大夫知邠州。蓋世文先作《祖庭雜記》，南渡後復作此書，《廣記》所採者，乃《祖庭雜記》也。每半葉十行，行十八、十九字不等。‘敬’‘慎’字有減筆，‘管勾’之‘勾’或作‘匄’，避高宗嫌名也。舊爲士禮居藏書，後有黄蕘圃、錢竹汀二跋。竹汀跋語，與《養新録》所載略同。卷首尾有‘麗南樓藏’‘孫育之印’‘周谿沈氏’‘沈偉之印’‘雄仲’‘歲寒小隱’諸朱記。”②

3.《北京圖書館古籍善本書目》史部傳記類著録。

4.《中國古籍善本書目》卷八史部傳記類5086著録。

【遞藏】

1. 義門夏氏、夏，待考③。

2. 孫育（1487—1530），字思和，號七峰山人，江蘇丹陽人。其人文筆出衆，書藝雅絶，少負才名，譽重一時，舉爲文華殿中書舍人。工詩文，翰墨與唐寅、祝允明齊名。收藏書畫甚精富。世人得其所藏，皆珍秘之。著有《七峰山人集》。

---

①《藝芸書舍書目》，《江氏聚珍版叢書》，文學山房1899年版，葉十七。
②《鐵琴銅劍樓藏書目録》，上海古籍出版社2000年版。
③歷史上有横跨宋元明時期的藏書世家義門夏氏，不知是否即此處之“義門夏氏”，尚待進一步考證。

3. 汪士鐘（1786—?），見前《國家珍貴古籍名録》03435。

4. 汪振勛（生卒年不詳），清吴縣（今屬江蘇蘇州）人，字紳之，號梅泉、眉泉，行三。王重民先生以汪振勛爲汪士鐘近屬，約當爲士鐘子侄輩①。室名"修汲軒"。

5. 黄丕烈（1763—1825），字紹武，一字承之，號蕘圃、紹圃，又號復翁、佞宋主人、秋清居士、知非子、抱守主人、求古居士、宋廛一翁、陶陶軒主人、學山海居主人、秋清逸叟、半恕道人、黄氏仲子、民山山民、龜巢老人、復見心翁、長梧子、書魔、獨樹逸翁等，吴縣（今屬江蘇蘇州）人。清乾隆五十三年（1788）舉人，官主事，嘉慶六年（1801）發往直隸知縣不就。有藏書室"士禮居""百宋一廛""陶陶室"等。其書編爲《求古居宋本書目》《蕘圃所見古書録》《百宋一廛書録》，其題跋編爲《蕘圃藏書題識》《士禮居藏書題跋》等。

6. 瞿紹基（1772—1836），字蔭棠，江蘇常熟人。廩貢生。其藏書處爲"恬裕齋""鐵琴銅劍樓"，爲常熟瞿氏藏書第一代主人。

7. 瞿鏞（1794—1846），字子雍，江蘇常熟人。歲貢生，選授寶山縣學訓導。瞿紹基之子，鐵琴銅劍樓第二代主人。編纂有《恬裕齋藏書目録》。

8. 瞿秉淵（1820—1886），字鏡之，江蘇常熟人。瞿鏞次子，鐵琴銅劍樓第三代主人。其父瞿鏞去世後，與弟瞿秉清聘請太倉季錫疇、常熟王振聲繼續校對書目，編成《鐵琴銅劍樓書目》。

9. 瞿啟甲（1873—1940），字良士，江蘇常熟人。鐵琴銅劍樓第四代主人。瞿氏首創常熟縣立圖書館，任館長，並將家藏部分藏書捐藏。1924 年軍閥内戰，爲免兵燹，將全部珍本運往上海加以保護。抗日戰争爆發後，拒任僞職，避居蘇州，後病逝於上海寓所。遺命"書勿分散，不能守，則歸之公"。編有《鐵琴銅劍樓宋金元本書影》《鐵琴銅劍樓藏書目録》《鐵琴銅劍樓藏書題跋集録》《鐵琴銅劍樓叢書》等。

【其他】

1. 此書一函四册，書前有題簽"東家雜記，宋刊，四本"，鈐蓋"鐵琴銅劍樓"白文印。

---

① 王重民《中國善本書提要》子部藝術類《書學會編》、集部别集類《東萊先生詩集》，上海古籍出版社 1983 年版，第 294、529 頁。

2. 此書卷上排葉有混亂之處，卷上第一篇《姓譜》一文的第一、二葉之間插入了《杏壇説》《北山移文》《擊蛇笏銘》《元祐黨籍》四篇文章，致使《姓譜》一文被割裂。或是此本在裝潢時出現了裝訂錯誤，而影宋鈔本與此不同，符合《讀書敏求記》所記"首列《杏壇圖説》"。

3. 卷上《杏壇説》《北山移文》《擊蛇笏銘》《元祐黨籍》，卷下《宅圖》（後半部分）《續添襲封世系》及書後《四十六代孫宗翰序》《四十八代孫端朝序》《五十代孫擬序》（前半部分）在字體風格上與全書區別明顯；卷上四篇書葉版心中部書名處俱作墨丁，亦與全書其餘各處版心鐫書名"東家"不同。或可推測上述篇目曾經修版補刻。

上述補刻部分，《宅圖》首葉爲原刻，可推測該篇内容並非補刻時所增補。而《續添襲封世系》著録至孔氏五十三代孫，其内容亦可推測爲補刻所增，該篇"惇"字缺筆，可能補刻於宋光宗時①。

4. 此書卷上第卅六葉缺失。

5. 卷下目録處有剜補，造成目録部分有殘缺，《手植檜》《先聖小影》《本朝御製書》《祖林古跡》在目録中被剜去。

6. "乾"字間或有用俗字"乹"者。"號"字有作"号"者。

【按語】

1. 此本爲《東家雜記》現存最早的刻本。然書中版印多有模糊、描補之處，可見印刷較晚。

2. 黄丕烈除跋於此本外，又於《百宋一廛書録》記："《東家雜記》影宋本，余見諸小讀書堆。此外抄本亦時見一二，不及顧本之精妙。最後見宋本於凝碧亭顧氏，蓋數年前騎龍巷顧氏散出而凝碧亭主人收之者。余從而購之，取對顧本，覺影抄者已稍點竄，面目非盡本真。首列《杏壇圖説》，宣尼十哲，師坐弟侍，儀容儼然，令人蕭然起敬。當日遵王所假借繕寫者爲葉九來家宋槧本，未知即此本否。"②

①《中華再造善本提要》舉出《續添襲封世系》中避光宗諱，推測補刻時間當在紹熙間，謂此書不僅在版本上遞有修補，在内容上亦遞有增補，其實得之。
②黄丕烈《百宋一廛書録》，見《黄丕烈書目題跋·顧廣圻書目題跋》，中華書局 1993 年版，第418 頁。

　　錢曾借葉九來藏宋槧本繕寫之事,見於《讀書敏求記》。《敏求記》譜牒類著録"《東家雜記》二卷",記曰:"牧翁書趙太史《魯游稿》後,極稱《東家雜記》《祖庭廣記》諸書,而惜乎未見也。壬戌冬日,葉九來過訪草堂云:'有宋槧本《東家雜記》。'因假借繕寫。此書爲先聖四十七代孫孔傳所編,首列《杏壇圖説》,記夫子車從出國東門,因觀杏壇,歷級而上,顧弟子曰:'兹魯將臧文仲誓將之壇也。'睹物思人,命琴而歌,其歌曰:'寒暑往來春復秋,夕陽西去水東流。將軍戰馬今何在,野草閑花滿地愁。'考諸家《琴史》俱失載。附録於此,詳其語意,未知果爲夫子之歌否也。"①

　　黄丕烈跋云毛氏汲古閣亦有影宋抄本,出自何義門所藏,不知與《敏求記》所云葉氏藏本關係何如。本文在此梳理如下:

　　一、毛氏抄本系統:

　　國家圖書館藏有兩書屬於清初毛氏影抄宋本系統,一爲周叔弢舊藏(館藏書號 08055),一爲涵芬樓舊藏(館藏書號 07407)。

　　(1)周叔弢舊藏(館藏書號 08055)

　　著録爲清初毛氏汲古閣影抄宋本,書中在相同位置描摹了宋刻本中的多方藏印,如"夏"朱文方印、"孫育/之印"白文方印、"麗南/樓藏"朱文方印、"自怡/閣"白文方印、"仲""殷"朱文連珠印、"春湖居士/七峰山人"朱文長方印等,而未摹汪士鐘、黄丕烈二家印記,可知當抄於清初。但書中未見毛氏印記,不知是否果爲毛氏抄本。卷下文末有清席鑑跋文一則:

　　往聞何義門太史得宋槧本《東家雜記》二卷,毛省庵先輩從之影寫一本,余於丙寅仲夏得之汲古閣中,其楮墨之妙無庸贅言。此書爲先聖四十七代孫傳所編,首列《杏壇圖説》,記夫子車從出國東門,登杏壇,顧弟子曰:"兹魯將臧文仲誓盟之壇也。"睹物思人,命琴而歌,歌曰:"暑往寒來春復秋,夕陽西去水東流。將軍戰馬今何在,野草閒花滿地愁。"此歌盡人能誦之,皆莫辨誰作,不謂顧出此書,信乎讀書之不可以不廣也。按諸家《琴史》俱失載,但玩其語意,未必果爲夫子之歌耳。傳字世文,有宋撫州,中散大夫。康熙著雍閹茂之歲,四月既望,茱萸山人席鑑跋。

---

①錢曾《讀書敏求記》,書目文獻出版社 1984 年版,第 52 頁。

書中有席氏鈐印："席/鑑"朱文方印、"別字/黄山"白文方印、"席鑑/之印"朱白文相間方印(左朱右白)、"席氏/玉照"朱文方印。

此本曾經傅增湘收藏,有"雙鑑樓"朱文長方印、"書/潛"朱文方印、"江安傅/沅叔收/藏善本"朱文方印諸印記,但未見其《藏園群書經眼録》《藏園群書題記》著録。

後又歸周叔弢,周氏補足書中缺葉,倩勞健題跋:

《東家雜記》毛氏景宋鈔本,江安傅氏舊藏,癸酉歲叔弢得之日本文求堂,重具有席氏手跋也。頃出以見示,卷上闕第三十六葉,叔弢所蓄藝風堂景宋咸淳本此葉適完,固屬余據以鈔補之。此書流傳甚罕,自胡氏琳瑯秘室用活字本印行始顯於世。胡氏所據爲愛日精廬景宋鈔本,亦闕此葉。胡氏未察,既改易行款,連接寫之。雖文義不相屬,而人無從知其有缺佚矣。按,愛日精廬所藏景宋鈔本出於錢氏述古堂,今與毛氏所闕相同,是出一源之證。黄蕘圃嘗致疑此二鈔本其是一是二,不意數百年後得此佳證以決,良足快意也。戊寅二月,桐鄉勞健篤文記。

總之,此本卷上原缺第三十六葉,有席鑑跋,描摹有今存宋本中的部分藏印,被認爲是毛氏影鈔。

(2)涵芬樓舊藏(館藏書號07407)

爲周叔弢舊藏(館藏書號08055)的影鈔本,描摹了席氏及其之前的藏印,卷末席氏題跋亦依樣抄録。書中鈐有"韻齋手/鈔秘笈"朱文長方印、"海鹽/張元濟/經收"朱文方印、"涵芬樓"朱文長方印。韻齋待考。

《涵芬樓燼餘書録》史部著録此本[1]:《東家雜記》二卷 影鈔宋本 二册。卷首《杏壇圖説歌辭》《北山移文》《擊蛇笏銘》《元祐黨籍》;次紹興甲寅孔傳自序,分上下二卷,題"右朝議大夫知撫州軍州事兼管内勸農使仙源縣開國男食邑三伯户借紫金魚袋孔傳編";卷上九類,曰《姓譜》、曰《先聖誕辰諱日》、曰《母顔氏》、曰《娶并官氏》、曰《追封謐號》、曰《歷代崇奉》、曰《世襲封爵沿改》、曰《改衍聖公告》、曰《鄉官》;卷下十二類,曰《先聖廟》、曰《手植檜》、曰《杏壇》、曰

---

①張元濟《涵芬樓燼餘書録》,《明清以來公藏書目彙刊》,北京圖書館出版社2008年版,第27册,第279頁。

《後殿》、曰《先聖小影》、曰《廟柏》、曰《廟中古碑》、曰《本朝御製書》、曰《廟外古跡》、曰《齊國公墓》、曰《祖林古跡》、曰《林中古碑》；又續添《襲封世系》，至五十三代止。卷末有四十六代孫宗翰、四十八代孫端朝、五十代孫擬三序。原爲宋刻，汲古閣毛氏從之影寫，此又影自毛氏。宋諱"貞""敬""弘""胤""完""竟""桓""慎""徵"字缺末筆，避諱至孝宗止，其餘宋諱時避時不避，亦有注"御名""名犯廟諱者"①。同時，此本在避諱上與宋刻遞修本有不同之處，如書中"寧"字皆缺筆，宋刻遞修本則不缺筆。半葉十行，行十八字，版心下記刻工姓名。藏印"韻齋手鈔秘笈"。

此系統的抄本影鈔自何焯所藏宋本，較之今存宋刻遞修本《東家雜記》，正文内容的完備程度不同。宋刻遞修本多有因書版殘破造成的印刷模糊，個別處雖經描補，但全書中無法辨認的文字部分依舊很多；而此影鈔本文字雖表面完備，核對宋刻遞修本，乃知其多是將模糊不清文字略去，直接連綴下文，看似整齊，實則缺失尚多。

二、錢氏鈔本相關綫索：

清胡珽咸豐間排印木活字本《琳瑯秘室叢書》，第一集收入《東家雜記》，著録爲"愛日精廬影宋本"。董金鑑又於光緒十三年用木活字翻印胡本，二本各有校勘記。核《愛日精廬藏書續志》，卷二別史類著録有《東家雜記》"述古堂精抄本"②。勞健跋周叔弢藏毛氏汲古閣影鈔宋本即云："胡氏所據爲愛日精廬景宋鈔本……愛日精廬所藏景宋鈔本出於錢氏述古堂，今與毛氏所闕相同，是出一源之證。"

張金吾藏本今不知所在，《琳瑯秘室叢書》本亦未描述所據底本鈐印及遞藏源流，不知《琳瑯秘室叢書》所收愛日精廬藏本是否確爲述古堂抄本。觀此二活字本，宋刻遞修本所缺第三十六葉内容此二本亦缺，因與遞修本行款不同，缺失之處未作標識，連綴後文，不易察覺，即勞健跋云"與毛氏所闕相同"。

---

① 按，《涵芬樓燼餘書録》記録此書避諱"玄""敬""竟""胤""禎""貞""徵""桓""完""勾""慎""惇"等字均缺筆，但上述諱字實際情況和宋刻遞修本一樣，"敦"字不缺筆，不避"惇"。

② 張金吾《愛日精廬藏書續志》，見《續修四庫全書》第 925 册，上海古籍出版社 2002 年版，第 636 頁。

但宋刻遞修本中模糊之處,在活字本中文字較爲完備。不過遞修本模糊之處亦有不少在活字本中加注符號,在書後附《東家雜記校訛》《東家雜記續校》校補並注明依據。活字本卷上所補四篇書葉排序亦同於《讀書敏求記》,與宋刻遞修本不同。

總而言之,毛氏抄本與《琳瑯秘室叢書》本均缺少第三十六葉,二者可能同源。二者書葉排序一致,皆將《杏壇説》《北山移文》《擊蛇笏銘》《元祐黨籍》四篇文章置於卷上之前,同於《讀書敏求記》。毛氏鈔本描摹了遞修本中的印鑒,與遞修本之間存在直接關係。《琳瑯秘室叢書》本及董金鑑本文字缺失極少,較遞修本完備,不知其底本是否刷印較早,或爲後人逐步完善而成。

孔氏祖庭廣記

中國國家圖書館　趙　嘉

中國國家圖書館 09594

國家珍貴古籍名録 00528

《孔氏祖庭廣記》十二卷。(金)孔元措撰。蒙古乃馬真后元年(1242)孔氏刻本。五册。包背裝。(清)錢大昕、瞿中溶、黃丕烈、邵淵耀跋。(清)孫星衍、吳翌鳳題款。

【題著説明】卷端題"孔氏祖庭廣記卷第一",未題著者,著者據孔元措《孔氏祖庭廣記引》。

【著者簡介】孔元措(生卒年不詳),字夢得,孔拮(又名孔摠)之子,孔子五十一代孫。金章宗明昌二年(1191)襲封衍聖公,授中議大夫,賜四品勛,後敕兼曲阜縣令。金昌宗時授東平府通判,改太常博士、太常寺丞、同知集賢院。金哀宗時授泰定軍節度使、兗州觀察使兼行太常寺少卿,後遷光禄大夫,晉太常卿。蒙古滅金後,令其仍襲衍聖公。著有《孔氏祖庭廣記》。

【内容】首列《圖本》,收圖十二幅:《小影》《憑几》《乘輅》《尼山》《防山》《顏母山》《林》《宋闕里廟制》《金尼山廟制》《金闕里廟制》《手植檜》《魯國圖》。

卷一:《先聖》《世次》,分爲《舊事》《續事》;卷二:《新編門類·崇奉詔文》,

分爲《舊詔》《續詔》;卷三:《新編門類·崇奉雜事》,分爲《舊事》《續事》;卷四:
《新編門類·林廟親祠》《新編門類·學廟新祠》,各分《舊事》《續事》;卷五:
《新編門類·祭祀雜事》,分爲《舊事》《續事》;卷六:《舠增門類·族孫》《舠增
門類·世系別録》;卷七:《澤及子孫》,分爲《舊事》《續事》;卷八:《姓譜》《先聖
誕辰諱日》《母顔氏》《娶并官氏》《先聖小影》《給灑掃廟户》,分爲《舊事》《續
事》;卷九:《鄉官》《廟中古跡》《廟外古跡》《林中古跡》《廟宅》,分爲《舊事》《續
事》;卷十:《廟中古碑》(上),分爲《舊碑》《舠增》;卷十一:《廟中古碑》(下),又
《林中古碑》,分爲《舊碑》《舠增》;卷十二:《舠增門類·族孫碑銘》,分爲《舊
碑》《舠增》。

《孔氏祖庭廣記》由孔子五十一代孫孔元措在前代資料基礎上加以補充完
善而成。書成後曾在金朝南京(今河南開封)付梓,但此版久佚。蒙古壬寅
(1242)年,耶律楚材上奏皇帝,令孔元措赴曲阜闕里奉祀,增補校正,重刊此書。
此爲蒙古乃馬真后元年(1242)刻本,爲此書現存最早刻本,蒙古太宗之皇后乃
馬真氏稱制元年,相當於宋淳祐二年,當時金朝已經滅亡,蒙古未建年號,故以
干支紀歲。

卷首孔元措序中稱自四十六代族祖有《家譜》,四十七代高祖孔傳承前志,
推原譜牒,參考載籍,摘拾遺事,復成一書,但未能刊行。四十九代從祖孔環證
以舊聞,重加編次,有《祖庭記》。元措與太常諸公搜尋傳記及諸典禮,在《家
譜》《祖庭記》二書之外得三百二事,於是增益二書,合爲《祖庭廣記》。

書中保存兩漢以來孔氏廟林碑刻,可補諸家碑録之闕;亦有插圖十二幅,是
我國早期版畫代表作。

【刊印者】孔元措,見上。

【行款版式】半葉十一行,行二十字,小字雙行同。白口,左右雙邊,雙魚尾。
版心中鎸《千字文》順序排號,自"天一"始,訖於"洪七"①,下鎸葉數、刻工、版心
字數不一,有描補痕跡。版框 22.7 厘米×14.7 厘米,開本 29.0 厘米×17.7
厘米。

———————————

① 排號與分卷的關係是:卷一"天一"、卷二至卷三"地二"、卷四至卷五"玄三"、卷六至卷七
  "黄四"、卷八至卷九"宇五"、卷十"宙六"、卷十一至十二"洪七"。

【題名頁牌記】無。

【刊寫題記】首卷《孔氏祖庭廣記引》後有題記"正大四年歲次丁亥十月望日訖功","太學生介山馬天章畫像/禮官業進士浚儀王柔立校正/禮官業進士中山靳唐校正/太常寺太祝日照張簭校正/集賢院司議兼太常寺奉禮郎權博士古燕馬遂良校正/惠民司令兼太常博士富平米章校正/資政大夫襲封衍聖公知集賢院兼太常丞五十一代孫元措謹續編"。末卷後有"大蒙古國領中書省耶律楚材奏准/皇帝聖旨於南京特取襲封孔元措令赴闕里奉/祀來時不能挈負祖庭廣記印板今/謹增補校正重開以廣其傳/壬寅年五月望日/門生曹國王恕重校/門生冀州伊莘重校"。

【刻(寫)工】版心所見刻工有王、張一、張、陳,其餘版印模糊,不可辨識。

【避諱】無。

【序跋附録】書首有孔元措《孔氏祖庭廣記引》,録文如下:

《孔氏祖庭廣記引》

先聖傳世之書,其來久矣。由略積詳,愈遠而益著,蓋聖德宏博,殆有不可揜者。爰自四十六代族祖知洪州軍州事杜國纂集所傳,板行四遠,於是乎有《家譜》,尚冀講求,以俟佗日。逮四十七代從高祖邠州軍州事朝散克承前志,推原譜牒,参考載籍,摘拾遺事,復成一書。值宋建炎之際,不暇鏤行。至四十九代從祖主祥符縣簿承事懼其亡逸,證以舊聞,重加編次,遂就完本布之天下,於是乎有《祖庭記》。二書並行,凡縉紳之流,靡不家置,獲覽聖跡,與夫歷代褒崇之典、奕葉繼紹之人,如登崑崙而披日月,咸快瞻仰。比因兵災,闕里家廟半爲灰燼。中朝士大夫家藏文籍多□散没,豈二書獨能存歟?元措托體先人,襲封世嗣,悼斯文之將泯,恐祖牒之久湮,去聖愈遠,來者難考,迺與太常諸公討尋傳記及諸典禮,於二書之外得三百二事,皆往古尊師之懿範,皇朝重道之宏規,前此所未見聞者,於是增益二書,合爲一編,及圖聖像、廟宇、山林、手植檜等列於篇首,題曰《孔氏祖庭廣記》。其兩漢以來林廟碑刻,舊書止載名數,今併及其文而録之。蓋慮久而磨滅不可復得,且先聖生於周靈王二十一年庚戌,迄今凡一千七百七十八歲,其間經世變亂,不知其幾,而聖澤流衍無有窮已,固不待紙傳而可久也。然所以規規爲此者,特述事之心不得不然。是書之出也,不惟示訓子孫修身慎行,不墜先業,流芳萬古,是亦學者之光也。正大四年歲次丁亥十月望日,資政大夫襲封衍聖公知集賢院兼行太常丞五十一代孫元措謹記①。

次有張行信《孔氏祖庭廣記引》,錄文如下:

《孔氏祖庭廣記引》

古之君子皆論譔其先祖之德,明著之後世。蓋先世有美而不知者,不明也;知而不傳,不仁也。明足以見,仁足以顯,然後爲君子。故素王之孫穆公師子思首論祖述憲章之道,魏相子順稱相魯之政化,漢博士子國復推明所修六經垂世之教,當世莫不賢之。自夢奠兩楹之後,迄今千七百載,傳家奉祀者數贏五十,繼繼公侯,象賢載德,如聯珠疊璧,輝映今古,於乎休哉!聖人之澤,流光如此,後之人能奉承不墜又如此,宜有信書,廣記備言②,顯揚世美,以示於將來,傳之永久。於是襲封資政公因《家譜》《庭記》之舊,質諸前史,參以傳記,併錄林廟累代碑刻,兼述皇統、大定、明昌以來崇奉先聖故事,博採詳考,正其誤,補其闕,增益纂集,共成一書,凡一十二卷,名曰《孔氏祖庭廣記》。應祖庭事跡、林廟族世、古今名號、典禮沿革之始末並列於篇,粲然完備。於國,則累朝尊師重道之美,靡所不載;於家,則高曾祖考保世承祧之美,靡所不揚。故先聖配天之德,愈久而愈彰。噫!若資政公者,可謂仁明君子能世其家者也。資政公嘗以書示予,予斂衽觀之,既欽仰其世德,又嘉公之用心得繼志述事之義,乃磨鈍彫朽,爲之題辭焉。正大四年歲次丁亥十月丁未朔,資政大夫前尚書左丞致仕張行信。

再次有孔環重編《祖庭雜記舊引》,錄文如下:

四十七代孫朝散大夫知邠州軍州事借紫金魚袋傳撰兼編類

先聖没逯今一千五百餘年,傳世五十。或問其族,則內求而不得;或審其家,則舌舉而不下。爲之後者,得無愧乎?竊嘗推原譜牒,參政載籍,則知鄭有孔張,出於子孔;衛有孔達,出於姬姓;蓋本非子氏之後而徙居於魯者,皆非吾族。若乃歷代褒崇之典,累朝班賚之恩,寵數便蕃,固可枚陳而列數。以至驗祖壁之遺書,訪闕里之陳跡,荒墟廢趾,淪没於春蕪秋草之中,魯尚多有之。故老

---

①按,原書此文有漫漶之處,據國家圖書館所藏影元鈔本補(館藏書號06278)。
②按,原書此句"廣"字缺末筆。檢國家圖書館所藏兩部清鈔本(06278、A02326),"廣"字均不缺筆。

世世傳之，將使聞見之所未□□[嘗者]①，如接於耳目之近。於是纂其軼事，綴所舊聞，題曰《□[孔]氏祖庭雜記》，好古君子得以觀覽焉。時宋宣和六□[年]歲次甲辰三月戊午曲阜燕居申申堂記。四十九代孫承事郎行開封府祥符縣主簿環重編②。

再次有《家譜舊引》，爲孔氏後人整理孔宗翰舊序，録文如下：

家譜之法，世次承襲，一人而已，疏略之弊，識者痛之。蓋先聖之没於今一千五百餘年，宗族世有賢俊，苟非見於史册，即後世泯然不聞，是可痛也。如太常諱臧、臨淮太守諱安國、丞相諱光、北海諱融、蘭臺令史諱僖、議郎諱昱，纔十數人，非見於漢史，皆不復知矣。魏晉而下逮於隋唐，見紀者止百餘人。按議郎本傳云：“自霸至昱，七世之内，至卿郡守者五十三人，列侯七人。”今考於傳記，乃知所遺之多也。宗翰假守豫章，恩除魯郡，將歸之日，遂以舊譜命鏤板，用廣流□[傳]。或須□□[講求]，以待他日。實宋□[元]豐八年十一月□□□□[二十三日]，四十□□[六代]孫朝議大夫知洪□□□[州軍州]事兼管□□[内勸]農使充江南西路兵馬鈐轄柱國賜紫金魚袋宗翰謹題③。

其後有《孔氏祖庭廣記目録》，後有《圖本》，不録。

【批校題跋】書後有題跋、觀款七則：

1. 此先聖五十一代孫襲封衍聖公元措夢得所編，前載元豐八年四十六代孫宗翰《家譜》舊引、宣和六年四十七代孫傳《祖庭雜記》舊序。《家譜》與《雜記》本各自爲書，夢得始合爲一，復增益門類，冠以圖象，並載舊碑全文，因“祖庭”之名，而改稱“廣記”，蓋仙源之文獻，至是始備。書成於金正大四年丁亥，張左丞行信爲之序，鏤版南京。此則蒙古壬寅年元措歸闕里後重雕之本也。壬寅爲元太宗六皇后稱制之年，金之亡已十載矣。蒙古未有年號，但以干支紀歲，在宋則爲淳祐二年也。此書世無傳本，兹於何夢華齋見之，紙墨古雅，字畫精審，予所見金、元槧本未有若是之完美者。向嘗據漢、宋、元石刻，證聖妃當爲并官氏，今

①“嘗者”二字，據國家圖書館藏宋刻遞修本《東家雜記》（館藏書號03786）所載序補。
②按，原書此文有殘破漫漶之處，據國家圖書館所藏影元抄本補（館藏書號06278）。
③按，原書此文有殘破漫漶之處，參照國家圖書館所藏影宋本《東家雜記》（館藏書號07407）、影元抄本《孔氏祖庭廣記》（館藏書號06278）補。

檢此書，"并官氏"屢見，無有作"亓"字者。自明人刻《家語》，妄改爲"亓"，沿訛到今，莫能更正，讀此益信元初舊刻之可寶。嘉慶六年歲在辛酉五月五日庚辰，嘉定錢大昕謹題。（末鈐"大昕私印"白文方印）

2. 嘉慶六年四月十日孫星衍觀。

3. 此記"正大四年訖功"一行，當接卷首"資政續編"銜名，金、元列銜多左行也，重裝時宜移此半頁於前合之。辛酉四月廿又三日觀於何夢華三吾鴻景齋中，因題記。莨生瞿中溶。（末鈐"中溶耤觀"朱文方印）

4. 嘉慶甲戌五月廿日，七十三老人吳翌鳳敬觀。

5. 余往閱《讀書敏求記》，始知牧翁所亟稱者，有《東家雜記》《祖庭廣記》諸書，然遵王皆以爲未見，既從葉九來假得宋槧本《東家雜記》繕寫，遂著於録。若《祖庭廣記》，仍無有也。余收書郡故家，得宋槧本《東家雜記》，自謂所收較遵王爲勝，惟《祖庭廣記》，僅從《素王事記》見其摘録數條，仍以未見全書爲憾。今夏五月，余自都門歸，錢唐何夢華亦新自山東曲阜攜眷屬僑寓於吳中。何固孔氏壻也，其齎贈中有元板《孔氏祖庭廣記》五册，裝潢古雅，籤題似元人書，因出以相示。余詫爲驚人秘笈，蓋數年來所願見而不得者，一旦見之，已屬幸事。乃夢華稔知宋槧本《東家雜記》已在余處，謂此書是兩美之合，爰割愛投贈。贈書之日，適夢華將返杭，余贈以行資卅金，今而後士禮居中如獲雙璧矣。余檢《菉竹堂書目》，有《孔子實録》五册；《文淵閣書目》，有《孔子實録》一册；伏讀《四庫全書提要》傳記類存目有云："《孔氏實録》一卷，《永樂大典》本，不著撰人名氏。末一條云'大蒙古國領中書省耶律楚材奏准皇帝聖旨，於南京特取襲封孔元措令赴闕里奉祀案，元措以金承安二年襲封衍聖公'，此書或即元措所撰歟？"今取證是書，與之悉合，方悟向來藏書目所云《孔子實録》《孔氏實録》，即此《孔氏祖庭廣記》也。特所記册數、卷數多寡不同，或有完缺之異爾。余於古書因緣巧合，往往類是。而此書之得，雖遵王不且遜余之創獲耶？敢不詳述原委，以志余幸。此書裱托過厚，圖畫皆遭俗手補壞，因損裝重修，纖悉皆還舊時面目。首册次序紊亂，各以原注小號順之。結銜一葉，舊分兩半葉離之，瞿木夫已正其誤，今亦合之。錢少詹之題跋，孫觀察之看款，皆於夢華時乞題，今悉存其舊。他日當併《東家雜記》求辛楣先生作總跋，俾兩書並藏，文宣事跡粲然大備於今日，儒者可以資考覽，後人可以舉名籍，紀載缺如之憾，東澗老不得而訾議已。嘉慶歲在辛酉季秋月乙未日，黃丕烈識。（首鈐“士禮居”朱文方印）

6. 書中顏子從行小影，謂聖像最真。昨同年友張子和從戢山書院來，摹得宣和聖像贈余，石刻之與板本，纖毫無二，益信《祖庭廣記》爲得其真也。《東家雜記》首列《杏壇圖說》，下附《琴歌》一首，反疑後人僞托，遵王亦作疑信參半語，有以夫。蕘圃又識。（末鈐“黃丕烈”白文方印）

7. 咸豐七年四月辛巳昭文邵淵耀敬觀。近得燕園鈔本，據以校勘，正訛甚多，知元槧之致足寶也。（末鈐“淵”“耀”白文聯珠印、“九宋室”[1]朱文方印）

【鈐印】書首《孔氏祖庭廣記引》首葉鈐“蕘/夫”朱文方印、“丕/烈”朱文方印、“閬源/真賞”朱文方印、“汪印/士鐘”白文方印、“綬珊/經眼”白文方印、“北京/圖書/館藏”朱文方印，框外鈐“鐵琴銅/劍樓”白文長方印，左鈐“祁陽陳澄中藏書記”朱文長方印、“郇齋”朱文長方印、“士禮/居”朱文方印，篇末鈐“錢唐何氏/夢華館/藏書印”朱文方印、“何印/元錫”白文方印、“祁陽陳澄中藏書記”朱文長方印。卷二卷端鈐“閬源/真賞”朱文方印、“汪印/士鐘”白文方印、“瞿印/秉清”白文方印、“恬裕齋/鏡之氏/珍藏”朱文方印、“紹基/秘笈”白文方印、“良士/眼福”白文方印、“鐵琴銅/劍樓”白文長方印、“綬珊/經眼”白文方印，框外鈐“祁陽陳澄中藏書記”朱文長方印，書眉上鈐“郇齋”朱文長方印。卷四卷端鈐“閬源/真賞”朱文方印、“汪印/士鐘”白文方印、“綬珊/經眼”白文方印、“祁陽陳澄中藏書記”朱文長方印，書眉上鈐“郇齋”朱文長方印。卷八、卷十一卷端同。卷十二末葉鈐“士禮/居”白文方印、“鐵琴銅/劍樓”白文長方印、“瞿印/秉淵”白文方印、“祁陽陳澄中藏書記”朱文長方印。書後錢大昕題跋鈐“大昕/私印”白文方印，該葉又鈐有“鐵琴銅/劍樓”白文長方印。瞿中溶題跋鈐“中溶/耤觀”朱文方印，該葉亦鈐“鐵琴銅/劍樓”白文長方印。黃丕烈第一跋首鈐“士禮/居”朱文方印，第二跋末鈐“黃/丕烈”白文方印。邵淵耀觀款末鈐“淵”“耀”白文聯珠印、“九宋/室”朱文方印，該葉又鈐“祁陽陳澄中藏書記”朱文長方印、“鐵琴銅/劍樓”白文長方印。書後護葉鈐“北京/圖書/館藏”朱文

①按，據曹培根《書鄉漫錄》，“九宋室”爲邵淵耀藏書印。河北教育出版社 2005 年版，第 211頁。

方印。

【書目著録】

1. 汪士鐘《藝芸書舍宋元本書目》元板部分記録"孔氏祖庭廣記，十二卷"，當即此書①。

2. 瞿氏《鐵琴銅劍樓藏書目録》卷十史部三傳記類，著録"《孔氏祖庭廣記》十二卷蒙古刊本"，記曰："題'資政大夫襲封衍聖公知集賢院兼太常丞五十一代孫元措謹續編。'是書合《家譜》《祖庭雜記》而增益門類，冠以圖象，故曰'廣記'。中記先聖生日爲魯襄公二十二年十月二十七日庚子，不同《史記·世家》作'十一月庚子'，又聖妃并官氏不作'亓官'，與《韓敕造孔廟禮器碑》及鄧名世《古今姓氏書辨證》、王伯厚《姓氏急就篇》合，足證明人刻《家語》誤'并'爲'亓'之失。書成於金正大四年丁亥，有元措自序，張左丞行信序及元豐八年孔宗翰《家譜》舊引，宣和六年孔傳《祖庭雜記》舊引，先鐫板南京。此蒙古壬寅年重雕本，流傳甚尠，錢唐何夢華爲曲阜孔氏壻，得之。潛研錢氏有手書跋，亦見《養新録》。又有黃蕘圃兩跋及孫淵如、瞿木夫題字。"②

3. 傅增湘《藏園群書經眼録》卷四史部二傳記類，著録"《孔氏祖庭廣記》十二卷 金孔元措撰"，記曰："蒙古刊本，題大蒙古國壬寅年，當乃馬真后元年。半葉十一行，行二十字，白口，左右雙闌，板心中縫闊大。序後有'正大四年歲次丁亥十月望日訖功'一行。又畫像校正等人銜名七行。圖第一葉右闌外下方有'浮光季齋刊'五字。有錢大昕、黃丕烈、邵淵耀、瞿中溶、孫星衍、吳翌鳳跋及觀款。常熟瞿氏鐵琴銅劍樓藏書，乙卯八月三十日見於罟里瞿宅。"③

4.《北京圖書館古籍善本書目》史部傳記類著録。

5.《中國古籍善本書目》卷八史部傳記類 6229 著録。

【遞藏】

1. 何元錫（1766—1829），字夢華，又字敬祉，號蜨隱，錢塘（今浙江杭州）人。監生。嗜古成癖，富藏書，多善本，又多藏古印。精版本目録之學，工詩，善

①《藝芸書舍書目》，《江氏聚珍版叢書》，文學山房 1899 年版，葉四。
②上海古籍出版社 2000 年版，第 253 頁。
③中華書局 2019 年版，第 315 頁。

治印。客卒於粵。

2. 黄丕烈(1763—1825)，見前《國家珍貴古籍名録》00512。

3. 汪士鐘(1786—?)，見前《國家珍貴古籍名録》03435。

4. 瞿紹基(1772—1836)，見前《國家珍貴古籍名録》00512。

5. 瞿秉淵(1820—1886)，見前《國家珍貴古籍名録》00512。

6. 瞿秉清(1828—1877)，字濬之，瞿鏞第五子，尤喜金石篆刻，對其父所編撰的《續金石萃編》及《集古印譜》有更多的研究。其父去世後，與兄秉淵保護藏書、請人撰寫《鐵琴銅劍樓書目》，未及得見《書目》告竣便染病而卒。

7. 王體仁(1873—1938)，字綏珊，浙江紹興人。清末秀才。曾館於杭州丁氏八千卷樓中，受其熏陶，遂有藏書之志。後經商致富，聚資百萬，築"九峰舊廬"藏書，其間收有丁日昌持静齋、瞿氏鐵琴銅劍樓、鄧邦述群碧樓等處藏書。有宋刻本百餘種，明刻本千餘種，皆爲精品，以方志爲最多。其去世後藏書多歸清華大學圖書館和國家圖書館。編有《九峰舊廬藏硯譜》《九峰舊廬方志目録》。

8. 陳清華(1894—1978)，字澄中，湖南祁陽人。陳氏以從事金融銀行業起家，公餘喜收藏古籍善本，受南海寶禮堂潘宗周影響，尤嗜宋元舊槧、明清精抄、名人校跋之本。所藏毛抄、黄跋品種之多，非同儕藏家能比。陳氏曾不惜重金購得南宋初唐仲友刻於台州之《荀子》，遂名其室號曰"郇齋"。其與當時天津藏書大家周叔弢先生有"南陳北周"之譽。1949年，陳清華夫婦攜其古籍中最珍貴者移居香港。1956年、1965年及2004年，國家先後分三次重金購回其所藏古籍167種，舊拓碑帖7種。1980年，陳清華遺孀葉氏將遺留在上海的676部藏書捐贈上海圖書館。2007年陳清華之女將手中的部分藏書帶回國内，並通過中國嘉德國際拍賣有限公司進行拍賣。2006年上海古籍出版社出版由中國國家圖書館、上海圖書館、嘉德拍賣公司合編《祁陽陳澄中舊藏善本古籍圖録》十二册。

【其他】

1. 此書書版漫漶較多，版心及正文屢見描補之處。

2. 書裝爲五册，前四册每册書名題簽下依次爲"宫一""商二""角三""徵四”，第五册未見書名題簽，當是“羽五”，此葉或遺失。

【按語】

1. 此書雖是孔氏後人所編，然所録四十七代孫孔傳序、四十六代孫孔宗翰序已與今存宋刻遞修本《東家雜記》二序在文字上多有差異，孔元措當日參照之本當非該本。

2. 此本與宋刻遞修本《東家雜記》孔宗翰序中對於孔氏先祖生平的記述有異。宋本《東家雜記》言“如太常博士諱臧、臨淮太守諱安國、丞相諱光、北海相諱融、蘭臺令史諱昱，纔十數人，非見於漢史，皆不復知矣”。此本則作“……蘭臺令史諱僖、議郎諱昱，纔十數人，非見於漢史，皆不復知矣”。檢《後漢書·儒林傳上·孔僖傳》《後漢書·黨錮傳·孔昱傳》，知孔僖在漢章帝時曾官蘭臺令，孔昱在靈帝時曾官議郎，與孔元措本所言合。

長安志

中國國家圖書館　梁瀟文

中國國家圖書館 03856

國家珍貴古籍名録 04164

《長安志》二十卷。（宋）宋敏求纂修。《圖》三卷。（元）李好文撰。明成化四年（1468）邰陽書堂刻本。三册。綫裝。（清）黃虞稷、朱錫庚、徐松跋。

【題著説明】《長安志圖》目録首葉題“長安志圖目録”，後一行降格題“河濱漁者編類圖説，前進士頻陽張敏同編校正”。《長安志》卷端題“長安志卷第一”，後一行降格題“龍圖閣直學士右諫議大夫修國史特贈尚書禮部侍郎常山侯宋敏求撰”。

【著者簡介】

1. 宋敏求（1019—1079），字次道，趙州平棘（今河北石家莊市趙縣）人。北宋天聖二年（1024）以父蔭官入仕，授秘書省正字，寶元二年（1039）召試學士院，賜進士及第，慶曆三年（1043）充任館閣校勘。治平中知制誥、判太常寺，因忤王安石變法外遷，知亳州，當年詔還。熙寧二年（1069）爲諫議大夫，復加龍圖閣直學士。卒贈禮部侍郎。敏求博學多識,曾參與編修《新唐書》《唐大詔令集》《仁宗實録》等。著有《東京記》《河南志》等。《宋史》有傳。

2. 李好文(生卒年不詳),字惟中,自號河濱漁者,開州東明(今山東菏澤市東明縣)人。元至治元年(1321)進士,授大名路浚州判官。至正元年(1341)任陝西行臺治書侍御史,遷河東道廉訪使。四年(1344)除禮部尚書。九年(1349)參湖廣行省政事,改湖北道廉訪使,詔命以翰林學士拜光禄大夫、河南行省平章政事。編有《太常集禮》《大寶録》等。《元史》有傳。

【内容】長安,古鄉聚名,古豐鎬之地、雍州之域。周文、武王所都。及平王東遷,以其地賜秦襄公。秦併天下,在其地置内史以領關中之地。漢高祖五年(前202)置長安縣,七年(前200)定都長安,漢景帝分内史爲左右,漢武帝太初元年(前104)又改右内史置京兆尹,以渭城縣以西屬右扶風,長安縣以東屬京兆尹,長陵以北屬左馮翊,合稱三輔,以佐京師。東漢都洛陽,以關中地置雍州,尋改置司隸校尉,統三輔如舊。三國曹魏改京兆尹爲太守,扶風、馮翊各分左右,仍以三輔隸司隸。晉省司隸置雍州,改京兆尹爲京兆郡,以爲州治,並轄扶風、馮翊、安定、始平、北地、新平六郡。西晉建興以後,雍地先後爲劉聰、石勒、苻健、姚萇、赫連勃勃所據。北魏太武帝時復置雍州,仍領京兆、扶風、馮翊等郡。孝武帝永熙三年(534)自洛陽遷都長安,復立京兆尹。北周、隋初因之。隋開皇三年(583)改京兆尹爲雍州。大業三年(607)又改州爲郡。唐武德元年(618)復稱雍州,開元元年(713)改稱京兆府。自周、秦歷漢、晉、西魏、北周、隋、唐,並爲帝都。天祐元年(904)昭宗東遷洛陽,降爲祐國軍。五代梁改稱大安府,後唐復舊稱。至宋代時仍稱京兆府,並置陝西路,後屬永興軍路①。

《長安志圖》分上中下三卷。卷上有《漢三輔圖》《奉元州縣圖》《太華圖》《漢故長安城圖》《唐宮城坊市總圖》《唐禁苑圖》《唐大明宮圖》《唐宮圖》《唐皇城圖》《唐京城坊市圖》《唐城市制度》《奉元城圖》《城南名勝古跡圖》《唐驪山宮圖》②。卷中有《咸陽圖》《唐昭陵圖》《唐建陵圖》《唐乾陵圖》《唐陵圖説》《圖

---

① 史爲樂主編《中國歷史地名大辭典》"内史"條、"長安"條、"京兆尹"條,中國社會科學出版社2005年版,第399、428、1633頁。
② 此本缺《唐宮城坊市總圖》《唐皇城圖》《唐京城坊市圖》。

志雜説一十八篇》。卷下有《涇渠圖説序》《涇渠總圖》《富平石川溉田圖》《涇渠圖説》《渠堰因革》《洪堰制度》《用水則例》《設立屯田》《建言利病》及《總論》。

《長安志》共二十卷。卷一總叙、分野、土産、土貢、風俗、四至、管縣户口、雜制。卷二雍州、京都、京兆尹、府縣官。卷三宫室一,周、秦、漢上。卷四宫室二,記漢中。卷五宫室三,記漢下、後漢獻帝、晉司馬氏、前後秦前秦苻氏後秦姚興、西魏元氏、後周宇文氏。卷六宫室四,唐上。卷七唐皇城、唐京城一。卷八唐京城二。卷九唐京城三。卷十唐京城四。卷十一縣一,萬年。卷十二縣二,長安。卷十三縣三,咸陽。卷十四縣四,興平、武功。卷十五縣五,臨潼、鄠。卷十六縣六,藍田、醴泉。卷十七縣七,櫟陽、涇陽、高陵、乾祐、渭南。卷十八縣八,蒲城、鰲屋。卷十九縣九,奉天、好畤、華原、富平。卷二十縣十,三原、雲陽、同官、美原。

第一册《長安志圖序》、《長安志圖目録》、《長安志圖》三卷、《長安志》卷一至四,第二册《長安志》卷五至十四,第三册《長安志》卷十五至二十。

【刊印者】邰陽書堂,明代陝西書坊,其他事跡無考。

【行款版式】半葉十二行,行二十二字,小字雙行同。黑口,四周單邊,雙魚尾。第一册版心中鎸"上"及葉數(葉二十九至三十鎸"説""上"及葉數)。第二册版心中鎸"中"及葉數,第三册版心中鎸"下"及葉數。版框 25.3 厘米×18.2 厘米,開本 31.2 厘米×19.8 厘米。

【題名頁牌記】缺失。

【刊寫題記】無。

【刻工】無。

【避諱】無。

【序跋附録】《長安志圖》書首有元至正二年(1342)李好文《長安志圖序》,次爲《長安志圖目録》。《長安志》書前有北宋熙寧九年(1076)二月趙彦若《長安志序》。録文如下:

《長安志圖序　長安志序》

關中天府之邑,土居上游,古稱天地奥區神皋,周及漢唐都之,子孫皆數百歲。雖其積累深厚,亦曰神器之大,措之善也。觀其創業垂統,規模宏廓,分郊畫畿,製作詳密,城郭宫室之巨麗,市井風俗之阜繁,山川靈跡之雄偉奇譎,史册所書,稗官所記,文人碩士之揄揚頌嘆,習而誦之,如談蓬壺閬苑、鈞天帝居,使人耳可得聞,目不可得而覩也。□…□《圖》見示,當時弗能盡曉,茫然□…□之①。及來陝右,由潼關而西至長安,所過山川城邑,或遇古跡,必加詢訪。嘗因暇日,出至近甸,望南山,觀曲江,北至故漢城,臨渭水而歸,數十里中,舉目蕭然,瓦礫蔽野,荒基壞堞,莫可得究。稽諸地志,徒見其名,終亦不敢質其所處。因求昔所見之圖,久乃得之。於是取志所載宮室池苑、城郭市井,曲折方向,皆可指識,瞭然千百世全盛之跡,如身履而目接之。《圖》舊有碑刻,亦嘗錄附《長安志》後,今皆亡之。有宋元豐三年龍圖待制呂公大防爲之跋,且謂之《長安故圖》,則是前《志圖》固有之。其時距唐世未遠,宜其可據而足徵也。然其中或有後人附益者,往往不與《志》合。因與同志較其訛駁,更爲補訂,釐爲七圖。又以漢之三輔及今奉元所治,古今沿革,廢置不同,名勝古跡,不止乎是,涇渠之利,澤被千世,是皆不可遺者,悉附入之。總爲圖二十有二,名之曰《長安志圖》,明所以《圖》爲《志》設也。嗚呼!廢興無常,盛衰有數,天理人事之所關焉。城郭封域,代因代革,先王之疆理寓焉。溝洫之利,疏漑之饒,生民之衣食繫焉。觀是圖者,則夫有志之士,游意當世,將適古今之宜,流生民之澤,不無有助,豈特山林逃虛,悠然遐想,升高而賦者,以資見聞而已哉!至正二年秋九月朔,中順大夫陝西諸道行御史臺治書侍御史東明李好文序。

　　《長安志序》
　　太常博士充集賢校理崇文院檢討同知丞事趙彥若撰
　　雍之爲都,涉三代,歷漢唐之全盛。世統屢更,累起相襲,神靈所儲,事變叢巨。宜其較然有明册大典,暴天下耳目,而圖牒殘脱,宿老無傳,求諸故志,唯韋氏所記爲一時見書,遺文古事,悉散入他説,班班梗槩,不可復完。非好學深思,博物善作,孰能盡收其軼而追成之?《長安志》者,今史官諫議大夫龍圖閣直學士常山公所定著也。公以文章世家爲朝廷名臣,器業之餘,紀述自命。蓋考論都邑,網羅舊聞,詞人所鋭精,而載筆之尤務也。近代建國,率縣西遷,崤函之區,陶冶浚洛,實上游要會最重之地。而陊毀零落,寖就堙没,將無以自振。校之本末,先後二京已録,固不得獨闕於此。前在河南,旁接三輔,嘗有意於搜采

_____
①此處似有缺字,疑刻書原據之本有殘缺。

矣,然猶未遑暇。又踰二紀,乃創屬體緒,纘次其言,窮傳記諸子鈔類之語,絕編斷簡,靡不總萃隱括而究極之,上下浹通,爲二十卷,用備舊都古今之制,俾其風瀼光塵,有以奮於永久。故夫府縣有政,官尹有職,河渠、關塞有利病,皆干於治而施於用。取諸地記集而讀之,而後見其法。叙列往躅,遠者謹嚴而簡,近者周密而詳,各有所因布規模,猶親覩其世,畫里陌同經行之熟,而後見其功。自本而推始終大略,其所昭發又不特如是而已。竊嘗望丹鳳門故趾,勢侔碣石,疑非人力所爲,自想當時真偉觀也。及驗未央、建章殿,當宮闕之俊,則其繁夥宏廓,氣象飛動,過大明遠甚。以漢室之隆,兼制夷夏,非壯麗無以重威,亦可信也。復上觀於周,唯有鎬京靈臺、辟雍、明堂、豐宮,《詩》所謂“經始勿亟,庶民子來”,又稱“自西自東,自南自北,無思不服”,昔之與眾同樂,遂物之性,所以致之之効,乃能至於此乎? 察其故,專尚簡易儉約,曾不言形勝强富,益知仁義之尊、道德之貴。彼阻固雄豪,皆生於不足,漢唐之跡,更爲可羞。烏乎盛夫! 若然,得以貢於明朝,監千載餘敝,脩豐鎬故事,以澤吾人,豈曰小補哉! 熙寧九年二月五日謹序。

【批校題跋】書後有黃虞稷、朱錫庚、徐松三跋。

1. 黃虞稷跋:

杜常《華清宮》詩:“行盡江南數十程,曉風殘月入華清。朝元閣上西風急,都入長楊作雨聲。”“曉風”字重下句“西風”字,或改作“曉乘”,字亦未佳。楊升庵云見宋敏求《長安志》乃是“星”字,敏求又云長楊非宮名,朝元閣去長楊五百里,此乃風入長楊,樹葉似雨聲也。前説今本乃無之[1],後説則李好文《志圖》中語,而升庵以爲敏求,蓋誤。升庵好辯,博而不詳審,往往如是,此所以來後人《正楊》之譏也。是本舊爲陶爾成所藏,今歸予朝爽閣中。爾成嗜書,而所藏多鼇雜。此書雖有刻本,而流傳甚少,且次道爲此書號稱博洽,爾成諸書當以此爲第一,殊可寶也。庚寅菊月之廿三日,溫陵黃虞稷記。

2. 朱錫庚跋:

右《長安志》二十卷,元李好文撰。舊止三卷,名《長安志圖》,不知何時取宋宋敏求《長安志》刊合爲一書。《圖》前而《志》後,失敏求之舊矣。首載好文《長安志序》。前三卷分上中下,爲《長安志圖》。下署“河濱漁者編類圖説,前

---

[1] 此處圈去“不知何故豈升庵於他書見之而誤以爲是耶”。

進士張敏同編校正"。弟①四卷始入敏求《長安志》,首載太常博士充集賢校理崇文院檢討同知丞事趙彦若序,至弟十卷俱載京城宮闕街坊涇渠等類,弟十卷至二十卷載自萬年至美原,爲縣十。按《四庫書目》援晁公武《讀書志》載"有趙彦若序,而今本無之,則當屬傳寫脱佚"。今此序趙序宛然猶在,則當峕所見之本自非是本可知。又《四庫書目》"《長安志圖》三卷,明西安府知府李經所鋟,列宋敏求《長安志》之首,合爲一編。好文是書本不因敏求而作,强合爲一,世次紊越……且《圖》與《志》兩不相應……今仍分爲二書,各箸於録"。今按好文《長安志圖序》云"《圖》舊有碑刻,亦嘗鋟附《長安志》後。今皆亡之,有宋元豐三年龍圖待制吕公大防爲之跋,且謂之《長安故圖》,則是前《志圖》固有之。其時距唐時未遠,宜其可據而足徵也。然其中或有後人附益者,往往不與《志》合。因與同志較其訛駁,更爲補訂,釐爲七圖。又以漢之三輔即今奉元所治,古今沿革廢置不同,名勝古跡不止乎是,涇渠之利澤被千世,是皆不可遺者,悉附入之。總爲圖二十有二,名之曰《長安志圖》。明所以《圖》爲《志》設也。"今此本前後並未見有李經合刊名目,而好文原序一則曰《長安志》,再則曰前《志》,似即指敏求之《志》而言,末復云《圖》爲《志》設也,是好文作圖之意,乃補前《志》所未備,本與敏求之意相爲附麗。正如古人經傳本自單行,後人合之亦不爲過。想當時久已合編,李經特踵而重鎸之,二書合而爲一,非自李經始歟? 然則此本既無李經銜名,又無刊刻始末,其與李經所刊之本是一是二,未可定也。又案秀水朱竹垞氏《曝書亭集·長安圖志序》云:"《長安志》舊有圖,勒之碑,吕待制大防跋其尾,秦人取以附鋟於《志》,謂之《長安故圖》。其後亡之……元至正初,東明李好文官陝西行臺侍御,補繪二十有二,分爲三卷。於是神皋、京輦、城郭、市井、溝渠,屈曲面勢,一一可指識。讀敏求之記者,必合是編並觀,而古人之跡庶幾十得其十②九也。"據竹垞氏所云,則以《圖》附鋟於《志》,自吕大防之跋《長安故圖》已然。又云讀敏求之《志》者必合是編並觀,是其所見之本亦系二書合刊也。又《書熙寧長安志後》云:"韋述東西京記,世無完書,宋敏求本之撰河南、長安二《志》,世侮該洽。《長安志》舊有雕本,字畫粗惡,斯編借録於汪編修文升

---

①跋中"第"均作"弟"。
②疑爲衍字。

善本也。”是竹垞氏尚及見敏求《志》單行之本，兹則不但所傋之善本不可得，即粗惡之本亦未一見。四庫所收者仍取李經本而別箸於録，則敏求之《志》獨賴此合編之本以存，尤足寶貴矣。卷尾有温陵黄虞稷跋語半紙，字跡古拙，中有增易塗抹數十字，蓋當日隨筆作草，其爲黄氏的筆可知。《四庫書目》引《千頃堂書目》載此編作《長安圖記》，今檢此跋仍傋李好文《志圖》，則“圖記”二字定爲傳寫之譌，未足據也。《四庫書目》云楊慎《丹鉛録》謂杜常《華清宫》詩見《長安志》，詩中“曉風”乃作“曉星”。檢今本實無此詩，蓋慎喜僞託古書，不足爲據，非此志有殘闕。今此跋中亦辯升庵之譌較爲詳盡。跋傋“是本舊爲陶爾成所藏，今歸余朝爽閣中”，“此書雖有刻本，而流傳甚少，爾成諸書當以此爲第一”。卷首有“千頃堂圖書記”“燕越胡蓼①邨氏藏書印”“宛平王氏家藏”“慕齋鑒定”，蓋王文靖公家藏書也。今歸余家，流傳可考，藏之日久，薄蝕已甚，亟重裝之，並識顛末於後。

道光六年（1826）歲次丙戌夏四月四日少河山農識。（末鈐“朱印錫庚”白文方印）

3. 徐松跋：

此書在千頃堂藏書時已稱流傳甚少，今又百餘年。自椒花吟舫歸燕庭先生，其珍重更何如耶？獨是次道博洽，以《長安》《河南》二志並稱。余嘗於《永樂大典》輯得《河南志》二卷，體例悉與此同，而世竟無全帙，轉增惘然。道光癸卯（二十三年，1843）五月徐松識於榆林官舍。（跋末鈐“星伯”朱文方印）

【鈐印】《長安志圖序》、目録首葉及《長安志》卷五、十五首葉鈐“大興朱氏竹君/藏書印”朱文長方印及“朱印/錫庚”“朱/筠”二白文方印。《長安志圖序》及《長安志》卷五、十五首葉又鈐“宛平王/氏家藏”白文長方印、“慕齋/鑒定”朱文錢形圓印、“千頃堂/圖書記”朱文長方印。《長安志圖序》首葉又鈐“燕越胡/茨邨氏/藏書印”白文方印、“北京/圖書/館藏”朱文方印。《長安志》卷五首葉又鈐“燕庭/藏書”朱文長方印。卷十五首葉又鈐“燕/庭”朱文方印及“劉/喜海”白文

---

① 按，胡介祉號茨村，朱氏所録蓋誤。辛德勇《考〈長安志〉〈長安圖志〉的版本——兼論吕大防〈長安圖〉》一文亦將此字釋作“茨”。見辛德勇《古代交通與地理文獻研究》，商務印書館 2018 年版，第 273 頁。

方印。

此外，《長安志圖》目録葉二及卷下末葉鈐"燕/庭"朱文方印、"劉/喜海"白文方印，卷下末葉又鈐"御賜清愛堂"朱文長方印。《長安志》趙彦若序首葉鈐"黄印/居中""明/立"二白文方印。卷十四、二十末鈐"温陵黄/俞邰氏/藏書印"朱文方印。卷二十末又鈐"大興朱氏竹君/藏書印"朱文長方印。黄虞稷跋末鈐"温陵黄/俞邰氏/藏書印"朱文方印（與前不同），此葉又鈐有"文正曾孫/文清從孫/文恭家子"朱文方印、"劉印/喜海"白文方印、"大興朱氏竹君/藏書印"朱文長方印。朱庚錫跋末鈐"朱印/錫庚"白文方印，徐松跋末鈐"星/伯"朱文方印，此葉又鈐"北京/圖書/館藏"朱文方印。

【書目著録】

1. 黄虞稷《千頃堂書目》卷八著録①。

2. 王克昌《寶翰堂藏書考》志書部著録②。

3. 朱筠《椒花吟舫書目》著録③。

4.《中國地方志聯合目録》陝西省部分著録④。

5.《中國古籍善本書目》史部地理類9300著録。

6.《北京圖書館古籍善本書目》史部地理類著録。

【遞藏】

1. 陶爾成，明崇禎間舉人，其他事跡不詳。

2. 黄虞稷（1629—1691），字俞邰，福建晉江安海人。清代諸生。藏書處爲"千頃堂"，著《我貴軒集》《朝爽閣集》等，今存《千頃堂書目》。父黄居中（1562—1644），字明立，號海鶴。明萬曆十三年（1585）舉人，官上海教諭，遷南京國子監丞。鋭意藏書，藏書處"千頃齋"，黄虞稷在其父藏書的基礎上多有補充。

3. 宛平王氏。王崇簡（1602—1678），字敬哉，一字敬齋，直隸宛平（今屬北

---

① 清黄虞稷撰，瞿鳳起、潘景鄭整理《千頃堂書目》，上海古籍出版社1990年版，第230頁。
② 清王克昌《寶翰堂藏書目》，清抄本，國家圖書館藏（索書號18580）。
③ 清朱筠《椒花吟舫書目》，清抄本，國家圖書館藏（索書號02849）。
④《中國地方志聯合目録》，中華書局1985年版，第162頁。

京市)人。明崇禎十六年(1643)進士。清順治三年(1646)薦補選庶吉士,授檢討,累官至禮部尚書,卒謚文貞。著有《青箱堂文集》《青箱堂詩集》等。崇簡子王熙(1628—1703),字子雍,一字胥庭,號慕齋。清順治四年(1647)進士,選庶吉士,授檢討。順治十三年(1656)晉宏文院學士,十七年(1660)加禮部尚書銜。康熙元年(1662),以禮部尚書管左侍郎事,後又遷工部尚書,十二(1673)年調兵部尚書,二十五年(1686)加太子太傅,二十七年(1688)授保和殿大學士,四十年(1701)致仕,晉少傅,卒謚文靖。其藏書處爲"寶翰堂",著有《王文靖公集》。熙子王克昌(1668—1731),字裕三,號恕亭。因其父官一品,克昌蔭五品官職,選授户部陝西司員外郎,遷刑部河南司郎中,以終養告休。克昌於康熙四十四年(1705)將其家族藏書編目,成《寶翰堂藏書考》一編①。

4. 胡介祉(1659—?),字智修,一字存仁,號循齋,又號茨村,宛平(今屬北京市)人,禮部尚書胡兆龍之子,適配王熙第三女。清代諸生。以蔭補官,以兵部駕部郎出任湖北按察司僉事,康熙二十九年(1690)任山西按察司分守河東道,三十年(1691)擢河南按察使。著有《谷園詩集》《隨園詩集》《谷園文鈔》等②。

5. 大興朱氏。朱筠(1729—1781),字竹君,一字美叔,號笥河。祖籍浙江蕭山,僑居順天大興。清乾隆十九年(1754)進士,改庶吉士,散館授編修。充方略館纂修官,丁父憂,復職授贊善,擢翰林院侍讀學士,充日講起居注官。乾隆三十四年,欽派協辦内閣學士批本事,三十五年典試福建,俄奉命督學安徽,坐事解任,詔命在四庫全書處行走,嗣充《日下舊聞》總纂官,四十四年再提督福建學政。倡導樸學,提攜後進,爲一時之望。曾建言輯録《永樂大典》,由此開四庫全書館。其子朱錫庚,字少白,號少河山農。有《未之思軒詩草》《未之思軒雜著》,爲其父編定《笥河文集》。朱氏藏書編爲《椒花吟舫書目》。

---

① 宛平王氏家族生平及事跡參考鄭偉章《宛平王氏藏書考》,載《藏書家》第 19 輯,齊魯書社 2015 年版,第 21—27 頁。
② 胡介祉生平參見:鄧長風《十四位清代浙江戲曲家生平考略——美國國會圖書館讀書札記之十二》,載鄧長風《明清戲曲家考略》,上海古籍出版社 1994 年版,第 521 頁;王小岩《胡介祉〈谷園文鈔〉稿本中所見戲曲文獻及其價值》,載《戲曲研究》第 108 輯,文化藝術出版社 2019 年版,第 122 頁。

6. 劉喜海(1793—1852)，字吉甫，號燕庭，山東諸城人。清嘉慶二十一年(1816)舉人，官浙江布政使。其家累世名宦，叔祖爲名臣劉墉。世代藏書，藏書處有"味經書屋""清愛堂"等。著有《金石苑》《長安獲古編》等，又有多種未刊稿存世。

【其他】無。

【按語】

1. 此本卷末"成化四年孟秋/郃陽書堂重刊"牌記一葉已脱佚，故朱錫庚跋文不知其版本信息。國家圖書館收有黃丕烈藏另一部陽書堂刻本(索書號08078)，牌記尚存，兩者對勘，可知此書爲成化刻本。黃丕烈藏本書末先過録黃虞稷、汪士鋐(字文升，號退谷，又號秋泉)跋，其後黃丕烈手跋曰："李好文《長安志圖》、宋敏求《長安志》，近日靈巖山館曾有刊本，其所據依者乃汪文升家藏抄本也。汪本藏吾郡香巖書屋中，昔孫伯淵居畢弇山幕，校刻此書，曾借之，改易行欵，并所脱葉而連之，其大誤者也。余向收璜川吳氏鈔本，借香巖本勘之，行欵已改易，然缺葉痕跡尚存，以香巖本勘之，知有失葉。其可信爲汪本者，《曝書亭集》云'借録於汪編修文升'，今香巖本卷尾有秋泉居士記，卷中又有彝尊印也。余續收嘉靖辛卯武功康海序、知西安府南埠李侯刻本，彼此參校，所失葉在焉，乃歎書必多得一本爲善。取李刻本文，按汪抄本行欵録，恰盡一葉，竊幸是書至我而始獲全也。參校纔畢，適某書友以郡中某故家藏成化刊本來，取香巖本勘之，知即出於是本，特失去'成化重刊'一葉，久不知汪抄本爲何本耳。以重直購獲，命工重裝而補其失葉，并録香巖本原跋附後，以便稽覽。今而後知俞邰所云'流傳甚少'，竹垞所云'字畫龐惡'，皆指是本矣。雖一明代刊本，然搜羅至弟三次方得斯刻，可不謂難歟？至於成化與嘉靖本之同異優劣，尚容續攷。已巳四月六日，復翁識。"又曰："香巖本雖出自是刻，然硃校紛如，已失其舊，安得似此之猶爲廬山真面目邪？勿以明刻輕之，書之號稱祖本者此即是已。"

書中鈐印有"錢氏/書印"白文方印、"曾藏汪/閬源家"朱文長方印、"楊氏海源/閣鑒藏印"白文長方印、"楊紹和/審定"左朱右白方印、"楊以增字/益之又字/至堂晚/號冬樵"朱文方印、"協/卿"朱文方印、"楊印/紹和"白文方印、

"宋存書室"白文長方印、"海源/殘閣"朱文方印、"楊印/承訓"白文方印、"楊保彝/藏本"朱文方印、"周/暹"白文方印,等等。可知該書自黄丕烈後又入汪士鐘、楊氏海源閣及周叔弢家。

2. 黄丕烈言靈巖山館①有《長安志》刊本,其底本爲汪士鋐家藏抄本。汪抄本原藏周錫瓚香嚴書屋,卷末有秋泉居士記。周氏《琴清閣書目》僅著録"《長安志》一卷"②,或即其書。黄丕烈借得此抄本後,對勘其所藏璜川吴氏抄本,並認爲吴氏抄本亦源於汪抄本。其後,黄丕烈得成化刊本,又取香嚴書屋藏汪抄本勘之,言汪抄本出自成化刊本,又將該抄本中的跋文録入其所收的成化刊本中,即黄虞稷、汪士鋐二跋,可見香嚴書屋抄本亦録有黄虞稷跋,因此汪抄本很可能也出自黄虞稷所藏成化刊本③。《傳書堂藏書志》"長安志"條亦云:"其原本舊在温陵黄氏,諸家鈔本均從之出,黄復翁謂是成化刊本"④,可見黄虞稷之本應是各抄本之祖本。

［元貞］類編長安志

中國國家圖書館　梁瀟文

湖南圖書館 善 291. 2/22

國家珍貴古籍名録 04165

《［元貞］類編長安志》十卷。(元)駱天驤纂修。清常熟張氏小琅嬛福地抄本。四册。綫裝。

【題著説明】卷端題"類編長安志卷之一",次行題"京兆路儒學教授駱天驤

①畢沅(1730—1797),字纕蘅、湘蘅,一字秋帆,號靈巖山人,又號弇山,江蘇太倉人。清乾隆二十五年(1760)進士第一,官至湖廣總督。有室稱"經訓堂""靈巖山館",著有《靈巖山人詩文集》《關中金石記》等。

②清周錫瓚《琴清閣書目》(不分卷),清周氏香嚴書屋稿本,國家圖書館出版社2020年版,第77頁。

③辛德勇曾指出,畢沅校刊《長安志》時,所依據的就是出自成化本的一部抄本。今結合黄丕烈跋語,這個抄本或即汪士鋐家藏抄本。見辛德勇、郎潔點校《長安志 長安志圖》出版説明,三秦出版社2013年版,第4頁。

④王國維撰、王亮整理《傳書堂藏書志》上,上海古籍出版社2014年版,第386頁。

纂編”,次行題“開成路儒學教授薛延年校正”。

【著者簡介】駱天驤(生卒年不詳),字飛卿,號藏齋,長安(今陝西西安)人。元元貞時人。曾任司天臺判、西府教官、京兆府儒學教授。

【内容】書共十卷,卷一雜著,記總叙、分野、土産、土貢、風俗、雍州、京都、京兆尹、府縣官、四至;管治郡縣,記漢、後漢、晉、隋、唐、宋、金、大元。卷二京城,記周(鎬京)、秦(咸陽)、漢(長安城)、隋(大興城、城制度)、隋唐(皇城、京城外郭、再築京兆城);宮殿室庭,記周(酆宮)、秦(宮)、漢(宮、殿、室庭)、後漢(獻帝宮)、晉殿(太極殿)、前後秦(宮殿)、西魏(宮室)、後周(宮殿)、唐(宮城:西内宮城、大安宮宮殿、掖庭宮宮殿、東宮、東内宮殿、南内宮殿)、隋唐(離宮)、宮禁。卷三圓丘郊社,記圓丘(漢、唐)、南北郊(南郊、北郊)、社稷(漢社稷、唐大社)、百神壇八處;明堂辟雍,記明堂(周、漢)、辟雍(周、漢)、太學(漢、唐);苑囿池臺,記苑囿(周、漢、唐、後周),池沼(周、漢、唐),臺榭(上古、周、漢、後秦、唐);館閣樓觀。卷四堂宅亭園,記堂、宅、亭、園、街、市、里、第。卷五寺院,記寺、宮觀、廟、祠。卷六記山、水、川、谷、泉、渠、陂、澤、潭、泊井附。卷七記橋、渡、原、丘、關、塞、鎮、聚、堡、寨、驛、坡、坂、堆、堰、城、闕、古跡。卷八山陵冢墓,記山陵、冢、墓;紀異;辨惑;數目故事。卷九勝遊,記樊川、御宿川、灃川、華清宮、雜題。卷十石刻。

第一册序、修志始末、安西路圖州縣圖、目録、類編長安志證題、卷一及卷二。第二册卷三至五。第三册卷六、七。第四册卷八至十。

【刊印者】張氏小琅嬛福地,見下。

【行款版式】半葉十三行,行二十二字,小字雙行同。細黑口,四周雙邊,無魚尾。版心中書“類編長安志”。版框21.6厘米×14.2厘米,開本30.5厘米×21.7厘米。

【題名頁牌記】無。

【刊寫題記】無。

【刻工】無。

【避諱】“玄(弦鉉)”“弘”缺末筆。如卷一“分野”條之“弦蒲”,卷十《唐左神策紀聖德碑》之“崔鉉”;卷一《府管縣》之“弘文館”。避諱至清高宗。

【序跋附錄】卷首有駱天驤元貞丙申（1296）自序，次爲安西路儒學教授賈
馘大德戊戌（1298）序及前翰林直學士王利用大德戊戌年序。次《修志始末》，
次《安西路圖州縣圖》，次爲目録，次《類編長安志證題·引用諸書》。三序分別
録如下：

1. 雍之長安，其來久矣，乃古之鄉聚名，在豐、鎬間，周、秦時已有之。李善
《西都賦注》：“漢高帝都關中，築宮城，擇嘉名：可長安於子孫，故曰長安城；可長
樂於宮室，曰長樂宮。長安之名自此始著宮室。”記曰：“秦之咸陽，北至九嵕，南
至南山，東至河，西至汧，離宮別館，相望聯屬，木衣梯繡，土被朱紫，宮人犬馬不
移，樂不改懸，窮年忘歸，猶不能遍。”至漢武廣開上林，苑中有三十六宮、二十二
觀，秦之故宮，莫不增葺。秦迄今寥寥千五百載，兵火相焚蕩，宮闕古蹟，十亡其
九。僅有存者，荒臺廢苑，壞址頹垣，禾黍離離，難以詰間①。故老相傳，名皆訛
舛，如秦莊襄王陵爲韓信冢，漢長安城爲陽甲城，隋太極殿基爲走馬樓，董仲
舒墓爲蝦蟇陵，漢武太一谷爲炭谷，唐興慶宮爲九龍池。雖有舊記，各紀一時
之事，其沿革互換之名各不同。宋敏求編《長安志》，自周、秦至唐、宋，唐京兆
府管二十三縣，宋永興軍領十三縣，華、耀、乾三州，鳳翔一府，關商、同二州。
華止有渭南、蒲城兩縣，祋祤一名今爲三縣。漆、沮二水同爲一河，漆出耀州，
俗號石州河，至櫟陽南交口合渭，沮出同州，號洛河，三合口合渭，相去百餘
里，爲漆沮一河。其故事散布州縣，難以檢閱。僕家本長安，幼從鄉先生游。
兵後關中前進士、碩儒、故老猶存百人，爲士林義契耆年，文會講道之暇，遠遊
樊川、韋、杜，近則鴈塔、龍池，其周、秦、漢、唐遺址，無不登覽，或談故事，或誦
詩文。僕每徒行，故得耳聞目覩，每有闕疑，再三請問。聖元皇子安西王胙土
關中，至元癸酉創建王府，選長安之勝地，□王相兼營司大使趙□，以僕長安
舊人，相徒遍訪周、秦、漢、唐故宮廢苑、遺蹤故蹟。自豐、鎬、阿房、未央、長
樂、太極、含元、興慶、魚藻，靡不登歷，是以長安事跡，足履目見之熟。徒心之
際，每患舊志散漫，乃剪去繁蕪，撮其樞要。自漢、晉、隋、唐、宋、金迄皇元，更
改府、郡、州、縣，引用諸書，檢討百家傳記，門分類聚，并泰②中古今碑刻、名賢

---

①按，疑作“問”。
②按，疑作“秦”。

詩文、長安景題及鴻儒故老傳授，增添數百餘事，裒爲一集，析爲十卷目之目，曰《類編長安志》①。覽之者不勞登涉，長安事跡如在目前，豈不快歟。然老眼昏花，中間多所脱略訛錯，更竢好古博雅君子改而正之。元貞丙申中元日，藏齋遺老駱天驤引。

2. 長安，古都會也。自周、秦、漢、魏已降，有國者多建邦於此，所以山川之形勝，宮室之佳勝，第宅之清勝，丘陵之名勝，爲天下冣。以其歷代沿革之不同，互換之或異，有好事者爲書以志之，如《三輔黄圖》《三輔決録》《西京雜記》《關中記》《景龍文館記》等書，或失之於繁，或失之於簡，莫如《長安志》之詳且盡也。然或問一山一水、一臺一榭，茫然莫之能對。良由卷軸之多，分布散亂，未能詳涉而遍窺也，學者病之。藏齋先生駱公飛卿，辭聲利而遠市朝，老於翰墨者也。讀書樂道之餘，取長安舊志前後二十卷、十餘萬言，門分而類别之，使水能會涇、渭、灞、滻之名，山能萃太華、終南之秀，凡都邑、宮觀、丘陵、墳衍，沿革興廢之名，賢豪屈處之跡，士夫經行之地，儁乂題品之文，又注於下，綦布星分，若網在綱，有條而不紊。書成，或病其碎。愚曰："世之類書多矣，如《儀禮》則指某事而必其窮源，《通典》指某事必盡其要，《通鑑》事總，韓、柳文類，皆此意也。儻人物混，則孰能辨夷夏之殊；五穀雜，則孰能辨菽麥之異？且《志》曰："方以類聚，物以羣分。"不如是，則不能成治道而贊化育也。物且如是，書何不然。若鋟木以行，使遊秦者不勞登涉，而知地理之詳；未至秦者得觀此書，目下②長安宛在目前矣。又不可謂秦無人焉。大德戊戌清明後二日，安西路儒學教授鹿溪賈馘文裕序。

3. 九丘有書，九州有貢，地理有志，寰宇有記，皆四海之學也。或有山崩川

①《愛日精廬藏書志》録此序作"析爲十卷，目之曰《類編長安志》"。
②此處有異文。黄永年點校本以丁氏八千卷樓藏本爲底本，其中"目下"二字作"日下"。《愛日精廬藏書志》著録棽竹堂藏舊抄本，録該序亦作"日下"，並言"有葉伯寅圖記及葉氏藏書印記"。國家圖書館藏明抄本（索書號 06785），駱天驤序首葉鈐"葉伯寅/圖書"白文方印，目録首葉有"葉氏藏書"朱文方印，書末又鈐"二/泉"朱文、"南陽/叔子/苞印"白文二方印，疑即張金吾所謂棽竹堂藏舊抄本。核對此明抄本序文，却作"目下"，不知是否《愛日精廬藏書志》誤作"日下"。今注於此，以備一說。參見黄永年點校《類編長安志》賈序，三秦出版社 2006 年版，第 3 頁；張金吾《愛日精廬藏書志》卷十六，清光緒十三年（1887）吳縣靈芬閣集字版校印本。

移,陵遷谷變,歷代沿革,隨時廢興,所以不能必其主名。儻非識究堪輿,學探今古,至有皓首弗克致其知者。方輿雖未遍覽,而所居鄉國,懵然未知,可乎哉? 京兆教授駱飛卿,長安故家也。嘗集先儒舊志,并古人詩文,從遊前輩,周訪鄉老,其所得者,具載無遺,目曰《類編長安志》。而廢殿荒陵、離宮別館,城郭之損益、州郡之變更,脫遺者增補,訛舛者訂定,駱公自序已詳之矣,茲不必云。較之舊志,一完書爾。長安,古都會也。是編一出,或平居暇日,披翫於几硯之間,其周、秦、漢、唐遺蹤故實,弗符諮訪,一一可知。足跡未及,如在目前,使居是邦者胷中了然,問無不知,亦士君子之一快也。駱公用心仁矣。大德戊戌夏四月中澣日,前翰林直學士太中大夫安西路總管兼府尹諸軍奧魯管內勸農事山木老人王利用序。

【批校題跋】無。

【鈐印】每册前副葉鈐"湖南省/南岳圖書/館藏書"朱文方印。

第一册駱天驤序首葉及其他各册首卷卷端鈐"湖南省/南岳圖書/館藏書"朱文方印、"湖南省/中山圖書/館珍藏"朱文方印、"湘鄉陳/毅鑒藏"朱文長方印、"小/琅/嬛/福/地"朱文長方印、"湖南省立/中山圖書/館藏書章"朱文方印、"零陵/黄濟/珍玩"朱文方印及"黄淑/範印"白文方印。第一册賈馘序首葉及其他册首卷卷端另鈐"秘/帙""朱氏/品琛/經眼"二朱文方印,賈序、卷三、六卷端還鈐"在處有/神物/護持""成此書/費辛苦/後之人/其鑒諸"二朱文方印及"小琅嬛/福地繕/鈔珍藏"白文方印。卷六、卷八卷端還鈐"得者/須愛/護"朱文方印、"赤松/黄石"白文方印。此外,駱天驤自序首葉又鈐有"琴川張氏小琅嬛/福地繕鈔秘册記"朱文長方印、"蓉鏡/珍藏"朱文方印、"詒/重"朱文、"陳/毅"白文二方印。卷三卷端又鈐"蓉/鏡""芙/川"二白文方印,"蓉鏡/珍藏"朱文方印。卷六卷端另鈐"懷古/情深"白文方印。卷八卷端又鈐"琴川張/氏小琅/嬛福地/藏書"朱文方印、"虞山張/蓉鏡芙/川信印"朱文長方印、"琴川張氏小琅嬛/福地繕鈔秘册記"朱文長方印、"張氏/圖/藉"朱文方印。

每册末卷末葉鈐"朱氏/品琛/經眼""零陵/黄濟/珍玩""湖南省立/中山圖書/館藏書章"三朱文方印及"詒/重"朱文、"陳/毅"白文二方印。卷二末葉又鈐"蓉鏡/珍藏"朱文方印。卷五末葉又鈐"琴川張氏小琅嬛/福地繕鈔秘册記"朱文長方印。卷七末葉又鈐"蓉鏡/收藏"白文方印、"琴川張氏小/琅嬛清閟/精鈔秘帙”朱文長方印。卷十末葉又鈐“且得遊/心翰/墨間”“味經/書屋”“蓉鏡/珍藏”三朱文方印及“張伯元/別字/芙川”白文方印。

每册内其他鈐印亦録如下：

第一册内王利用序、《安西路州縣圖》、目録、《類編長安志證題》、卷一、二首葉皆鈐“零陵/黃濟/珍玩”朱文方印。王序又鈐“小琅嬛福地”朱文長方印。《圖》首葉又鈐“蓉鏡/珍藏”“湖南省立/中山圖書/館藏書章”二朱文方印及“琴川張氏小/琅嬛清閟/精鈔秘帙”朱文長方印。目録首葉另鈐“芙/川”“蓉/鏡”二白文方印及“湖南省立/中山圖書/館藏書章”朱文方印。目録末葉鈐“張伯元/別字/芙川”白文方印、“蓉鏡/珍藏”朱文方印。《證題》首葉又鈐“放情/丘壑”“張蓉/鏡印”二白文方印，末葉鈐“味經/書屋”及“張蓉/鏡觀”二朱文方印。卷一卷端又鈐“虞山張/蓉鏡芙/川信印”朱文方印、“琴川張氏小/琅嬛清閟/精鈔秘帙”朱文長方印、“湘鄉陳/毅鑒藏”朱文長方印、“湖南省立/中山圖書/館藏書章”朱文方印、“懷古/情深”白文方印及“小/琅/嬛/福地”朱文長方印。卷二卷端又鈐“小琅嬛/福地繕/鈔珍藏”白文方印及“成此書/費辛苦/後之人/其鑒諸”朱文方印。

第二册卷四末葉鈐“張蓉/鏡觀”朱文方印。

第三册卷七葉七《關塞》、葉十六《故城闕》鈐“琴川張氏小/琅嬛清閟/精鈔秘帙”朱文長方印，葉七又鈐“零陵/黃濟/珍玩”朱文方印。

第四册卷九、卷十卷端鈐“蓉鏡/私印”白文方印及“秘/帙”“零陵/黃濟/珍玩”二朱文方印。卷九卷端又鈐“虞山/張氏”“成此書/費辛苦/後之人/其鑒諸”二朱文方印及“小琅嬛/福地繕/鈔珍藏”“放情/丘壑”二白文方印。卷十卷端又鈐“琴川張氏小/琅嬛福地清閟/精鈔秘帙”朱文長方印、“張伯元/別字/芙川”白文方印。

【書目著録】

1.《中國地方志聯合目録》陝西省部分著録①。

2.《中國古籍善本書目》史部地理類 9308 著録。

3. 葉啟勳《拾經樓紬書録》卷上著録②。記：“《類編長安志》十卷，琴川張氏影元鈔本……元時開成路儒學教授薛延年曾校正付刊，明時板存南京國子

①《中國地方志聯合目録》，中華書局 1985 年版，第 163 頁。

②葉啟勳著、李軍整理《拾經樓紬書録》，見《二葉書録》，上海古籍出版社 2014 年版，第 51 頁。

監,後燬於火,故傳本極希。《四庫全書總目》未收,儀徵阮文達元亦未進呈。此則從元本影寫者,首有安西路州縣圖,次目録,次引用書目。全書每半葉十三行,每行廿二字。書前後有‘小琅嬛福地’……等印。考吳縣黄復翁主事丕烈《士禮居藏書題識·題明秀集詩》:‘琉璃廠裏兩書淫,薆友薆翁是素心。我羨小琅嬛福地,子孫世守到於今。道光四年甲申,薆翁爲芙川世講書於百宋一廛。’又《題永嘉四靈詩》云:‘昭文同年張子和藏書也。余與子和相得,以彼此藏書故。猶憶癸丑同上春官,邸寓各近琉璃廠,一時有“兩書淫”之目’云。蓋薆友爲子和別號,子和名燮,昭文人,乾隆癸丑進士,官浙江寧紹道,詳龐鴻文《常昭合志稿·耆舊》,與復翁鄉舉同年。芙川名蓉鏡,子和之孫也,蓋此爲琴川張氏祖孫藏書矣……”

【遞藏】

1. 小琅嬛福地。清代張燮、張蓉鏡祖孫藏書處。張燮(1753—1808),字子和,號薆友,江蘇常熟人。清乾隆五十八年(1793)年進士。著有《味經書屋集》。孫張蓉鏡(1802—?),字伯元,號芙川,有《雙芙閣吟稿》。

2. 陳毅(1871—1929),字詒重,號恂廬,湖南湘鄉人。清光緒三十年(1904)進士,歷任京師編譯館總纂、京師大學堂提調、資政院參議等,有《墨子正義》《恂廬詩文集》等。

3. 1935年湖南省中山圖書館(今湖南圖書館)購入陳毅藏書。書中又有黄濟、黄淑範兩位館長的私印。黄濟(1898—?),字駿德,湖南零陵(今屬湖南永州)人,武昌師大畢業。1929年6月至11月間曾任永興縣長,後任湖南省教育廳科員。1931年至1938年任湖南省立中山圖書館籌備主任、館長。黄淑範,湖南沅陵人,1936—1938年任湖南省立桃園女子中學校長,1938年至1941年任湖南省立中山圖書館館長。

【其他】無。

【按語】此志實際是一部介紹長安地區山川地形、歷史沿革的著作,其中關於名勝古跡、舊聞遺事的記載尤其詳細,可補宋志記載之不足,具有很高的史料價值①。此書元刻今已不存,其後亦無刻本,僅留抄本存世。此清琴川張氏影元抄本,據《湖南通俗日報》1935年7月25日報道稱:“湘鄉已故紳士陳舫仙先

---

① 見黄永年點校《類編長安志》前言,三秦出版社2006年版,第6—11頁。

生,藏書極多,且多珍本。湖南中山圖書館爲保留古代經史書籍……備價銀五千五百元,將陳氏所遺藏書七十七箱,全數收買。"此書或當在此時入藏湖南省中山圖書館(今湖南圖書館)。

［寶慶］四明志

中國國家圖書館　梁瀟文

中國國家圖書館 12360

國家珍貴古籍名録 00564

《［寶慶］四明志》二十一卷。(宋)胡榘、羅濬纂修。宋刻本。十册。綫裝。鄧邦述跋。

【題著説明】卷端題"四明志卷第一",未題著者,著者據羅濬序。

【著者簡介】

1. 胡榘(生卒年不詳),字仲方,吉州廬陵(今江西吉安)人。南宋淳熙十四年(1187)任象山縣知縣,入屬樞密院編修官。寶慶二年(1226)以兵部尚書除焕章閣學士、通議大夫,知慶元府兼沿海制置使,紹定二年(1229)以龍圖閣學士充沿海制置使,兼知慶元府,七月致仕。後復召爲尚書,紹定六年(1233)致仕。有《普寧志》。

2. 羅濬(生卒年不詳),字明甫,吉州廬陵(今江西吉安)人。南宋嘉定十六年(1223)進士,曾任贛州録事參軍。

【内容】四明在《禹貢》揚州之域。春秋時屬越。秦在其地置鄞、鄮、句章三縣,隸會稽郡。漢因之。魏晉南北朝會稽或爲國、或爲郡,而所屬三縣未有更改。隋開皇九年(589)併餘姚、鄞、鄮三縣入句章,仍隸會稽郡,大業初隸越州,三年(607)復隸會稽郡。唐武德四年(621),析句章置鄞州,八年(625)廢州爲鄮縣。開元二十六年(738)以鄮縣改置明州,以境内有四明山而得名。天寶元年(742)改爲餘姚郡,至德二年(757)復爲明州。五代時屬吴越國,爲望海軍節度,治所鄮縣改爲鄞縣。北宋太平興國二年(977),吴越王納土歸圖籍十有三州,而明州居其一。紹興三年(1133)置沿海制置使,八年(1138)年以浙東安撫使兼制置使,十一年罷。隆興元年(1163)復置。南宋紹熙五年(1194)以寧宗潛邸升府,曰慶元府①。本書纂修之時明州已升爲慶元府,書稱"四明",係沿用舊稱。

　　書共二十一卷。卷一至卷十一爲郡志,卷十二以後爲各縣志,每卷前有縣境圖、縣治圖,其後再另立縣志目錄,不與郡志目錄相混。卷第一叙郡上,記沿革表、沿革論、境土、分野、風俗、郡守。卷第二叙郡中,記社稷、城隍、學校鄉飲酒禮及貢舉附。卷第三叙郡下,記城郭、坊巷、倉庫務場局院等、公宇、官僚、驛鋪。卷第四叙山、叙水渠堰碶閘橋梁津渡附、叙產。卷第五叙賦上,記户口、夏稅、秋稅、酒及商稅。卷第六叙賦下,記市舶、牙契、雜賦、湖田、職田、常平倉、義倉、朝廷寨名、監司寨名、鹽課。卷第七叙兵,記制置司水軍、禁軍廂軍、土軍。卷第八叙人上,記先賢事跡上。卷第九叙人中,記先賢事跡下、烈女、孝行、仙釋。卷第十叙人下,記科目人才、衣冠盛事。卷第十一叙祠,記神廟、宮觀、寺院;叙遺,記車駕巡幸、鄉人義田、紀異、存古。卷第十二、十三鄞縣志。卷第十四、十五奉化縣志。卷第十六、十七慈溪縣志。卷第十八、十九定海縣志。卷第二十昌國縣志。卷第二十一象山縣志。書中所記科舉記事至開慶元年(1259),牧守則下及咸淳八年(1272)。

　　是志在刻成後屢有遞增。據徐時棟考證,此書在初刻後增修四次:初增刻於淳祐初之陳塏;再增刻於淳祐中之顏頤仲,書中"凡修舉事跡亦備卷中,而其文必稱'顏公'",即顏頤仲增刻之内容;三增刻於開慶初之吳潛丞相,故此書進士題名終於開慶己未;四增刻於咸淳間之劉黻,即本志學校中所謂"四十五板制帥集撰,劉公黻置"者是也,故郡守題名終於劉公。知後增刊之人當有淳祐元年(1241)知慶元府陳塏、淳祐五年(1245)知慶元府顏頤仲、寶祐四年(1256)知慶元府吳潛以及咸淳六年(1270)知慶元府劉黻②。

　　書共十册。第一册序、目録、圖、卷一、二。第二册卷三、四。第三册卷五、

────────────────

①史爲樂主編《中國歷史地名大辭典》"四明"條、"明州"條、"慶元府"條,中國社會科學出版社 2005 年版,第 753、1523、1049 頁。

②關於《寶慶四明志》之後的增刻情況,錢大昕、全祖望、徐時棟皆有討論,以徐時棟最爲詳細。見清徐時棟《烟嶼樓文集》卷十一,清光緒元年(1875)松竹居刻本。

六。第四册卷七、八。第五册卷九、十。第六册卷十一、十二。第七册卷十三、十四。第八册卷十五、十六。第九册卷十七至十九。第十册卷二十、二十一。

【刊印者】未見,待考。

【行款版式】半葉十行,行十八字,小字雙行同。白口,左右雙邊,單魚尾。版心上鎸字數,中鎸卷名、卷數(序作"四明志序",目録作"四明志目録")、葉數,下鎸刻工姓名。版框26.0厘米×20.2厘米,開本31.2厘米×22.5厘米。

【題名頁牌記】無。

【刊寫題記】羅濬序末刻校勘官銜名:編類文字府學學正袁藻、學録劉叔温、直學汪煇、學諭王坰、學諭繆暹、學諭蔣淵明、教諭伍子獻。

【刻工】蔣容、張亦、施華、方禮、王仁、王侃、王聞、陳永、洪春、顧清、蔡邴、任全、王智、裴俊、沈華、顧達、王珍、徐志、洪珍、葛桂、葉枝、吳供(建安吳供)、建安范□(字迹模糊不清)。單字刻工有容、仁、侃、永、清、志、枝、楷①。

【避諱】"玄""弘""恒""禎(貞徵)""曙""桓(完)""慎""惇(敦)""擴(廓)"諸字避諱,或是缺筆,或寫作從某從某,或小字注"某某廟諱"。避諱至南宋寧宗。

卷十八葉三"張又玄"條,"玄"字不寫,小字注"從一從幺"。卷十四葉十五"陶弘景"缺筆。卷一葉十九"趙恒","恒"字不寫,小字注"從忄從亘",卷八葉四"華恒","恒"字則缺筆。卷八葉四"虞喜"條"徵拜博士""貞素高尚"缺筆。卷十八葉三"王曙"條,"曙"字不寫,小字注"從日從四從者"。卷九葉七"完顔亮"寫作"元顔亮",卷十葉三"王桓","桓"字不寫,小字注"欽宗廟諱",卷二十一葉三十六"胡完夫"缺筆。卷十葉一"盧慎微"條,"慎"字不寫,小字注"孝宗廟諱"。卷八葉二十"章惇"條缺筆,卷二十葉二十七"晏敦"寫作從某從某。卷一葉二十三"齊廓"條缺筆,卷十"郭擴實"條,"擴"字不寫,小字注"寧宗廟諱"。

【序跋附録】書前有羅濬序,次《府境》《羅城》《府治》《郡圃圖》四圖,次全書總目録。羅濬序録文如下:

────────

① 《再造善本總目提要》"寶慶四明志"條所録刻工尚有顧遠、王佩。王文進《文禄堂訪書記》還録有王琳。參見《中華再造善本總目提要》(唐宋編),國家圖書館出版社2013年版,第284頁;王文進撰、柳向春標點《文禄堂訪書記》卷二,上海古籍出版社2007年版,第119頁。

四明舊有《圖經》，成於乾道五年，蓋直秘閣張公津守郡之三祀也。先是，大觀初朝廷置九域圖志局，令州郡各編纂以進，明已成書，而厄於兵火，遂逸其傳。三山黃君鼎得所藏，以獻張公，乃俾僚屬參稽，釐爲七卷，而鋟諸梓。然自明置州，至是四百三十二年，而城治之遷徙，縣邑之沿革，人未有知其的者。唐刺史韓察實移州城，石刻尚存，於時且未之見，他豈暇詳。甚哉，作者之難。固有俟於述於後者也。尚書廬陵胡公，以寶慶二年被命作牧，上距鋟梓之歲，甲子欲周，而竟未有述之者。越明年，政修人和，百廢具興，爰命校官方君萬里取舊《圖經》，與在泮之士重訂之。未幾，方君造朝，事遂輟。又明年，潚調官遲次，來謁鈴齋，尚書俾專任斯責，因得與士友胥講論，胥校讎，且朝夕質諸尚書。由孟夏迄仲秋，成二十一卷，圖少而志繁，故獨揭志名，而以圖冠其首。考據之未精，搜訪之未博，淺學其敢辭誚。而百五十日之間，用力亦勞矣。竊嘗謂：道地圖以詔地事，道方志以詔觀事，古人所甚重也。圖志之不詳，在郡國且無以自觀，而何有於詔王哉？欲知政化之先後，必觀學校之廢興，欲知用度之贏縮，必觀財貨之源流。觀風俗之盛衰，則思謹身率先。觀山川之流峙，則思爲民興利。事事觀之，事事有益，所謂不出戶而知天下者也。今有司類窘簿書期會，問以圖志之事，率曰是非所急，尚得謂之知務乎？尚書召還孔邇，執六典八則之要，按九賦九式之目，以佐聖天子經綸四海，則收圖書固相業之一。天下之大，一邦之推爾，注意拳拳，有以也夫。從政郎新贛州録事參軍廬陵羅潚序。

【批校題跋】

1. 書中有少量佚名批注，如卷十葉十一"汪之彊"條上朱文批"尚書"二字，"徐愿"條上有朱圈。

2. 卷七前副葉有鄧邦述跋：

此冊亦内廷物，尚是原裝，前有"五福五代堂古稀天子寶"一、"八徵耄念之寶"二、"太上皇帝之寶"三，凡天禄藏書，前後葉類皆有之，高宗内禪後所鈐者也。又"乾隆御覽之寶"橢圓一、"天禄繼鑑"一、"天禄琳琅"一在後幅。自辛亥後流出者益夥庚子西狩已漸漸見於廠肆，斷縑零楮，球璧同珍。此冊存七、八兩卷，七卷叙兵，八卷叙人，自是宋刊佳者，亦得之於寄荃同年許。癸亥人日正闇居士謹記。（末鈐"群碧校讀"朱文方印）

【鈐印】

每册首末副葉皆鈐“五福五代/堂古稀/天子寶”“八徵/耄念/之寶”“太上/皇帝/之寶”三朱文方印。

每册首卷卷端鈐“乾隆/御覽/之寶”朱文橢圓印及“天禄/繼鑑”白文方印，每册末卷卷末鈐“乾隆/御覽/之寶”朱文圓印及“天禄/琳琅”朱文方印。目録首葉鈐“北京/圖書/館藏”朱文方印。序首葉、卷五卷端又鈐“舊學/史氏/復隱/書印”朱文方印。卷七書前副葉鄧邦述跋末鈐“群碧/校讀”朱文方印，卷端又鈐“綏珊六十/以後所/得書畫”“杭州王氏九峰/舊廬藏/書之章”二朱文方印。卷八卷末又鈐“浙東朱/遂翔五十/以後所/見善本”“綏珊收/藏善本”二朱文方印。卷二十一卷末又鈐“北京/圖書/館藏”朱文方印。

第五册內卷十卷端、第九册內卷十八《定海縣境圖》鈐“舊學/史氏/復隱/書印”朱文方印。

【書目著録】

1. 清彭元瑞等《欽定天禄琳琅書目後編》卷四“宋版史部”著録①。記：“《四明志》，二函十册……考書中職官、科第、姓名、事蹟，間及咸淳，蓋後所增益，非盡濬舊，然均宋時舊籍也。至元、延祐中，袁桷撰《四明志》，今亦並傳，然門目迥異，故著録家以此爲《寶慶四明志》，袁本爲《延祐四明志》別之。史浩，字直翁，鄞縣人。紹興十四年(1144)進士，相孝宗，贈會稽郡王，謚文惠。浩初爲孝宗建王府教授……淳熙五年復爲右丞相，十年除太保致仕，封魏國公。治第鄞之西湖，建閣奉兩朝賜書，上爲書‘明良慶會’名其閣，‘舊學’名其堂，故有‘舊學’印章。其曰‘復隱’，蓋在請老再歸後也。‘舊學/史氏/復隱/書印’，朱文，卷首、卷五、卷十。”

2. 清鄧邦述《寒瘦山房鬻存善本書目》卷一著録②。記：“《四明志》存二卷，一册。宋羅濬撰。宋刊本，每半葉十行，行十八字。存第七、第八。有‘五福

①清彭元瑞等《欽定天禄琳琅書目後編》，清光緒十年(1884)長沙王氏刻本，見《明清以來公藏書目彙刊》，北京圖書館出版社 2008 年版，第 4 册，第 217—220 頁。

②鄧邦述《寒瘦山房鬻存善本書目》卷一，1930 年江寧鄧邦述刻本，見《海王邨古籍書目題跋叢刊》第 6 册，中國書店 2008 年版，第 101 頁。

五代堂古稀天子寶'一，'八徵耄念之寶'一，'太上皇帝之寶'一，'乾隆御覽之寶'一，'天禄繼鑑''天禄琳瑯'各一章。此《寶慶四明志》也，天一閣藏書有之，此則内府珍物，尚是原裝，各寶屢見著録。庚子西狩，内廷寶藏已漸漸出於廠肆，自辛亥後益夥，斷縑零楮，球璧同珍。天府所儲，本可公諸士庶，但不可爲强者所盜取，致不免淪於昆明之劫灰、阿房之焦土耳。癸亥人日，正闇居士謹記。"

3.《中國地方志聯合目録》浙江省部分著録①。

4.《中國古籍善本書目》史部地理類 9613 著録。

5.《北京圖書館古籍善本書目》史部地理類著録。

【遞藏】

1. 天禄琳瑯，清代宮廷善本特藏。乾隆九年（1744），清高宗令儒臣檢閲内府藏書，從中選擇宋元明之精善者入昭仁殿列架收藏，並御筆親書匾額曰"天禄琳瑯"。同時，乾隆皇帝命于敏中等主持天禄琳瑯藏書的編目工作，纂成《欽定天禄琳瑯書目》（前編）十卷。嘉慶二年（1797），乾清宮大火，波及昭仁殿，天禄琳瑯藏書盡燬，乾隆皇帝令彭元瑞等再次從内府藏書中選擇善本進行編目，成《欽定天禄琳瑯書目後編》二十卷。清朝滅亡後，這些藏書逐漸流出宮廷，散落各家。

2. 鄧邦述（1868—1939），字孝先，號正闇，又號漚夢詞人，晚號漚夢老人、群碧翁，江寧（今江蘇南京）人。清光緒二十四年（1898）進士，二十七年（1901）爲湖北巡撫端方幕僚，三十三年（1907）署理吉林省交涉司使。宣統二年（1910）任吉林民政司使。1912 年又應趙爾巽之聘爲清史館纂修。編有《群碧樓書目初編》《群碧樓善本書録》《寒瘦山房鬻存善本書目》等。

3. 王體仁（1873—1938），見前《國家珍貴古籍名録》00528。

【其他】本書缺卷十一葉十八至二十五。

【按語】《天禄琳瑯書目後編》記書中卷首、卷五、卷十鈐有"舊學史氏復隱書印"朱文印，與此本鈐印相符，當指此本。該書又記，史浩有"舊學"印章，其再次歸老後又稱"復隱"，故書中"舊學史氏復隱"或與史浩有關。然史浩（1106—1194）爲南宋孝宗時（1162—1189）名臣，離寶慶（1225—1227）尚遠，故此書不當是史浩本人收藏，但史氏世守藏書，與著名藏書家樓鑰有"南樓北史"之稱，亦或

① 《中國地方志聯合目録》，中華書局 1985 年版，第 406 頁。

可能爲史氏家藏。

　　全祖望《跋四明寶慶開慶二志》云："胡尚書榘《寶慶四明志》二十一卷，吴丞相潛《開慶續志》十二卷，皆宋槧也。予得之同里陸參政懋龍①書庫……雍正庚戌（八年，1730），予以拔萃入太學，是書爲人篡去，質於富人之手，仁和趙五兄谷林以白金四十錠贖歸，仍鈔一副本歸予，予作長歌謝之……前此臨川李侍郎穆堂、江都馬上舍嶰谷皆嘗向予借鈔，逡巡未寄，兹並屬谷林鈔以貽之。"②又據《鐵琴銅劍樓藏書目錄》記："是書（按：指開慶《四明續志》）向來與《寶慶志》藏書家皆未見，自謝山全氏得宋槧本於陸參政懋龍家，後歸趙谷林錄副以傳。"③洪煥椿《浙江方志考》記："雍正初，全祖望藏有此書宋刊本。又收藏宋本《四明續志》一部。雍正八年（1730），全氏所藏兩書轉歸趙昱④小山堂。趙昱錄副分贈同好，於是鈔本得以流傳。乾隆末，趙氏藏本進入清宮，《四明續志》分散在外。同治十二年（1873），穆宗命將天禄琳琅部分藏書發交内務府所屬武英殿修書處修理裝幀……全氏原藏此本亦在其中……全氏此書之中一册，逸出紫禁城，後輾轉歸王氏九峰舊廬所有。"⑤

　　考鄧邦述藏此二卷之流轉，1923 年鄧氏爲此書作跋，1927 年鄧氏將其藏書大半售出後，編《寒瘦山房鬻存善本書目》亦收錄此殘本，書尚歸鄧氏。抗日戰爭前夕，鄧氏所餘藏書被王體仁購去部分⑥，加之王體仁九峰舊廬諸章皆鈐於書中的卷七、卷八，知王氏購入的書中當有此殘本。由此可見：此書全帙原藏全祖望、趙昱小山堂，乾隆末此書入清宮。八國聯軍入侵至辛亥革命期

①陸懋龍（1538—1603），字啟原，一字珍所，鄞縣（今屬浙江寧波）人，明萬曆八年（1580）進士，授合肥縣知縣，入爲兵科給事中，升湖廣參政。
②清全祖望《鮚埼亭集外編》卷三十五，清嘉慶十六年（1811）刻本，見《清代詩文集彙編》第303 册，上海古籍出版社 2010 年版，第 379—380 頁。
③清瞿鏞《鐵琴銅劍樓藏書目錄》卷十一，中華書局 1990 年版，第 168—167 頁。
④趙昱（1689—1747），原名殿昂，字谷林，一作林谷，別字功千，仁和（今屬浙江杭州）人。有藏書樓名"小山堂"，編有《小山堂藏書目錄備覽》《秀硯齋吟稿》等。全祖望爲之作有《小山堂藏書記》。
⑤洪煥椿《浙江方志考》，浙江人民出版社 1984 年版，第 169—170 頁。
⑥鄧氏藏書流散見鄧邦述撰、金曉東整理《群碧樓善本書錄　寒瘦山房鬻存善本書目》整理説明，上海古籍出版社 2014 年版，第 2—4 頁。

間，該書中的一册，即卷七、卷八由清宫逸出，爲鄧邦述所得，抗日戰争前夕鄧氏轉售予王體仁。1936 年，浙江文獻展覽會上，展出王體仁所藏的一册，1946年故宫博物院以重價從王氏九峰舊廬收回①，此後轉藏今國家圖書館，該書終於重得一完帙。又王文進②《文禄堂訪書記》：“《四明志》二十一卷。宋羅濬撰。宋浙刻本。存七、八卷。半葉十行，行十八字……板心上記字數，下記刊工姓名。王仁、王智……有‘天禄繼鑑’‘乾隆御覽之寶’……印。”③從其所記版式、鈐印看，當即鄧邦述所得《四明志》卷七、卷八，是王文進亦曾經眼此本。

［開慶］四明續志

中國國家圖書館　梁瀟文

中國國家圖書館 08674

國家珍貴古籍名録 00565

《［開慶］四明續志》十二卷。（宋）梅應發、劉錫纂修。宋開慶元年（1259）刻本。綫裝。六册。

【題著説明】卷端題“四明續志卷第一”，未題著者，著者據梅應發、劉錫序。

【著者簡介】

1. 梅應發（1224—1301），字定夫，號艮翁，廣德（今安徽廣德）人。南宋寶祐元年（1253）進士，以迪功郎充慶元府學教授，官至太府卿、中奉大夫直寶章閣。宋亡不仕。

2. 劉錫（生卒年不詳），字自昭，永嘉（今浙江温州）人。南宋淳祐七年（1247）進士，寶祐間以奉議郎充沿海制置大使司主管機宜文字，開慶初爲鎮江府通判。

【内容】志共十二卷。卷第一慶元府額、增秩因任、學校、科舉、城郭、坊巷。

---

① 該書由王氏轉賣給故宫博物院之情況，見洪焕椿《浙江文獻叢考》，浙江人民出版社 1983年版，第 215 頁。

② 王文進（1894—1960），字晉卿，别號夢莊居士，河北任丘人。1925 年在北京開設文禄堂書店。將其收售、經眼之書編成《文禄堂訪書記》，又刊《南峰樂府》等。

③ 王文進撰、柳向春標點《文禄堂訪書記》卷二，第 119 頁。

卷第二郡圃、驛亭橋路寺廟附、惠民藥局。卷第三水利。卷第四興復省併酒庫、經總制司、興復經總制諸酒務坊場渡附、廣惠院、兩獄厢院兵馬司附、架閣樓庫。卷第五新建諸寨夜飛山永平寨、向頭寨、九寨巡檢、烽燧探望。卷第六三郡隘船、出戍、水閘、作院、武藏、小教場、帳前撥發壕寨官舍。卷第七排役、樓店務地、府倉斗斛、蠲放官賦。卷第八蠲放砂岸、蠲免抽博倭金收養飄泛倭麗人、收刺麗國送還人附、賑濟、祈禱龍見附、瑞麥。卷第九吟藁上。卷第十吟藁下。卷第十一詩餘上。卷第十二詩餘下。是書成於開慶元年（1259），所述皆爲知府吳潛①在寶祐四年（1256）至開慶元年（1259）在任之事及其吟詠。

第一冊序、目錄、卷一、二。第二冊卷三、四。第三冊卷五、六。第四冊卷七、八。第五冊卷九、卷十。第六冊卷十一、十二。

【刊印者】未見，待考。

【行款版式】半葉十行，行十八字，小字雙行同。白口，左右雙邊，單魚尾。版心上鐫字數，中鐫"續志"、卷數（序作"續志跋"，目錄作"續志目錄"）及葉數，下鐫刻工姓名。版框 25.9 厘米×20.5 厘米，開本 31.0 厘米×24.1 厘米。

【題名頁牌記】無。

【刊寫題記】無。

【刻工】王祐、顧楷、王閏、徐廣、任廷、任慶、徐志、任友、王聞、王文、徐堅、李暹、洪莘。單字刻工祐、楷、志、閏、廣、慶、志、廷、暹、文、源、莘、坦、茂、春、正、蔡。

【避諱】卷九《吟稿上》葉二十四"玄"字、卷十二葉八"偵"字缺筆。

【序跋附錄】書前有梅應發、劉錫合撰序文，次爲目錄。梅、劉序文錄如下：

《四明志》作於乾道，述於寶慶，詳矣。然則何續乎？所以志大使、丞相履齋先生吳公三年治鄞，民政、兵防、士習、軍食、興革補廢、大綱小紀也。其已作而述者不復志。昔人謂：舊相出鎮者，多不以民事爲意。惟向文簡大耐官職，勤於政事，所至著稱。公不均其逸而先其難，過於文簡數等矣。又謂：寇萊公所至多

①吳潛（1196—1262），字毅夫，號履齋，寧國（今屬安徽宣城）人。南宋嘉定十年（1217）進士，授承事郎、簽書鎮東軍節度使判官。紹定四年（1231）任吏部員外郎，遷太府少卿。端平元年（1234）其言忤逆宰相，貶爲秘閣修撰。淳祐十一年（1251），爲參知政事，拜丞相兼樞密使。寶祐四年（1256），授沿海制置大使，進封崇國公，拜特進、左丞相，進封慶國公，改封許國公。後因奸臣排擠，謫建昌軍，徙潮州、循州，於循州安置。《宋史》有傳。

游宴,張文定倘蕩任情,獲盜縱遣。公慨念海道東達青、齊,禦侮弭盜之方,周防曲至,世人未必盡知也。若夫切切畎畝,昐昐雨晴,一游一詠,可以觀焉。故併載之於後,以詔來者。蓋公之學達於體用,自身而家,家而國,國而天下,有本者固如是也。豈規規然求度越於寇、張二公哉。雖然,鄞猶故鄞也,昔何爲而匱,今何爲而豐,昔何爲而蕩無紀綱,今何爲而粗知理法,覽者必有得於是編之外。開慶元年中秋日,門生迪功郎慶元府府學教授梅應發,奉議郎添差沿海制置大使司主管幾宜文字新添差通判鎮江府劉錫百拜謹書。

【批校題跋】書前副葉袁克文墨筆題"宋槧《開慶四明續志》十二卷,丙辰(1916)九月十二夜醉中題於惠泉山下,寒雲",並鈐"佰宋書藏主人廿九歲小景"朱章。

【鈐印】第一册序首葉鈐"舊學/史氏/復隱/書印"朱文方印、"壽松堂/書畫記"朱文長方印、"抱經樓"白文長方印、"八經/閣"朱文方印,書眉上鈐"佞宋"朱文長方印。目錄首葉鈐"北京/圖書/館藏"朱文方印。卷一卷端鈐"博明/鑑藏"朱文方印、"懷辛/居士"白文方印。卷二卷端鈐"八經/閣"朱文方印。

其他各册首卷卷端鈐"博明/鑑藏"朱文方印、"懷辛/居士"白文方印、"抱經樓"白文長方印、"八經/閣"朱文方印。其他各册第二卷卷端鈐"八經/閣"朱文方印。卷五、九卷端又鈐"舊學/史氏/復隱/書印"朱文方印。卷十二卷末鈐"錢大昕/借觀"白文方印、"寒/雲主人"朱文方印、"克文/之璽"白文方印、"北京/圖書/館藏"朱文方印、"三琴趣齋"朱文長方印。

【書目著録】

1. 清盧址《抱經樓藏書目錄》卷五史部地理類著録①。記:"《開慶續志》十二卷。六本,宋版。宋梅應發、劉錫同撰。"

2. 張元濟《寶禮堂宋本書録》卷二著録②。記:"《四明續志》十卷,六册……宋代地志存者寥寥,雖宋諱字均不避,然固可定爲宋槧宋印,因收存之,以備瀏覽。版式:半葉十行,行十八字,小注雙行字數同,左右雙邊。版心白口,

---

①南京圖書館編《南京圖書館藏稀見書目書志叢刊》(十),國家圖書館出版社 2017 年版,第310 頁。

②張元濟撰、柳向春標點《寶禮堂宋本書録》卷二,上海古籍出版社 2007 年版,第 220 頁。

單魚尾，書名題'續志幾'，上間記字數，下記刻工姓名。刻工姓名有王閏、任廷、洪莘、徐廣、任友、任慶、李暹、王聞、徐堅、王祐、王文、顧楷諸人，又有源、茂、又、坦、春、正、蔡各單字。藏印'舊學史氏復隱書印''壽松堂書畫記''抱經樓'。"

3.《中國地方志聯合目録》浙江省部分著録①。

4.《中國古籍善本書目》史部地理類 9618 著録。

5.《北京圖書館古籍善本書目》史部地理類著録。

【遞藏】

1. 孫宗濂（1720—1763），字栗忱，號隱谷。浙江仁和（今屬浙江杭州）人。清乾隆九年（1744）舉人，有藏書處稱"壽松堂"。其子孫仰曾，字虛白，號景高，別號晴厓。四庫開館時，孫氏進呈家中藏書二百三十一種，並編《壽松堂藏書目》《壽松堂進呈書目》。

2. 盧址（1725—1794），字青崖，一字丹陛，浙江鄞縣（今屬浙江寧波）人。藏書處稱"抱經樓"。著有《四明文獻集》《和陶詩》等。

3. 袁克文（1889—1931），字豹岑，號寒雲，河南項城人。袁世凱次子。生於朝鮮漢城，性放浪不羈，以重值廣收古籍，藏書室名"後百宋一廛"，後更名"皕宋書藏"，藏宋本盈二百種。晚歲客居上海，生計日窘，至以賣字賣文爲生。所藏亦大多變賣。撰有《寒雲手寫所藏宋本提要二十九種》。

4. 許厚基（？—約 1958），字博明。藏書室名"懷辛齋""申申閣"，祖籍浙江吳興（今屬浙江湖州）。其先輩以經銷進口洋布爲業，以故家饒於財，或譏其無文，遂發奮讀書，進而斥巨資廣收宋、元、明善本古籍，兼熱心公益事業，復得識傅增湘、繆荃孫等人，一躍而成吳門藏書名家。"八一三"抗戰日寇戰機轟炸蘇州，避難西行。經亂家業蕩然，藏書亦逐漸散出。晚歲貧甚，以自負木盤於街巷叫賣麵包爲生，直至病故。其書編爲《懷辛齋書目》。

5. 潘宗周（1867—1939），字明訓，廣東南海（今屬廣東佛山）沙瀛人。經商至巨富，民國間曾任上海工部局總辦。因得宋本精刻《禮記正義》七十卷，名其藏書室曰"寶禮堂"。藏宋元本達百餘種，張元濟爲代撰《寶禮堂宋本書録》。1949 年後其子明兹以所藏全部捐於北京圖書館。

---

① 《中國地方志聯合目録》，中華書局 1985 年版，第 310 頁。

【其他】本書缺卷十二葉七。

【按語】

1. 傅增湘《藏園群書經眼録》記此書“宋開慶元年刊本……有開慶元年通判鎮江府劉錫序……癸丑（1913）十二月見於寧波靈橋門内君子營盧氏抱經樓”①，此書是時仍在盧氏處。《寒雲日記》稱：“（乙卯〔1916〕五月十二日）葆奇師先至，並攜代購宋本《開慶四明續志》十二卷，授文志。爲抱經樓故物，人間之孤本也。半葉十行，行十八字，序七行十五字，板心高八寸許，闊六寸餘，有刻工姓名，爲浙本之最精者。”②知袁克文得此書時在 1916 年。但許厚基藏書始末未詳，故不知袁、許二人遞藏先後。《北京圖書館善本書目》③中，《開慶四明續志》下注“潘捐”二字，知是志後歸潘宗周。又《寶禮堂宋本書録》云“宋諱字均不避”，今核是書，有個别“玄”“偵”字缺筆，如卷九葉二十四“玄”、卷十二葉八“偵”缺末筆。

2. 寧波地區宋元兩朝多次修志，傳於今者包括宋代纂修的《乾道四明圖經》《寶慶四明志》《開慶四明續志》，及元代纂修的《延祐四明志》《至正四明續志》，總共五部。《鐵琴銅劍樓藏書目録》記《開慶續志》“向來與寶慶《四明志》藏書家皆未見”。全祖望《延祐四明志跋》云：“是志流傳甚寡，儲藏家皆無之，即在吾鄉亦但有二本，其一在天一閣范氏，其一在陸高士春明家，然皆失去第九卷、第十卷、第十一卷，蓋無從覓其足本矣。”④清徐時棟《乾道四明圖經》卷首記：“謹案：乾隆朝詔編《四庫全書》……宋乾道之《圖經》、元至正之《續志》尚以傳本稀少，未獲進呈……大德爲范氏家藏，延祐由浙撫採進，即寶慶、開慶之獻自兩淮鹽政者，亦揚州馬氏從鄞全氏傳鈔之本。”⑤可見，這幾部方志在成書以後，流傳並不十分廣泛，除了《寶慶》《開慶》兩部今尚存宋刻外，其餘幾部僅有翻刻及抄本。

①傅增湘《藏園群書經眼録》，中華書局 1983 年版，第 410 頁。

②袁克文《寒雲日記·洪憲日記》，見王雨著、王書燕編纂《王子霖古籍版本學文集》第 2 册，上海古籍出版社 2006 年版，第 165 頁。

③《北京圖書館善本書目》，中華書局 1959 年版，第 10 頁。

④清全祖望《鮚埼亭集外編》卷三十五，清嘉慶十六年（1811）刻本，見《清代詩文集彙編》第 303 册，上海古籍出版社 2010 年版，第 380 頁。

⑤《乾道四明圖經》卷首，清徐時棟烟嶼樓咸豐刻光緒五年（1879）印本，葉六。

　　寧波地區宋元時期方志的翻刻本中，搜羅最全、影響最深遠的就是清代著名藏書家、刻書家徐時棟刻的"烟嶼樓宋元四明六志"。所謂"四明六志"是指《乾道四明圖經》《寶慶四明志》《開慶四明續志》《延祐四明志》《至正四明續志》及《大德昌國州圖志》。此外，徐時棟又刻《四明它山水利備覽》附於六志之後。其始末可見徐時棟《答覺軒》詩："善價覓秘本，巧借羅鈔胥《延祐》《至正》二志，余假自洪思嚴明經……久而郡五志，並入吾家厨。參之以《大德》馮州判福京作《大德昌國州志》，余借鈔於朱述之司馬，是爲六志書。附之以《它山》，是爲六志餘。"①

　　徐時棟所刻六志的通行刻本，多著録爲清咸豐刊本，書前有光緒五年《校刻宋元四明志序》，當於光緒五年印行。國家圖書館還藏有六志刻本一種，著録爲"清徐氏烟嶼樓刻本"，該本有同治年間陳勱及徐時棟的手跋與批校，書中的校記內容則爲光緒五年的通行刻本所吸收②，可見在通行刻本之前，徐氏所刻六志尚有更早的刻本存在③。

　　徐時棟刻《開慶四明續志》，受到抱經樓藏宋刻本的影響頗深。徐時棟在收集到六志後，就對六志進行校勘，並記"惟抱經樓有五種，余與同人往樓中校讎之"④。《抱經樓藏書目録》中著録宋元時期的寧波地志僅兩部，一是記"《開慶續志》十二卷，六本，宋版"，二是記"《寶慶四明志》二十一卷，十二本，抄本"。國家圖書館藏的烟嶼樓刻、徐時棟陳子相校《開慶續志》（索書號 A05247），首卷卷端有陳子相題識，記："同治七年七月初，○○借校董菁沚藏本九卷至十二

---

①清徐時棟《烟嶼樓詩集》卷九，清同治六年（1867）虎胛山房刻本，葉十。覺軒，徐時棟好友董沛號。董沛（1828—1895），字孟如，號覺軒，鄞縣（今屬浙江寧波）人，光緒三年（1877）進士，著有《六一山房詩集》等。董沛幫徐氏校勘宋元四明六志，又助其編寫《鄞縣志》。宋元四明六志刻成後，徐時棟請董沛校對，董沛作詩《徐柳泉舍人延余校宋元四明志即事奉贈兼示陳咏橋明府》寄贈徐時棟，後因徐氏家遭大火，該詩焚毀不存，同治六年（1867）董沛將此詩再寄之，徐作《答覺軒》七首答和。

②如《延祐四明志》徐陳校本卷一葉五"縣嘗俾搽牒入京"，"搽"字陳校改作"捧"，通行本亦作"捧"；葉六"簽判劉嘉重刊"，"嘉"字陳校批"劉作'嘉'"，光緒本亦已修正。

③通行本書前有光緒五年《校刻宋元四明志序》，每卷卷末刻"鄞徐時棟校刊"，書後附《校勘記》九卷，中華書局1990年影印出版的《宋元方志叢刊》中所用的便是此本。而國家圖書館所藏有陳、徐校記之本書後則有《校勘記》三十一卷。此外，國家圖書館還藏有一《校勘記》三十一卷（索書號：地240.51/1257），著録爲同治刊本。

④清徐時棟《烟嶼樓詩集》卷九，清同治六年（1867）虎胛山房刻本，葉十一。

卷。”通行刻本卷十二“賀新涼和惠檢閱惜別”條下有按語記:“校之盧藏宋本,紙損十六字,各本皆出此本,故脱字盡同。亂後,董菁沚廣文坊得蕭山王氏殘本,僅九至十二四卷,此詞居然完好,藉以補足重刊……王本有晚聞居士跋云‘嘉慶己未,從宋本寫出,丁卯八月借得鎮海胡簪山家藏本對勘’。按晚聞不言宋本所自,即盧本耶? 盧藏在乾隆間,余所見本有鈔自歸盧之前者,十六字已脱,不應王鈔反見全詞,别一宋本耶? 盧本此卷闕第七葉,而王本亦無,不應兩宋本並脱此葉,是可怪已。”①雖然無法確定參校的董菁沚所藏抄本是否就出自抱經樓宋本,但國家圖書館藏的宋本《開慶續志》原爲盧氏舊藏,卷十二缺第七葉,且“賀新涼和惠檢閱惜別”條下缺字亦與徐時棟所言一致,可見按語中所謂“盧本”,就是今藏國家圖書館的袁克文跋宋本《開慶續志》,而且烟嶼樓刻本還以董菁沚藏的抄本補足了宋本的缺字。

綜上所述,烟嶼樓所刻的宋元四明六志經過反復修訂、校對,最大可能地保存宋元刻本中記載的内容,並且將宋元四明六志引入了學術界和藏書界的視野,對推廣寧波地區的方志產生了深遠影響。

---

① 《開慶四明續志》卷十二,清徐時棟烟嶼樓咸豐刻光緒五年(1879)印本,葉二十。

子　部

白沙先生至言

廣州圖書館　朱俊芳

廣東省立中山圖書館 40/1547.2

國家珍貴古籍名録 08316;廣東省珍貴古籍名録 0474

《白沙先生至言》十卷。(明)陳獻章撰。明嘉靖二十六年(1547)刻本。一册。綫裝。

【題著説明】卷端題"白沙先生至言卷之一",未題著者,著者據書名。

【著者簡介】陳獻章(1428—1500),字公甫,號石齋,晚號石翁,廣東新會人。居白沙里,人稱白沙先生。明正統十二年(1447)舉人。聞吳與弼於臨川講伊洛之學,從之游。歸里,讀書不輟,窮盡古今典籍,旁及釋老。築春陽臺,静坐數年。復游太學,名震京師。成化五年(1469)南歸,四方來學者日衆,乃築小廬山書室以迎之。嘉魚李承箕、番禺張詡、增城湛若水、順德李孔修、東莞林光等皆其中較著者。以薦召至京,令就試吏部,辭疾不赴,授翰林院檢討以歸。年七十三卒。萬曆二年(1574)詔建祠於白沙,命翰林院撰文以祭。十三年詔從祀孔廟,諡文恭。善詩文,工書畫。有《白沙全集》《白沙語要》《白沙先生至言》《白沙陳子語録》。其學以虚爲基本、以静爲門户。黄宗羲《明儒學案》爲其專立"白沙學案"。事蹟具《明史》卷二百八十三本傳、《[道光]廣東省志》卷二百七十四。

　　【内容】是書輯録陳獻章“言之至者”，凡十卷三十章。涉及論學、論師、勸學、爲學、惜時、論詩、論易、涵養、出處、聖賢、孝弟、愛親等内容。白沙平生不著書，其“静中養出端倪”“致虚之以立本”①的學術思想藴藏於兩千餘篇詩文中，門人湛若水極爲推崇其自然之學，“懼夫學者讀其書、誦其詩，而未必知約也。乃命門人鍾周輩輯其要約，以便初學之覽”，遂成是書。其曰“至言”者，即“言由中出者也，本乎其自然者也”。

　　【刊印者】陳大綸（1504—?），字伯言，號豹谷，廣西南寧衛軍籍，直隸舒城（今安徽六安舒城縣）人。嘗常駐學於王陽明。明嘉靖八年（1529）進士，任贛州寧都知縣，以政績卓著，陞户部主事。後歷任福州、韶州知府，所在皆有政聲。《［雍正］江西通志》卷六十五、《［乾隆］寧都縣志》卷四有傳。

　　【行款版式】半葉十行，行二十六字。大黑口，四周雙邊，單魚尾。版心中鎸書名“至言”，下鎸葉次（序與全部正文葉碼通排）。版框 20.4 厘米×15.1 厘米，開本 28.4 厘米×18.2 厘米。

　　【題名頁牌記】無。

　　【刊寫題記】無。

　　【刻（寫）工】無。

　　【避諱】無。

　　【序跋附録】書首有嘉靖二十六年六月湛若水《白沙先生至言序》，録文如下：

　　《白沙先生至言序》

　　甘泉子曰：夫“至言”何爲者也？言之至者也。輯白沙陳先生之言之至而爲之，以示人約者也。曰：言何以爲至也？言由中出者也，本乎其自然者也。白沙先生之言曰：夫道以天爲至，言詣乎天曰至言，人詣乎天曰至人，必有至人能立至言。堯舜以至周孔其至矣，下此其顔孟大賢歟！水也伏讀先生之書，若文若詩，無慮數萬言，曰：博矣哉！如天之無不覆也，如地之無不載也。獨懼夫學者讀其書、誦其詩，而未必知約也。乃命門人鍾周輩輯其要約，以便初學之覽，將

①明楊起元《白沙陳子語録原序》，見《白沙陳子語録》二卷，清康熙五十三年亦若堂刻本。

以反説約也。凡十卷三十章。古林何子見之曰:宜題曰"陳子至言"。盖本諸先生之語也。《易》曰:大人者,與天地合其德,與日月合其明,與四時合其序,與鬼神合其吉凶。先天而天弗違,後天而奉天時。人詣天也夫,斯之謂至人。白沙先生自然合天之學,非斯人之徒乎?《書》曰:無偏無陂,遵王之義;無有作好,遵王之道;無有作惡,遵王之路。無偏無黨,王道蕩蕩;無黨無偏,王道平平;無反無側,王道正直。會其有極,歸其有極。曰:皇極之敷言,是彝是訓,于帝其訓。言詣天也夫,斯之謂至言。先生輔相皇極之言,非其撰乎?或曰:何哉?子之阿于師也,擬倫之大也。曰:非敢爲大也,道一也。夫道一而已矣,何其大?天一而已矣,氣一而已矣,人一而已矣,庶民于帝,其自然一而已矣。白沙先生自然之學與天一也,奚其大?或曰:子之言自然,是吾之惑滋甚夫!然則老莊先得之矣!曰:老莊人爲之私也,奚其自然?子謂天地之德,日月之明,四時之序,鬼神之幽,于帝之訓,非自然乎?先生之不用安排,非自然乎?昔者横渠張子曰:人知道爲自然,而不知自然之體。明道程子曰:用智則不能以明覺爲自然。又曰:必有事焉而勿正心、勿忘、勿助長,元無絲毫人力。夫無人力者,自然之學也。皆灼見。夫至道者也,奚其惑?是故君子能見自然之體而自得之,是亦至人已耳。言發乎自然,渾乎與天無作,是亦至言已耳。韶陽太守豹谷陳子大綸學於余,而深知乎白沙之學者,欣然梓布之,以爲至教超出眾見者也。甘泉子曰:善哉,陳子之志也,吾將與子相勉乎?至人之道,入至言之訓,默而成之,以歸於無言,然後爲至學也。孔子曰:予欲無言,四時行焉,百物生焉。天何焉哉?夫無言者教之至也,作《至言》序。

　　嘉靖貳拾陸年丁未夏陸月貳拾陸日

　　賜進士出身資政大夫前南京兵部尚書奉勑叅贊機務國子祭酒翰林侍讀同脩國史經筵講官賜一品服八十二甘泉翁門人湛若水頓首謹書

　　【批校題跋】無。

　　【鈐印】卷一卷端鈐"青琅/玕館"白文方印、"廣東省/中山圖書/館圖書"朱文方印。卷十末葉乙面鈐"廣東省/中山圖書/館圖書"朱文方印。

　　【書目著録】

　　1.《中國古籍善本書目》子部761著録。

2.《廣東省立中山圖書館古籍善本書目》著録。

又，《續修四庫全書》第 936 册子部儒家類影印收録，《廣州大典》第 356 册第四十一輯子部儒家類影印收録。

【遞藏】此書經青琅玕館收藏。檢楊廷福等編《清人室名別稱字號索引（上）》，室名爲青琅玕館者有五位：何之鼎、胡之森、胡元杲、徐琪、楊懋珩。印主爲何人，尚待考證。

【其他】封面佚名題簽"白沙先生至言"。間有墨筆句讀。

【按語】是書首載於《[嘉靖]廣東通志·藝文志》，書名爲"陳子至言"，題"湛若水撰"，其後《[萬曆]廣東通志·藝文志》未著録卷數，著者題"湛若水輯"，《[道光]廣東通志·藝文略》《[道光]新會縣志·藝文》著録均襲嘉靖通志，道光通志注稱"未見"，焦竑《國史經籍志》、《明史·藝文志》均未載，此書或自嘉靖末年已存世稀少。

韓非子

中國國家圖書館　馮　坤

中國國家圖書館 07496

國家珍貴古籍名録 04513

《韓非子》二十卷。（戰國）韓非撰；佚名注。清初錢曾家影宋抄本。四册。綫裝。（清）黃丕烈校並跋。（清）顧廣圻跋。孫毓修校並題識。

【題著説明】卷端題"韓非子卷第一"，未題注者，注者據序。

【著者簡介】

1. 韓非（約公元前 280—前 233），戰國末思想家，爲韓國之公子，喜刑名法術之學而歸本於黃老，著書十餘萬言。入秦，爲李斯、姚賈所害。事見《史記·老子韓非列傳》。

2.《韓非子》有舊注，不著姓氏。元何犿本謂李瓚注，《道藏》本題謝希深注。按謝希深（994—1039），名絳，以字行，浙江富陽人。與歐陽修、梅堯臣交游。以父蔭試秘書省校書郎，北宋大中祥符八年（1015）進士，授太常寺奉禮郎，知汝陰縣,擢秘閣校理,同判太常禮院。仁宗時遷太常博士,尋出通判常州,以修國史遷禮部員外郎,值集賢院,後出通判河南府,徙三司度支判官,遷兵部員外郎,擢知制誥,判吏部流内銓、太常禮院,請知鄧州,卒於公。《宋史》有傳。有文集五十卷,注《韓非子》《公孫龍子》。

【内容】書共五十五篇,分二十卷。卷一《初見秦》《存韓》《難言》《愛臣》《主道》,卷二《有度》《二柄》《揚權》《八姦》,卷三《十過》,卷四《孤憤》《説難》《和氏》《姦劫弑臣》,卷五《亡徵》《三守》《備内》《南面》《飾邪》,卷六《解老》,卷七《喻老》《説林上》,卷八《説林下》《觀行》《安危》《守道》《用人》《功名》《大體》,卷九《内儲説上七術》,卷十《内儲説下六微》,卷十一《外儲説左上》,卷十二《外儲説左》,卷十三《外儲説右上》,卷十四《外儲説右》,卷十五《難一》《難二》,卷十六《難三》《難四》,卷十七《難勢》《問辯》《問田》《定法》《説疑》《詭使》,卷十八《六反》《八説》《八經》,卷十九《五蠹》《顯學》,卷二十《忠孝》《人主》《飾令》《心度》《制分》。有舊注,未題注者姓名。

此本爲清初錢曾述古堂影宋抄本,據序後刊記可知影抄自南宋乾道黄三八郎刻本。黄三八郎爲南宋初建寧府書坊主人,除《韓非子》外又刊刻《鉅宋廣韻》。《韓非子》宋刻今已無傳,傳世至今的宋刻影抄影刻,皆出乾道本系統。明代以後《韓非子》刻本多有缺佚。此本在保存宋刻原貌及早期異文上頗爲重要。

卷一至五爲一册,卷六至十爲一册,卷十一至十六爲一册,卷十七至二十爲一册。

【刊印者】錢曾(1629—1701),字遵王,號也是翁,又號貫花道人、述古主人,江蘇常熟人。錢謙益族曾孫。明末貢生,入清不仕。得絳雲樓焚餘之書,有藏書室"述古堂""也是園",爲江南藏書名家。有《述古堂書目》《也是園書目》《讀書敏求記》。

【行款版式】半葉十三行,行二十四字,小字雙行字數不等。白口,四周單邊,雙魚尾。版心中書"非子"及卷數,下書葉數。版框18.6厘米×13.5厘米,開本24.6厘米×16.8厘米。

【題名頁牌記】無。

【刊寫題記】《韓非子序》末影抄"乾道改元中元日黄三八郎印"。

【刻(寫)工】無。

【避諱】書中“殷”(卷一《愛臣》“上比殷周”)、“匡”(卷一《難言》“仲尼善説而匡圍”)、“恒”(卷六《解老》“以恒其光”)、“貞”(卷十九《五蠹》“廉貞之行成”、目録“亡徵”篇名)、“桓”(卷八《説林下》“桓公問管仲”)均缺末筆。

“樹”字卷十二《外儲説左》“樹枳棘者”缺末筆,卷十一《外儲説左上》“樹瓠之道”缺中間部分首兩筆,但黄丕烈校宋刻,補全卷十一“樹”字。

“搆”字卷十八《八經》“搆論於已變之後”缺最末一豎。卷二《揚權》“上不與構”亦缺,而黄丕烈校宋本作“搆”,不缺筆。卷十一《外儲説左上》“搆屋張弓”未缺筆,黄校則缺。

“慎”字缺末筆(卷三第六葉乙面第五行《難言》“鯁固慎完”)或末兩筆(卷七第二葉甲面第十行《喻老》“慎易以避難”)。避諱至宋孝宗。

“敦”不缺筆,如卷一第六葉乙面第五行《難言》“敦祗恭厚”、卷十七第九葉甲面第二行《説疑》“隱敦”均未缺筆。

書中有不諱之處。如“玄”(卷三《十過》“有玄鶴”等)、“敬”(卷五《飾邪》“賞罰敬信”、卷九《内儲説上》“竟不得見”、卷一《存韓》“闞兵於境上”、卷七《喻老》“鳴必驚人”)、“弘”(卷二《揚權》“弘大而無形”等)、“耿”(卷十九《五蠹》“耿介之士”)、“光”、“讓”(卷七《説林上》“讓天下於務光”)等字均不缺筆。卷二《八姦》“樹其私利”等多處“樹”字、卷一《存韓》“則禍搆矣”等多處“搆”字亦不缺筆。

【序跋附録】書首有《韓非子序》,其後爲《韓非子目録》。書末黄丕烈第三跋前附有黄氏影抄張敦仁(字古餘)所借李奕疇(字書年)藏宋乾道刻本與此書相異之葉(卷八第三、四、八、十一、十二葉,卷十一第四葉,卷十七第六葉)及所摹宋本藏印。

書首序删削自《史記·老子韓非列傳》,録文如下:

《韓非子序》

韓非者,韓之諸公子也。喜刑名法術之學,而歸其本於黄老。其爲人吃口,不能道説,善著書,與李斯俱事荀卿,李斯自以爲不如。非見韓之削弱,數以書干韓王,韓王不能用。於是韓非病治國不務求人任賢,反舉浮淫之蠹而加之功實之上，以爲儒者用文亂法，而俠者以武犯禁，寬則寵名譽之人，急則用介冑之士，所用非所養，所養非所用，廉直不容於邪枉臣，觀往者得失之變，故作《孤憤》《五蠹》《内外儲》《説難》五十五篇，十餘萬言。人或傳其書至秦。秦王見《孤憤》《五蠹》之書，曰："嗟乎，寡人得見此人與遊，死不恨矣！"李斯曰："此韓非之所著書。"秦因急攻韓。韓始不用，及急，乃遣韓非使秦。秦王悦之，未任用。李斯害之秦王曰："非，韓之諸公子也。今欲并諸侯，非終爲韓不爲秦，此人情也。今王不用，久留而歸之，此自遺患也，不如過法誅之。"秦王以爲然，下吏治非。李斯使人遺藥，令早自殺。韓非欲自陳，不見。秦王後悔，使人赦之，非已死矣。

【批校題跋】書中有黄丕烈校；又多浮簽，上有孫毓修補書校字，於字旁標圈①。書末浮簽上有孫毓修題識，書末護葉有顧廣圻、黄丕烈題跋。録文如下：

1. 孫毓修題識：

影寫本與宋刻違異者，黄先生既於本文以朱筆正之，復標於上方，使人開卷了然。間有僅改本文、上方未標者如干處，今悉爲補録於字傍，加圈作識，以别於黄先生手筆云。壬戌十月留菴。

2. 書末顧廣圻跋之一②：

此《韓非子》爲錢氏述古堂影宋鈔本，曾藏泰興季氏，見於二家書目者也。今裝池尚仍錢氏之舊，首葉有季氏藏書鈐記，可證其確然矣。近日從新安汪啟淑秀峰家所謂開萬樓者賣出，遂於杭郡轉入予手，緣力不能蓄，復爲蕘圃黄君捐卅白金取去。豈物固各有主耶？抑物惟好而有力者始能聚耶？於其歸之也，率題數語，以志緣起，并質其理於黄君也。若夫此本之勝俗本，有不可以道理計者，即趙文毅本，雖從此本而出，然頗出意見改竄，亦失其真，非得見此本，無由剖斷其是非，不僅僅因名鈔而足重。則黄君知之甚審，不待予贅言，予故不覼縷云。

---

①孫毓修浮簽與其在商務印書館主持影印的《四部叢刊》本不盡相同，見張覺《宋刻本〈韓非子〉流傳考述——〈韓非子〉善本考述之一》，《中國文化研究》，2007 年第 1 期。
②本書諸跋録自《國家珍貴古籍題跋叢刊》，國家圖書館出版社 2019 年版。

嘉慶壬戌中元前三日，澗蘋顧廣圻書於城南之思適齋。（鈐“澗蘋”“顧印廣圻”“思適齋”“癡絕”印）

3. 黃丕烈跋之一：

余性喜讀未見書，而朋友中與余賞奇析疑者，惟顧子千里爲最相得。歲丙辰，千里借窗讀書，兼任讎校，故余所好之書，亦惟千里知之爲最深。每遇奇秘本爲余所未見者，千里必代購以歸余。四五年來，插架中可備甲編之物，正不乏也。歲辛酉，余四赴計偕，賓主之歡遂散，然翰墨因緣，我兩人無一日去懷。千里就浙撫阮芸臺聘，入校經之局，每歸，爲余言曰：近日喜講古書者，竟無其人。蘇、杭兩處古書之多與講古書之人之多，杭遠不如蘇。此種話，可爲知者道，難與俗人言也。今夏六月，千里自杭歸，於余面前略言近所得書，如元刊《呂氏春秋》、舊鈔《嚴氏詩緝》、明刻《書①史會要》，余亦以爲書皆好。明日遂以歸余，易白金十二兩而去。問此外可有好者，千里曰無矣，余亦信杭之果無好書。越一日，遇千里於金閶書肆，聚談半日而別。將別去，復佇立於道，密語余曰：“有一書，銘心絕品，此書必當歸子，亦惟子乃能識此書，然鈔本須得刻本價。”問其名，始云爲影宋鈔《韓非子》，藏爲錢遵王、季滄葦兩家，需直白金四十兩。余急欲覯其書，千里曰：“此書爲汪啟淑家所散，而他姓得之，托余求售於子，故索重直。”余聞之喜甚，蓋子書中惟《管》《韓》爲最少，余所收子書皆宋刻爲多，惟《管》《韓》尚缺。《管子》猶見殘宋本，若《韓非子》並未聞世有宋本，今得影鈔者，豈不大快乎？牀頭買書金盡，措諸友人所，始以卅金購之。全書之得見，遷延至數日，蓋千里亦愛不忍釋手矣。千里跋云力不能蓄，余非真能蓄者，特以所好在是，必多方致之，較千里爲更愛爾。取校趙本，覺誤字特多，正惟誤字，思之正是一適。惟千里爲能收之於杭，亦惟余爲能收之於蘇，乃信世之識古書者，我兩人殆有同心焉。今而後，子書甲編中又當添置一席矣。收書之日，爲中元日，以黃三八郎刻者仍爲江夏所儲，天壤間翰墨因緣巧合如是，抑何奇邪！並著之，以誌幸事。時嘉慶壬戌之秋七月既望，黃丕烈書於王洗馬巷之士禮居。（鈐“士禮居”“蕘翁”“黃印丕烈”印）

---

① 《蕘圃藏書題識》作“明刻書《三史會要》”，疑誤。核原書初批作“明刻書友會要”，又以三點點去“友”字，而添“史”字，疑整理者誤將三點釋作“三”。

4. 顧廣圻跋之二：

第十卷第七葉原缺，趙文毅本有，當是趙移《道藏》以補全耳。驗其字數，於廿六行、行廿四字爲不足，是宋本此一葉其文未必便如此，移補者非也。嘗謂宋本書雖無字處亦好，豈不信然？澗薲記。（鈐“顧印廣圻”印）

5. 黃丕烈題識：

續用張古餘司馬所借李書年觀察宋刻本影鈔補全，惟第六行第四字[①]“日”趙本作“曰”，餘無異也。蕘翁記。

6. 黃丕烈跋之二：

余既收得影宋鈔本《韓非子》，自謂所遇之厚無過於是。方擬手校同異於趙本，以備徵信之用，適錢唐何夢華過訪士禮居，見案頭有此書，亦詫爲奇絶。越一日，作札告余曰：頃與張古餘司馬談及，知《韓非子》宋刻乃在渠處，豈非奇之又奇乎？余聞之喜甚，即往謁古餘，古餘未晤。蓋古餘與余久神交，而未曾謀面者也。適西賓夏方米與之熟，方米以他事往候，請觀其書，歸爲余言其真。余即屬方米往假，果以是書來。一見稱快，始信余本之真從宋本出也，然非一本。張本缺第十四卷第二葉，余本卻有；余本缺第十卷第七葉，張本有之。則余本非從張本出矣。顧又有疑焉者，余本爲述古堂所鈔，後歸延令季氏，此可憑兩家書目信之。乃余本中間有與張本絶不相謀者，一行一字，動見差誤。如謂鈔時僞爲，則十卷七葉何以聽其空白，以傳信於後乎？或者所影鈔之本有修板鈔補之病，遂據以傳録，故訛舛如是乎？此外板心細數及刊刻字數，影鈔者或缺，或不同，大約脱略及誤書耳。至於字之筆畫稍有異同，此影鈔者莫辨其形似，致有此失也。今悉以朱筆手校於上，以別紙影鈔宋刻之真者附於末，庶不改影鈔之舊，並可存宋刻之真。倘天壤間又有影鈔之原本出，則錢氏之影鈔者，亦不任咎矣。世之古書何限，安能執一以求合耶？我輩生遵王、滄葦之後，而所見翻勝二君，此幸之至者也。張本爲李書年觀察物，古餘借校，故在郡中。觀察爲河南夏邑人，今官江蘇糧儲道。聞其宦於京師，欲以卅金求售於孫伯淵，伯淵未之買，並爲言此書之可寶，今將子孫世守矣。古餘之借，難之又難；而余之見，幸之又幸。因並描其藏書諸家圖書，以誌源流。首列“張敦仁讀過”一印，此書得見之由也。

———————

① 即前文顧廣圻所云第十卷第七葉甲面第六行“成王一曰楚成王”。

每册圖書,未能悉摹,兹但取其一,次其先後。每印所在,遵《天禄琳琅》例,注出某卷某葉,日後得見宋刻,欲定余手校所據本者,可按此知之。爰損舊裝,續補於後,他日千里歸,索觀此本,定詫余喜未見書之性,又出渠上矣。特未識後之讀書者,能諒余區區愛書之心而不以余爲多事否也。八月六日甲辰,蕘翁識。(跋前影寫此書與宋刻不同之葉,並摹宋刻鈐印十六枚。跋末鈐"黃印丕烈""蕘圃"印)

7. 顧廣圻題識:

九月廿日重觀於讀未見書齋。廣圻記。

【鈐印】

《韓非子序》首葉鈐"雅/庭"朱文方印、"季振宜/藏書"朱文方印、"閬原/父用"朱文方印、"汪印/士鐘"白文方印、"北京/圖書/館藏"朱文方印、"廣圻/審定"朱文方印,版框外鈐"海鹽張元濟/庚申歲經收"白文長方印、"涵芬樓"朱文長方印。目録首葉鈐"開萬樓/藏書印"朱文方印、"琴/樂"朱文圓印,版框外鈐"蕘/夫""丕/烈"二朱文方印、"士禮/居"朱文方印。卷一卷端鈐"士禮/居藏""涵芬/樓藏"二白文方印。卷六卷端鈐"閬原/父用"朱文方印、"汪印/士鐘"白文方印、"癡/絕"白文方印、"顧印/廣圻"白文方印、"海鹽張元濟/庚申歲經收"白文長方印、"涵芬樓"朱文長方印。卷十一卷端鈐"閬原/父用"朱文方印、"汪印/士鐘"白文方印、"思適/齋"朱文方印、"海鹽張元濟/庚申歲經收"白文長方印、"涵芬樓"朱文長方印。卷十七卷端鈐"閬原/父用"朱文方印、"汪印/士鐘"白文方印、"顧澗蘋/藏書"朱文方印、"海鹽張元濟/庚申歲經收"白文長方印、"涵芬樓"朱文長方印。

卷五、卷十、卷十六、卷二十末鈐"長洲汪/駿昌藏"朱文方印。卷二十末葉乙面又鈐"蕘圃/手校"朱文方印、"菊生/經收"朱文方印、"涵芬/樓藏"白文方印。

顧廣圻第一跋首鈐"澗薲"白文長方印,末鈐"顧印/廣圻"白文、"思適/齋"朱文、"癡/絕"白文三方印。黃丕烈第一跋首鈐"士禮/居"朱文方印,末鈐"蕘/翁"朱文、"黃印/丕烈"白文二方印。顧廣圻第二跋末鈐"顧印/廣圻"白文方印,此葉末鈐有"涵芬/樓藏"白文方印。黃丕烈第三跋末鈐"黃印/丕烈"白文、"莪/圃"朱文二方印,此葉末鈐"涵芬樓"朱文長方印、"雅/庭"朱文方印。

【書目著録】

1.《述古堂藏書目》卷二子類著録"韓非子二十四卷四本,宋本影抄"[1]。按《韓非子》存世諸本皆二十卷,疑此條著録爲此書之誤。

2.《季滄葦藏書目》"宋元雜板書·子書"著録"抄本韓非子二十卷"[2],或即此書。

3.《涵芬樓燼餘書録》子部著録"韓非子二十卷,周韓非撰,清錢氏述古堂影宋鈔本,四册,黃莪圃校,錢遵王、季滄葦、汪秀峰、顧千里、汪閬源舊藏"[3]。

4.《北京圖書館古籍善本書目》子部法家類著録。

5.《中國古籍善本書目》卷十五子部上法家類1456著録。

【遞藏】

1. 季振宜(1630—?),字詵兮,號滄葦,江蘇泰興人。清順治四年(1647)進士,授蘭溪知縣,行取刑部主事,遷户部郎中,官至御史。喜藏書,有藏書處稱"静思堂",著有《静思堂詩稿》,其書編爲《季滄葦藏書目》《延令宋版書目》。

2. 汪啟淑(1728—1799),字慎儀,號秀峰、訒庵,安徽歙縣人,寓居杭州。業鹽,援例捐爲工部郎中,遷兵部郎中。有藏書樓"開萬樓""飛鴻堂"。清高宗修《四庫全書》,應詔獻書五百餘種,賜《古今圖書集成》一部。《[道光]歙縣志》有傳。撰《焠掌録》《水曹清暇録》《續印人傳》《訒庵詩存》《簫雅詞》,編有《擷芳集》及《集古印存》《漢銅印叢》《飛鴻堂印譜》《飛鴻堂鼎鑪譜》《飛鴻堂硯譜》《飛鴻堂墨譜》《飛鴻堂瓶譜》等多種金石文玩譜録,刊刻《説文繫傳》《汗簡》《古文四聲韻》等書,其書編爲《開萬樓藏書目》。

①《述古堂藏書目》,清道光三十年《粤雅堂叢書》本,見《海王邨古籍書目題跋叢刊》,中國書店2008年版。

②《季滄葦藏書目》,清嘉慶十年《士禮居黃氏叢書》本,見《海王邨古籍書目題跋叢刊》,中國書店2008年版。

③《涵芬樓燼餘書録》,見《張元濟全集》第8卷,商務印書館2009年版,第310頁。

3. 顧廣圻(1766—1835)①,字千里,號澗蘋、思適居士、無悶子、一雲散人,江蘇元和(今屬江蘇蘇州)人。清嘉慶諸生。受業於江聲,博通經史,遍校群書,先後爲孫星衍、張敦仁、黃丕烈、胡克家、秦恩復、吳鼒等人主持校書刻書。有《思適齋集》,其集外題記收入《思適齋書跋》。《清史列傳》有傳。

4. 黃丕烈(1763—1825),見前《國家珍貴古籍名録》00512。

5. 汪士鐘(1786—?),見前《國家珍貴古籍名録》03435。

6. 汪駿昌(生卒年不詳),號雅庭,江蘇長洲(今屬江蘇蘇州)人。道光時人,其書多出自汪士鐘收藏,跋宋刻《沖虛至德真經》《陶淵明集》。

7. 張元濟(1867—1959),字筱齋,號菊生,浙江海鹽人。清光緒十八年(1892)進士,入翰林院爲庶吉士,任總理事務衙門章京。歷任商務印書館編譯所所長、經理、監理,1926 年任董事長。1949 年後爲第一屆全國人民代表大會代表、上海文史館館長。有《涵芬樓燼餘書録》,著述編爲《張元濟全集》。

【其他】

1. 此本第三卷第四、六葉誤乙,第十卷缺第七葉。

2. 與明代通行本相比,此本《顯學》篇末少“……士者爲民知之不足師用。昔禹決江濬河,而民聚瓦石;子産開畝樹桑,鄭人謗訾。禹利天下,子産存鄭,皆以受謗。夫民智之不足用亦明矣。故舉士而求賢智,爲政而期適民,皆亂之端,未可與爲治也”一段文字。

3. 書中多摹寫李書年藏宋乾道本藏印。卷十末摹“化”字朱文圓印,黃丕烈批“宋刻每葉皆有朱印在紙背,惟此葉在紙面,因摹於此,以存其舊”。書末黃丕烈第三跋前摹寫李書年藏本藏印:“張敦仁/讀過”朱文方印、“時/錫”朱文方印、“袚溪”白文方印、“淳恭/私印”白文方印、“○元/恭氏”白文方印、“含英/閣印”朱文方印、“○○/叔子”白文方印、“淳”朱文方印、“淳/恭”朱文方印、“徐氏/叔敬”白文方印、“宗/伯”朱文方印、“華亭/朱氏/珍藏”朱文方印、“袚溪後/樂園得/閒堂印”朱文方印、“司寇/之章”朱文長方印、“陳道/復氏”白文方印、“陳淳/之印”白文方印。

①顧廣圻生卒年多有異説,本文從李慶《顧千里研究(增補本)》,臺灣學生書局 2013 年版,第184 頁。

【按語】據序末刊記，此本影抄自南宋乾道黄三八郎刻本。宋乾道刻本今已無傳，據黄丕烈跋云李奕疇（字書年，歷任江蘇糧道、山東按察使）舊藏一本，時任蘇州知府張敦仁借校，因得借觀。乾道本所出影抄本有二，一爲此本，另一本現藏上海圖書館（索書號 828712-15，《國家珍貴古籍名録》08356）。上海圖書館藏本有張敦仁及其二子薦粢、葆采藏印，或爲張氏家抄，書末有顧廣圻跋，以張敦仁所借宋刻覆刊。此本則出自錢曾述古堂，經顧廣圻手歸黄丕烈，黄氏以張敦仁所借李書年藏宋刻對校。頗具影響的吴鼒影宋刻本亦從乾道本出，並附有顧廣圻《韓子識誤》。上圖藏本顧廣圻跋稱"合《藏》、趙（用賢）三本撰《識誤》上中下卷，附寫於後"，可見其《韓子識誤》形成於對乾道本及其影抄的認識之中。

核以書中黄丕烈批校，此本與張敦仁所借李書年藏乾道本所異甚多。黄氏於書末補抄二書相異者七葉（卷八第三、四、八、十一、十二葉，卷十一第四葉，卷十七第六葉），其跋又云"張本缺第十四卷第二葉，余本卻有；余本缺第十卷第七葉，張本有之"，"余本中間有與張本絶不相謀者，一行一字，動見差誤"，因此判斷"始信余本之真從宋本出也，然非一本"，"或者所影鈔之本有修板鈔補之病，遂據以傳録，故訛舛如是乎"。黄氏所言或得其實。此本與李書年藏本、上圖藏本同出一源，其細處如：此本卷三第四、六葉誤乙，黄批"按此爲第六葉，宋刻小號亦誤四""按此爲第四葉，宋刻小號亦誤六，版心但有非字"，"小號"即版心葉數，可見李書年藏本此二葉亦互誤，上圖藏本葉序正確、版心葉數亦誤，三本皆誤。上圖藏本與黄校中所體現的李書年藏本更加接近。此本與李氏本相異的七葉，上圖藏本均與李氏本合。考慮到它曾經張敦仁收藏，或許爲張氏借校宋刻時所抄。李書年藏本缺失的卷十四第二葉，上圖本有，顧廣圻《韓非子識誤序》稱"陽城張古餘先生許宋槧本，太守所借也，與予向所得述古堂影鈔正同，第十四卷失第二葉，以影鈔者補之"①，此葉與本書同葉均有"田連"誤爲"甲連"，確從本書抄配。

此本與李書年藏本存在多處差異，下文表中舉其一斑，這些異文在明刻諸本中大多存在延續，從中或可推測此本所據之本有經修版的可能。下表列出此本、黄校所引李書年藏乾道本、上海圖書館藏影宋抄本中第一、二卷之異文，對比國家圖書館藏明刻本《韓非子》（索書號 00897）。00897 亦經黄丕烈收藏，以此本

①顧廣圻《思適齋集》卷九，清道光二十九年徐渭仁刻本。

及李書年藏本校勘。對校可見,此本與李氏本字句差異甚多,而上圖藏本與李氏本大致相合,後二者之義多勝。李氏本不可解之處,如《有度》"如地形"之"地"作"也"、"上智捷"之"捷"從土,均可解釋爲二者出於後印之本,多有壞字。

《韓非子》卷一、二對校表

篇目	錢抄位置 (卷·葉·面·行)	錢抄	明刻位置 (卷·葉·面·行)	明刻原文	黄校所引李書年藏乾道本	上圖本
初見秦	一·一·甲·十一	其七民	一·一·甲·九	其士民	士	士
初見秦	一·一·乙·十三	於齊西	一·二·甲·七	"不尅而無齊"注"破齊於濟西"	濟	濟
初見秦	一·二·甲·十二	社稷王	一·三·甲·二	社稷主	主	主
初見秦	一·二·乙·十一	懷韓蠹魏	一·三·乙·六	一舉而壞韓蠹魏	壞	壞
難言	一·七·甲·十	穿棘里	一·十·乙·五	"尹子穿於棘"注"投之於穿棘中"	中	中
愛臣	一·八·甲·九	非傅	一·十二·甲·五	非傅	傅	傅
有度	二·一·甲·十	爲鄰國	二·一·甲·九	"無燕者輕"注"謂鄰國得燕"	謂	謂
有度	二·二·甲·一	爲上首	二·二·甲·九	爲上者薄矣	者	者
有度	二·三·甲·六	百代當行	二·四·甲·六	"先王之法所簡也"注"百代常行"	常	常
有度	二·三·甲·十三	佞姦邪	二·四·乙·五	關其佞姦邪	佞	佞
有度	二·三·乙·三	吏之然	二·四·乙·九	"使然也"注"使之然也"	使	使
有度	二·三·乙·四	如地形	二·四·乙·二十	"即漸以往"注"如地形"	地作也,書"也誤字"	也

續表

篇目	錢抄位置（卷·葉·面·行）	錢抄	明刻位置（卷·葉·面·行）	明刻原文	黃校所引李書年藏乾道本	上圖本
有度	二·三·乙·十二	上智捷	二·五·甲·二十	上智捷	捷字从土	捷
有度	二·四·甲·四	詬下之邪	二·五·乙·六	詬下之邪	詰	詰
二柄	二·四·乙·九	于罕	二·六·乙·七	子罕謂宋君	子	子
揚權	二·六·甲·八	則名自用	二·九·甲·三	"彼自以之"注"則各自用"	各	各
揚權	二·六·甲·九	則曰方也	二·九·甲·三	"四海既藏"注"四海則四方也"	四	四
揚權	二·七·甲·四	信而幼同	二·十·甲·九	信而勿同	勿	勿
揚權	二·七·甲·八	通同情	二·十·乙·四	通一同情	一誤脱	通一同情
揚權	二·七·乙·十三	固閑内局	二·十一·乙·五	固閉内局	閉	閉
揚權	二·八·甲·二	二者以其	二·十一·乙·八	"以刑者刑"注"二者以具"	具	具
揚權	二·八·甲·八	欲治其四	二·十二·甲·五	欲治其内	内	内
揚權	二·八·甲·二十	增其倩競	二·十二·甲·八	"安得移并"注"增其猜兢"	猜競	猜競
揚權	二·八·乙·六	即見虎成	二·十二·乙·九	"虎成其群"注"即是虎成"	是	是
揚權	二·九·乙·七	本寶矣	二·十四·乙·一	注"本實矣"	實	實
八姦	二·十一·乙·一	禁財發員倉	二·十七·甲·六	禁財發墳倉	財、墳	財、墳
八姦	二·十一·乙·十一	令君既不聽	二·十七·乙·七	"不外諸侯"注"今君既不聽"	今	今

表中李書年藏本之異文，大部分與明刻本 00897 相合。其他明代通行刻本亦多相近。00897 源出《道藏》，黃丕烈於其書末跋云"爰假貞節堂袁氏所藏《道藏》本手校一過，見卷中有同卷字又有'虧四'記號，乃知亦自《道藏》本出，故大段尚好，惟字句間有不同，想是校改重梓所致，與《道藏》猶不盡合"。前兩卷中，《道藏》本與 00897 不合之處僅《有度》"佞姦邪"作"佞姦邪"、"誥下之邪"作"詰下之邪"。另一種明代通行的趙用賢《管韓合刻》本，卷一、二異文亦與 00897 大致相同，不同處有《難言》"尹子穽於棘"失其注、《有度》作"佞姦邪""詰下之邪"、《揚權》作"增其猜競"。《道藏》本、趙用賢刻本在表中異文上與 00897 大體保持一致，而更加接近李書年藏宋刻。趙刻號稱依宋本校補[1]，一般認爲即出自乾道本，或許可見乾道本對其影響頗爲深刻。

綜上所述，我們或許可以推測，與錢曾家影抄本所據之書相比，李書年藏宋刻及其所出的上圖藏本有曾經修版校補的可能，而其校勘的依據則與明代通行刻本同出一源。

韓非子

中國國家圖書館　馮　坤

中國國家圖書館 02588

《韓非子》二十卷。（戰國）韓非撰；佚名注。明萬曆十年（1582）趙用賢刻《管韓合刻》本。八冊。綫裝。（清）顧廣圻校跋並錄（清）惠棟批校題識。

【題著說明】卷端題"韓非子卷第一"，未題注者。

【著者簡介】同前書。

【內容】共五十五篇，二十卷。篇章分卷同前書，唯前書"姦劫弒臣"本書書前目錄作"姦劫殺臣"（正文及卷前目錄仍作"弒"）、"外儲說左"作"外儲說左下"、"外儲說右"作"外儲說右下"。有舊注，未題注者姓名。《道藏》本注同，題謝希深注。書眉鎸趙用賢所輯評語。

---

①《合刻管子韓非子·韓子凡例》，明萬曆十年趙用賢刻本。詳見下文。

　　此本爲趙用賢萬曆十年所刻《合刻管子韓非子》之一種。趙用賢“顧獨《管子》《韓非子》不甚行世,即行,而其傳者多遺脱謬誤,讀之使人不勝乙,往往不盡卷而庋之高閣,於是悉其貲力,後先購善本凡數十,窮丹鉛之用,而後授梓”①,其所刻書源出善本、卷帙完備,又易得而普及,貼近文士日常閲讀,因而影響深遠,後代學者整理《管子》或《韓非子》,多取以爲校勘底本。

　　《漢書・藝文志》著録《韓非子》五十五篇。明代傳本則多爲五十三篇本。五十三篇本可追溯到元何犿校本,明刻《韓子迂評》脱胎自何校本,可觀何校本之面目;《道藏》本分篇亦同。此本書前《韓子凡例》備列明代通行本之脱誤及校補之由:“元何犿至元中所進《韓子》止五十三篇,謂《姦劫》亡一篇,《説林》亡下篇,《内儲説下篇六微》内‘似類’已下亡數章,則世之不見全本亦以久矣。今按古本,《説林》下篇之首尚有‘伯樂教二人相踶馬’等凡十六條,近本俱自上篇‘田伯鼎好士’章逕接下篇‘蟲有虺’章,所以遂謂脱此下篇,其實未嘗亡也。又據近刻,《六微》篇後共闕二十八條,亦按古本校定,共爲五十五篇……宋本《和氏》第十三、《姦劫》第十四篇目既具,文亦無闕。時乃自‘和雖獻璞而未美,未爲王之害也’下逕接‘我以清廉事上’句,既脱《和氏》末章,又併《姦劫》篇目而失之,讀者至此往往有殘缺之歎。近本乃不加詳考,至併《姦劫》篇目亦行削去,使古人成書幾爲臆説所廢。今所校定一準宋本,覽者究心,當自得其完闕之異……是書訛缺既久,歷考近本無慮數十,皆出一軌,至閲《道藏》中所載,乃知近本又承此而訛也。獨宋板大篇完整毋闕,而句字之間參錯復多,今依諸本更定,其間或有舛謬不可解者尚餘十一,不敢强爲之説,以俟夫博雅者重加采輯,庶幾此刻爲之先驅耳。”由此可見,明代通行刻本多亡《姦劫》《説林下》及《内儲説下六微》“似類”以下數章,實際上《姦劫》因前篇《和氏》末章亡佚、《説林下》因該篇首十六章亡佚,二者均併入前一篇。趙用賢以宋本爲準,參核衆本,校定此本。

　　此本所依“古本”“宋本”,一般認爲即宋乾道刻本。對比錢曾家影抄乾道本,卷十五卷前目録列出該卷有“《難三》”,而該篇實在卷十六,書前目録則不

①王世貞《合刻管子韓非子序》,見明萬曆十年趙用賢《合刻管子韓非子》書首,今藏國家圖書館(索書號 19158)。

誤;書前目録篇名"飾令",卷内正文作"飭令"。此二誤均亦見於此本,可見其與乾道本系統的密切關係。不過趙用賢刻書並非全合宋本,而是"依諸本更定",所取之處亦未注明,因此尚不能完全滿足校勘學家的需要。如國家圖書館藏06380號《管韓合刻》本《韓非子》,書後顧廣圻録惠棟題識"文毅(趙用賢)此書從宋本校刻,舊校缺者此皆有,此可謂善本",又於其旁自題曰"不然也"。顧氏《韓非子識誤序》又加詳論:"通而論之,宋槧之誤,由乎未嘗校改,故誤之跡往往可尋也。而趙刻之誤,則由乎凡遇其不解者必校改之,於是而并宋槧之所不誤者方且因此以至於誤,其宋槧之所誤又僅苟且遷就,仍歸於誤,而徒使可尋之迹泯焉,豈不惜哉。"①

　　卷一、二爲第一册,卷三至五爲第二册,卷六、七爲第三册,卷八、九爲第四册,卷十至十二爲第五册,卷十三至十五爲第六册,卷十六、十七爲第七册,卷十八至卷二十爲第八册。

　　【刊印者】趙用賢(1535—1596),字汝師,號定宇,江蘇常熟人。明隆慶五年(1571)進士,萬曆初官檢討,萬曆五年(1577)劾張居正奪官,居正没,起官,終吏部侍郎,卒謚文毅。與王道行等稱"續五子",又與胡應麟等稱"末五子"。有藏書樓"松石齋",著有《松石齋集》,有《趙定宇書目》。

　　【行款版式】半葉九行,行十九字,小字雙行同。白口,四周單邊,單白魚尾。書眉上鑴評注。版心上鑴"韓非子",中鑴卷數(序作"序",凡例作"凡例",總評作"總評",目録作"目録")、葉數,下鑴刻工姓名。版框22.0厘米×13.1厘米,開本29.7厘米×17.3厘米。

　　【題名頁牌記】無。

　　【刊寫題記】無。

　　【刻(寫)工】版心刻工有顧植、吳丙初、吕廉、章扦、張珮之、顧文、顧時中、何成業、徐文、吕玄及中、文、何、吕、成、扦、刘(劉)、初、植、徐、珮等簡寫。

　　【避諱】無。題識"玄"作"元"。

　　【序跋附録】書首刻有《韓子總評》,其後爲《韓子凡例》,後爲《韓非子目録》。《總評》爲趙用賢輯前人評《韓非子》之語,《凡例》前有節録,兹不贅録。

①顧廣圻《思適齋集》卷九。

【批校題跋】全書有顧廣圻批校。朱筆校記録自惠棟，惠棟又録明馮舒校。顧廣圻於"舊刻"異文多加點於旁，又旁注"此馮增""此馮改""此惠先生改"。墨筆校記爲顧廣圻自題，其中區別趙用賢本修版前後差異。擇要録文如下：

1. 卷二末顧廣圻以朱筆録惠棟題識：

文毅此書從宋本校刻，舊版缺者此皆有之，可謂善本，故馮已蒼校《韓子》兼用趙本。癸酉四月校畢書此。松崖。

2. 卷二末葉乙面顧廣圻墨筆自跋：

《韓子》譌舛殊甚，宋本弗得一見。屠守老人曾用以校第三一卷，是當時已無全豹矣，又用葉林宗《道藏》本、秦季公校本及趙此刻校張鼎文本，而惠松崖先生復用此刻校臨。今兩本皆爲周菷巖收藏，丁巳夏六月借録一過，用松崖先生本爲主，評閱語悉著之。惟張本雖缺《和氏》《姦劫》《説林》《六微》等處，而字句頗多長於此刻者，松崖先生略而未及，今一一補入。《道藏》本宜善，而校出者亦未詳盡，秦本寙劣，不足用，讀者詳焉。澗薲顧廣圻記於士禮居。

3. 卷二十末顧廣圻朱筆録惠棟校記：

馮已蒼曰：借葉林宗《道藏》本及秦季公又元（玄）齋校本對過。癸酉四月校臨。松崖。

5. 書後護葉顧廣圻墨筆題識：

九月十八日從綏階袁氏借正統十年刻本《道藏》勘過，其本與張鼎文刻本多合，而與屠守老人所據葉林宗《道藏》本大不相同，故不復一一標出，當俟得見葉原書時再定之。澗薲又記。

【鈐印】《韓子總評》首葉鈐"北京/圖書/館藏"朱文方印。《目録》首葉鈐"莐圃/收藏"朱文長方印、"張印/乃熊"白文方印、"芹/伯"朱文方印。卷二十末葉甲面鈐"張氏/收藏"朱文方印，乙面鈐"北京/圖書/館藏"朱文方印。

【書目著録】

1.《北京圖書館古籍善本書目》子部法家類著録。

2.《中國古籍善本書目》卷十五子部上法家類1468著録。

【遞藏】張乃熊（1891—1942），字芹伯、芹圃，浙江吳興（今屬浙江湖州）人。

世有藏書，繼承其父張鈞衡"適園"之藏。抗日戰爭中其書經"文獻保存同志會"收購，今多歸臺北"中央圖書館"。其書編爲《莅圃善本書目》。

【其他】

1. 此本書前無《韓非子書序》，卷二十第十一、十二葉缺損嚴重，第十二葉下部抄補。

2. 書中有點讀標識。原刻有圈，有分節綫。批校有校勘符號，有加字，有勾去字，有圈去字，有字旁豎綫、三角，過錄校記亦有加點。

【按語】

1.《合刻管子韓非子》有初印重印之别，此本當爲初印。此本與重印本（國家圖書館藏 06079、06830、08152 號等）對勘，存在多處異文①；版心刻工完整，而重印本版心刻工多脱漏，且"何"訛爲"可"、"成"訛爲"戈"、"植"訛爲"直"②。

2. 羅振常《善本書所見錄》著錄"韓非子二十卷"，"顧澗蘋手校，趙用賢刊本，有跋二則"③，錄惠棟及顧廣圻跋，疑即此書。

3. 此書不見於《莅圃善本書目》，亦未編入張鈞衡《適園藏書志》。

韓非子

中國國家圖書館　馮　坤

中國國家圖書館 06830

《韓非子》二十卷。（戰國）韓非撰；佚名注。明萬曆十年（1582）趙用賢刻《管韓合刻》本。四册。綫裝。（清）顧廣圻、王渭校並跋。

【題著説明】同前書。

---

① 二本異文可參見張覺、劉妍妍《明代全刻本〈韓非子〉流傳考述》，《云南大學學報（社會科學版）》，2008 年第 2 期。按顧廣圻於本書錄二者異文，較張文多一條：卷十八葉九第四行"爲法矣"，後刻"矣"作"夫"。

② 《合刻管子韓非子》的初印、重印與翻刻，可參見拙作《再談明萬曆趙用賢刻本〈合刻管子韓非子〉》，《中國典籍與文化》，2020 年第 3 期。

③ 羅振常《善本書所見錄》，上海世紀出版股份有限公司、上海古籍出版社 2014 年版，第 80—81 頁。

【著者簡介】同前書。

【内容】同前書。卷一至五爲一册,卷六至九爲一册,卷十至十五爲一册,卷十六至二十爲一册。

【刊印者】同前書。

【行款版式】同前書。版框 21.8 厘米×13.0 厘米,開本 28.1 厘米×18.1 厘米。

【題名頁牌記】無。

【刊寫題記】無。

【刻(寫)工】版心刻工有吴丙初、吕廉、張珮之、顧植、顧文、章扦、時中、何成業、徐文、吕玄,及吕、成、何、扦、戈、文、中、刘(劉)、初、徐、珮、直、植簡寫。

【避諱】無。題識"玄"字缺筆。

【序跋附録】書首刻有明萬曆十年三月趙用賢《韓非子書序》,後有《韓子總評》,後有《韓子凡例》,後有《韓非子目録》。趙用賢序録文如下:

《韓非子書序》

余讀韓非子書,蓋喟然而嘆曰:世道之趨於權譎也,君臣之間相御以智,而相傾奪以捭闔抵巇之説也,其至秦而極乎? 先王之道既熄,諸侯各競於詐力,而列國之士各騁其機略辯數,以務尊安其國而榮顯其身。當春秋之季所號稱良大夫者,如晏嬰、叔向、公孫僑之徒,其馳詞執禮,往往相屬以仁義,而相訓飭以忠儉信惠,是猶先王之遺也。至戰國而儀、秦之徒始以其縱横之説勝。言從親之固,則譏其善敗之端,語衡合之利,則匿其恐愒①之跡。雖其揣摩馳鶩務出於奇詭,而要之陳形勢之便利、規情事之變合,天下猶各以其説提衡而立。故當時之君,得士者昌,而士之設智能、批患難者,亦使世主蒙其益而顯功名於天下。蓋稍蠶食。而及於始皇之身,關東諸國既皆削弱無可倚以抗秦,而士之争趨秦者,非得秦權,則無以震聾諸侯而快其志,非訐激其詞②,亦無以當主意而盡關遊士之口,故干秦之説愈相軋而愈不勝,卒足以亡其身。余於非子有深慨焉。夫非子固嘗與李斯師事荀卿,斯自視以爲不如非矣。及斯已柄秦,盡用其所學,非固

_____

①《松石齋集》"愒"作"喝"。
②《松石齋集》"詞"作"辭"。

以量斯之在吾術中，而他所獨制恣睢，上以塞聰揜明而下以拂世摩①俗，非之智又足以先斯而逆其所必至。故斯方以一法制、明主威，而非則曰當途之臣擅勢而環其私；斯方以遏黨與、絶異趣，而非則曰獨任之過將乘賢而劫其君，當人臣憂死之不暇，而虞其有田常、子罕之厄，且以大臣之一詞同軌於近習，將使之行不法而化其主，是皆斯之所醖釀鬱積以基亡秦之禍，而非乃以疏遠一旦斥而言之，宜乎犯斯之所甚忌而死不旋踵也。昔者范雎羇旅入秦，一言而合，繼踵卿相，夫昭王之明不及秦皇，李斯之專不及魏冉，非又始皇之②願得與同遊者，其才出雎遠甚，而卒不免僇辱爲天下笑者，雎當秦之益親，猶數年而始得盡發太后、穰侯之私，故其主信之不疑，而讒邪不得以投其間。非徒知振暴其短可以傾斯説而奪之柄，而不知斯以干寵忌前之心，挾狠③戾無親之主，乃欲自奮於説而投其必聽之會，不亦難哉！太史公蓋悲非之爲《説難》而卒不能以自免，余以爲非之持説者甚工，而其所以用術者則甚悖，是其所以死也。使非而幸緩須臾，秦皇方且回慮易聽，當有深計而不疑、交争而不罪者，何以成沙丘之禍而鑿鑿一中非之所料如此哉！非子書，大抵薄仁義，屬刑禁，盡斥堯、舜、禹、湯、孔子而兼取申、商慘刻之説，其言恢詭叛道，無足多取，然其意則悲廉直不容於邪枉，一切欲反浮淫之蠹，而覈之功罪之當，要亦有足采者。嗟乎！三代而後，申韓之説常勝，世之言治者操其術而恒諱其跡。余以爲彼其盡絀聖賢之旨而獨能以其説擊排詆訾，歷千百年而不廢，蓋必有所以爲韓非子者在矣，惡可忽哉！惡可忽哉！此書舊亡《和玉》《姦劫》《説林》凡三篇④，他所逸者通五十餘章，今悉補次無闕。

　　明萬曆十年壬午春三月吳郡趙用賢撰。

　　【批校題跋】書前護葉上題有顧廣圻兩跋，趙用賢序後有王渭兩跋，《凡例》《目録》之間過録宋乾道本《韓子序》並校以《道藏》本，《目録》後有王渭兩跋、顧廣圻一跋。第三册末護葉有顧廣圻跋。全書有顧廣圻、王渭批校，以錢曾家影宋抄本、宋乾道刻本及《道藏》本校勘，並過録馮舒、惠棟校語。擇其要録文

---

①《松石齋集》"摩"作"揜"。
②《松石齋集》"之"作"所"。
③《松石齋集》"狠"作"狼"。
④此處趙用賢云亡三篇，蓋指《和氏》篇亡其末章，故併《姦劫》《説林》而言。

如下：

1. 卷首趙用賢序前顧廣圻跋之一：

《韓子》訛舛殊甚，宋本弗得一見。屠守老人曾用以校第三一卷，是當時已無其全矣，又用葉林宗《道藏》本、秦季公校本及趙此刻校張鼎文本，而松崖惠先生復用此刻校臨焉。今兩本皆爲周藹巖收得，丁巳六月借録一過。據惠先生本爲主，評閲語悉著之。惟張本雖缺《和氏》《姦劫》《説林》《六微》等處，而字句每多長於此刻者，惠先生略而未及，仍一一補入。《藏》本宜佳，所校頗未詳盡，秦本寙劣，不足用，覽者詳焉。澗薲顧廣圻校畢記於士禮居。（又見於 02588 號《韓非子》，字句稍異）

2. 卷首趙用賢序前顧廣圻跋之二：

庚申九月，聞孫淵如觀察云曾見宋本於京師，屬畢君以恬校出一部，擬從借觀焉。十一日，澗薲記。

3. 卷首趙用賢序後王渭跋之一：

非之言諒矣，然而察見淵魚，不祥孰甚焉？群小鬼蜮情狀既爲所燭照無遺，則遂無以善其後，斯最其傷心之故也，能無以一矢相加遺乎？費長房之死於群鬼，職此故矣。若夫智而能愚，雖以此書發奸摘伏而不耀臧否之評論，非獨善於自全，他日求治者出，將有待於此賢矣。此非僕與千里尊兄所當警策者乎？重九前三日夜，渭書。

4. 卷首趙用賢序後王渭跋之二：

《管子》文往往有與《韓子》同者，一時未暇旁及，此須千里辨之。十七日燈下，渭記。

5.《韓非子目録》後王渭跋之三：

《韓非子》尚有數事散見佗書中，以無所附麗且未確故置之。予別有《書〈韓非子〉後》一篇，兹不録。渭記。

6.《韓非子目録》後王渭跋之四：

韓非，不祥人也。天下小人之情狀何所不至，而非必剖悉不諱，訐以爲直，非獨聖賢所惡，抑群小聞之而腐心，夫豈大雅卓爾之美與？其身填牢户，非實巧於自戕耳，何怨李斯爲哉？然其論議明切，足以助圖治者之意智，下此從政之士，因其言而究當世之虛實，必其用晦而明，俾不至感傷和氣，則斯人並受其福矣。不然而以僕輩書生之迂執，復得此以長慘刻，竊恐得吾道以亡身者，不免焦氏之歎也。初六日夜，渭又記。

7.《韓非子目録》末葉書眉上顧廣圻跋之三：

凡小梧所言，皆因予辨李鋭之奸而爲其見讎，故發此隱諷耳。厥後鋭之讎小梧者，不減於予，應悟此言之失矣。予遇古書輒校，非好《韓子》者，安得如此言？且小人之與人爲讎，不計情理，如毒蛇野獸，豈用晦而明所能息其吞噬耶？但言既愛我而發，不欲駮難，姑記之。甲戌夏日書，時寓江寧之皇甫巷。

8. 卷一末顧廣圻題"丁巳六月校，澗蘋"及"乙丑七月，在揚州郡齋，依宋槧覆勘，又記"。

9. 卷五末王渭題"近自讎校之外，略疏《韓子》之義，就正千里尊兄，他日擬注成此書（顧批"談何容易"），其機實發於千里。乙丑重陽前二日，渭燈下記"。又顧廣圻題"嘉慶丁巳五月讀，澗蘋"及"乙丑十一月《道藏》覆勘，又記"。

10. 第一册後護葉顧廣圻題"壬戌春得述古堂影抄宋本於杭郡，遂取校《初見秦》一過。其本今屬黄蕘圃矣，暇日借而竟之耳。澗蘋記"，又題"黄三八郎宋槧在署蘇州府知府張古餘先生處，述古堂本缺一葉，今補全。癸亥正月，又記"，又題"乙丑七月覆勘。又記"。又王渭題"乙丑八月廿四日，燈下對勘此本畢，渭記"。

11. 第三册末護葉顧廣圻跋之四：

此宋槧《韓非》，即趙文毅公刻本之所自出。《説林》《六微》《和氏》《姦劫》等篇，因是復傳者也。趙本字句之間頗用他刻更定，遂多未安。即如《外儲説右上》"宋人有酤酒者"節，此本云"問其所知問丈人"，第二問字是閭字之誤，有李善注應休璉《與滿炳書》所引可證，趙輒删去之，誤矣。又《外儲説左上》"虞慶爲屋"節，改"虞慶曰不然"入"此宜卑"之下；改"且張弓則不然"作"范①且曰不然"，幾不復可通，皆其類也。以推宋槧爲天下之至寶，豈虛言哉！

12. 第四册卷二十末王渭跋之五：

乙丑九月初六日，力疾爲千里兄校此書畢。此書在千載幽室之中，得吾千

---

① 《思適齋書跋》作"苑"，誤。

里然犀之照，而僕輩小夫之知亦有以批其郤而有穿漏解駁之助。定本既成，將來知言之選談治術者，於此可以考鏡情僞焉。斯疲庸之箴砭、救俗之一端也。夫豈區區求爲韓氏之功臣哉？小梧王渭記。

其旁顧廣圻題"校樣畢，揚州寓中記"，並録張鼎文本書末所刻"順齋張鼎文／徵伯甫校刊"。

13. 書後護葉顧廣圻録馮舒跋"九月十五、十六、十七三日借得葉林宗《道藏》本及秦季公又玄（缺末筆）齋校本對過。屠守老人"，又録惠棟跋"文毅此書從宋本校刻，舊校缺者此皆有，此可謂善本（顧廣圻旁題"不然也"），故馮已蒼校《韓子》兼用趙本。癸酉四月校畢書此，松崖"，又題"乙丑十二月重用《道藏》覆勘，又記"，又題"乙巳九月用正統十年所刻《道藏》覆校，大略與鼎文本多同，不知屠守老人所據葉林宗本用何刻也。十八日燈下記，澗蘋"，又題"影抄宋本重校，壬戌七月，澗蘋"，又題"初借袁綬階本，再借江寧朝天宮本"。

14. 書後護葉有顧廣圻致王渭書，録文如下：

昨細思《韓非子》第十三卷[①]"使之衣歸"，衣當作夜（四字加圈），蓋不待明日而使之歸也。此校若何？希定示。十三日。倘能强步，必到西頭。煩致意小蓮，今日少閒矣。小梧仁兄台覽。廣圻拾片。初九日。

向聞人説"校書何難"，無以應之。今已得一語曰"所謂何難者，只是未校。若真校，便難"。一笑。又行。

所校《儀禮》祈檢討。

【鈐印】趙用賢序首葉鈐"北京／圖書／館藏"朱文方印，目録首葉鈐"鐵琴銅／劍樓"白文長方印。卷一卷端鈐"千／里"朱文方印、"顧印／廣圻"白文方印、"澗蘋"白文長方印。卷二十末葉鈐"鐵琴銅／劍樓"白文長方印。書後護葉鈐"北京／圖書／館藏"朱文方印。

【書目著録】

1. 瞿鏞《鐵琴銅劍樓藏書目録》法家類著録："韓非子二十卷，校宋本。舊有注，不題姓氏，或曰李瓚。此趙文毅與《管子》合刻本，有趙自序及王世貞

---

①《思適齋書跋》作"十二"，誤。

序①。原出宋槧，補《和氏》《姦劫》《説林》《六微》等篇脱文，而字句間多用他刻更定，雖訂訛不少，已失宋本真面目。顧澗薲氏先假得惠徵君臨馮已蒼校本，屬友人王小梧渭録於是本。馮本出葉林宗校《道藏》、秦季公本，惠氏自有疏證語，並録上方；小梧亦有案語。繼得《道藏》本覆勘，又得述古堂影鈔宋本覆校，最後得乾道初黄三八郎槧本於陽城張氏，校勘畢事，復以己意訂正之。後來全椒吳氏覆刻乾道本，附《識誤》三卷於後，此其藍本也。宋槧本、《道藏》本於卷十一《外儲説左上》第三十二篇末，較趙本衍四行，其文曰：‘有相與訟者，子産離之而毋得使通辭，到至其言以告而知也。衛嗣公使人僞關市，呵難之，因事關市以金，關市乃舍之。嗣公謂關市曰：其時有客過而予汝金，因譴之。關市大恐，以嗣公爲明察。’顧氏曰其辭與《七術》篇多複出，兼有脱訛，趙本削之，是也。顧氏所校，絶不專輒輕改，亦不遷就宋刻漫無別白，其訂誤必精心剖辨，依據確覈。嘗謂人言‘校書何難’者，以未嘗校故也，如真欲校之，便不爲是言矣。”②

2.《北京圖書館古籍善本書目》子部法家類著録。

3.《中國古籍善本書目》卷十五子部上法家類 1469 著録。

【遞藏】

1. 顧廣圻，見前書。

2. 王渭（生卒年不詳），字子渭，號小梧。從顧廣圻、戈襄游，顧廣圻《韓子識誤》、王先慎《韓非子集解》多引其説。

3. 瞿鏞（1794—1846），見前《國家珍貴古籍名録》00512。

【其他】

1. 書中批校有校勘符號，有圈點、三角、墨鉤，有互乙，有圈去字，有字下横綫。

2. 各卷首有“匪”“虧”字編號，當爲過録《道藏》本千字文記號。

【按語】《合刻管子韓非子》有初印重印之別，核此本異文，當爲重印本。

---

① 按，王序在《管子》書前。
② 瞿鏞《鐵琴銅劍樓藏書目録》，上海古籍出版社 2000 年版，第 353—354 頁。

韓非子

中國國家圖書館　馮　坤

中國國家圖書館 08152

《韓非子》二十卷。（戰國）韓非撰；佚名注。明萬曆十年（1582）趙用賢刻《管韓合刻》本。二册。綫裝。（清）戈襄、王渭校並跋。（清）戈載録（清）顧廣圻題識。（清）韓應陛跋。

【題著説明】同前書。

【著者簡介】同前書。

【内容】同前書。卷一至九爲一册，十至二十爲一册。

【刊印者】同前書。

【行款版式】同前書。版框 21.6 厘米×12.9 厘米，開本 26.5 厘米×17.1 厘米。

【題名頁牌記】無。

【刊寫題記】無。

【刻（寫）工】版心刻工有吴丙初、吕廉、張珮之、顧植、顧文、章扞、時中、何成業、徐文、吕玄，及吕、成、何、扞、戈、文、中、刘（劉）、初、徐、珮、直、植、可①。

【避諱】無。題識中"玄"作"元"。

【序跋附録】書首刻有萬曆十年三月趙用賢《韓非子書序》，後有《韓子總評》，後有《韓子凡例》，後有《韓非子目録》。

【批校題跋】

第一册封面題書名"韓非子"，又題"上，明萬曆趙用賢刊本，蘇州戈小蓮翁詳校本"，下有數字殘破不可辨識。又題"咸豐八年五月得之元（玄）妙觀西書坊世經堂""八月初九日屬周杞亭重裝，原卷六缺十一、十三兩葉，周鈔補"。

全書有戈襄、王渭批校，校語作"襄按""渭記"，擇要録文如下：

---

① 此字在卷十六第十一葉，本書及國家圖書館 06079 號作"可"，06830 號作"何"。三書皆初刻重印本，疑版心剥落所致。

1. 第一卷卷末有"乙丑九月廿六日雨,坐目耕樓校注此一卷,盡午、未二時,苦齒痛而止。戈襄記",又有"丙寅二月初八日,以《藏》本校此書於紅蕙山房,其有異同無關係者不著。王渭記",又有"丙子六月廿五日申時再校,去初校時已十一年矣。小蓮記",又"己卯九月廿一日午後再校,録入顧千里識誤八條,增己解五條,襄記。時年五十五"。

2. 卷二十末戈襄題"嘉慶七年歲在壬戌九月中旬,假顧君澗薲校宋本對勘一過,戈襄記。顧君將宋本對校,中有不可從者,余不注旁。又記",又題"丁巳冬十月讀此書。時已將顧子澗苹校宋本對勘一過,所校皆秦本、《藏》本及舊本、抄本、《迂評》本。有不佳者,余爲去之。余復校録於旁,同者十四五云。壬戌九月廿九日戈襄再記。時年三十八"。

3. 書末録有惠棟題識,又有戈載録顧廣圻題識二則,前文已録。戈載並代其父題"丙辰七月竟《管》《韓》二書,丁巳十月假顧子澗薲本對校一過。内秦本、《藏》本爲佳,《迂評》及舊本甚不善,即秦、《藏》本亦有可去取者,故予略有所删云。小蓮校,男載録"。

4. 書末有王渭跋:

僕讀此書十餘年矣。嘗苦其義難通,擬注此書以質有心於治理者。去乙丑冬,顧君澗薲自江寧數以書相督促,今乃假小蓮《韓非子》校注其上,爲卒業焉。雖然,僕輩之勤勤於此書,豈真求古人之糟粕乎? 義之既通而後能用其意,意之能用而後能參其變,苟以聖人忠厚之道爲主宰,則藉此以起一切泄沓之俗,誠濟時之上策也。文中子不云乎:如有用我者,執此以往。丙寅五月二十一日渭校注畢記。

僕另有《書〈韓非子〉後》及《〈韓非子〉校畢記》贈顧千里二首。茲不録。渭又記。

5. 書末又有戈襄跋及韓應陛複録,韓録在前,末鈐"應陛/手記印"白文方印,下題"周振家書"。戈襄跋文如下:

此書余初校於丁巳,再校於壬戌,皆有小跋在後,祗就顧君澗苹校訂本對勘,顧君初用秦本、《藏》本、舊鈔本,繼用宋①本,内有不可從者,余不注旁。至

———————————

①此字韓應陛録作"朱"。

乙丑歲復讀，旋出己意考證。因之丙寅王君小梧亦取此書細究其義與詞，與余雖有同異，可以互通，小梧亦有一跋書後。越十一年丙子，余復取以訂其是非，朱書其上。至顧君於數年間另有校本，余已將知者書上。今歲顧子刻《韓子識誤》三卷，頗多增益，而中多前存而今棄者，余復取精覈者百餘條記之。是余於此書已五校矣。蓋讀秦漢諸子有文法、句法、字法，迥與魏晉以後不同，非特字形假借、詞意煩曲，即用虛字亦與後世律令大殊。故予謂子書有甚錯誤可證者注之，其他不得其解看似差謬，而當時作者理本如此，不可以今日諷誦不順遽塗遽改，致失全書之真；且又不可以別書之相似者悉行更正，緣此書有此書之讀法，而他書又有他書之讀法，古人本有同處有不同處，各存其面目、領其心思可也。余有秦漢諸子讀法，《韓子》亦其一種。今因重校此書，慨然於王子已亡，不能共讀顧君新著，而《識誤》中所引小梧之説又甚寥寥，亦因澗苹未見余書，遂多遺漏。故余擬集小梧所論，附以愚解。澗苹雖已成書，而前後之言的然精當者，亦皆采入。彙計小梧共五百五十條，澗苹共二百六十一條，己共七百十一條。澗苹所以少者，在《識誤》中大半不録也。

　　6. 韓應陛抄戈襄跋後亦自跋：

　　右戈小蓮翁手記一紙，原幅長闊，兼前後塗乙，筆畫幾不可辨，因細爲尋繹，另録附末，然究係草稿，字句有未盡酌定者，閱者取其意可也。戊午八月二日記。應陛。周振家書

　　【鈐印】趙用賢序首葉鈐“百耐／眼福”朱文方印、“戈襄／之印”白文方印、“韓應陛鑒藏／宋元名鈔名校／名善本於讀／有用書齋印記”朱文方印、“笠澤煙云（雲）”白文長方印，版框外鈐“北京／圖書／館藏”朱文方印。目録首葉鈐“戈小蓮秘笈印”朱文長方印。卷一卷端鈐“半尌（樹）齋／戈氏／藏書印”朱文方印、“順／卿”朱文方印、“戈／載印”右朱左白方印、“松江讀有用書齋金山守山閣／兩後人韓德均錢潤文夫婦之印”白文長方印、“周／暹”白文方印、“小蓮／校本”朱文方印。卷九末鈐“甲子丙寅韓德均錢潤文／夫婦兩度攜書避難記”白文長方印。卷十卷端鈐“笠澤煙雲”白文長方印、“百耐／眼福”朱文方印、“小蓮／校本”朱文方印。卷二十末葉乙面題記後鈐“小蓮／居士”白文方印。此外各卷末戈襄校記鈐“小蓮子”白文長方印、“戈”“襄”朱文連珠印、“小蓮”朱文圓印、“戈／

襄”朱文方印。書後護葉韓應陛録跋後鈐“應陛/手記印”白文方印。

【書目著録】

1.《韓氏讀有用書齋書目》子部著録：“韓非子二十卷，明萬曆十年壬午趙用賢栞本，王子渭校，戈小蓮校，復度顧澗蘋、惠松崖兩家，據宋本校並跋。”①

2.《雲間韓氏藏書目》著録：“韓非子二十卷，明萬曆壬午趙用賢刊本，王子渭校，戈小蓮校，並度入顧澗蘋、惠松崖校，據宋本並跋。”②

3. 傅增湘《藏園群書經眼録》子部著録③。

4. 周叔弢《周叔弢古書經眼録》上册著録④。

5. 周叔弢《自莊嚴堪書目》善十二著録：“韓非子，王小梧、戈小蓮校本，有跋，二本。”⑤

6. 冀淑英編《自莊嚴堪善本書目》子部法家類著録：“韓非子二十卷，明萬曆十年趙用賢刻管韓合刻本，戈襄、王渭校並跋，韓應陛跋，戈載録顧廣圻題識，二册。”⑥

7.《北京圖書館古籍善本書目》子部法家類著録。

8.《中國古籍善本書目》卷十五子部上法家類 1467 著録。

【遞藏】

1. 王渭，見前書。

2. 戈襄（1765—1827）⑦，又名宙襄，號小蓮，江蘇吳縣（今屬江蘇蘇州）人。

---

① 《韓氏讀有用書齋書目》，見《中國著名藏書家書目匯刊》，商務印書館 2005 年版，近代卷第 1，第 402 頁。

② 《雲間韓氏藏書目》，見《中國著名藏書家書目匯刊》，商務印書館 2005 年版，近代卷第 1，第 509 頁。

③ 傅增湘《藏園群書經眼録》，中華書局 2009 年版，第 486 頁。

④ 《周叔弢古書經眼録》，國家圖書館出版社 2009 年版，第 60—66 頁。

⑤ 《自莊嚴堪書目》，見《周叔弢古書經眼録》下册，國家圖書館出版社 2009 年版，第 655 頁。

⑥ 《自莊嚴堪善本書目》，天津古籍出版社 1985 年版，第 44 頁。

⑦ 此書第一卷末戈襄題“己卯九月廿一日午後再校，録入顧千里識誤八條，增己解五條，襄記，時年五十五”，卷二十末題“壬戌九月廿九日戈襄再記，時年三十八”。壬戌當爲嘉慶七年（1802），己卯爲嘉慶二十四年（1819），如果考慮虛歲，戈襄生年當爲 1765 年。其卒年見顧廣圻《思適齋集》卷十八《清故孝子戈君之銘》“卒時道光七年二月朔，年六十有三矣”，當在 1827 年。

錢大昕門人。在蘇州建"廣居",爲江南名居;又有藏書室名"半樹齋"。顧廣圻
《思適齋集》有其墓志。著有《韻類表》《字母互考》《韻表互考》《字母會韻紀
要》《方輿志略》《十六國地理考》《大儒傳道録》《名儒傳經録》《半樹齋文》等。

3. 戈載(生卒年不詳),字孟博,又字順卿,號寶士,江蘇吴縣(今屬江蘇蘇
州)人。戈襄子。爲諸生,選貢士,征爲國子監典簿,未到職。著有《翠薇花館詩
集》《翠薇花館詞集》《詞律訂》《詞律補》,編有《詞林正韻》《樂府正聲》《宋七家
詞選》。

4. 韓應陛(1813①—1860),字鳴唐,一字對虞,據鈐印又字德均,號緑卿,江
蘇婁縣(今屬上海市)人。清道光二十四年(1844)舉人,官内閣中書舍人。少
讀周秦諸子,得桐城古文義法,又習格致之學,爲李善蘭校《幾何原本》。《清史
稿》有傳。藏書室名"讀有用書齋""讀未見書齋"。其書編爲《松江韓氏藏書目
録》《松江韓氏藏宋元明本書目》《讀有用書齋藏書記》《雲間韓氏藏書目》《讀有
用書齋古籍目録》《讀有用書齋書目》,題識匯爲《雲間韓氏藏書題識匯録》,遺
稿編爲《讀有用書齋雜著》。

5. 鄒百耐(生卒年不詳)。父詠春亦喜藏書。於蘇州建"百擁樓"書肆,受
韓應陛後人委托轉讓藏書,爲韓氏編《雲間韓氏藏書題識匯録》。

6. 周叔弢(1891—1984),見前《國家珍貴古籍名録》03435。

【其他】書中有校勘符號,有三角、圈、墨鉤,有移行,有圈去字,有加字,有互
乙,有横綫分段。

【按語】

1.《合刻管子韓非子》有初印重印之别,核其異文,此本當爲重印。

2. 參考錢曾家影宋抄本、上海圖書館藏影宋抄本、國家圖書館藏明刻本
00897,以及前述國圖藏三種趙用賢《管韓合刻》本,可知乾道本《韓非子》相關
的校勘活動經過如下:

顧廣圻與戈襄最早致力校《韓非子》。國圖藏趙用賢刻本 06830 卷五末顧
廣圻題"嘉慶丁巳五月讀",02588 卷二末又題"丁巳夏六月借録一過",據其跋,
馮舒原校及惠棟過録校本均藏周菊嚴處,顧廣圻於嘉慶二年(丁巳,1797)五六

──────────

①其生年一説爲 1815 年。

月間借以抄錄。此校所涉版本如下：馮舒以葉林宗《道藏》本、秦季公校本及趙用賢本校張鼎文本，以宋本校第三卷，又提及《迂評》本；惠棟過錄於趙用賢本上；顧廣圻抄錄以惠本爲主，所錄校語亦涉“舊刻”及《戰國策》等其他文獻；顧廣圻又補全惠棟未錄的張鼎文本異文並稱道之，又從袁綬階借正統《道藏》復勘，與張鼎文刻本多合，而與葉林宗《道藏》大不相同。另一趙用賢刻本 08152 書末，戈襄題“丁巳十月假顧子澗齎本對校一過”，是隨之覆校。國圖藏明刻本 00897 書前護葉黄丕烈跋云“《韓非子》別有顧千里爲余手臨諸家校本，在趙本上。然諸家所校宋刻及《藏》本，今取以勘余親見之宋刻與《藏》本皆不同，余故云手校真本乃可信也”，不知 06830、02588 二趙本是否分屬顧、黄。

06830 號趙用賢序前顧廣圻題“庚申九月，聞孫淵如觀察云曾見宋本於京師，屬畢君以恬校出一部，擬從借觀焉”。黄丕烈曾於錢曾家影宋抄本書末跋稱，李書年所藏宋乾道刻本“欲以卅金求售於孫伯淵，伯淵未之買，並爲言此書之可寶，今將子孫世守矣”，或許正是庚申年（嘉慶五年，1800）顧廣圻擬向孫星衍借觀的宋本。但顧廣圻首次接觸乾道本其書，是其題於錢抄本書末的嘉慶七年壬戌（1802），“近日從新安汪啟淑秀峰家所謂開萬樓者賣出，遂於杭郡轉入予手，緣力不能蓄，復爲蕘圃黄君捐卅白金取去”。

明刻本 00897 卷一末有黄丕烈題“影宋本校，九葉，壬戌中元日校”，即其從顧廣圻處得到錢抄本後，用以校所藏明刻。00897 卷二末黄丕烈又題“影宋本止校二卷於此，以趙刻較近而此本留《藏》本面目，故別校於趙本云，蕘翁”。上海圖書館藏一趙用賢刻本（索書號 779193-200，《國家珍貴古籍名録》10417），卷一、二經黄丕烈以錢抄本校，亦似中輟，不知是否即“別校”之本，亦不知校於何時。明刻本 00897 卷一末黄丕烈復題“用宋刻覆校影宋本校，癸亥閏月”，可見至嘉慶八年癸亥（1803）閏二月時，黄氏已從張敦仁處借得宋刻，覆校錢抄本完畢，繼續以之校勘明刻本。顧廣圻則在錢抄本歸黄丕烈之前，已依之重校 06830 號，題第一冊末“壬戌春得述古堂影抄宋本於杭郡，遂取校《初見秦》一過。其本今屬黄蕘圃矣，暇日借而竟之耳。澗齎記”。顧氏以張敦仁所借宋刻校勘，亦先於黄氏，06830 號第一冊末有其題記“黄三八郎宋槧在署蘇州府知府張古餘先生處，述古堂本缺一葉，今補全。癸亥正月，又記”。

顧廣圻的深入校勘在嘉慶十年乙丑(1805)，06830號卷一末題"乙丑七月，在揚州郡齋，依宋槧覆勘"、卷五末題"乙丑十一月《道藏》覆勘"，至該年末又校上海圖書館藏影宋抄，署"乙丑十一月覆閲書""十二月十七日，廣圻又記"，並着手"合《藏》、趙三本撰《識誤》上中下卷附寫於後，庶將來讀者有以考其得失焉"。是年王渭隨之於"乙丑重陽前二日"校於06830號，至"乙丑九月初六日，力疾爲千里兄校此書畢"；至"乙丑九月廿六日"，因"顧君澗蘋自江寧數以書相督促"，又借戈襄校本08152號"校注其上，爲卒業焉"。06830號王渭跋云"他日擬注成此書，其機實發於千里"，可知其有注《韓非子》的計劃。至嘉慶十九年甲戌(1814)，王、顧仍就此書答復往還。

08152號是戈襄嘉慶元年(1796)、嘉慶二年(1797)舊校本，書末有其題識："丙辰七月竟《管》《韓》二書，丁巳十月假顧子澗蘋本對校一過。"王渭丙寅(嘉慶十一年，1806)二月以《道藏》本校於此本上。至嘉慶二十一年丙子(1816)六月，戈襄復校，嘉慶二十四年己卯(1819)九月再校。此時距顧廣圻首倡校勘《韓非子》已二十二年之久，《韓子識誤》已於嘉慶二十三年附於吳鼒影宋本刊刻，戈襄稱"中多前存而今棄者"，又據《識誤》補入顧氏前校未提及的內容，再增己解。據其校語，此書最終載戈、王、顧三人校語近一千五百條之多。

嘉慶二十一年丙子(1816)六月，黄丕烈不約而同地也曾試圖重校明刻本00897，跋於書末："今長夏無事，取所有子書次第校勘，《淮南》《列子》二家已從宋刻精校，此猶少副本，因後續取校宋刻影宋本，傳録於此。《道藏》本與宋刻本互有出入，當參攷而○其中可耳。丙子六月下浣，復翁。"

綜上所述，顧廣圻首倡校《韓非子》事，自其嘉慶丁巳夏録惠棟校語起，以嘉慶壬戌得見錢曾影抄宋乾道本爲高潮，並由此始作《韓子識誤》。其《韓非子識誤序》記撰述始末云："歲在乙丑(1805)，客於揚州，太守陽城張古餘先生許宋槧本……予讎校數過，推求彌年，既窺得失，乃條列而識之，不可解者，未敢妄説。庚午(1810)在里中，友人王子渭爲之寫録，閒有所論，厥後攜諸行篋，隨加增定。甲戌(1814)以來，再客揚州，值全椒吳山尊學士知宋槧之善，重刊以行，復舉識誤附於末……"[1]上述校本不僅爲這個過程提供大量往還細節，而且圍繞

---

[1]顧廣圻《思適齋集》卷九。

着《韓子識誤》的發端、成書、刊刻，甚至是傳播與迴響，串聯起了《韓非子》的收藏、校勘及與之相關的學術史。

五代名畫補遺

天津圖書館　張　磊

天津圖書館 Z41

國家珍貴古籍名録 04677

《五代名畫補遺》一卷。（宋）劉道醇撰。明末毛氏汲古閣影宋抄本。一冊。經折裝。

【題著説明】卷端題“五代名畫補遺”，次行題“大梁劉道醇纂”。

【著者簡介】劉道醇（生卒年不詳），宋大梁（今河南開封）人，生平事跡不詳。著有《聖（宋）朝名畫評》三卷。

【内容】本書收録五代時期畫家和雕塑家二十四人，分爲七門：人物門第一、山水門第二、走獸門第三、花竹翎毛門第四、屋木門第五、塑作門第六、雕木門第七。每一門中按神、妙、能三品列傳。

【刊印者】汲古閣。明末藏書家毛晉藏書閣名。毛晉藏書八萬四千餘册，多宋元刻本。所校刻書籍多以“汲古閣”名義刊行，是歷代私家刻書最多者。好鈔録罕見秘籍，繕寫精良，後人稱之爲“毛鈔”。

【行款版式】半葉十一行，行二十字，小字雙行同。白口，左右雙邊，單魚尾。版心中書“補遺”，下記葉數，間記刻工。版框 20.0 厘米×14.5 厘米，開本 28.4 厘米×18.6 厘米。

【題名頁牌記】無。

【刊寫題記】無。

【刻（寫）工】版心下方書寫原刻本刻工，有方至、万（萬）、政、光、良、裕。

【避諱】書中避“勗”和“慎”二字。詳見“人物門第一”（P1b）“克用方與子存勗畫定大謀”；“走獸門第三”（P6b）小字“或云瓌本慎州烏索固部落人”，其中“勗”和“慎”字均缺末筆。

【序跋附録】書中僅有陳洵直嘉祐四年序文一篇，載於卷首，轉録如下：

蒙嘗聞成紀李嗣真之《畫品》、吳郡朱景元之《畫斷》，皆採摘古今畫家名氏，叢而録之，以廣其傳。故五代名流抑多遺闕，則有若國初監察御史胡嶠，遂採擷遺子，紀於編帙。始自尹繼昭，終於劉永，總四十三人，名之曰《廣梁朝名畫目》。夫紀述雖備，闕墜尚多，譬拔毫捨翰，刈薪棄楚。嗚呼，自唐祚陵季，五代脆促，自朱梁至於柴周，凡一十四主，計五十四年，而又日尋干戈，轉戰不暇，雖義夫哲婦，忠臣孝子，尤多漏略，況於畫人哉。我大宋撫重熙之運，博全盛之化，祖功宗德，四葉於兹，誠萬世綿綿之盛在於今日矣。故哲夫賢士坐談王道，徒歌帝力，而予抑嘗語及五朝名畫，盡可屈指。吁，生遭洶洶之運，歿垂丹青之譽，而云云藉藉，見談於盛明之世，獲在於齒牙之論，良用惜哉。今因集本朝名畫評，又揩拾其見遺者，叙而編之，名曰《五代名畫補遺》，其門品上下一如《聖朝名畫評》之例類，仍附之於後者，亦明我聖朝文事之載郁云。時嘉祐四年十二月初九日潁川陳洵直序。

【批校題跋】無。

【鈐印】本書鈐印共 38 方。封面鈐“大興/傅氏”朱文方印、“節子辛/酉以後/所得書”朱文長方印。

封面後護葉鈐“静海/勵氏/藏書”白文方印。

序首欄內由下至上鈐“天津市/人民圖/書館藏/書之章”朱文方印、“汲古閣”朱文長方印、“信天/廬”白文方印。欄外由下至上分別鈐“均/度”朱文方印、“戀/准”白文方印、“蛾術齋”朱文長方印、“甲”朱文方印、“宋本”朱文橢圓印；天頭鈐“開卷/一樂”朱文方印、“翰林/院印”滿漢朱文大方印。序末鈐“叔孺/得意”白文方印。

目録葉由下至上鈐“信天/廬”白文方印、“錫鬯”朱文方印、“彝尊/私印”白文方印；目録後鈐“心同太虛”朱文長方印、“趙氏/藏書”朱文方印。

卷端欄內由下至上鈐“斧/季”朱文方印、毛扆/之印”朱文方印、“汲古/主人”朱文方印、“子/晉”朱文方印、“毛晉/私印”朱文方印。欄外由下至上鈐“信天/廬”白文方印、“檇李/曹溶”朱文方印、“天津市/人民圖/書館藏/書之章”朱文方印、“甲”朱文方印、“宋本”朱文橢圓印。卷末毛氏父子五方印與卷端相同,另有"趙文敏公書卷末云/吾家業儒辛勤置書/以遺子孫其志何如/後人不讀將至於鬻/隳其家聲不如禽犢/若歸他室當念斯言/取非其有無寧舍旃"五十六字朱文大方印。欄外由下至上鈐"希初/眼福"朱文長方印、"魏印/錫曾"白文方印、"天津市/人民圖/書館藏/書之章"朱文方印。

【書目著録】

1.《欽定四庫全書總目》子部藝術類著録。

2.《中國古籍善本書目》卷十七子部藝術類 4647 著録。

3.《天津圖書館古籍善本書目》①著録。

【遞藏】

1. 毛晉(1599—1659),見前"刊印者"。

2. 静海勵氏。勵宗萬(1705—1759),字滋大,號衣園,又號竹溪,直隸静海(今屬天津市)人。清代藏書家、書畫家。清乾隆九年(1744)舉人,次年進士,授翰林院編修,選入四庫館任校勘《永樂大典》纂修官。其子守謙,字子牧,一作自牧,號檢之,別號雙清老人。其家四世爲翰林,有收藏之風,藏書室名"信天廬",累世所藏善本秘笈甚多,乾隆三十七年(1772)開四庫全書館,勵氏敬獻圖書 172 種。

3. 傅以禮(1826—1898),字節子,原名以豫,字茂臣,號小石,又號節庵學人,浙江會稽人,寄籍順天府大興縣(今屬北京市)。傅氏常自署"大興傅以禮"。"長恩閣"是傅以禮的藏書樓,又名"華延年室",是當時頗有名氣的藏書樓之一。傅氏藏書曾在戰亂中一度散佚,之後又重新搜集,所以其藏書多是在咸豐十一年(辛酉,1861)以後收藏的。趙之謙曾爲他刻過一方"節子辛酉以後所得書"的印章,此印款云:"雖難後,仍買書。願力在,忘拮据。刻此記,示不虛。"②在傅氏藏書中,有一些當時罕見的秘笈。傅以禮去世後,藏書亦隨之散失。

4. 趙叔孺(1874—1945),浙江鄞縣(今屬浙江寧波)人,原名潤祥,字獻忱、叔孺,後易名時棡,號紉萇,晚年自號二弩老人,以字行。清末諸生,曾任福建同

----

① 《天津圖書館古籍善本書目》,國家圖書館出版社 2008 年版,第 335 頁。

② 鄒濤《趙之謙年譜》,榮寶齋出版社 2003 年版。

知。民國後隱居上海。金石書畫、花卉蟲草、鞍馬翎毛，无不精擅，尤擅畫馬。

【其他】本書由收藏者之一清代傅以禮裝幀。爲經折裝，前後粘以金絲楠木護板，前板中間鐫“五代名畫補遺”，着藍色；右下小字鐫“汲古閣精鈔本／華延年室珍藏”，着綠色；左下鐫“大興傅氏收藏印”“漢義陽侯後裔”二方印，着紅色。書首題名葉篆書題“汲古閣精鈔五代名畫補遺”，乙面題“大興傅氏長恩閣珍藏”。

【按語】

1. 書名與著者：本書書名宋陳振孫《直齋書録解題》題作“《五代名畫記》”，其作者“劉道醇”宋晁公武《郡齋讀書志》題作“劉道成”。《四庫全書總目》云：“蓋此一書，振孫誤題書名，公武誤題人名。”現代學者崔富章認爲“劉道成”並非誤題，館臣這個結論並不確切①。

2. 内容及價值：《五代名畫補遺》（以下簡稱《補遺》）是北宋時期一部重要的畫學著作。從卷首陳洵直序中所記，可知本書是對《廣梁朝名畫目》一書的補遺。另據晁公武《郡齋讀書志》記載，符嘉應曾爲《補遺》撰序云：“胡嶠嘗有《梁朝名畫録》，因廣之，故曰《補遺》。”與陳序所言相合。現存傳本中，符嘉應序已不存。《廣梁朝名畫目》，一名《梁朝名畫録》，宋代胡嶠纂，已經亡佚。收録五代後梁時期畫家四十三人，“記述雖備，闕墜尚多”，因此《補遺》將被遺漏的畫家叙而編之。《補遺》篇幅雖然不長，但却保存了許多有價值的史料。如五代山水畫家荆浩、關同，以及契丹畫家胡瓌、李贊華的記載，最早見於此書。同時，該書在塑作、雕木門中記載了楊惠之、劉九郎、王温及嚴氏的創作活動，是中國古代美術史籍中唯一爲雕塑家專門列傳的著作。五代是朝代更迭頻繁的歷史時期，因國家變亂，文化由盛而衰，令後世論者歎息。余紹宋在《書畫書録解題》中言：“五代五十四年之間所得祇此，蓋天下洶洶，文藝墮地幾盡，此六十六人②者碩果僅存。”③記載四十三名五代畫家的《廣梁朝名畫目》已經散佚，幸而《補遺》尚存，其史料價值不言而喻。

①詳見崔富章著《四庫提要補正》，浙江大學出版社 1990 年版，第 318 頁。
②按，應爲六十七人。
③余紹宋《書畫書録解題》卷四，浙江人民出版社 1982 版，第 4 頁。

3. 版本價值：

（1）本書爲四庫底本。《四庫全書總目》稱：“此本爲毛晉汲古閣影摹宋刻，楮墨精好，纖毫無缺。”館臣所言，正是此本。首葉正中鈐有“翰林院印”滿漢文大印，10. 35 厘米見方，外廓寬 0. 95 厘米，尺寸與劉薔《“翰林院印”與四庫進呈本真僞之判定》一文所考定的真印相符。

（2）《補遺》存世最早的刻本是南宋臨安府陳道人書籍鋪刻本①，爲傳世孤本，現珍藏於遼寧省圖書館，《中華再造善本》據此影印出版。今將天津圖書館所藏汲古閣影宋鈔本與《中華再造善本》中的影印本比對，誠如館臣所言，“纖毫無缺”，字跡、版式、行款、避諱、刻工，一如原刻。可知汲古閣當年影鈔的底本即是南宋陳道人書籍鋪刻本。但是原刻本卷末後三葉有磨損，傷及文字，而影抄本則内容完整，可補原刻之缺文 64 字之多，如“塑作門第六”P11a“先是有唐中宗**大和昭孝皇帝**神龍二年丙午歲有汴州安業寺沙門**慧雲**唐之汴州宣武軍節度即今京師也安業寺即今大相國寺也往濮陽成寺得**彌勒瑞像樣**高一丈八尺”②。在原刻文字損毁的情況下，更具有珍貴的資料價值。

（3）本書爲毛氏汲古閣影宋鈔本，在完整地保留了宋刻原版風貌的同時，也很好地體現了毛氏影鈔本繕寫精良、纖毫無缺的藝術特色。

穆天子傳

天津圖書館　宋文娟

天津圖書館 Z146

國家珍貴古籍名録 04819

《穆天子傳》六卷。（晉）郭璞注。明萬曆程榮刻漢魏叢書本。一册。金鑲玉綫裝。（清）黄丕烈校並跋。

【題著説明】卷端題“穆天子傳卷之一”，次行題“晉河東郭璞註”，三行題

---

①劉冰《南宋杭州地區書坊刻書代表作——〈五代名畫補遺〉》，《圖書館學刊》，2008 年第 3 期。
②按，文字中加黑者爲原刻損毁字跡。

“明新安程榮校”。

【著者簡介】郭璞(276—324),字景純,河東聞喜(今屬山西)人。西晉末,避地東南。先後被宣城太守、丹陽太守引爲參軍。東晉建立後,因獻《南郊賦》被元帝任命爲著作佐郎,遷尚書郎。後被大將軍、荆州刺史王敦起爲記室參軍。郭璞不善言辭,好飲酒,是南渡之際的重要作家之一,史稱“辭賦爲中興之冠”。郭璞著作頗豐,詩賦誄頌均有涉獵,明朝張溥輯有《郭弘農集》二卷。郭璞詩歌今存近三十首,尤以十四首《遊仙詩》最爲著名。雖題爲“遊仙”,實乃詠懷之作,讚頌隱逸,自抒雄抱。郭璞好經學,博學多聞,特別對古文字和訓詁之學造詣深,成就高。曾注《爾雅》《方言》《山海經》《楚辭》《穆天子傳》等書,爲訓詁及古代神話的重要資料。郭璞精通卜筮,又撰有《葬書》《玉照定真經》。

【内容】是書乃晉武帝太康二年,汲縣民不准盜發古冢所得書也。共六卷,前五卷記周穆王西遊故事,末卷記周穆王盛姬之死及其葬儀。該書文詞質樸,其記穆王與西王母宴會酬答及盛姬之死部分較有小說意味。《穆天子傳》與《竹書記年》有相合處,其中保存了古代東西方民族彼此友好交往的史料,是研究古代史的參考資料。

【刊印者】程榮(生卒年不詳),字仲仁,明萬曆間新安人。彙輯刊印《漢魏叢書》,又刻漢桓寬撰、明張之象注《鹽鐵論》,及晉嵇康《嵇中散集》、明王世貞《新刊增補藝苑巵言》等。

【行款版式】半葉九行,行二十字。白口,左右雙邊,單白魚尾。版心上鎸書名,中鎸卷數,下鎸葉數。版框20.0厘米×14.2厘米,開本31.5厘米×19.2厘米。

【題名頁牌記】無。

【刊寫題記】無。

【刻(寫)工】卷末鎸“錢塘郭志學寫”。

【避諱】無。

【序跋附録】書首有至正十年北岳王漸玄翰序、荀勗序,現録如下:

1.《穆天子傳序》

《穆天子傳》出汲冢。晉荀勗校定爲六卷,有序,言其事雖不典,其文甚古,頗可觀覽。予攷書序,稱穆王饗國百年,耄荒。太史公記穆王賓西王母事,與諸傳説所載多合。則此書蓋備記一時之詳,不可厚誣也。春秋之時,諸侯各有國史,多龐雜之言。下逮戰國,王跡熄而聖言湮,處士横議而異端起,人人家自爲説,求其欲不龐雜,其可得乎?其書紀王與七萃之士,巡行天下,然則徒衛簡而徵求寡矣!非有如秦漢之千騎萬乘,空國而出也。王之自數其過,及七萃之規,未聞以爲迕也。登群玉山,命邢侯攻玉而不受其牢,是先王恤民之法,未嘗不行。至遇雨雪,士皆使休,獨王之八駿超騰以先待,輒旬日然後復發去,是非督令致期也。其承成康熙洽之餘,百姓晏然,雖以徐偃王之力行仁義,不足以爲倡而摇天下。以知非有暴行虐政。而君子猶以王爲獲没於祇宮爲深幸,足以見人心之危之如此也。是豈可效哉!是豈可效哉!存其書者,固可以覽其古;徵其事者,又安可不攷其是非歟!南臺都事海岱劉貞庭幹,舊藏是書,懼其無傳,暇日稍加讎校訛舛,命金陵學官重刊,與博雅之士共之,謁予題其篇端云。時至正十年,歲在庚寅,春二月二十七日壬子,北岳王漸玄翰序。

2.《穆天子傳序》

序:古文《穆天子傳》者,太康二年,汲縣民不准盜發古塚所得書也。皆竹簡素絲編,以臣勗前所考定古尺度其簡,長二尺四寸,以墨書,一簡四十字。汲者,戰國時魏地也。案所得《紀年》,蓋魏惠成王子,令王之塚也,於《世本》,蓋襄王也。案《史記·六國年表》,自令王二十一年至秦始皇三十四年燔書之歲,八十六年。及至太康二年初得此書,凡五百七十九年。其書言周穆王遊行之事,《春秋左氏傳》曰:“穆王欲肆其心,周行於天下,將皆使有車轍馬跡焉。”此書所載,則其事也。王好巡守,得盜驪騄耳之乘,造父爲御,以觀四荒。北絶流沙,西登昆侖,見西王母,與太史公記同。汲郡收書不謹,多毁落殘缺。雖其言不典,皆是古書,頗可觀覽。謹以二尺黄紙寫上,請事平,以本簡書及所新寫並付祕書繕寫,藏之中經,副在三閣。謹序。

【批校題跋】書中有黄丕烈多處朱墨筆批校及題跋,現依照先後録之如下:

1. 嘉慶乙丑,余初見九行廿二字本,信爲佳本,遂遍借諸家藏本,手校於此。其最舊者爲叢書堂鈔本,然注多删節,故此所校以舊鈔本爲校,餘不過備查核也。蕘翁。(卷首王序標題之下,墨筆)

2.《道藏》本每半葉五行行十七字。（卷首王序標題右邊欄，朱筆）

3. 九行二十二字本無序二篇，板式長，字大，分卷。下次行題"晉著作佐郎郭璞景純註"。其書甚古雅，當是明刻之最先者，亦略用朱筆，校其異處。（卷首王序首葉葉眉處，朱筆）

4. 因續見范刻本，用硃筆校之，復以九行二十二字覆勘，悉注九行本，間有用墨圈者，亦九行本也。丙寅五月三日記。（卷首王序首葉葉眉處，墨筆）

5. 此序用元妙觀《道藏》本校，復翁。（卷首王序末，墨筆）

6. 此序用叢書堂鈔本校。（卷首王序末，朱筆）

7. 丙寅五月朔，書友以范刻《穆天子傳》求售，每半葉九行，行十八字，每卷次行標"晉郭璞註，明范欽訂"，似前所見范本猶翻刻也。字大悅目，印本清爽，惜前人讀過，朱墨燦然，於闕文□字，皆有案語存疑，標於上方。竊思此書在荀勖校定時，已病其殘缺，郭璞作註，間於註中存疑，後人安能以意補缺耶？通體句讀，頗便觀覽，因悉臨之，其異同處亦用朱筆標注焉。（卷首王序後，朱筆）

8.《郡齋讀書志》傳記類："《穆天子傳》六卷，右晉太康二年汲縣民盜發古塚所得，凡六卷，八千五百一十四字。詔荀勖、和嶠等以隸書寫之云云……郭璞注本謂之《周穆王遊行記》。勖之時，古文已不能盡識，時有闕者，又轉寫益誤，殆不可讀。"《書錄解題》起居注類："《穆天子傳》六卷。晉武帝時汲冢所得。其體例與起居注正同。郭璞爲之注。"（卷首王序後，墨筆）

9. 案：顧校本此序係補鈔。序文前款式略列如左：穆天云云、（低二格）侍中云云、領中云云、秘書云云、郎中云云、（頂格）序、古文云云。（卷首荀勖序首葉書眉，朱筆）

10. 勖字公曾，穎川人。漢司空爽曾孫也。晉武帝拜中書監，加侍中，俄領秘書監。得汲郡冢中竹書，詔勖撰次之。范本舊校。（卷首荀勖序後，朱筆）

11. 此序亦以《道藏》本校，字體未盡改也。復翁。（卷首荀勖序後，墨筆）

12. 丙寅小除，以顧千里影鈔《道藏》本校。其與此刻異者（補：旁行加△），或下方旁行註出，標以"道"字；與此刻同者，不贅註出矣。（卷一末，朱筆）

13. 吃年夜飯畢，手校此卷。（卷二末，朱筆）

14. 大除晨起校。（卷三末，朱筆）

15. 午前校。（卷四末,朱筆）

16. 飯畢校。（卷五末,朱筆）

17. 用顧廣圻傳校舊抄本校正,乙丑初冬。蕘翁。（卷六末,朱筆）

18. 顧校有墨筆,仍之。又記。（卷六末,墨筆）

19. 校畢此卷,已將夕矣,予以病軀得閒校此,雖憂亦樂也。（卷六末,朱筆）

20. 九行二十二字本,校本文與此刻同,疑此即從九行二十二字本出,則彼爲明刻最先本無疑。（卷六末書眉,朱筆）

21. 同時又借陳仲魚所得明范欽吉、陳德文校刊本校一過,大段與此刻同,而一二處有合舊鈔者。並記。（卷六末書眉,墨筆）

22. 同時又借香嚴書屋藏舊抄本,鈐有叢書堂印,本文與此刻同,與所校抄本不合,且注多節略,似非善本。聊校存其一二異字。蕘翁。（卷六末書眉,朱筆）

23. 予病前校書已苦其煩,何況病後,家人禁予勿看書者,幾匝月矣。自下樓後,枯坐內書房,日聽家人婦子料理歲事,雖非手親治之,耳聞能毋心動乎?因借此六卷書,消我兩日憂,轉不覺其煩也。大除夕然燭,復翁識。（卷末襯葉,墨筆）

24. 丙子秋日,借元妙觀《道藏》本校,又正數字,皆就前校影鈔《道藏》本所誤者。餘淨校《道藏》,別有本子在。復翁。（卷末襯葉,墨筆）

【鈐印】

《北岳王漸玄翰序》首葉框外鈐“天津市人/民圖書館/珍藏圖書”朱文方印、“千泉百印四佛閣”朱文長方印,王序末鈐“楊氏海/原閣藏”白文方印。

荀勖序末鈐“獻唐/審定”朱文方印。

首卷卷端鈐“宋存/書室”朱文方印、“楊印/紹和”白文方印、“楊東樵/讀過”朱文橢圓印、“未/弢”朱文方印。

卷一末鈐“王獻/唐讀/書記”朱文方印。卷三首葉鈐“鳳生”白文方印。卷五首葉鈐“百漢/印齋”朱文方印。書末黃丕烈題跋後鈐“蕘翁/更字/復翁”白文方印。

書後襯葉自下而上鈐“東郡楊紹/和讀鑒藏金/石書畫印”白文方印、“道光秀/才咸豐/舉人同/治進士”朱文方印、“獻唐/珍祕”朱文方印、“東郡楊/紹和彦/合珍藏"朱文方印、"儀晉/觀堂"白文方印。

【書目著録】

1.《中國古籍善本書目》子部小説類筆記之異聞 8574 著録。

2.《周叔弢先生捐獻藏書目録》集部小説類雜録之屬著録①。

3.《天津圖書館古籍善本書目》子部小説家類著録②。

【遞藏】

1. 黄丕烈(1763—1825),見前《國家珍貴古籍名録》00512。

2. 楊紹和(1830—1875),見前《國家珍貴古籍名録》03435。

3. 王獻唐(1896—1960),原名琯,號鳳笙,以字行,山東日照人。畢業於青島高等專門學校土木工程及禮賢書院文科。曾任山東省立圖書館館長、山東省文物管理委員會副主任等職。精於金石文字、版本目録之學,善詩文、書畫和印章。對山東地區的文物保護、古物收集和考古發掘有重要貢獻。著述甚豐,主要有《中國古代貨幣通考》《山東古國考》等。編有《兩漢印帚》《鄒滕古陶文字》《臨淄封泥文字》等。遺稿多未刊行。

4. 周叔弢(1891—1984),見前《國家珍貴古籍名録》03435。

【其他】

1. 此書書品寬大,包角,金鑲玉裝,黄竹紙,淺緑色撒金臘箋紙書衣。一匣一册,上下夾板保護,藏於樟木匣中。

2. 黄丕烈校勘是書,主要校勘文字異同、點畫區別及行款格式。同時亦善於引用諸家校本之成果,加以説明。

【按語】此書爲清代著名藏書大家黄丕烈校本,黄氏於清嘉慶十年(1805)至二十一年(1816)以明萬曆程榮刻《漢魏叢書本》爲底本,取校於顧千里影抄《道藏》本、明成化吴寬叢書堂鈔本、元妙觀《道藏》本、明范氏天一閣刻本、清顧千里抄校本等諸家藏本進行校勘。通篇蕘翁朱墨校跋,琳琅滿目,爲歷代藏書家所珍視。

依據藏書印,可以推此書遞藏源流。先有清代黄丕烈收藏,經其批校題跋,

---

①《周叔弢先生捐獻藏書目録》,天津圖書館 1973 年編,第 62 頁。

②《天津圖書館古籍善本書目》,國家圖書館出版社 2008 年版,第 373 頁。

歸入清末著名藏書家山東聊城楊氏海源閣。海源閣書散出，爲原任山東省圖書館館長王獻唐收藏。後天津著名藏書家周叔弢先生又几經周折從王獻唐手中購得，最終捐給天津圖書館。

太學新增合璧聯珠萬卷菁華

北京市文物局　張晶晶

北京市文物局圖書資料中心一級 7kang303

國家珍貴古籍名録 07150

《太學新增合璧聯珠萬卷菁華》前集六十卷後集八十卷。（宋）李昭玘輯；（宋）李彌遜輯。宋刻巾箱本。二册。綫裝。存二卷：後集卷七十一、七十二。

【題著説明】後集卷七十一首題“太學新增合璧聯珠萬①卷菁華後集七十一”，未題著者，著者據書目著録。

【著者簡介】李彌遜（1089—1153），字似之，號筠溪，江蘇吳縣（今屬江蘇蘇州）人。北宋徽宗大觀三年（1109）進士。南宋高宗紹興七年（1137）召爲起居郎，試中書舍人，八年（1138）試户部侍郎。歸隱福州連江西山②。續李昭玘所編《太學新增合璧聯珠萬卷菁華》前集，著有《筠溪集》。《宋史》卷三八二有傳。

【内容】《太學新增合璧聯珠萬卷菁華後集》八十卷，存二卷：七十一卷《車輅》、七十二卷《衣冠》。

【刊印者】未見。

【行款版式】半葉十五行，行二十一字，細黑口，左右雙邊，雙魚尾。版心中鎸卷數，下鎸葉數。版框 10.5 厘米×7.2 厘米。開本 14.5 厘米×9.5 厘米。

【題名頁牌記】未見。

【刊寫題記】未見。

【刻（寫）工】未見。

【避諱】未見。

---

①按，原書作“万”。

②張撝之、沈起煒、劉德重編《中國歷代人名大辭典》，上海古籍出版社 1999 年版，第 992 頁。

【序跋附録】缺。

【批校題跋】無。

【鈐印】每册封面鈐"康/生"朱文方印。每册前後護葉處各鈐"太上/皇帝"朱文方印、"八徵/耄念"朱文方印、"五福/五代/堂寶"朱文方印。各卷首末鈐有"康/生"朱文及白文方印。卷七十一前"車製之圖"葉甲面鈐"天禄/繼鑒"白文方印、"乾隆/御覽/之寶"朱文橢圓印。卷七十一首葉甲面鈐"北京市/文物局/藏書"朱文方印。卷七十一末葉乙面鈐"乾隆/御覽/之寶"朱文橢圓印、"天禄/琳琅"朱文方印。卷七十二首葉甲面鈐"天禄/繼鑒"白文方印、"乾隆/御覽/之寶"朱文橢圓印。卷七十二末葉乙面鈐"乾隆/御覽/之寶"朱文橢圓印、"天禄/琳琅"朱文方印。

【書目著録】清彭元瑞等撰《欽定天禄琳琅書目後編》續卷七："新增合璧聯珠萬卷菁華,十函一百册。"

【遞藏】天禄琳琅。清朝皇室内廷藏書的代稱,主要收藏宋、元、明歷代善本書。

【其他】此書外配紅底雲龍紋織錦四合函套,五色織錦書衣。

【按語】此本山東省圖書館藏《前集》六十卷及《後集》卷一至四十三、卷五十六至六十八,國家圖書館藏《後集》卷七十七[1],已入選第一批《國家珍貴古籍名録》,我中心所藏之《後集》卷七十一至七十二於 2010 年入選第三批《國家珍貴古籍名録》。

此書歸子部類書,我中心存卷七十一"車輅門"、卷七十二"衣冠門"二卷。《欽定天禄琳琅書目後編》著録,其曰："書一百四十卷。前有建炎二年連江李似之序,云《前編》六十卷爲鉅野李君樂静先生所著,僅成半璧,未剖全牛,愚故續以《後編》八十卷……所云樂静先生,乃李昭玘,字成季,元豐二年進士,官起居舍人。入元祐黨籍,自號樂静先生。有《樂静集》。其書《前集》百二十門,爲天文、地理、君道、治道、人品之屬,《後集》百七十六門,爲經籍、職官、禮樂、兵戎、衣服、儀衛、器用、食貨、技藝、祥瑞、物類之屬,皆各分子目。每目列名君事鑒、名臣事鑒、聖賢事鑒、群書事鑒、諸史事鑒,取成句之可爲對偶者曰書林合璧,單

---

① 劉薔《天禄琳琅研究》,北京大學出版社 2012 年版,第 140 頁。

用者曰書圃聯珠,事之相似者曰譬喻,相反者曰反說,撮取二字可爲題者曰體題,數字可隴括其事者曰體字,間有圖像。蓋專爲應試之用,故題曰太學新增,於兔園册中最爲條理博大而書肆盛行之籍也。"

古今合璧事類備要

北京市文物局　張晶晶

北京市文物局圖書資料中心一級 8kang333

國家珍貴古籍名録 07152

　　《古今合璧事類備要》前集六十九卷後集八十一卷續集五十六卷別集九十四卷外集六十六卷。(宋)謝維新等輯。宋刻本。三册。綫裝。存九卷:《後集》卷二十四(19—26葉)、卷二十八(1—14葉);《續集》卷二十二至二十四、卷四十五至四十八。

　　【題著説明】後集卷二十八首題"古今合璧事類備要卷之二八",未題著者,著者據書目著録。

　　【著者簡介】謝維新(生卒年不詳),字去咎,建安人。北宋時人,生平事跡未詳。自曰膠庠進士。爲太學生。理宗寶祐五年(1257)編成《古今合璧事類備要》。事見《四庫全書總目》卷一三五。

　　【内容】《古今合璧事類備要》前集六十九卷後集八十一卷續集五十六卷別集九十四卷外集六十六卷,是書内容極其豐富,分天文、地理、節序、人物、宗教、技藝、禮儀、職官,乃至草木、魚蟲、鳥獸、器物等子類目,除郡縣、山川等没有列入類目以外,幾乎包括了古代大型綜合性類書的主要類目。書存九卷:《後集》卷二十四《要户》、卷二十八《六部》,《續集》卷二十二至二十三《姓氏》、卷二十四《類姓》、卷四十五至四十七《事爲》、卷四十八《人事》。《後集》卷二十四(19—26葉)、卷二十八(1—14葉)爲一册,《續集》卷二十二至二十四爲一册,卷四十五至四十八爲一册。

　　【刊印者】未見。

　　【行款版式】半葉十四行,行二十四字,大字跨雙行十五字。細黑口,左右雙邊,雙順魚尾。版心上鐫刊工姓氏,中鐫篇名、卷數,下鐫葉數。版框 17.0 厘米 ×11.6 厘米。開本 24.6 厘米×15.0 厘米。

【題名頁牌記】未見。

【刊寫題記】未見。

【刻(寫)工】版心所見刻工有"戈""户""呈""井""甘"。

【避諱】書中"桓""恒"字缺末筆。或有不諱之處,如《續集》卷二十三"齊桓公"之"桓"、"恒州"之"恒"缺末筆,《續集》卷二十三"恒公"之"恒"不缺。"玄""弘""貞""構"字亦不缺筆。

【序跋附録】缺。

【批校題跋】無。

【鈐印】各卷首鈐"康/生"朱文及白文方印。卷二十三甲面鈐"松雪齋/藏書"朱文方印、"趙氏/子昂"朱文方印。

【書目著録】無。

【遞藏】趙孟頫(1254—1322),字子昂,號松雪道人,湖州人。宋宗室。幼聰敏,爲文操筆立就。元世祖徵入朝,授兵部郎中,遷集賢直學士。詩文清邃奇逸,書法兼工篆、隸、行草,自成一家。繪畫亦善山水、竹石、人物、鞍馬、花鳥。有《松雪齋文集》。

【其他】書中有朱筆圈點。

【按語】無。

集　部

唐丞相曲江張先生文集

廣東省博物館　謝秋輝

廣東省博物館 29138-29141

國家珍貴古籍名録 12729；廣東省珍貴古籍名録 614

《唐丞相曲江張先生文集》二十卷。（唐）張九齡著。明嘉靖十五年（1536）湛若水刻本。四册。綫裝。

【題著説明】卷端題"唐丞相曲江張先生文集卷之一"，未題著者，著者據書名。

【著者簡介】張九齡（678—740），一名博物，字子壽，韶州曲江（今屬廣東韶關）人。唐開元間名相，卒謚文獻。世稱"張曲江"或"張文獻公"。張九齡是盛唐前期的重要詩人，尤其是他的五言古詩，在唐詩發展中有很高的地位和巨大的影響。《舊唐書》《新唐書》有傳。

【内容】《唐丞相曲江張先生文集》爲唐代張九齡別集，共二十卷。凡頌、贊、賦一卷，詩四卷，文十五卷。

【刊印者】湛若水（1466—1560），字元明，號甘泉，廣東增城（今屬廣東廣州）人。嘗從陳獻章遊學。明弘治十八年（1505）進士，歷官翰林院編修、南京國子監祭酒、禮部侍郎、南京吏禮兵三部尚書。年九十五卒，謚文簡。著有《詩鰲正》二十卷、《三禮訂疑》五卷、《二禮經傳測》六十八卷、《春秋正傳》三十七卷、《聖學格物通》一百卷、《古小學》六卷、《遵道錄》八卷、《問辨錄》六卷、《楊子折衷》六卷、《約言》二十卷、《補樂經》二百七十四卷、《甘泉全集》三十二卷等近四十種著述。輯有《白沙先生詩教解》《陳子至言》。事蹟具《明史》卷二百八十三本傳、《［道光］廣東省志》卷二百七十四。

【行款版式】半葉十行，行二十字。白口，左右雙邊，單魚尾。版心中鎸“文集卷之幾”（序作“曲江集序”，跋作“張文獻文集後序”），下鎸葉數。版框21.0厘米×14.2厘米，開本26.4厘米×16.6厘米。

【題名頁牌記】無。

【刊寫題記】無。

【刻（寫）工】無。

【避諱】無。

【序跋附錄】書首刻有嘉靖十五年（1536）湛若水《重刻唐丞相曲江張先生文集序》，次成化九年（1473）丘濬《曲江集序》，書尾有蘇轍《書文獻張公文集後》。

1. 湛若水序錄文如下：

《重刻唐丞相曲江張先生文集序》

甘泉子曰：甚哉！吾鄉人物之盛，而人品之高也。予少時則知吾廣新會有白沙先生焉，遂從白沙之學，幸聞勿忘勿助之規，自然之指，而悟夫體認天理之機。先生之詩曰：“何處可攀文獻駕，平生願執菊坡鞭。”於是又因而知宋時吾邑有清獻崔菊坡先生焉，又因而知在唐吾韶有文獻張曲江先生焉。故嘗誦其詩，讀其書，論其世而尚友之矣。蓋於文獻則以相業之盛而知之也，於清獻則以其避相之節而知之也，於白沙先生則以其自然之學而知之也。三先生者，皆吾鄉大賢人也。吾未能有行焉，乃所學則白沙先生也。何居？曰：其才可以致相業矣，又必觀其有避相之志，然後可焉。其志能以避相矣，則又必觀其有自然之學，然後可焉。夫自然之學者，存天之理而聖人之心學也，顏、孟、周、孔、文、武、禹、湯、堯、舜之正傳也。昔者顏氏陋巷之子，而簞瓢屢空之人也，蓋嘗有是學而問爲邦焉，孔子知其有相天下者之本矣，故告之以四代禮樂，後人以王佐之才獨歸之。向使孔、顏而得相天下焉，其道可知已。若以清獻公之志而遂相天下焉，可以與於此矣乎！以文獻公之才而相天下焉，其可以與於此矣乎！今白沙先生之言，其具存於詩教諸書者可考也；清獻先生之言，其具存於言行録者可考也。文獻先生之言，其具存於文集，若制、若書、若文、若詩，凡若干篇者可考也。文獻生當有唐之時，崛起吾韶，文學之名冠於一時。初舉神童科，載舉道侔伊吕科，是必可稱王佐之才矣。而其王道之學存于文集者，未少概見焉，何也？豈其當時所謂學者，獨於文章節氣之間已乎？而先生之文詞諫諍，已如日月昭昭乎天下，後世皆仰而慕之，何耶？則非是之謂也。然吾嘗聞之古有三不朽之道，曰立德、立功、立言，豈其功業言詞顯而道德或隱也乎？水之生也晚，仰慕先生與菊坡先生之道而不可及見，見吾白沙先生爲一代道學之宗，乃又徒以德行顯，而功烈如彼其隱焉，又何也？吾以三先生之文行未大行大傳於世，不能不爲之太息而有遺憾焉。乃求文獻先生文集善本於徽庠，授吾友水部郎中新會鄧君一新文憲翻梓之，置於新泉精舍，庶可以廣播於四方焉爾。因序其説於卷端云。嘉靖十五年歲在丙申八月初七日。賜進士出身資政大夫南京吏部尚書前國子祭酒翰林侍讀兼修國史經筵講官省人湛若水書。

2. 丘濬序録文如下：

《曲江集序》

古今説者，咸曰唐相張文獻公嶺南第一流人物也。嗟乎，公之人物豈但超出嶺南而已哉！蓋自三代以至於唐，人才之生，盛在江北。開元、天寶以前，南士未有以科第顯者，而公首以“道侔伊吕科”進；未有以詞翰顯者，而公首掌制誥内供奉；未有以相業顯者，而公首相玄宗。公薨後四十餘年，浙士始有陸敬輿、閩士始有歐陽行周。又二百四十餘年，江西之士始有歐陽永叔、王介甫諸人起於易代之後。由是以觀，公非但超出嶺南，蓋江以南第一流人物也。公之風度先知，見重於玄宗。氣節功業，著在信史，播揚於天下後世。唐三百年賢相，前稱房、杜，後稱姚、宋，胡明仲謂姚非宋比，可與宋齊名者，公也。由是以觀，公又非但超出江南，乃有唐一代第一流人物也。然公聲名燁燁在人口耳，非直以其相業，在當時且甚有文名。史稱其七歲知屬文，張説謂其爲“後出詞人之冠”，又與徐堅評其文“如輕縑素練，實濟時用”。柳宗元亦謂其能以“比”“興”兼著述。予生公六百餘年之後，慕公之爲人，童稚時嘗得韶郡所刻《金鑒録》，讀之，灼知其僞,有志求公全集刻梓以行世。自來京師遊太學,入官翰林,每遇藏書家,輒訪求之,竟不可得,蓋餘二十年矣。歲己丑,始得公《曲江集》於館閣群書中,手自抄録,僅成帙,聞先妣太宜人喪,因攜南歸,期免喪後自備梓刻之。道韶,適友人五羊涂君暲倅郡,偶語及之,太守毗陵蘇君韠、同知蒲田方君新謂公此集乃韶之文獻,請留刻郡齋。嗟乎!公之相業世孰不知,其文則不盡知也,矧是集藏館閣中,舉世無由而見。苟非爲鄉後進者表而出之,天下後世安知其終不泯泯也哉!是以不揆愚陋,僭書其首。成化九年龍集癸巳仲春初吉,翰林院侍講學士瓊台丘濬序。

3. 蘇韠跋録文如下:

《書文獻張公文集後》

韠承乏韶郡之又明日,進拜文獻公祠,退求夫文獻之猶有存者,僅得詩文二十許篇而已,餘未得也。成化己丑冬,始得全集於翰林學士瓊台丘公仲深所。因念古君子之爲政,必因其俗尚,又必表彰其鄉之先賢以爲之勸,俾人樂而從之,蓋悦於使民之道固如斯也。文獻公之集,一時治道之盛靡不具載,而此郡之俗易治,樂從者亦多見焉,垂之後世,足以爲訓。捐奉重刊,惠此學者,有能於此契其道而施之於時,則豈徒爲此郡人而已哉!蓋文之行矣,尚有望於所謂獻者之復起也。常郡江陰蘇韠書。

【批校題跋】無。

【鈐印】書首鈐"廣東省博/物館資料"朱文長方印、"○○○/○日休"白文方印、"鬻及借人/爲不孝"朱文方印、"蒼岩山人/書屋記"朱文長方印。《曲江集序》首葉鈐"譚印/觀成"白文方印、"海/朝"朱文方印、"鬻及借人/爲不孝"朱文方印、"武陵譚氏五/石瓠齋珍藏/金石書畫印"朱文長方印。正文首卷卷端鈐"譚/觀成"白文方印、"蕉林/藏書"朱文方印。卷二十末葉鈐"觀成"白文長方印。書尾鈐"蕉林/梁氏書/畫之印"朱文方印、"觀其/大略"白文方印、"譚觀/成印"朱文方印。

【書目著録】

1.《藏園訂補邵亭知見傳本書目(三)》著録①。

2.《中國古籍善本書目》集部唐五代別集類 583 著録。

---

① 中華書局 1993 年版,第 970 頁。

【遞藏】此本先後由梁清標、譚觀成收藏，最終歸藏於廣東省博物館。

1. 梁清標（1620—1691），字玉立，一字蒼岩，號棠村，又號蕉林，直隸真定（今河北正定）人。明崇禎十六年（1643）進士，爲翰林院庶吉士。至清順治、康熙兩朝，歷任兵部、禮部、刑部、户部尚書，授保和殿大學士。富藏書，以子集爲多。著有《蕉林詩集》《棠村詞》。又曾摹勒《秋碧堂法帖》。室名有"秋碧堂""悠然堂""蕉林書屋""蒼岩山人書屋"等。藏印有"蕉林收藏""蕉林藏書""河北棠村""冶溪漁隱""鎮陽梁氏""大中丞印""觀其大略""蒼岩山人書屋記""正定梁氏蕉林珍藏書畫之印""蕉林玉立氏圖書"等。

2. 譚觀成（生卒年不詳），名墒，字觀成，又字海朝，廣東陽江人。清末民初居上海。與張大千兄弟、吳湖帆友善。精鑒賞，富收藏。

3. 1978年入藏廣東省博物館。

【按語】《張九齡集》，《舊唐書》本傳、《新唐書·藝文志》、《崇文總目》及《宋史·藝文志》均有記載。然而宋代以後，此書幾乎不傳。至明憲宗成化九年（1473），翰林學士丘濬從内閣録出，韶州知府蘇轊爲之刊行，才得以重新流傳。明世宗嘉靖十五年（1536），時任南京吏部尚書的湛若水據蘇轊刻本翻刻，名爲《唐丞相曲江張先生文集》，其卷目與《新唐書·藝文志》中的記載相符合，應是宋代以來失傳的舊本，其後此書流傳日廣。

重校添注音辨唐柳先生文集

廣東省博物館　牛曉琰

廣東省博物館 16754

國家珍貴古籍名録 03114；廣東省珍貴古籍名録 0776

《重校添注音辨唐柳先生文集》四十五卷。（唐）柳宗元撰；（宋）童宗説、韓醇等注釋。宋刻本。一册。綫裝。存三卷：卷二十至二十二。

【題著説明】卷二十卷端題"重校添注①音辨唐柳先生文集卷第二十"，未題

---

① 原文作"註"。又，本書所存卷二十至二十二，共計三卷，各卷首葉首行題書名卷次"重校添註音辨唐柳先生文集卷第幾"，次行低二字題類目，三行低三字題篇目，四行低四字題注。

著者。著者據書名及注。

【著者簡介】

1. 柳宗元(773—819),字子厚,河東(現山西運城永濟一帶)人。唐貞元九年(793)進士,十四年(798)應博學宏詞科,授集賢殿書院正字。永貞元年(805)因參與永貞革新,貶爲邵州刺史,加貶永州司馬。元和十年(815)遷柳州刺史。唐宋八大家之一,散文與韓愈齊名,並稱爲"韓柳"。世稱"河東先生",亦稱"柳河東",因官終柳州刺史,又稱"柳柳州"。《舊唐書》《新唐書》有傳。

2. 童宗説(生卒年不詳),字夢弼,號南城先生,南城(今江西南城)人。南宋紹興二十一年(1151)進士,任袁州(今屬江西宜春)教授。二十八年,受建昌知軍胡舜舉之托,編《旴江志》十卷,係建昌最早的志書。又編有《宜春州志》,著《柳文音注》。

3. 韓醇(生卒年不詳),字仲韶。履歷不詳。平生酷好韓(愈)、柳(宗元)之文。宋孝宗淳熙間,嘗撰《韓集全解》,今佚。又撰《訓詁柳先生文集》四十五卷《外集》二卷《新編外集》一卷,收入《四庫全書》。兩書於韓、柳文詳注博釋,魏仲舉所編《五百家注音辨昌黎先生文集》《五百家注音辨柳先生集》二書多引其説。事見《[嘉慶]四川通志·著作》。

【内容】《唐柳先生文集》是唐代文學家柳宗元的文集,在柳宗元去世後,由其好友劉禹錫結集行於世。至宋代,出現眾多注本。此"重校""添注"本即爲宋代柳集注本之一種。

【刊印者】未詳。"按語"有考辨。

【行款版式】半葉九行,行十七字,小字雙行同。白口,左右雙邊,單魚尾。版心上鐫大小字數,中鐫"柳文卷幾",下鐫刻工姓名。版框 21. 2 厘米×15. 6 厘米,開本 26. 6 厘米×17. 1 厘米。

【題名頁牌記】無。

【刊寫題記】無。

【刻(寫)工】所見刻工有丁松、高春、陳良、毛端、王顯、石昌、王禧、王仔、龐知柔、繆恭、王遇、曹冠英、張待用、高文、朱梓、徐禧、鄭錫、徐安禮、吳鉉。

【避諱】“殷”“匡”“貞”“恒”“慎”字缺末筆，避諱至宋孝宗。“慎”字缺筆見於卷二十二第五葉乙面第二行“徃慎辭令使諭蜀之書”、卷二十二第十一葉甲面“可無敬乎慎進藥石保安其躬”。

【序跋附録】無。

【批校題跋】無。

【鈐印】卷二十卷端題名下鈐“廣東省博/物館資料”朱文長方印，其左由下至上鈐“仁義里”朱文長方印、“橫經閣/收藏/圖籍印”朱文長方印。卷二十二末葉鈐“華亭/朱氏”白文方印。

【書目著録】《中國古籍善本書目》集部 1488 著録。

【遞藏】

1. 朱大韶（生卒年不詳），字象玄，號文石。華亭（今上海松江）人。明嘉靖二十六年（1547）進士，選庶常，授檢討。性好藏書，尤愛宋時鏤版。室名有“文園”“橫經閣”“熊祥閣”等。藏印有“朱文石氏”“朱象玄氏”“華亭朱氏”“文石朱象玄氏”“華亭朱文石氏橫經閣收藏圖籍印”“朱氏圖書”“華亭朱氏文石山房藏書印”等。

2. 1965 年入藏廣東省博物館。

【其他】原書經修復，現封面輕度破損，扉頁及書首有油漬。配木匣裝。

【按語】本書所謂“重校”“添注”，是相對於其底本五百家注而言，五百家注在沿襲百家注的基礎上又有所增補。此本在百家注、五百家注的基礎上“重校”“添注”，“重校”所採集的版本都是宋本，其中不少已經失傳，所存録的異文都是百家注、五百家注失收的文字；而“添注”更進一步深化了百家注系統的文本詮釋内容，頗具文獻價值。

是書宋刻本今存多爲殘本，除廣東省博物館所藏三卷外，另有國家圖書館所藏五卷（卷十八至二十、卷四十三至四十四）、南京博物院所藏二卷（卷三十七、四十一），臺北“中央圖書館”藏有全本。臺北所藏著録爲鄭定刊本，爲南宋嘉定間姑蘇鄭定刊於嘉興，舊藏海源閣，流傳有序，楊紹和《楹書隅録》《海源閣藏書目》《宋存書室宋元秘本書目》、王文進《文録堂訪書記》、傅增湘《藏園群書題記》《藏園群書經眼録》、阿部隆一《中國訪書志》、《“中央圖書館”善本書目》均有著録。

　　此廣東省博物館藏本與臺北“中央圖書館”著録之鄭定刊本版式行款幾乎完全相同。從刻工來看，臺藏本刻工有：丁松、丁日新、王仔、王遇、王顯、毛端、王僖、石昌、朱椿、朱春、朱梓、吳叙、吳鉉、吳椿、周玉、金流、金滋、馬文、馬良、高文、高寅、高春、徐禧、陳斗南、陳良、張待用、張待周、曹冠宗、曹冠英、董澄、董証、繆恭、劉昭、鄭錫、龐知柔、龐知德、徐安禮。廣東省博物館藏本存三卷中所見刻工共十九名，除“王禧”在臺藏鄭定刊本的著録中寫作“王僖”之外，其餘十八名均包括在鄭定刊本所著録的刻工中。綜上所述，廣東省博物館藏本與臺北“中央圖書館”藏鄭定刊本關係非淺，尚待有時機目驗比勘，確定是否爲同一版本。

棠湖詩稿

天津圖書館　宋文娟

天津圖書館 Z60

國家珍貴古籍名録 01159

　　《棠湖詩稿》一卷。（宋）岳珂撰。宋臨安府陳宅書籍鋪刻本。一册。金鑲玉綫裝。錢駿祥跋並過録（清）錢儀吉跋；鄧邦述、傅增湘跋。

　　【題著説明】卷端題“棠湖詩稿（下挖去卷數）”，次行題“相臺岳珂肅之”。

　　【著者簡介】岳珂（1183—1243），字肅之，號亦齋，又號倦翁。祖籍相州湯陰（今屬河南安陽）人，南渡後世居江州德化（今屬江西九江），又徙居嘉興府（治今浙江嘉興）。宋代著名抗金將領岳飛之孫，岳霖之子。開禧元年（1205），爲隨軍轉運使司官吏，參加開禧北伐。嘉定中，權發遣嘉興軍府兼管内勸農事。嘉定十二年（1219）以奉議郎爲江東轉運判官。嘉定十四年，除軍器監、淮東總領。痛念其祖父岳飛之遭害，乃作《金陀粹編》《籲天辯誣》《天定録》等上於朝，以訟其冤。寶慶三年（1227），累官至户部侍郎、淮東總領兼制置使。著有《寶真齋法書贊》《愧郯録》《桯史》及《玉楮集》等。事迹具《宋史》本傳。

　　【内容】此書共十六葉，收録宫詞一百首，皆詠北宋之事，旨在追思北宋東京文物典章之繁盛及聖君賢相之懿範；面對當時南宋偏安的半壁江山，寄托喪國哀思，以此來規勸當朝統治者效法北宋的文治武功，以振興國家。

【刊印者】陳宅書籍鋪。其創辦者陳起(生卒年不詳),字宗之,號芸居,亦稱陳道人,錢塘(今浙江杭州)人。南宋著名出版家、發行家和圖書編纂家。

【行款版式】半葉十行,行十八字。白口,左右雙邊,單魚尾。版心除第十一、十二葉作"棠湖"外,魚尾下均鎸"棠湖一",下除第一葉外鎸葉數,再下一至十葉鎸字數。版框17.3厘米×13.0厘米,開本金鑲玉裝27.4厘米×17.7厘米。

【題名頁牌記】卷末鎸"臨安府棚北大街/陳宅書籍鋪印行"雙行牌記。

【刊寫題記】無。

【刻(寫)工】無。

【避諱】書中第一葉乙面第八行"溝"字缺筆;第六葉甲面第二行"曙"字缺筆。亦有不諱之處,第三葉乙面第七行"溝"字、第十一葉甲面第一行"曙"字均未缺筆。

【序跋附録】書首刻有岳珂《宮詞一百首》序,録文如下:

《宮詞一百首》

宮詞自唐以來有之,如王建則世託近倖,花蘂則身處宮闈,故其所述,皆耳聞目見。後之效其體者,徒想像而言,未必近似,反流於褻俚者多矣。珂幼好其詞,嘗擬採其音律以肆於毫簡,竊謂苟匪止乎禮義,有以寓諷諫,美形容,均爲無益,而困於公䋆,有志未遂。比因棠湖綸釣之暇,適猶子規從軍自汴歸,誦言宮殿鍾簴,儼然猶在,慨想東都盛際,文物典章之偉觀,聖君賢臣之懿範,瞭然在目,輒用其體①,成一百首,以示黍離宗周之未忘。其間事核文詳,監今陳古,固有不待美刺而足以具文見意者。輶軒下采,或者轉而上徹乙夜之觀,庶幾有補於萬一云。

【批校題跋】書後附錢駿祥過録錢儀吉跋及其自跋、鄧邦述跋、傅增湘跋共四則。

1. 錢駿祥過録錢儀吉題跋:

《跋》

余家舊藏宋本《棠湖詩稿》一卷,凡《宮詞》一百首。倦翁岳氏感其猶子從軍於汴而歸,因追述東京文物典章,以寓黍離宗周之思者也。盖成於端平初元,金亡之歲,時年五十有二。世所傳《玉楮集》乃嘉熙戊戌以後作,故開禧初《經進

---

① "輒用其體",《四庫全書總目提要》與劉尚恒《〈棠湖詩稿〉考辨》,均作"輒用王建體"。

百韻詩》及此百篇者皆不入集。此本卷首有“汲古閣”及“宋本”“甲”諸印，是琴川毛氏故物。毛斧季《祕本書目》以倦翁《宮詞》與許棐《梅屋詞》俱人間絶無之本，即此本也。河間紀氏未之見，乃謂宋以來公私書目悉不著録，遂疑爲厲樊榭、符幼魯諸家《北宋雜事詩》之遺稿，而嫁名倦翁者，亦近於臆斷矣。卷末稱臨安府棚北大街陳氏印行者，即書坊陳起解元也。曹斯棟《稗販》以《南宋名賢遺集》刊於臨安府棚北大街者爲陳思，而謂陳起自居睦親坊。然余所見名賢諸集，亦有稱棚北大街睦親坊陳解元書籍鋪印行者，是不爲二地。且起之字芸居，思之字續芸，又疑思爲起之後人也。棠湖之名，諸郡國往往有之，《岳忠武傳》云“居母憂……扶櫬還廬山”，《桯史》云“余居負山，在溢城之中”，是岳氏南渡後居今江西之德化。所謂負山者，其柴桑之山與？此棠湖即唐李渤甘棠湖故址。一名景星湖，又名南湖者也。倦翁撰《籲天辨誣》之書，取吾邑金陀坊以名其編，蓋嘉定間守檇李有別業存焉。然觀《己亥初還故居詩》云：“元是廬山莫逆交，宮亭西畔著衡茅。”是晚歲仍還溢城也。余欲譜翁生平梗概而未暇，涉獵所及編年別紙録於此書之末，俟異日終竟成之。道光辛巳黄鍾之月嘉興錢儀吉謹跋。

2. 錢駿祥題跋：

宋岳倦翁《棠湖詩槀》，舊藏叔曾祖雲巖先生處，卷首有先生小印，從祖衍石先生有跋，載《記事槀》中。咸豐末，從父徐山先生攜之蜀中，爲姑夫江右蕭薌泉丈假録重刊，遂留蕭氏，迄今殆六十年。今春表弟仲牧昆季以是書爲吾家故物，畀余藏弄。自赭寇之亂，海内藏書家大半散佚，宋元刊本之流傳於世者，日亡日少。是書則僅見於毛氏汲古閣書目，在盛時已爲孤本，彌足珍貴，而蕭氏昆季反璧之誼，尤可感已。因敬録先給諫跋於卷後，並略述顛末，以示後人，可不寶諸！歲在己未立秋前一日，嘉興錢駿祥識於春明客邸。

3. 傅增湘題跋：

南宋書棚本所刊多爲唐人小集，余所寓目者，有莫邵亭之《河岳英靈集》、楊惺吾之《披沙集》、二書皆得而旋失之。《英靈》歸吳佩伯，《披沙》歸菊生，又轉歸孝先。鄧孝先之《羣玉》《碧雲》二集、袁抱存之《魚元（玄）機集》、瞿氏之《李丞相集》、繆荻風之《王建集》、李木齋師之《唐僧弘秀集》，皆十行十八字，卷末多有書鋪木記一二行。至宋人小集流傳至尠，曾見孝先所藏汲古閣影鈔五十册，蔚然巨觀，其行格亦復相同。今新甫前輩出示家藏宋刊《棠湖詩稿》,古色異香,精美無匹。卷中有毛氏父子藏印,墨釘及"曙""金"字缺誤,一一與薆圃所記合。棚本宋集,余生平爲創見矣。孝先藏《棠湖詩稿》有二本:一在五十家中,一爲單行本,俱毛氏所鈔,蓋直從宋本摹出者,紙墨之精,下宋刊一等。故人吴佩伯曾欲分藏一册,始終未諧。然其卷中已有改易之處,以此證之,則天壤間斷推此帙爲祖本也。近年吾川亦有刻本,而字體改變,去宋刊面目益遠。今錢氏此書失而復得,寶玉大弓重返於魯,曷影印行世,流傳萬本,俾後學得一覯奇籍,豈非幸歟!己未九月初五日,游上方、芯題,飽看霜葉而歸,披讀再四,珍重還之,菫弇傅增湘誌。

4. 鄧邦述題跋:

余藏《棠湖詩稿》凡兩本,皆汲古毛氏景宋鈔。其一本紙墨極精,即有薆圃手跋者;其一在《宋人小集》五十鉅册中。蓋毛氏先鈔得一本,後乃更鈔入小集耳。余亦先收單行本,後得鉅册,不啻爲之先導。去歲,始獲見真本於年丈錢新甫前輩家,亦毛氏物,世間所傳殆除此三本外,已絕無而僅有矣。書棚小集箸録者多唐人詩,余所收有《翬玉》《碧雲》《披沙》三李集,皆十行十八字,與此本同。宋人小集行款亦十九相同,大字寬行者不過數種。毛氏所鈔,雖强半爲讀畫齋刊入《翬賢小集》,而不依行款,其所據恐必非毛鈔。至棚本宋人集流傳益尠,余年來所見只此本耳。毛氏三本,今悉見之,且得見其祖本,固爲深幸。又拜讀衍石齋舊跋,知此詩不入《玉楮集》之故。而河間紀氏目未見宋槧,遂武斷爲樊榭諸公膦藥,列之存目。然則目録攷訂之學,亦必兼藉版本而後精鑿無憾。世可漫謂收弄古籍,校寫祕文,概與骨董玩嗜等誚而齊觀哉!己未小雪,鄧邦述記。

5. 書中第七葉 B 面三十九首,第一行第六"金"字朱筆改作"今"。

【鈐印】

卷端自下而上鈐"斧/季"朱文方印、"毛扆/之印"朱文方印、"汲古/主人"朱文方印、"子/晉"朱文方印、"毛晉/私印"朱文方印,欄外自下而上鈐"周/暹"白文方印、"福""胙"朱白文連珠印、"天津市人/民圖書館/珍藏圖籍"朱文方印、"甲"朱文方印、"宋本"朱文橢圓印。

卷末自下而上鈐"斧/季"朱文方印、"毛扆/之印"朱文方印、"毛氏/子晉"

朱文方印、“毛晉/之印”朱文方印、“書香/千載”朱文方印,欄外自下而上鈐“朮/殳”朱文方印、“天津市人/民圖書館/珍藏圖籍”朱文方印。

錢儀吉跋首鈐“秦溪/世裔”朱文方印。

錢駿祥跋後鈐“錢駿/祥印”白文方印、“新甫/氏”朱文方印。

傅增湘跋後鈐“傅/增湘”白文方印。

鄧邦述跋後鈐“正/闇”朱文方印、“群碧/樓印”白文方印。

【書目著録】

1. 毛扆《汲古閣珍藏秘本書目》集部下載“宋版岳倦翁《宮詞》”。天津圖書館藏蒼茫齋高世異影鈔董氏校刊本此條下有周叔弢標注“宋本《棠湖宮詞》藏錢氏”①,可證即此書。

2. 黄丕烈著、潘祖蔭輯《士禮居藏書題跋記》載:“宋刻果出毛氏,上有‘宋本’‘甲’兩圖記,餘皆子晉名號章,無他人印記。”②

3.《中國古籍善本書目》集部宋別集類 4580 著録。

4.《天津圖書館古籍善本書目》集部別集類著録③。

【遞藏】

1. 毛晉(1599—1659),原名鳳苞,字子晉,號潛齋,江蘇常熟人。性好書,家藏圖書八萬四千餘册,多宋元刻本,又建“汲古閣”“目耕樓”以儲書。曾校刻《十三經》《十七史》《津逮秘書》《六十種曲》等經、史、別集、道藏、叢書。雖傾家貲,變賣田地房産,在所不惜。其書流布天下,爲文化的傳布作出巨大貢獻。其所抄録罕見秘笈,繕寫精良,後人稱爲“毛鈔”。自著有《隱湖題跋》《毛詩名物考》《毛詩陸疏廣要》,又編有《海虞古今文苑》《蘇米志林》等。

2. 毛扆(1640—?),字斧季,江蘇常熟人。毛晉子。繼承毛晉“汲古閣”藏書,又益加購書,精藏、精刻更加豐富。精於校勘,所校圖書以精善稱,名著一時。通小學,受何焯等人推重。撰有《汲古閣秘本書目》,凡宋版影鈔,元明本集以及舊鈔、精鈔無不記載。

---

① 毛扆《汲古閣珍藏秘本書目》,蒼茫齋高世異影鈔董氏校刊本,天津圖書館藏。
②《士禮居藏書題跋記》,書目文獻出版社 1989 年版,第 247 頁。
③《天津圖書館古籍善本書目》,國家圖書館出版社 2008 年版,第 483 頁。

3. 錢福祚（1763—1802），一名福祚，字爾受，一字錫嘉，號雲巖，浙江嘉興人。錢陳群孫，錢汝恭第四子，錢儀吉父。乾隆五十五年（1790）庚戌科進士，改庶吉士，授編修，歷官侍讀學士。著有《竹房遺稿》《奏御存稿》。

4. 錢儀吉（1783—1850），初名逵吉，後改儀吉，字藹人，一字新梧，號衎石，又號星湖（心壺），又自號颿山樵，浙江嘉興人。錢福祚子。清嘉慶十三年（1808）戊辰科進士，改庶吉士，授户部主事。歷官山東司主事、貴州司員外郎、雲南司郎中、河南道御史、貴州道御史、刑科給事中、工科給事中等。罷歸，主講粵東學海堂、河南大梁書院十餘年。著有《衎石齋詞稿》並《揚山樓集》《衎石齋記事稿》等。又輯清代名人士狀千餘家，成《碑傳集》一百六十卷，並搜刻宋元以來經説爲《經苑》。事跡見《碑傳集補》。另有《廬江錢氏詩匯七種》，今存抄本。

5. 錢駿祥（1848—1930），字新甫，別號耐庵，晚年自號曈叟。錢泰吉孫，錢應溥之長子。清光緒十五年（1889）己丑科進士，授翰林院檢討，升侍講，轉侍讀。歷任會典館纂修、國史館協修纂修、山西學政、嘉興府學堂總理。著有《晉轺集》《子影集》等，《廬江錢氏年譜》由錢駿祥續編。

6. 周叔弢（1891—1984），見前《國家珍貴古籍名録》03435。

【其他】

1. 此書文中有墨釘多處：

（1）第一葉卷端書題下墨釘一處三字；

（2）第十三葉 B 面八十二首，第一行第十五、十六，兩字墨釘；

（3）第十四葉 B 面八十七首，第一行第一字；第二行第八、九、十三字；

（4）第十五葉 A 面九十一首，第一行第五、六兩字，第十五、十六兩字；第二行第七、八、九三字。

2. 此書一匣一册，上下夾板保護，藏於樟木匣中。

【按語】此書"在盛時已爲孤本"，毛氏《汲古閣珍藏秘本書目》乃最早載之書目。此本在汲古閣後，按錢駿祥寫於 1919 年的後跋所載，由其叔曾祖錢福祚收藏，從祖錢儀吉有跋，載《衎石齋記事稿》中（與此本錢駿祥過録錢儀吉跋同，錢駿祥當據此録之）。咸豐末年，錢儀吉次子錢徐山攜之蜀中姑父江右蕭薌泉丈處,歷經六十年,錢駿祥表弟仲牧昆季以是書爲錢氏故物,而還之。錢駿祥感於蕭氏昆季,故跋於卷後,以示後人。

除此宋本外,天津圖書館還藏有影印本《棠湖詩稿》一部,乃錢駿祥以家藏宋本所影,巢章甫於甲午(1954)六月贈與周叔弢。書衣係鴉青紙,上有巢章甫以朱筆錄錢儀吉題詩,曰:"宋本《棠湖詩稿》,岳倦翁撰,宮詞百首,自序云以示黍離宗周之志,蓋追記東都遺事而作。前後有'汲古主人''宋本''甲'諸印,末葉一行云臨安府棚北大街陳宅書籍鋪印行,即陳解元起也。先子舊藏是冊,己未春,攜以出都,失之。今得見於寶硯齋中,復郵以歸余,謹書其後:酺舫十家宮體編,明珠百顆竟遺淵。王風降矣哀周室,毛氏藏斯甲宋鐫。南渡河山如昔否,北街梨棗到今傳。一緘甚感還書捷,手澤重繙更泫然。"

其後巢氏朱筆自題:"章甫按:是書先太外舅卅年前曾影印百冊,分貽逮盡,朋好有向余索取者,蓋無以應。日前偶得數冊,既以分獻矣。昨顧起潛姻兄寄貽《衍石齋未刊詩》,《北郭集》中有此詩,知衍石先生時已是失而復得也。復郵名嗣曾,乃衍石先生表兄。寶研齋爲德清戚餘齋先生齋名。先生名芸生,字修潔,自號馥林,衍石先生母舅也,有《寶研齋集》。又此詩後尚有一詩,述己未所失尚有影宋舊鈔《孟郊詩集》云。又按《衍石先生未刊詩》:曰《澄觀集》者八卷,曰《北郭集》者四卷,曰《定廬集》者四卷卷三四五六,曰《旅逸續稿》者二卷,曰《浚稿》者四卷卷四五七八。原稿爲汪軼唐所藏,金籛孫倩北汀手錄以儲之合衆圖書館,起潛又從館本倩人迻寫以遺余者也。雜誌之以博叔弢三丈發笑。甲午六月雨窻。"

上述跋語對於《棠湖詩稿》的流傳給予了明確的説明。人間孤帙,逾七百餘年,幾經周折,兩度失而復得,最後藏之於公家,實乃此書之幸事!

遺山先生文集

廣東省博物館 陳 栒

廣東省博物館 29202-29213

國家珍貴古籍名録 11897

《遺山先生文集》四十卷。(金)元好問撰。《附録》一卷。明弘治十一年

（1498）李瀚刻本。十二册。綫裝。

【題著説明】卷端題“遺山先生文集卷第一”，次行題“頤齋張德輝類次”。未題著者，著者據書名。

【著者簡介】元好問（1190—1257），字裕之，號遺山，太原秀容（今山西忻縣）人。金興定進士，曾任行尚書省左司員外郎等職，金亡不仕。其論詩受傳統詩教影響，强調内容，重視藝術成就與作家品德，代表作有《論詩絶句三十首》；其詩詞題材廣泛，興象深邃，風格遒上，在金元之際頗負盛名。曾編金詩、詞總集《中州集》和《中州樂府》。《金史》有傳。

【内容】書分四十卷，包括詩、賦十四卷，文二十六卷，附録一卷。卷一收録古賦、五言古詩共四十篇，卷二收録五言古詩三十五篇，卷三收録七言古詩三十七篇，卷四收録七言古詩四十四篇，卷五收録雜言三十六篇，卷六收録古樂府三十一篇，卷七收録五言律詩七十篇，卷八收録七言律詩八十七篇，卷九收録七言律詩九十二篇，卷十收録七言律詩八十五篇，卷十一收録五言絶句、六言、七言絶句共七十篇，卷十二收録七言絶句六十九篇，卷十三收録七言絶句六十九篇，卷十四收録七言絶句八十九篇，卷十五收録宏詞七篇，卷十六收録碑銘表誌碣三篇，卷十七收録碑銘表誌碣四篇，卷十八收録碑銘表誌碣三篇，卷十九收録碑銘表誌碣三篇，卷二十收録碑銘表誌碣五篇，卷二十一收録碑銘表誌碣六篇，卷二十二收録碑銘表誌碣六篇，卷二十三收録碑銘表誌碣五篇，卷二十四收録碑銘表誌碣九篇，卷二十五收録碑銘表誌碣七篇，卷二十六收録碑銘表誌碣四篇，卷二十七收録碑銘表誌碣五篇，卷二十八收録墓碣表誌銘六篇，卷二十九收録墓碣表誌銘六篇，卷三十收録碑銘碣七篇，卷三十一收録墓銘碑表十二篇，卷三十二收録記十篇，卷三十三收録記十三篇，卷三十四收録記十篇，卷三十五收録記十三篇，卷三十六收録序引十六篇，卷三十七收録序引十四篇，卷三十八收録銘、贊、頌共二十篇，卷三十九收録書、疏、雜體共十六篇，卷四十收録上梁文、青詞、祭文、題跋共二十七篇。附録四十一篇。文集反映了金元之際的社會矛盾和人民的苦難生活，沉鬱悲慨，具有獨特風格。

【刊印者】李瀚（1455—1535），字叔淵，號石樓、石樓居士，山西沁水人。明成化十七年（1481）進士。歷官河北樂亭縣知縣、監察御史兼巡陝西茶馬、陝西按察使、河南巡按、湖廣副使、河南副使、湖廣按察使、河南布政使、順天府尹、右副都御史兼理漕政、左副都御史、吏部右侍郎、吏部左侍郎、南京户部尚書等。正德六年（1511）告老還鄉，居石樓村。身後贈太子少保。著有《石樓集》。

【行款版式】半葉十行，行十九字，小字雙行字數不等。上下黑口，四周雙邊，雙魚尾。版心上鎸“遺山文集卷幾”（序作“遺山先生文集序”，總目作“遺山先生文集總目”，目録作“遺山先生文集目録”，後引作“遺山先生文集後引”，附録作“遺山先生文集附録”，後序作“遺山先生文集後序”），中鎸葉數，下鎸刻工姓名、蘇州碼。版框 20.9 厘米×15.0 厘米，開本 27.0 厘米×16.5 厘米。

【題名頁牌記】無。

【刊寫題記】無。

【刻（寫）工】所見刻工有李、王、孝、日、禾、孖等簡寫。

【避諱】李冶《遺山先生文集序》“不幸遘疾”之“遘”、杜仁傑《遺山先生文集後序》“然後再議”之“再”均缺最末一豎，不知是否爲缺筆避諱。

【序跋附録】書首刻有中統三年（1262）李冶《遺山先生文集序》、徐世隆《遺山先生文集序》，次《遺山先生文集總目》《遺山先生文集目録》；書末有昭陽大淵獻（1263）王鶚《遺山先生文集後引》，次《遺山先生文集附録》，次杜仁傑《遺山先生文集後序》、弘治十二年己未（1499）靳貴《元遺山文集後序》。録文如下：

1.《遺山先生文集序》

唐開、天間，李邕、李白皆以文章鳴世。邕之所至，阡陌聚觀，以爲異人，衣冠尋訪，門巷填噎；白則王公趨風，列岳結軫，群賢翕習，如鳥趨鳳。是豈懸市相夸、沽聲索價而後得之哉！要必有以漸漬其骨髓，動盪其血氣，藻鄙其襟靈，故天下之人爲之咨嗟淫液，鼓舞踴躍，景附響合，而不能自已也。吾友元君遺山，其二李後身乎？始齔能詩，甫冠時，名已大振。尋登進士上第。興定、正大中，殆與楊、趙齊驅。壬辰北還，老手渾成，又脱去前日畦畛矣。君嘗言：人品實居才學氣識之上。吾因君言，亦嘗謂天下之事皆有品，繪事、圍棊，技之末也，或一筆之奇，一著之紗，固有終身北面而不能寸進者，彼非志之不篤，習之不專也，直其品不同耳。如君之品，今代幾人？方希刷羽天池，揚光紫微，不幸遘疾而没。

其遺文數百千篇,藏於家,雖有副墨,而洛誦者,率不過得什一二,其所謂大全者,曾莫見焉。是以天下之大夫、士,歉焉若懷宿負而未之償也。東平嚴侯弟忠傑,有文如《淇奧》,好善如《干旄》,獨能求得其全編,將鋟之梓,且西走書數百里,命予序引。予謂遺山之文之名,有目爭睹,有耳咸聳,庸何序爲?惟君有蓋棺之恨,此其可言者,得以論述之。主上龍居藩邸,挹君盛譽,一見遽以處之太史氏。不數歲,神聖御天,文治蝟興,稽古建官,百度修舉。其於玉堂、東觀、金華、延閣之選,尤所注意者,曷嘗不設燎以待之,而側席以求之哉?向使遺山不死,則登鑾坡、掌綸誥、稱内相久矣。奈何遇千載而心違,際昌辰而身往!比非君遺恨也耶?尚賴柳如京之賢,有慰韓吏部之志。文工命拙,雖抱憾於九原;人亡書存,足騰芳於百世。顧予樸學,未暇題評,言念舊游,聊爲揚搉云爾。中統三年陽月,封龍山人李冶序。

2.《遺山先生文集序》

文之爲物,何物也?造物者寔靳之,不輕畀人,何哉?盖天地間靈明英秀之氣,萃聚之多,蘊蓄之久,挺而爲人,則必富於才,敏於學,精於語言。能吐天地萬物之情,極其變而歸之雅。故爲詩、爲歌、爲賦、爲頌、爲傳記、爲誌銘、爲雜言、爲樂府,兼諸家之長,成一代之典。使斯文正派,如洪河大江,滔滔不斷,以接夫千百世之傳。爲造物者可得而輕畀之哉!竊嘗評金百年以來,得文派之正,而主盟一時者,大定、明昌,則承旨党公;貞祐、正大,則禮部趙公;北渡則遺山先生一人而已。自中州斷喪,文氣奄奄幾絶。起衰捄壞,時望在遺山。遺山雖無位柄,亦自知天之所以畀付者爲不輕,故力以斯文爲己任。周流乎齊魯燕趙晉魏之間,幾三十年。其迹益窮,其文益富,其聲名益大以肆。且性樂易,好獎進後學,春風和氣,隱然眉睫間,未嘗以行輩自尊。故所在士子從之如市。然號爲汎愛,至于品題人物,商訂古今,則絲毫不少貸,必歸之公是而後已。是以學者知所指歸,作爲詩文,皆有法度可觀。文體粹然,爲之一變。大較遺山詩祖李、杜,律切精深,而有豪放邁往之氣;文宗韓、歐,正大明達,而無奇纖晦澀之語;樂府則清雄頓挫,閑婉瀏亮,體製最備,又能用俗爲雅,變故作新,得前輩不傳之妙。東坡、稼軒而下,不論也。嗚呼!遺山今已矣!靈明英秀之氣,散在天壤間,不知幾年幾時,復聚而爲斯人乎?東平嚴侯弟忠傑,喜與士人游,雅敬遺山,求其完集刊之,以大其傳云。陳郡徐世隆序。

　　3.《遺山先生文集後引》

　　正大中,詔翰林院官各舉所知。時閑閑先生方握文柄,於人材慎許可,首以元子裕之應詔。朝議是之,而天下無異辭。蓋子之幼也,已得其先大夫東巖君之指授;稍長,博極群書,且多與名士游,故於眇歲嶄然見頭角,肆筆成章,往往膾炙人口。貞祐南遷,文譽日崇,作詩自名一家。其於古調樂府爲尤長,不惟可目追配古人,而一時學罕見其匹。士林英彥,不謀而同目之曰"元子",尊之也。後雖出知劇縣,入主都司,簿書倥傯之際,不廢吟詠。北渡以來,放懷詩酒,遊戲翰墨,片言隻字,得者猶以爲榮。閑作《中州》一集,旁搜遠引,發揚前輩遺美,其敘事之工,概可見矣。國朝將新一代實録,附修遼、金二史,而吾子榮膺是選。無何,恩命未下,哀訃遽聞。使雄文鉅筆,不得馳騁於數千百年之間。吁,可悲夫! 東平嚴侯弟忠傑,富貴而好禮者也。即其家購求遺稿,捐金鳩匠,刻梓以壽其傳,屬余爲引。余與子同庚甲,又同在史館者三歷春秋。義深契厚,固不當辭。然仁卿大手,已序於前,顧余荒謬,安敢贅長語於其旁? 感念疇昔,姑以平日親所聞見,與夫同志之所常談者,書諸卷末云。歲昭陽大淵獻秋七月己丑,慎獨老人曹南王鶚識。

　　4.《遺山先生文集後序》

　　自有書契以來,以文字名世,得其全者,幾人耳。六經諸子,在所勿論。姑以兩漢而下,至六朝,及隋、唐、前宋諸人論之,上下數千載間,何物不品題過? 何事不論量了? 大都幾許不重複? 字凡經幾手,左撝右扯,橫安豎置,搓揉亦熟爛盡矣! 惟其不相蹈襲、自成一家者爲得耳。噫! 後之秉筆者,亦訒乎其爲言哉! 今觀遺山文集,又別是一副天生爐鞴,比古人轉身處,更覺省力。不使奇字,新之又新;不用晦事,深之又深。但見其巧,不見其拙;但見其易,不見其難。如梓匠輪輿,各輸技能,可謂極天下之工;如肥濃甘脆,疊爲饁飣,可謂併天下之味。從此家跳出,便知藉、湜之汗流者多矣。必欲努力追配,當復積學數世,然後耳議。曩在河南時,辛敬之先生嘗爲予言:"吾讀元子詩,正如佛説法云:'吾言如密,中邊皆甜。'"此論頗近之矣。雖倡優、騶儈、牛童、馬走聞之,莫不以爲此皆吾心上言也。若夫文之所以爲文,亦安用艱辛奇澀爲哉? 敢以東坡之後,請元子繼,其可乎? 不識今之作者,以爲如何? 或者曰:"五百年後,當有楊子雲復出。子何必喋喋乃爾?"濟南杜仁傑直序。

5.《元遺山文集後序》

右遺山文集四十卷,太僕儲君靜夫所藏也。太僕愛其文,嘗手爲讎校,故視他本爲善。侍御李君叔淵,出按河南,始命太康楊令溥録之,而屬方伯徐公用和仰公進卿刻梓以傳,而俾予序其後。予惟古之君子之所謂文者,得志,則以之化成天下,不得志,則以之左右六經。而覺斯世斯其爲文耳矣,則又奚徒以辭爲哉? 惟夫發難顯之情,傳不朽之績,世必賴之,故辭雖非所急,而亦不得而廢也。金以戎狄之桀,竊據中原,先王之禮樂典章,搬抹殆盡,蓋世道之大變,君子所太息不忍道者,惡取其所謂文也。而乃有遺山者出於其間,慨然以制作爲任,雄辭麗筆,蔚然鏘然,直與唐宋作者爭馳於文藝之場,而金之爲夷,遂得以稍掩其陋,蓋不齏垢石之中而周之簡圭出焉,其增光於人之家國豈小小云哉? 矧其時,金已不國,史職放棄,一代之文獻,微遺山掇拾紀載,且將泯泯無徵。則其用心之良,視夫以雕蟲爲技而流連光景者,又可同日語哉? 故其徒以當世東坡尊之,莫敢與京,而予亦以爲金之文,此其卓然名家,固所謂世必賴焉者也。然予於此又獨有所慨焉。論者謂河南程氏之學,盛行於中原者,雖許文正公之功,而知有其書,實自江漢先生始。故雖以遺山傑出,一代之豪,其所可傳,亦僅止此,豈天固厭金之不道,而或者有所限邪? 不然使如遺山者,而得與於斯文,則所謂化成之具,傳後之業,又惡知其不與文正公並哉? 嗚呼! 金之有遺山,金之幸也,而遺山之生於金,其亦遺山之不幸也夫! 方今文治日興,士方急於程氏之學,而諸君乃欲兼資於遺山者,意者文與時升降,此亦邁往斯文者所不可廢也與? 詩云:"雖有絲麻,毋棄管蒯。"況如遺山者乎? 是則諸君之志也。遺山名好問,字裕之,其事行履歷見《金史·文藝傳》。弘治十二年己未春二月既望,賜進士及第翰林院編修兼司經局校書京口靳貴序。

【批校題跋】無。

【鈐印】李冶序首葉鈐"蒼岩山人/書屋記"朱文長方印、"譚/觀成"白文方印、"廣東省博/物館資料"朱文長方印。徐世隆序首葉鈐"一/谿"朱文方印。目録首葉鈐"觀成"白文長方印。卷一卷端鈐"譚印/觀成"白文方印、

“海/朝”朱文方印。卷第二、卷第五、卷第八、卷第十一、卷第十五、卷第十九、卷第二十七、卷第三十一、卷第三十四、卷第三十八卷端均鈐“譚印/觀成”白文方印、“廣東省博/物館資料”朱文長方印、“海/朝”朱文方印、“一/谿”朱文方印。卷第二十二卷端鈐“譚印/觀成”白文方印、“廣東省博/物館資料”朱文長方印、“海/朝”朱文方印。卷二十三鈐“一/谿”朱文方印。卷四十末葉鈐“觀/成”白文方印。文集附錄首葉鈐“觀成”白文長方印。靳貴序首葉下鈐“譚印/觀成”白文方印。全書末葉右下鈐“藏暉/書屋”朱文方印、“譚觀/成印”朱文方印。

【書目著録】《中國古籍善本書目》集部金別集類 5011 著録。

【遞藏】

1. 梁清標（1620—1691），見前《國家珍貴古籍名録》12729。

2. 譚觀成，見前《國家珍貴古籍名録》12729。

3. 1978 年入藏廣東省博物館。

【其他】

1. 書配函套。

2. 卷第二十版心葉碼“二十五”誤刻爲“一十五”。

3. 卷第二缺第六葉，卷第二十一缺第一葉。

【按語】

1.《遺山先生文集》最早爲元中統嚴氏初刻本，今不傳。明清兩代均有刻本，現可見最早者乃明弘治十一年（1498）李瀚刻本，民國間《四部叢刊》以蔣氏密韻樓藏明弘治刊本爲底本，並補充其他脱文而成。與《四部叢刊》比對，內容上，粵博本書首依次爲李冶序、徐世隆序，書末有王鶚後引、遺山先生文集附錄、杜仁傑後序、靳貴后序。四部叢刊本書首依次李冶序、徐世隆序、儲巏《附錄儲太僕先生手簡》，書末有王鶚後引、遺山先生文集附錄、杜仁傑後序、姜殿揚《遺山先生文集卷第二十二闕文補》。粵博本文字筆劃、結體與《四部叢刊》收録版本近乎相同，但細核則能發現其中個別字體存在差異，如李冶序次葉甲面第二行“非”“直”、第七行“曾”“莫”、第八行“若”“懷”，字形均有不同；版心粵博本書名上方加圈，下方多出其他刻工姓氏。按《遺山先生文集》今著録爲明弘治李瀚刻本者,其細節多不相同。如國家圖書館藏本（索書號 10329）李冶序次葉甲面版心及字體與粵博本一致,但書前後序跋不同,書首依次爲徐世隆序、李冶序、李瀚序、《附錄儲太僕先生手簡》,書末有杜仁傑後序、靳貴後序、儲巏《題重刊遺山先生集後》。國圖另一藏本（索書號 03592）該葉"非"字及版心下方同於《四部叢刊》,其他細節同粵博本。可見此書現存諸本刻印先後、源流始末較爲複雜,尚待進一步考證。

2. 卷十七《寄庵先生墓碑》十五葉稱李遹次子"曰治",即同書卷首《遺山先生文集序》作者,其名當作"李治",而此書首序落款爲封龍山人"李冶"。或有學者認爲乃避唐高宗名,入元後更名冶。筆者認爲,或因"治中"爲其父李遹在金朝擔任的職務,被時人稱爲"李治中平甫",改"李冶"或避父稱。

白沙子

廣州圖書館　朱俊芳

廣東省立中山圖書館 40/1533.2

國家珍貴古籍名録 05880；廣東省珍貴古籍名録 0857

《白沙子》八卷。（明）陳獻章撰。明嘉靖十二年（1533）卞崈刻本。十六册。綫裝。

【題著説明】卷端題"白沙子卷之一",未題著者,著者據書名。

【著者簡介】陳獻章（1428—1500）,見前《國家珍貴古籍名録》08316。

【內容】是書爲白沙先生陳獻章著述彙編。全書八卷,卷一爲奏疏、序、記、論,卷二、三爲書簡,卷四爲墓志銘表、祭文、賦、贊、銘、啟、説、批答張廷實詩箋、傳狀、題跋,卷五爲古選、五言絕句、六言絕句、七言絕句,卷六爲七言絕句,卷七爲五言律詩、五言六句、七言律詩,卷八爲七言律詩、四言詩、五言排律、七言排律、古風歌行。收録文三百餘篇,詩近一千五百首。

白沙先生詩文集初由羅僑刻於弘治十八年,高簡執教維揚,命門人卞崈等以此爲底本重刻。卞崈等又采訪得白沙遺集二三册,增益、删削而後梓爲此本。白沙治學以自得、主静、致虛爲主旨,其詩文亦沖和自然,不事雕琢。門人湛若水評價爲:"白沙先生之詩文,其自然之發乎? 自然之蘊,其淳和之心乎? 其仁義忠信之心乎? 夫忠信、仁義、淳和之心,是謂自然……先生詩文之自然,豈徒然哉! 蓋其自然之文言,生於自然之心胸;自然之心胸,生於自然之學術;自然之學術,在於勿忘勿助之間,如日月之照,如雲之行,如水之流,如天芑之發,紅者自紅,白者自白,形者自形,色者自色。孰安排是? 孰作爲是? 是謂自然。"①

【刊印者】卞崇(生卒年不詳),江都人(今屬江蘇揚州)。監生,明嘉靖間任光禄寺署丞。仕履可見五格、黄湘《[乾隆]江都縣志》卷十三。

【行款版式】半葉九行,行十八字。白口,左右雙邊,單魚尾。版心上鎸書名卷第(序作"刻白沙子叙",目録作"白沙子目録",《論白沙子》作"白沙子論"),下鎸葉次。版框 18.9 厘米×13.8 厘米,開本 25.1 厘米×16.5 厘米。

【題名頁牌記】無。

【刊寫題記】無。

【刻(寫)工】無。

【避諱】無。

【序跋附録】書首有嘉靖十二年(1533)仲秋進士西蜀高簡《刻白沙子叙》。次湛若水《論白沙子》。次《白沙子目録》。書末有是歲孟冬江都卞崇《跋刻白沙子》。

1. 高簡序録文如下:

《刻白沙子叙》

夫道貫古今,匪明弗著,孔孟而後,迺有濂洛,蓋昭如矣。唯明嗣興,若白沙先生者,其周程之徒與? 蓋先生起於南粵,獨悟道妙,而非有能授之者,是故其見道明,故其體道至。其體道至,故其言論簡易而弗支且多。夫其弗支且多也,故凡形諸動静、存諸語默、播諸詩文、徵諸出處,罔非道妙呈華,譬諸化工流形,萬彙森布,各止其所,而其文固焕焕乎莫之繪焉。夫豈雕鏤綴奇、苦思模擬、役心垂後而故存之簡册者哉! 雖然,其猶先生之緒餘焉矣乎? 是故道裕諸心,精明應妙,固莫能覯矣,而自有與天地悠久不滅者存,非賴是能彰之也,然志士君

①明湛若水《重刻白沙先生全集序》,見《白沙先生全集》明嘉靖三十年蕭世延刻本。

子非得之其胡所考見儀刑。故其門人張東所既采集之,梓諸其里矣,四方猶罕覿焉。予柄維楊教,與諸士講學暇,偶談及兹書,共以未得爲憾,遂出予本,命下生某也輩刻之。因訪諸吾友沈汝淵氏,得遺集二三册焉,爰增其未有者、削其不必存者,以付梓人。某也輩迺欣然成之,其志可知矣。因謂之曰:兹刻也,豈徒存載籍已哉? 將以求先生之心焉耳,不然彌文而已矣。生輩謝曰:謹受教。因識之,且題曰《白沙子》,猶孟氏七篇而題曰《孟子》之義也。

嘉靖癸巳仲秋吉旦,前進士西蜀後學高簡謹序。

2. 湛若水《論白沙子》録文如下:

《論白沙子》

甘泉子曰:夫先生聖人之徒也。先生詩文,其中古之制作乎? 其詩歌如風雅頌,其文詞如謨訓誥。或聞之愕然,曰:何哉若是其大也? 不亦少誇矣乎? 今觀其詩歌之體裁,猶夫今之詩也,何取乎風雅頌? 觀其文詞之矱度,猶夫今之文也,何取乎謨訓誥? 曰:非是之謂也。孟軻有言,今之樂猶古之樂也,何謂乎? 聖賢之言發乎人心之同然,故與古訓異體而同道。夫惟求於牝牡驪黄之外者,而後得馬之真相;忘於言語形似之外者,而後得聖賢之蘊,是故以其中和之性情,發而爲中和之永嘆,優柔而敦厚焉,是亦風雅頌而已矣。以其自得之精意,以發其未發之蘊,載道而典則焉,是亦謨訓誥而已矣。曰:然則何以異乎? 曰:言詞古今之不同,猶之東西南北□□□□[之方言聲]①氣之異耳矣,而因以爲人情有□□□□[異可乎? 今]②以詞之古今而疑聖賢之異者,則亦猶求人性於東西南北之音之類也,求馬於牝牡驪黄之類也。曰:然則果若是同乎? 曰:以《詩》觀之,風殊於頌、頌殊於雅矣,遂謂《詩》果不同,可乎? 以《書》觀之,誥殊於訓、訓殊於謨矣,遂謂《書》果不同,可乎? 則又何疑乎後世之詩之文也哉! 故求先生之詩文者,當求先生之道於言外之意,以合於古訓,而不當求先生於言詞之間,則惑也。夫然後知先生之詩文不可以後之詩人文士之詩文觀之矣。

門人高簡曰:吾師甘泉先生過維揚,謂灤州亦刻是集,乃吾同年友柯侍御意也。先生既手校付之,而因序焉。此論是也,簡請觀之,真足以破文人才子之訾矣。因略其序刻之由,而

①據國家圖書館藏明嘉靖十二年卞某刻本《白沙子》補。
②同上。

附其要語於此,以俟明者覽焉。

3. 卞崇跋録文如下:

《跋刻白沙子》

崇梓是書,既因呈諸吾師鶴阿高子,請校焉,遂顧崇曰:世之梓詩文者多矣,然或止乎詞焉而已者也,何益哉? 吾欲維揚士究白沙子之心,以達於濂洛洙泗,故命尔梓之。苟得其心者眾焉,雖廢是梓可也。不然,又增一贅疣矣。嗚呼,會吾所以欲梓之心而得吾所以不欲梓之意,是在二三子。崇曰:天何言哉? 四時行焉,百物生焉,天何言哉! 是故其梓也,其弗梓也,無加損於白沙子也。而以詞焉視兹書者,其自病也甚矣。崇敢不祗若子之訓若將終身焉! 於是退而跋諸此,以告吾揚同志之士。是歲孟冬望日江都卞崇謹跋。

【批校題跋】無。

【鈐印】書皮右上方鈐"黃蔭普先生贈書"朱文長方印。《刻白沙子叙》首葉甲面鈐"蔭普/珍藏"朱文方印、"禺山/黃氏"白文方印,書眉鈐"黃氏憶/江南館/珍藏印"朱文方印。目録首葉甲面鈐"憶江/南館"朱文方印。《論白沙子》首葉甲面鈐"意江/南館"白文方印、"黃印/蔭普"朱文方印、"廣東省/中山圖書/館圖書"朱文方印。卷一首葉甲面鈐"意江/南館"白文方印,卷二、卷三、卷四首葉甲面鈐"黃印/蔭普"朱文方印、"意江/南館"白文方印、"廣東省/中山圖書/館圖書"朱文方印。卷五、卷六、卷七、卷八首葉甲面鈐"意江/南館"白文方印、"廣東省/中山圖書/館圖書"朱文方印。

【書目著録】

1.《中國古籍善本書目》集部明别集類 7044 著録。

2.《廣東省立中山圖書館古籍善本書目》著録。

【遞藏】1. 黃蔭普(1899—1985),字雨亭,廣東番禺人。畢業於清華留學預備學堂,公費赴美國習經濟學,獲碩士學位。曾任中山大學教授、廣州商務印書館經理、商務香港辦理處總編輯等職。其藏書樓名"憶江南館"。有《廣東文獻書目知見録附補編》《憶江南館藏書目録》《勤勉堂詩抄》等十餘種著作。傳見《廣東文徵續編》卷十三。

2. 1956 年黃蔭普先生捐贈給廣東省立中山圖書館。

【其他】此書墨色濃淡不一，少量字跡漫漶，局部版框損毁。卷五第四十八葉、卷六第十五葉、卷八第九十一葉及卞崏跋係墨筆抄配。卷四偶有朱筆句讀。

【按語】陳獻章一生詩文宏富，門生後人多輯刻其詩文集，名稱、卷數各不相同。其詩文合集的刊刻情況，中華書局出版的《陳獻章集》述之甚詳：“白沙詩文全集，羅僑始刻於明弘治十八年（時距白沙死去僅有五年），詩文各十卷。正德三年，林齊重訂而補刻之，卷帙依舊。而後，嘉靖十二年，高簡、卞崏重刻之。此本於白沙詩文有所增削，併爲八卷。至嘉靖三十年，蕭世延刻本問世。編次同於林齊刻本，而增刻補遺一卷，爲二十一卷。其後，明萬曆二十九年林裕陽、萬曆四十年何熊祥、天啓元年王安舜、清順治十二年黄之正等人先後覆刻，均爲九卷。其編次大略同於前刻，而詩文遞有增益。至康熙四十九年，何九疇又重刊之……乾隆三十六年，陳氏宗族又重刻之。是本大率取裁何九疇刻本，詩文稍有增益。”①《中華再造善本續編總目提要》亦云：“嘉靖十二年（1533）時，西蜀高簡又刻於揚州，有所增削，併爲八卷。嘉靖三十年，内江蕭世延重刻，編次同於林本，而增刻補遺一卷。其後閩林裕陽、同邑何熊祥先後覆刻，大率以高簡本爲祖，遞有增益，編次大略相同。”②可見以弘治十八年羅僑刻本爲祖本，白沙詩文集在刊刻流傳中主要形成兩個版本系統，一爲二十卷本，有林齊補刻本及蕭世延刻二十一卷本；另一即爲嘉靖十二年高簡、卞崏重刻本，明清多種九卷本均從此出。

一峰先生文集

順德圖書館　梁麗君

廣東省博物館 29198-29201

第六批國家珍貴古籍名録 12803；廣東省珍貴古籍名録 697

《一峰先生文集》十四卷。（明）羅倫撰。明嘉靖二十八年（1549）張言刻

---

①陳獻章著、孫通海點校《陳獻章集》“點校説明”，中華書局 1987 年版。

②《中華再造善本續編總目提要·白沙先生全集二十卷》，國家圖書館出版社 2017 年版，第 418 頁。

本。四册。包背裝。

【題名著者】卷端題"一峰先生文集卷之一",未題著者,著者據序。

【著者簡介】羅倫(1431—1478),字應魁,改字彝正,號一峰,江西永豐瑤田水心村人。明成化二年(1466)丙戌科狀元,授翰林院修撰。成化十四年去世,嘉靖初追贈爲左春坊左諭德,謚文毅。學者稱爲一峰先生。有《一峰集》行世。

【内容】書共十四卷。卷一爲策疏狀,卷二、卷三爲序,卷四至六爲記,卷七傳、跋、墓誌、吁嗟美、哀辭、説、銘、祭文,卷八至九爲書,卷十至十三爲詩,卷十四爲歌。卷一至二爲一册,卷三至五爲一册,卷六至九爲一册,卷十至十四爲一册。《四庫全書》中收録的《一峰集》爲十卷本,後萬卷樓的《一峰先生文集》爲十四卷。

【刊印者】張言(生卒年不詳),字思默,臨桂人(今屬廣西桂林)。嘉靖二十六年(1547)進士,以會元知名。任永豐縣令,刻印羅倫《一峰先生文集》十四卷。

【行款版式】半葉十行,行十九字。白口,四周單邊,單白魚尾。版心上鐫"一峰①先生文集卷之幾"(序作"一峰先生文集序",誥命作"誥命",傳作"一峰先生傳",目録作"一峰先生文集目録",跋作"一峰先生文集後跋"),下鐫葉數。版框 19.3 厘米×13.7 厘米,開本 27.0 厘米×16.0 厘米。

【題名頁牌記】無。

【刊寫題記】無。

【刻(寫)工】無。

【避諱】無。

【序跋附録】書首刻有嘉靖二十八年九月十五日聶豹《重刻一峰先生文集序》。次嘉靖二十八年九月羅洪先《重刻一峰先生集序》及《文毅羅一峰先生遺像》。次《誥命》。次陳獻章《一峰先生傳》。次《一峰先生文集目録》。書末刻有嘉靖二十八年九月張言《一峰先生文集後跋》。次嘉靖二十八年十月林應芳《跋一峰先生文集後》。

1. 聶豹序録文如下:

《重刻一峰先生文集序》

予嘗稽吾邑文獻,文章道德爲江右斯文鼻祖,如文忠歐陽公,尚矣。繼歐而

---

①版心"峰"字皆作"峯",下同。

作,則有文毅羅一峰先生焉。先生學孟子者也,善養吾浩然之氣,富貴不能淫,貧賤不能移,威武不能屈,故蝶而爲詩若文,沛然若決江河,不知秦漢以來作者□□□□□□□□□□□□□翼世教□□□□□□□□□□□□一日温飽。砥獨立之行,周之不受,招之不來。比舉於鄉,入對大廷,賜進士第一。釋褐三月,輒抗疏論起復元臣之非,侃侃萬餘言,讀之令人凜然奪氣。時以此榮之,而亦以此忌之,遂落職泉州,市舶海郵。再期用舉者,復南京翰林修撰。尋以病請歸,潛金牛山中,日以著書授徒、繼往開來爲業。緼袍疏食,環堵蕭然,至凍餒其妻子,晏如也。故聞先生之風者,頑夫廉,懦夫有立志,是可以聲音笑貌爲哉?蓋青天白日,其心足稱云。國朝自開科來,狀元及第凡五十餘人。其所傳非無文也,然不一再世,與人俱陳,惟先生則久而益光。片紙流落,遞相傳誦,然後知科第不足以榮人,科第以人榮也;文不足傳,傳者人也。先生文集,弘治初年邑令揭陽王公嘗刻之,燬於火。正德丙子,先生仲子幹署江陰教,後刻於江陰,至是則江陰板訛矣。乃臨桂張進士來令予邑,屬教諭林君應芳蒐前集所遺詩文,得若干首,捐俸重梓,稱全集云。王侯名昂,字抑之,東廣潮人,循良爲永豐第一。張侯名言,字思默,號龍田。下車未幾,首新先生之祠,督諸生日相講授,毅然欲循復揭陽之政,以子惠斯民者,是豈俗吏所能辯哉!

　　嘉靖己酉季秋望永豐後學聶豹書。(序後摹刻"雙江"陽文長方印、"聶氏/文蔚"陽文方印、"白水/山人"陽文方印)

　　2. 羅洪先序録文如下:

《重刻一峰先生集序》

　　天地有義氣,大和乘以代其運,陽春賴以斂其成,震而爲雷霆,激而爲風颰,慘而爲霜霰,起而爲山岳,奔而爲湍瀾。其凝於物,爲堅金,爲完璞,爲後凋木。其靈於人爲剛嚴,爲果毅,爲直遂,爲無側頗。得之而諸欲亡,言之而異端熄,用之而群奸屏。四夷寧而不用,則爲萬世法。孟子曰:"我善養吾浩然之氣。""先立乎大,則小者不能奪也。"嗚呼!若吾羅文毅公,其將庶幾乎?公名滿天下,童孺皆能道其行事,至其所得,雖學者不能盡識也。死生之際大矣。公家貧,日中不能舉火,而對客談學不倦。淂新衣,遇道殣輒解以瘞,而身無完裳。今之處貧賤者,未必皆困於衣食者也。困於衣食而至於凍且餒者,益加少矣。公凍餒幾於死亡，而一無足以動其中，它尚何有哉？名位不能使之榮，擯斥不能使之辱，功能不能使之樂，禍患不能使之憂，言論不能使之惑，義氣不能使之改，所謂浩然而剛，大者性成然也，非有事於勉强者也。吾獨惟夫學者之爲言也，或病其僻，或疑其矯纒纒乎。聽之非不和且平也，語其平生雖絲髮之微，亦足以怵心而變色，而猶自以爲知道，豈非世教之慮哉。洪先自幼聞公於人，輒有不獲執鞭之嘆，且欲以身私淑之，然止羨其難能耳，固亦未知求所得也。三二年來漸悔其謬，於是再讀所謂一峰集者，不牽章句，不涉蹊徑，不執意象，不事雕鑱，慨乎其於辭，沛乎其於氣，而皎乎其於光，得之心，出之言，懦者慚，鄙者懼，然後乃知孟氏之學至公至明，其言實天地義氣之所槳也，而烏可以空文爲！桂林張君思默，以進士來令永豐，首考文獻，風勵諸生，聞公之文有遺刻者，請於雙江聶君蒐輯編次，俾爲全集以傳，遂因君索言於予。嗚呼！公之所得不係集之有無與全否也，有欲知吾之浩然者，觀於是集，將不爲濯熱之清風、蘇蟄之迅霆也夫？

嘉靖己酉季秋晦吉水後學羅洪先謹書。（序後摹刻“念菴”陰文橢圓印、“幸／夫”陽文方印、“松皋／居士”陰文方印）

3. 張言跋録文如下：

《一峰先生文集》，正德初，先生之嗣邑博君嘗刻於江陰，逮今已字刻訛舛矣。予以政暇課諸生一峰書院，先生之孫庠生邔携先生手筆遺藁相示，予讀之，視舊刻加多，而青天白日之心、壁立萬仞之節，宛然想見。欲取而增之，因以質諸雙江先生。先生乃出其家藏弘治年間王尹抑之所嘗刻者而示之，與今手書相符，蓋王尹所刻已爲兵火煨燼，而江陰之刻，則邑博君宦邸所僅存者，故篇次有多寡之異耳。予不敏，亦知一峰先生非徒以文章重天下者，第恐簡册湮没，而沿流溯源者無所適從，是故茲刻之不可已也。遂謀之學諭林君分類校正，刻於書院，俾諸生咸得仰誦遺言，勃興思齊之志，是亦先生啟迪無窮之惠也。若夫先生之德業，梗槩已詳之傳記史録者。

嘉靖己酉季秋榖旦臨桂後學張言跋。（跋後摹刻“龜山”陰文長方印、“思／默”陽文方印、“丁未／進士”陰文方印）

4. 林應芳跋録文如下：

一峰公以文章節義風天下，芳也竊厪執鞭之思，迨宦恩江，謁其廬，接見其子孫,盡得公手墨而讀之,快夙心焉。歲己酉,龍田張侯至,敦慕古雅,式新書院,用淑多士,仍謀梓公全集以傳,芳不揣爲之蒐輯讎校。凡舊本遺逸者多公親藁,敢借彙次,粗若明備,序諸雙翁師者詳矣。刻成,敬付諸末簡曰:夫通極古今,貫徹區寓,浩然之氣而已。公之完是氣也,以故敢於犯人主、忤權貴而不懾;甘於去華要、投閩海而不沮;樂於註經授徒而不倦,饑寒終老於金牛而不悔。其發之於文,奔騰軒鬌,沛然如決江漢,無復繚繞卑弱之習,而不詭於聖人,是則可傳也。雖然,公之所自待者抑遠矣。其言曰:聖賢之學,道成於己而文自顯。苦心砥行,尚友篤學,孜孜以求,盡乎其性,夫豈淺鮮之所能識哉?嗟夫! 馨風千古,撫卷興思,固浩然者之不磨也。讀者其深考於斯。

嘉靖己酉歲冬十月之吉水永豐縣儒學教諭延平林應芳撰。(跋後摹刻"□/實"陽文方印、"道南/後學"陰文方印、"鶴窗/主人"陽文方印)

【批校題跋】無。

【鈐印】矗豹序首葉右下方鈐"廣東省博/物館資料"朱文長方印。陳獻章《一峰先生傳》首葉鈐"譚/觀成"白文方印、"廣東省博/物館資料"朱文長方印。卷一首葉鈐"譚印/觀成"白文方印、"海/朝"朱文方印。卷三首葉鈐"廣東省博/物館資料"朱文長方印、"海/朝"朱文方印、"譚印/觀成"白文方印。卷六首葉鈐"海/朝"朱文方印、"譚印/觀成"白文方印、"廣東省博/物館資料"朱文長方印,卷十首葉鈐"海/朝"朱文方印、"譚印/觀成"朱文方印、"廣東省博/物館資料"朱文長方印。書末葉左下方鈐"譚觀/成印"朱文方印。

【書目著録】

1.《中國古籍善本書目》集部明別集類7162著録。

【遞藏】譚觀成,見前《國家珍貴古籍名録》12729。

【其他】

1. 封面有題簽,第一册作"弌峰先生文集元",第二册作"弌峰先生文集亨",第三册作"弌峰先生文集利",第四册作"弌峰先生文集貞"。

2. 第一册有蟲蛀和缺損,第二十六葉輕微老化。第二册有老化、蟲蛀、缺損、水漬和污垢,第十九葉 B 面有霉蝕。第三册有蟲蛀、水漬和污垢,卷六第八葉 A 面有老化,卷九第七葉有缺損。第四册有老化、蟲蛀和水漬。

3. 配置護板夾保護。

【按語】羅倫《一峰先生文集》弘治年間刻本燼毀,而正德丙子年江陰複刻版又錯誤頗多。明嘉靖二十八年,聶豹、林應芳搜集編次,併爲全集,經分類校正後張言重刻,是流傳下來校讎精良、較爲珍貴的版本。館藏《一峰先生文集》十四卷明嘉靖二十八年張言刻本,共四冊,包背裝,是目前省内,乃至國内收藏較少的版本。

桂軒稿

廣州圖書館 朱俊芳

廣東省立中山圖書館 40/1491

國家珍貴古籍名録 02112

《桂軒稿》十卷。(明)江源撰。明弘治四年(1491)刻本。四冊。綫裝。

【題著説明】卷端題"桂軒藁卷之一",次行題"奉議大夫春坊右庶子兼翰林侍講經筵講讀官廬陵宣溪居士王臣批評",三行題"奉議大夫江西按察司提學僉事前翰林編修莆田黄仲昭重評",四行題"賜進士江西南昌府進賢縣知縣門生吳璉編次",五行題"賜進士江西臨江府新淦縣知縣門生盧淵校刊"。未題著者,著者據序。

【著者簡介】江源(1438—1509),字一原,號桂軒,廣東番禺人。明成化五年(1469)進士,授上饒知縣。遷户部主事,歷户部郎中。以忤權貴,出爲江西按察僉事。擢四川兵備副使,乞休歸。以詩鳴嶺南。年七十二卒。著有《桂軒稿》十卷、《桂軒續稿》六卷。《[道光]廣東通志》卷二百七十六有傳。

【内容】是書輯録江源自發解舉人至出任江西按察僉事間所作詩篇。全書十卷,按類編次,卷一爲樂府十三題十四首、五言古詩十四首,卷二爲七言古詩二十四首,卷三爲五言絶句三題二十二首、五言律詩三十九題五十二首、五言排律五首,卷四爲七言絶句七十一題二百一十首,卷五至卷七爲七言律詩一百九十七題二百六十首,卷八爲聯句二十七題六十首,卷九、十爲集古四十一題一百六十七首。各體詩凡四百三十四題,八百二十八首。多爲詠懷詩、唱和詩、送别詩。部分詩篇有作者進士同年王臣批評、故舊黄仲昭重評、户部同僚劉忠評。評語刻於詩末,文字凝練,短者二字,長者四十餘字,着重於點評詩法、字句、用典、詩意等,如劉評"流麗可愛"、王評"説得人生離合處,痛切感嘅係之矣"、黄評"此詩平淡而有思致,蓋駸駸乎望盛唐"。

【刊印者】盧淵(生卒年不詳),字光潛,晚號釣叟,廣東香山人。明成化二十年(1484)進士,官江西新淦知縣。與郡守政見不合,辭官歸,以詩文自娱。著有《釣叟集》。《[光緒]香山縣志》卷十三有傳。

【行款版式】半葉十行,行二十字,小字雙行字數不等。黑口,四周雙邊,雙魚尾。版心中鎸書名卷第(張昇序作"前序",李士實序作"序",目録作"桂軒藁目録",黄仲昭後序作"後序"),下鎸葉次。版框 19.8 厘米×13.5 厘米,開本 25.9 厘米×16.2 厘米。

【題名頁牌記】無。

【刊寫題記】無。

【刻(寫)工】無。

【避諱】無。

【序跋附録】書首有明弘治四年十月張昇《桂軒稿序》、李士實《桂軒稿序》。次《桂軒藁目録》。目録後有廬陵宣溪居士王臣題《夜宿山居讀桂軒詩集有作》《再讀桂軒藁偶得二絶》詩四首。書末有明弘治四年重九日黄仲昭《桂軒稿後序》、明弘治四年九月汪舜民《跋桂軒稿》。

1. 張昇序録文如下:

《桂軒稿序》

詩與世道升降,唐虞之□,或賡於朝,或歌於野,或謡於康衢。詩之始也,世之隆也。降而三百篇者,出正變之殊,亦世之殊也。自此而後,詩屢變矣,而作者莫盛於唐,亦隨世而有高下,要之本於人之性情、原於上之風化何如爾。故曰:"聲音之道與政通。""治世之音安以樂,其政和;亂世之音怨以怒,其政乖;亡國之音哀以思,其民困。"君子審詩,可以監得失、判世道,而教行乎中矣。詩豈小藝乎哉!我朝氣化與風化俱隆,人文彪炳於時,作者溥海内外,陶冶精英,宣彭靈龢,而蔚茂汪洋,熙熙乎治世之音也。吾年友江右提刑僉事江公一原,雅好吟詠,遇事而發,興如泉湧,有聲於士大夫間。弘治戊申,余道廬山,渡江淮,每於勝地輒見一原留題,殊膾炙人口,第未覩其全集。越三歲,忽馳使見遺詩十卷,且徵序之。余展卷誦數過,不覺神爽飛越,襟宇豁然,竟日不能釋手。一原工於詩耶? 蓋漸漬聖化,既深且久,宦遊客途,下上山川,殆遍而詳,聞見之富,懷抱之高,識趣之偉,於詩焉發之,鏗鏘鼓舞,句壯而氣充,真治世之音哉! 然而不刻削以奇,不險僻以恠,而溫厚宏達溢乎言表。《書》曰:“詩言志。”君子即詩而察其志,可以知一原矣。昔趙文子至鄭,賦七子而能知其興衰存亡,以當時之人歌異代之詩而驗之,明於龜鑑如此,況流出於其人之肺腑,即此而驗,不明而愈的耶! 一原所至可量哉! 不黼藻休烈,大暢厥音,盡發胸中之華妙,協之律呂,被之管絃,以奏郊廟,動天地,格鬼神,和平天下不已也。一原,廣之番禺人,名源,一原其字,桂軒別號也,因以名其藁。

弘治四年歲在辛亥冬十月吉,賜進士及第南京工部屯田司員外郎前左春坊左庶子兼翰林院侍讀旴江張昇書。

2. 李士實序錄文如下:

《桂軒稿序》

人生百年之內,悲喜相半;一日之間,物隨境幻,欣戚異情,是以君子每於詩焉發之。然而心所欲道,口不能宣,又且聲音與時變易,楚騷遂變風雅,漢魏又已變騷,唐人復變漢魏,晚唐又變盛唐,宋人又復變唐,中間好古君子竭其精神心術,力擬古作,終不能滅没痕迹,詩豈易言哉! 若乃景觸心目、語出肺腸,如淵明之任真無害,其言醉;如子美之憫世無害,其言愁;如堯夫之樂天無害,其言樂;令人可諷可詠,可勸可懲,千古之下可以想見千古之上,如此者亦可以言詩矣。是豈終不可言哉! 吾友僉憲江君一原,深於詩者也。既成鉅編以傳,予得而讀之,非惟得君之所以用心,而所以開浣予者亦非一二。以予之固陋,謂詩誠不易言,見君之詩,又知詩可言也。君詩多步驟唐人,蓋自宋以來説詩類多宗唐,至於今日亦然。然繩墨匠氏同也,弓矢射者同也。心手相忘,巧則在人,父不能得之於其子,兄不能得之於其弟,至其自得,則與羿、與大匠同歸,然則君詩可以易視哉!

弘治四年辛亥十月朔,賜進士中憲大夫廣東按察副使豫章李士實書於東湖一曲。

3. 黄仲昭後序録文如下：

《桂軒稿後序》

江西僉憲番禺江君一原，雅好吟詠，自其發解鄉闈，舉進士，宦遊所至，凡撫時對景、感事觸物，或憂或樂，靡不發之於詩，積累既久，合五七言古近體及聯句、集古諸作，得若干篇，其辭多雋永，可諷誦也。君之門人吳縣尹璉、盧縣尹淵，因編次其藁，以類相從，分爲十卷，刻梓以傳，既請内翰王君世賞序其端，而復以末簡見屬。予曩嘗讀君之詩，已借摘其數篇而品題之，今亦附見集中矣。予復何言哉！雖然，此特其毫末耳，未究其全也。退食之餘，因復取二縣尹所編之集而諦觀之，其所載古樂府諸篇，譬諸易牙之俎，雖不必異饌，而烹飪適宜自有餘味也；五言古近體諸篇，譬諸空谷幽蘭，雖非國色，而清姿雅韻自足動人也；七言古近體諸篇，譬諸巨艦乘風，一日千里，而平妥穩順如履平地也；聯句諸篇，譬諸淮陰之師，相機應變而不少挫衄也；集古諸篇，譬諸虞廷之樂，八音交奏而無相奪倫也。嗚呼，君之詩何以得此哉！竊觀夫君之宅心也，明白坦夷而俯仰無怍；君之蒞官也，公廉嚴慎而吏民畏愛。蓋其平日學問之功深，涵養之力至，故其著於政行者卓卓如此，而詩又其餘事也。予懼夫後之覽是集者，徒以詩人目君，故表而出之。

弘治四年歲在辛亥重九日，賜進士出身奉議大夫江西等處提刑按察司僉事奉勑提督學政前翰林國史編脩莆田黄仲昭序。

4. 汪舜民跋録文如下：

《跋桂軒稿》

桂軒誦《詩》三百，以之取高第，躋膴仕，凡其見之言行、發之文章而達之政事，一皆不違乎溫柔敦厚之教，窮經致用，蓋有實效，非徒口誦而已，是以敭歷中外，聲績粹然，如美玉之無瑕。至於此稿，乃其緒餘也。舜民同官之暇，獲周覽之，其間眾體略具，立意皆出人表，無一句一言之苟，所謂興觀羣怨、事父事君之道咸有焉。考諸王宣溪、黄未軒二先生，暨劉地官之評，槩可見矣。未軒且欲推而向之盛唐，直泝乎三百篇之上，豈非深知桂軒之學爲有本歟？雖然，詩自變爲離騷以來，六義既荒，聲韻日熾，作者非一家，評者非一人，以老杜忠愛，後世猶有稱爲村夫子而不甚愛之者,使非山谷,孰識其有三百篇之旨？今桂軒年齒尚邁,德業向盛,此稿一出,而諸賢之品題已如此,他日所續珠玉之富,充斥錦囊,其所以來後□[賢]①之品題又當何如也。三復之餘,因書以歸之。

弘治辛亥秋九月庚寅,賜進士奉議大夫江西等處提刑按察司僉事前監察御史新安汪舜民跋。

【批校題跋】無。

【鈐印】張昇序首葉鈐"鞠園/藏書"朱文方印。卷一、卷三、卷六、卷八首葉甲面鈐"温陵張/氏藏書"朱文長方印、"廣東省/中山圖書/館圖書"朱文方印。卷二、卷五、卷七和汪舜民跋末葉乙面鈐"廣東省/中山圖書/館圖書"朱文方印。

【書目著録】

1.《中國古籍善本書目》集部明別集類 7233 著録。

2.《廣東省立中山圖書館古籍善本書目》著録。

又,此書《續修四庫全書》1330 册集部別集類影印收録,《中國古籍珍本叢刊·廣東省立中山圖書館卷》第 47 册影印收録,《廣州大典》第 421 册第五十六輯集部別集類影印收録。

【遞藏】

1. 張祥雲(生卒年不詳),號鞠園,福建晉江人。清乾隆五十二年(1787)進士,歷官刑部陝西司郎中、安徽廬州知府、皖南兵備道等職。以事下獄,病卒。家富藏書。修纂《[嘉慶]廬州府志》五十四卷。有《鞠園藏書目》二卷。

2. 徐紹棨(1879—1947),字信符,以字行,廣東番禺人。清光緒二十四年(1898)歲考,録爲博士弟子員。曾任廣東省圖書館委員、中山圖書館董事、中山大學圖書館委員等職。精研圖書館學、目録學和版本學。建南州書樓以藏書。著有《中國書目學》《版本學》《廣東藏書紀事詩》等近三十種。見《廣東文徵續編》第二册卷六、《民國人物大辭典》。徐湯殷(？—1978),名承瑛,廣東番禺人。徐信符之子,繼承父業。

此本原爲張祥雲所藏,轉歸廣州徐信符南州書樓,抗日戰争爆發後徐氏移存香港。1949 年後,國家從其子徐湯殷手中購回,後入藏廣東省立中山圖書館。

———————

① 據明正德刻本汪舜民《静軒先生文集》卷十二補。

【其他】書中有剥蝕，有修補。文中偶刻句讀。卷三内文與目録有出入，《悼亡十首》有目，而正文留白闕如，“五言律詩”前三行留白，目録亦闕。

【按語】此書於明代行世已稀，焦竑《國史經籍志》、《明史·藝文志》俱未著録。此書首載於《［嘉靖］廣東通志·藝文》，著録爲“桂軒集十卷”，後之廣東省、府、縣志多因之。《［道光］廣東通志·藝文略》注稱“未見”，可知彼時此書已罕見。民國《番禺縣志》注稱“存”，“東莞莫氏五十萬卷樓有之”，“卷首有‘温陵張氏藏書’朱文長方印”。檢《五十萬卷樓藏書目録初編》《五十萬卷樓群書跋文》，未見著録。而由“卷首有‘温陵張氏藏書’朱文長方印”可判斷或即是書。上述省、府、縣志均著録書名爲“桂軒集”，民國《番禺縣志》注稱是書版心魚尾下題“桂軒集卷若干卷”，均與實際情形不相符。

除《桂軒稿》外，作者還有《桂軒續稿》六卷，明弘治間刻本，目録列詩二百二十六題，二百九十首。《續稿》前有南海張詡序，對作者著述作簡要概括：“先生平生著述甚富，自發解爲進士、爲茂宰、爲地曹、爲監司時所作，門人知縣吴璉輩輯爲前集，刻於江右矣。其在蜀爲兵備憲副時所作，總戎李公鎬輯爲續集，刻於松州矣。暨歸老於羊城也，又十年矣，諸子弘又將輯爲别集刻而附於續集焉。”

按此書爲江源門人吴璉編次、盧淵校刊。盧淵已見上，吴璉字美中，南海人，明成化二十年（1484）進士，任直隸含山知縣、江西進賢知縣，以子貴封南京户部署員外郎，年八十餘卒。著有《周易訂疑》《四書訂疑》《洗炭録》《竹廬集》，《［同治］南海縣志》卷三十四有傳。

南海雜詠

廣州圖書館　朱俊芳

廣東省立中山圖書館 40/1505.2

國家珍貴古籍名録 05930；廣東省珍貴古籍名録 0870

《南海雜詠》十卷。（明）張詡撰。明弘治十八年（1505）袁賓刻本。二册。綫裝。

【題著説明】卷端題“南海雜詠卷之一”，次行題“郡人張詡廷實著”。

【著者簡介】張詡(1456—1514),字廷實,號東所,廣東番禺人。莆田彭韶見其賦詩,稱其爲"嶺南孤鳳"。嘗受業於陳獻章門下。明成化二十年(1484)進士,因病歸養。弘治間任户部主事。丁艱歸,隱居二十餘年。著有《東所文集》《東所詩集》《新會厓山志》等。編有《白沙遺言纂要》。事蹟具《明史》卷二百八十三本傳、《[道光]廣東省志》卷二百七十四。

【内容】是集雜詠廣州史蹟,卷一古蹟,卷二祠廟,卷三冢墓,卷四、卷五山水,卷六泉石,卷七臺亭,卷八寺觀,卷九橋梁,卷十雜賦,收録詩作二百零八首。《四庫全書總目提要》評價云:"每題之下各列小序,皆摭志乘爲之,無所糾正,詩亦罕逢新語。"

【刊印者】袁賓(生卒年不詳),字尚賓,廣東懷集人。明成化十六年(1480)舉人,官樂昌知縣。見《[乾隆]懷集縣志》卷六選舉志。

【行款版式】半葉九行,行十八字。黑口,四周雙邊,單魚尾。版心中鎸書名卷第(序作"南海雜詠序"、目録作"南海雜詠目録"),下鎸葉次。版框 19.0 厘米×13.3 厘米,開本 26.1 厘米×15.8 厘米。

【題名頁牌記】無。

【刊寫題記】無。

【刻(寫)工】無。

【避諱】無。

【序跋附録】書首有成化十三年(1477)二月張詡《南海雜詠序》。次《南海雜詠目録》。書末有成化十五年孟冬佚名《題南海雜詠後》、弘治十八年十月王綸《跋南海雜詠》、弘治十八年十月馮夔《跋》,弘治十八年九月林有年《跋南海雜詠後》,弘治十八年季秋袁賓《跋南海雜詠後》。

1. 張詡序録文如下:

《南海雜詠序》

昔人於其鄉之山川人物、古今勝蹟類有永言,蓋所以道其興廢顯晦之故,以寓夫弔古傷今之意,登高望遠之情,欣悼嗟嘆溢乎言表,於以傳之鄉人、播諸天下後世,使讀之者宛如身歷其地而目擊其事,可勸可戒而不自知其感慕之至也。其所以有關於人心世道,夫豈細故也哉! 予嘗有志於斯而力未暇以爲也。成化甲午叨領鄉書，寧親於漳州之公署，定省課書之暇，塊然無所營，因取南海志書讀之，采其古今景迹之著者，各賦詩以詠之，積成計凡若干首，細書成帙，分爲十卷，以其皆一郡之蹟，而詩略備古今諸體也，因名之曰《南海雜詠》云。所慊者養淺而積薄，發而爲辭，類近而弗邃，鬱而弗章，風韻不長，不能極揄揚蹈厲之興，以追配乎昔人之萬一，爲可愧耳。然異時或携之以遊江湖之間，居山林之下，時取一篇，與漁父樵童、野僧田畯長歌短詠，以侑尊俎、資笑談，亦足以慰其羈旅之情、故鄉之思、索居之寂而已矣。若夫傳不傳，予又安敢置固必於其間邪？

成化丁酉春二月既望，郡人張詡廷實序。

《雜詠》少作，率多鹵莽，殊不足觀。近輯《厓山新志》引用書目中偶及之。斯名一出，索觀者接踵，予弗能悉拒之也。時在告藥餌之外無所爲，因取而……①

2. 成化十五年佚名跋録文如下：

《題南海雜詠後》

古今文人皆擅其一長，而或不能無破病，能兼而美者僅八九人耳。此作高視闊步，掩古軼今，直欲合而有之。譬如梁淮堰之決，氣勢雄怒，奔迸四出，聲震數百里外。嗚呼，壯哉！予讀是，有以窺其志之大、識之卓、學之富，不知其少作也。前輩有踰冠應書京師，聲望藹然，老儒宿學不及者，吾非吾子之望而誰望邪！

成化己亥孟冬之望，廣東左布政……②

3. 王綸跋録文如下：

《跋南海雜詠》

予來宦東廣，幸遇吾年友東所先生養疴林下，得常常請見，講學論心，咨詢時政，麗澤之裨益多矣。屢承見示近作詩文，莫不粹然典雅，淵然深長，悠然興趣，皆有關於人心世道，不徒言也。蓋先生之學，得之其師白沙先生，義理既精，涵養又至，故發爲文辭，流出肺腑，所謂有本者如是也。近又得觀其《南海雜詠》一編，乃蚤年所作，時尚未從白沙遊也，而其性情之正、識趣之高已如此。乃知先生天賦凤成，特取正於白沙，而造詣益深耳。噫！白沙先生鳴道東南，其吟詠性情

---

① 以下原缺。
② 以下原缺。

妙絕一世,蓋兼淵明、康節而有之。東所先生繼之,又能酷類其師,猗歟盛哉!

弘治十八年歲在乙丑冬十月既望,廣東布政司左參政慈谿王綸汝言書。(跋末摹刻"節齋"朱文長方印、"汝/言"朱文方印、"甲辰/進士"朱文方印)

4. 馮變跋録文如下:

大丈夫生於斯世,於凡天地之運化,日月之盈虛,山川之流峙,以至草木禽魚之生生化化,觸之於目,感之於中,其幾蓋有不可言喻而躍然者。況古之塵跡,或興或廢,或亡或存,有不因感而寓諸言者邪?觀《南海雜詠》詩,可以知其人之所寓矣。予不敏,於化幾顧未洞其旨趣,餘烏敢知?

弘治乙丑歲十月,洞易山人馮變跋於東廣臬司。(跋末摹刻"廷/伯"朱文方印。)

5. 林有年跋録文如下:

《跋南海雜詠後》

右《南海雜詠》一編,乃我東所先生畜年所著之書也。吾莆大司寇彭惠安公從吾,爲東廣左方伯時,讀而異之,遂以明道德業相期待,不但歆羨其奇才而已也。見公所爲跋者,迨今二十有七年矣。其後先生從白沙先生遊,得洙泗濂洛不傳之學,爲世名儒。而世之人於是乎信先生爲有志、而服彭公鑒識之卓也。有年在先生門下,每聞之先生云:"愚聞之師曰:論詩當論性情,論性情當論風韻,無風韻則無詩矣。"是故詩家法度可學也,風韻人人殊,不可學也。其至者,超然寄情於興象之間,悠然得趣於言意之表。此蓋由涵養而至,弗容以力求也。孟子曰:"生則惡可已也,惡可已,則不知足之蹈之,手之舞之。"此之謂也。然則讀先生之詩者,苟能以是求焉,則於先生之性情,庶乎有以得之與?

弘治十八年歲在乙丑秋九月菊節,東莞縣儒學教諭門生林有年謹書。

6. 袁賓跋録文如下:

《跋南海雜詠後》

新會尹羅君維升,遺余以近刻東所張先生所著《厓山新志》。覽其引用書目,迺知先生有《南海雜詠》之作,幾欲見而未之得也。弘治甲子秋,適予執廣東場屋彌封事,過羊城,拜求覽焉。先生不外,出以示之。因請歸録,爰捐俸刻之梓,併贅數語於篇末,庶讀者知是書刻之之所自云。

弘治乙丑季秋之吉，知四會縣事懷集袁賓謹書。

【批校題跋】無。

【鈐印】封面及序首鈐“徐信/符藏”朱文方印。首序及卷四首葉甲面書眉鈐“香港圖書館管理”朱文長方印。卷一、卷四首葉甲面及卷三末葉乙面鈐“廣東省/中山圖書/館圖書”朱文方印。

【書目著録】

1.《中國古籍善本書目》集部明別集類 7310 著録。

2.《廣東省立中山圖書館古籍善本書目》著録。

3.《四庫全書存目叢書》集部第 43 册別集類影印收録。

4.《廣州大典》第 421 册第五十六輯集部別集類影印收録。

【遞藏】此書原爲廣州徐信符南州書樓舊藏，抗日戰争爆發後徐氏移存香港，1949 年後，國家從其子徐湯殷手中購回，後入藏廣東省立中山圖書館。

【其他】

1. 封面墨筆題“南海雜詠 張詡著”，“明弘治刻 南州書樓藏”。

2. 序缺第四葉，卷十缺第七十一葉至卷末留白待補，跋缺第二葉。

【按語】

1.《中國古籍善本書目》著録此書僅廣東省立中山圖書館有藏，《四庫全書存目叢書》《廣州大典》均據此藏本影印。存世罕有。

2.《題南海雜詠後》殘缺，作者署名僅餘“廣東左布政”，核《［道光］廣東通志》卷十九，彭韶成化十四年至成化十八年間任廣東左布政使，或即此跋作者，亦即林有年跋所謂“吾莆大司寇彭惠安公從吾”。

甘泉先生兩都風詠

廣州圖書館　朱俊芳

廣東省立中山圖書館 40/1535

國家珍貴古籍名録 06010；廣東省珍貴古籍名録 0895

《甘泉先生兩都風詠》四卷。（明）湛若水撰。明嘉靖十四年（1535）朱敬之刻本。二册。金鑲玉綫裝。

【題著説明】卷端題"甘泉先生兩都風詠卷一"①,未題著者。注者據書名。

【著者簡介】見《國家珍貴古籍名録》12729。

【内容】全書四卷,卷一録九十六題一百一十七首,卷二録七十四題七十六首,卷三録五十三題六十一首,卷四録二十題三十五首。收録作者嘉靖元年至十三年間詩作二百四十四題二百八十九首。其詩"宣志理情,諧聲中律,不事雕鎪,渾然天成"。是書湛若水編於嘉靖十三年,次年同邑進士朱敬之刻於吴縣。"題曰《兩都風詠》,蓋遊宦南北,隨事唱酬,筆之簡册,後《樵風》而作者,且身居朝市,興在山林,風詠之題亦風雩詠歸之意。"

【刊印者】朱廷臣(1493—?),字敬之,號東城,廣東海陽(今屬廣東潮州)人。明嘉靖十一年(1532)進士,授吴縣知縣,拜兵部給事中,嘉靖二十年出任建昌知府。民國《吴縣志》卷六十三有傳。

【行款版式】半葉十行,行二十字。白口,左右雙邊,單魚尾。版心中鐫書名卷第(如"兩都風咏一",序作"前叙",目録作"兩都風咏目録")。版框 19.9 厘米×14.7 厘米,開本内 26.6 厘米×18.2 厘米、外 30.0 厘米×19.7 厘米。

【題名頁牌記】無。

【刊寫題記】無。

【刻(寫)工】無。

【避諱】無。

【序跋附録】書首有明嘉靖十四年李禎《甘泉先生兩都風詠》。次《甘泉先生兩都風詠目録》。序録文如下:

《甘泉先生兩都風詠》②

夫大塊噫氣,竅遇則聲;人心寂感,情遇則唫。風與詩,皆天地自然之音也。詩義首風,立教縣邈,二南尚矣。邶鄘以下列爲變風,原情協義,有先王之遺焉。聖人修經,存而弗去。後之作者,斯義鮮知,刻意繪情,飾虚崇巧,而自然之真以

---

①卷一、卷二、卷四首末均題"甘泉先生兩都風詠卷一(二、四)";獨卷三首題"甘泉先生兩都風詠卷三",末題"甘泉"。

②序中多異體字,如"邶"作"邶"、"助"作"助"、"午"多兩點。

失。故識者有刪後無詩之嘆。然而正變者時也,不變者道也。有能率性以爲道、其動於志著於言也,不亦猶風矣乎? 我甘泉先生崛起明時,妙契理學,勿忘勿助,致力中和,故其爲詩宣志理情,諧聲中律,不事雕鐫,渾然天成。雖其步驟馳騁不越黃初貞觀之度,志之所之,則有上追風雅、繼響虞廷者矣。禩自嘉靖乙酉拜教成均,先生方以理學訓俗,而文藝後焉,然絃歌不輟,詩教以行。初得所著《樵風》讀之,此外恨未盡見也。乃歲甲午,先生秩宗留都,禩亦備員於茲,再承色笑,間以詩法爲請,先生手示一編,題曰《兩都風詠》,蓋遊宦南北,隨事唱酬,筆之簡册,後《樵風》而作者,且身居朝市,興在山林,風詠之題亦風雩詠歸之意也。禩再拜謝曰:先生命之矣。夫君子之處世也,窮則假詩以鳴其愁苦之思;達則假詩以鳴夫國家之盛。先生得君行道,倡大雅以回淳風,是編所載固皆歡愉之辭,而多淡薄之意,其淵然之趣、悠然之興、休休然之胸次,直與天地上下同流。斯固夫子之所以與點者也。以斯爲風,以斯成俗,禮樂其可興矣,盍鋟棗以廣其教? 先生曰:不可。適同寅沈君復齋按吳,携本以去。吳令朱子敬之,先生鄉人也,遂請付之梓人。書既成,屬禩序諸首簡,自思譾劣,不敢鳴瓦缶以先黃鍾。再辭弗獲,述其刻之之由如此,先生名位勳業,人所共知,故叙弗及。是編乃道德餘緒,志之所在,亦可考而知也。百世之下,誦其詩、論其世,其無有聞先生之風而興起者乎?

嘉靖乙未春王正月之望,門人李禩頓首拜叙。

【批校題跋】卷三第九葉乙面第二行上眉批一"指"字,糾正"詩筒排日下吟壇"中"排"字之誤。

【鈐印】序首葉及卷二首葉甲面鈐"廣州市立/中山圖/書館藏"朱文方印、"廣東省立圖書館/永久珍藏館長杜/定友經手收存"朱文長方印、"廣東人/民圖書/館圖書"朱文方印。序末葉甲面、目錄首葉甲面、卷一末葉乙面鈐"廣州市立/中山圖/書館藏"朱文方印。卷一首葉甲面鈐"廣州市立/中山圖/書館藏"朱文方印、"廣東省立圖書館/永久珍藏館長杜/定友經手收存"朱文長方印。卷四末葉甲面鈐"廣東省立圖藏"朱文長方印,乙面鈐"沈印/衡甫"朱文方印、"廣東省立/中山圖/書館藏"朱文方印。

【書目著録】

1.《中國古籍善本書目》集部明別集類 7622 著録。

2.《廣東省立中山圖書館古籍善本書目》著録。

又,《廣州大典》第421册第五十六輯集部别集類影印收録,2016年《西樵歷史文化文獻叢書》影印收録。

【遞藏】沈衡甫,待考。

【其他】

1. 全書有朱筆句讀。

2. 卷二第十二葉乙面第八行、卷三第三葉甲面第二行、卷三第十一葉乙面第二行各有墨釘。

3. 卷四第十葉乙面殘缺若干字、第十一葉下方中間有大塊殘損。

【按語】版刻時間據序,著者據卷端及序。全書有三處墨釘,卷二第十二葉乙面"■作苔星士求題永思慈節卷",據目録,此墨釘當作"漫"字。卷三第三葉甲面"即■次韻和桂洲公夏日試就職貢士有感示僚屬兼慰諸生之作",檢黄明同主編《湛若水全集》之《湛若水詩集》卷一,墨釘當作"座"字。卷三第十一葉乙面第二行"隴上■耕賓主仍",檢《湛若水全集》之《湛若水詩集》卷五,墨釘當作"饁"字。

是書世傳稀少,不僅焦竑《國史經籍志》、《明史·藝文志》未載,而且嘉靖、萬曆、道光三《廣東通志》,《[康熙]廣州府志》,及乾隆、嘉慶、民國三《增城縣志》之藝文志均失載。

國家圖書館亦有藏本,鈐"虞山沈氏希任齋劫餘""長樂鄭氏藏書之印"等印,斷板情形、墨釘位置均與此本相同。二者比勘,粵圖藏本内容少於國圖藏本:目録葉卷四止於"金陵後八詠",之後缺"除夕"至"送李侍御仲謙陳侍御道源復命之京"三十二首篇目,正文卷四亦缺相應詩篇;書末缺慈谿沈應陽《甘泉先生兩都風詠後叙》。目録末葉似有拼接痕跡,以目録第十六葉乙面(鎸有"甘泉先生兩都風詠目録終")拼接目録第十四葉甲面,形成"整葉";正文卷四末葉即第十二葉有抄補,甲面過録"金陵後八詠"第八詠,末書"甘泉先生兩都風詠卷四"(按國圖本此行位於第二十二葉乙面),版心題"兩都風詠四""十二",均爲手書寫就。有一印或爲補書者所鈐,但被裁切,僅餘上端"阮讀"二字,無法識其全貌及印主。

雅頌正音

中國國家圖書館　劉　暢

中國國家圖書館 18105

國家珍貴古籍名録 06465

《雅頌正音》五卷。（明）劉仔肩輯。明洪武三年（1370）王舉直刻本［四庫底本］。二册。綫裝。（清）孫溶批校。徐受虁批校題識。

【題著説明】卷端題"雅頌正音卷第一"，"鄱陽劉仔肩撰"①。

【著者簡介】劉仔肩（生卒年不詳），字汝弼，元末明初江西鄱陽人。少時曾師從饒州著名文人操琬。明洪武間，經饒州知府陶安推薦，應召至首都南京，與宋濂、張丁、詹同等諸多名公鉅卿、文人雅士及著名詩僧等交遊往來，互贈詩文，並將這些詩作輯録爲《雅頌正音》。劉仔肩後經舉薦任荆州柘林河泊官，未幾遷御史，再遷池州府同知，卒於官。《雅頌正音》之外，劉仔肩還著有《臺閣遺蹟》②。其事跡見於《［康熙］江西通志》《［同治］饒州府志》《［康熙］鄱陽縣志》等。

【内容】全書共五卷。無目録，每卷均以人繫詩，先題作者姓名、字號，並以小字注其籍貫於名下，再次第列其詩作。全書廣泛收録了明初名臣及著名文人如陶安、宋濂、劉基、詹同、胡翰、危素、孟昉、熊鼎、張紳、高啟及詩僧來復、宗泐、子梴等五十餘人的詩作約二百餘首。劉仔肩本人作品亦收録其中，列於衆人之後。其所收録的内容較大規模地記録、保存了明初文人交遊群體及其詩歌作品的實際情況和原始面貌。

【刊印者】王舉直（生卒年不詳），明洪武間在南京以印書、鬻書爲業，其書

---

① 按，本書實爲劉仔肩所輯，非其所撰。卷首（明）宋濂《雅頌正音序》云："《雅頌正音》者，鄱陽劉仔肩之所集也。"《四庫全書》總校官孫溶亦於第四卷卷端附浮簽批校云："卷三、四、五，'編'俱訛'撰'。"實際上本書每卷卷端均錯題爲"劉仔肩撰"，唯卷二卷端作"劉仔肩□"，□字因書葉破損及版面漫漶，已佚其半，據國圖書館所藏另一明洪武三年（1370）王舉直刻本（館藏號 04898），可知仍爲"撰"字。

② 《［同治］饒州府志》作《臺閣遺蹤》，《［康熙］鄱陽縣志》作《臺閣遺蹟》。

坊號爲"勤有堂"。除本書外,金陵王氏勤有堂所刻印的圖書,影響較大的還有
《魁本對相四言雜字》等。

【行款版式】半葉十一行,行二十字。細黑口,四周雙邊,雙順魚尾。版心中
鎸"雅頌卷幾",下鎸葉數①。版框 18.1 厘米×12.7 厘米,開本 26.9 厘米×16.3
厘米。

【題名頁牌記】書末鎸有牌記:"右《雅頌正音》前集五卷,本/家已刊梓行
世,所有後集/今將編類,四方君子或有/佳作,毋惜示及,以成盛事,/幸甚。金
陵王舉直謹白。"

【刊寫題記】無。

【刻(寫)工】僅見宋濂序刻工盧遂良,見"序跋附録"項。

【避諱】無。

【序跋附録】

1. 書首有(明)宋濂《雅頌正音序》,録文如下:

《雅頌正音序》

《雅頌正音》者,番陽劉仔肩之所集也。其曰雅頌者何? 雅則燕饗會朝之樂
歌,頌則美盛德、告成功於神明者也。今詩之體與雅頌不同矣,猶襲其名者何?
體不同也,而曰賦、曰比、曰興者,其有不同乎同矣。而謂體不同者何? 時有古
今也。時有古今也,奈何? 今不得爲古,猶古不能爲今也。今古雖不同,人情之
發也,人聲之宣也,人文之成也,則同而已矣。然則曷爲謂之同? 江河沼沚有不
同也,水則同。陵巒岡阜有不同也,土則同。人動乎物有不同也,感則同。趨其
同而舍其異,是之謂大同。曷爲知其爲大同? 期歸於道焉爾。歸於道焉爾者
何? 世之治,聲之和也。聲之和也奈何? 天聲和於上,地聲和於下,人聲和於
中,則體信達順至矣。體信達順其亦有應乎? 曰有。三秀榮,鳳鳥見,龜龍出,
騶虞至,嘉禾生,何往而非應也。應則烏可已也。烏可已,則有作爲雅頌,被之
絃歌、薦之郊廟者矣。是集之作,其殆權輿者歟? 洪武三年十二月十五日國子
司業金華宋濂序。(序後有"盧遂良刻"字樣,摹刻"太史氏"陽文長方印、"金
華/宋氏/景濂"陽文方印)

①按,卷數、葉數在卷一、卷二中多有缺失。

2. 書末有張孟兼《雅頌正音後序》，録文如下：

《雅頌正音後序》

鄱陽劉汝弻所輯《雅頌正音》若干卷，多名公卿之作，而林泉之士亦頗見一二焉。譬工師之於大木，必徂徠新甫是求。蓋徂徠新甫，實松柏之所産也。今京師者，四方人材所萃，汝弻采詩，苟不於此焉，是舍徂徠而求松、離新甫而取柏也，其可乎哉！雖然，聖朝以神武混一寰宇，九夷八蠻莫不梯航入貢，聲詩之作，此惟其時。故觀汝弻所采，春容乎長篇，鏗鏘乎短韻，其氣昌而腴，其體正而雅，非純於治世之音者歟？昔鳳凰鳴於岐山，説者以爲文王治化之感召，理不可誣。今天下之士，得陶寫性靈，以鳴國家之盛，其與生文王之時者，夫又何遠歟？鳳鳥之祥，不過一物之靈，於其鳴也，或尚知美之，況人爲萬物之靈者歟？此集之輯，亦以不敢後之歟？抑余聞承平之世，山川草木咸成文章，不特名公卿而已，林泉之下，豈無奇作足以攀盛唐而追漢魏者？汝弻尚多采之，庶幾成一代之盛典。余非知詩者，嘗與汝弻游，知其博學有識，去取甚嚴，可以垂後而傳遠，故相與一言之。汝弻之詩，間亦附見，意欲承教於君子①，然其雅麗典則，豈所謂善鳴者歟？王君舉直不没人善，取以鋟諸梓，其亦好義之士也歟？洪武三年冬十二月既望溮河張孟兼序。（序末摹刻“白石/山房”、“張氏/孟兼”二陽文方印）

【批校題跋】

本書批校題跋共有四類：

其一，書前護葉次葉甲面有佚名題寫的書名“雅頌正音”，其下題有“□□笏”字樣，二者均字跡模糊，難以辨識。

其二是《四庫全書》總校官孫溶的批校，又可分爲兩種情況：1. 直接用墨筆在原文上圈點、校對，並附批校意見，大多是對《四庫全書》抄録格式的意見；2. 在書葉上貼附浮簽，在簽上以墨筆校文字，下署“總校孫溶”朱字。

其三，在部分毀損嚴重的書葉上，有據它本補録缺失文字的朱筆抄補。其字跡與孫溶批校或有相似之處，但尚難確定是孫溶所爲。

其四是藏書家徐受羆的題記和批校。

---

① “君子”二字本書字跡漫漶不清，此據國家圖書館藏另一明洪武三年王舉直刻本補，索書號04898。

書前護葉首葉甲面題有書名"雅頌正音"，下以小字題"五卷共乙册、明劉仔肩編"，題名右側有徐受麇題識一條，録文如下：

《提要》謂明初諸家今無專集行世者，頗藉以略存梗概。其時武功初定，文治方興，仔肩擬之雅頌，固未免溢美，要其春容諧婉，雍雍乎開國之音，存之亦足以見明初之風氣也。此本猶洪武時舊刻，歲久刓敝，頗有模糊佚脱之處，無別本可校。今悉姑仍其舊焉。（下鈐"徐"朱文圓印、"端甫"朱文方印）

乙面亦有徐受麇題記兩條，録文如下：

1. 劉汝弼一應鶴書，旋集都人士詩爲《雅頌正音》，而以己作附之。殆游大人以成名者。是時許中麗仲孚則編《光岳英華》，偶桓武孟則編《乾坤清氣》，賴良善卿則編《大雅集》，沈巽士偶則編《明詩選》。雖擇焉不精，然草昧之初，干戈甫戢，風雅未墜於地，至今得存，不可謂非羣賢揚扢之功也。右録朱彝尊《静志居詩話》。

2. 總校孫榕①簽十七條，今只十一條，佚其六矣。麇識。

徐受麇批校數量甚多，大都位於各葉天頭處。其内容多爲抄録朱彝尊《静志居詩話》對本書所收詩人詩作的評點，並附己見於後，間或亦有對孫溶批校的批評。

【鈐印】

書前護葉徐受麇題識下鈐"徐"朱文圓印、"端甫"朱文方印。後葉甲面下方有"乾隆三十八年十二月九□…□/士兩江總督高晉送□…□/雅頌壹部/□□壹□"②朱文長方木記。其左上方有"有 全"字樣朱文長方印，右上方有"集"字樣朱文圓印。

卷首《雅頌正音序》首葉上方有滿漢文"翰林院印"朱文大方印。版框右下鈐有"端甫/過目"右朱左白方印、"徐"朱文圓印、"北京/圖書/館藏"朱文方印。

第一卷卷端鈐"莪齋"朱文方印、"徐"朱文圓印、"端/甫"朱文方印、"臣受/麇"白文方印。

---

①按，"榕"當爲"溶"，徐受麇在本書批校中將孫溶之"溶"全部誤寫作"榕"。
②按，該印章的形狀與印文的行文格式爲典型的四庫進呈本木記，但印章邊框模糊，印文缺字亦多。這裏姑且以□代替缺字，實際所缺字數尚難確定。

第四卷葉二甲面天頭批校下署名“徐受虔參”，並鈐“端/甫”朱文方印。

第五卷卷末鈐“端甫/過目”左白右朱方印、“徐”朱文圓印。

書末牌記下方鈐“臣受/虔”白文方印、“端/甫”朱文方印、“北京/圖書/館藏”朱文方印。

【書目著録】

1. 清《四庫采進書目·兩江第一次書目》：“《雅頌正音》五卷，明劉仔肩著。一本。”①《雅頌正音》著録於《兩江書目》中，正與本書四庫進呈木記所云“兩江總督高晉進呈”的情況相應，有可能即爲本書。

2.《北京圖書館古籍善本書目》集部總集類著録。

3.《中國古籍善本書目》集部總集類斷代 18595 著録。

【遞藏】

1. 莪齋，待考。

2. 徐受虔（1860—1947），字端甫，後改名識耜，又改字丹甫，安徽歙縣人。工於書法、篆刻，家富藏書。民國時期曾參與編修《歙縣志》等。

【其他】

1. 本書版面漫漶，字跡模糊，書葉多有蟲蛀和缺損之處，曾經襯紙修補甚至重裝。

2. 本書卷一有多個書葉均缺失部分文字，由佚名者以朱筆抄補，但參考國家圖書館藏另一王舉直刻本（索書號 04898），抄補內容所對應的葉面次序有誤。

3. 本書第一卷葉五乙面殘缺，畫空白行格於該葉上。參考國家圖書館藏另一王舉直刻本（索書號 04898），該面所缺失的文字應爲：《題桃花馬圖》題名及全文、《題王子充琴邊秋興圖》題名及全文、宋濂姓名、籍貫、《平江漢頌》題名及開篇“天命皇上，爲億兆生民主，旌麾所向，悉臣悉庭，初以軍旅之師，興濠泗間，遂撫淮南，平江東，攻浙東，西下之，版圖所入，方數千里，定”一段文字。

【按語】

1. 明洪武王舉直刻本是《雅頌正音》的最早版本，也是目前僅見的刻本，在

---

① 見《四庫采進書目》，吳慰祖校訂，商務印書館 1960 年版，第 35 頁。

内容、體例等各方面可以展現《雅頌正音》的原初形態。本書也是目前可見的明代最早的坊刻本之一，藉由本書或可觀明代早期坊刻本風格之一斑。

2.《雅頌正音》爲現存最早的明代詩歌總集。其所收録的諸多作者都没有别集行世，作品依賴此書方得流傳，而對其中自有别集流傳的作者，尤其是明初著名文臣劉基、宋濂、張丁、高啓等重要人物，本書則起到了保留其作品早期面貌的作用。如本書收録的宋濂名作《平江漢頌》與其《宋學士文集》所録、高啓《聖壽節早朝》詩與其《高太史大全集》所録，文字均存在一定差異；再如張以寧出使安南詩《奉使安南國出都門作》等，則與其《翠屏集》所録存在更大差異，幾同改寫，而危素之《挽達兼善》詩則不見於其《危學士全集》。凡此種種，不勝枚舉，均可見明代早期詩歌文本的改寫和變異情況。這是《雅頌正音》最重要的文獻價值，也是其受到研究者重視的主要原因。

3.《雅頌正音》問世後，曾對當時的明詩編選産生過一定的影響。例如明正統間的明詩總集《滄海遺珠》，就“以其爲劉仔肩、王偁諸家詩選所不及，故名曰遺珠”，而“每人姓名之下，各注其字號里居”①的體例，也正與《雅頌正音》相同，可見其内容與體例在一定程度上都是以《雅頌正音》爲參照的。但嘉靖以後，《雅頌正音》便流傳漸稀，在清代更已成爲“世不多有”②之書。其流傳至今，見藏於海内外各圖書館的傳世之本，僅有寥寥數種而已。本書作爲其中一，已彌足珍貴，而作爲四庫底本，在現存諸本中價值更高。

4. 本書之“再造善本提要”云：“是本鈐有‘徐端甫’‘端甫過目’印，可知爲徐世章（1886—1954）舊藏。”③按，本書前護葉題識署名“虞識”、卷四葉二甲面天頭批校下署名“徐受虞”並鈐“端／甫”朱文方印等情況，均説明雖然徐世章與徐受虞都字“端甫”，但收藏並題跋本書者實應爲徐受虞，而非徐世章。

5. 本書與國家圖書館所藏的另一種被著録爲明洪武三年（1370）王舉直刻

---

① 見《四庫全書總目提要》卷一百八十九集部四十二總集四《滄海遺珠》條提要，《四庫全書總目提要》第 4 册，河北人民出版社 2000 年版，第 5163 頁。
② 見清黄丕烈撰《士禮居藏書題跋記》卷六，《續修四庫全書》第 923 册，上海古籍出版社 2002 年版，第 854 頁。
③ 見《中華再造善本·雅頌正音》，國家圖書館出版社 2010 年版。

本的《雅頌正音》（索書號 04898）①存在一定差異。此本無目録，書首有宋濂《雅頌正音序》，書末有王舉直刊印牌記；而 04898 書首有一則殘缺不全的題注，題注後有目録，目録首葉殘缺，卷一、卷二之目録均已不存，且無宋濂《雅頌正音序》，書末亦無任何牌記。這些區別提示我們對以上兩書的關係，以及王舉直刊刻《雅頌正音》的具體情形等，應進行更深入的考證和研究。

士林詩選

中國國家圖書館　　劉　暢

中國國家圖書館 02582
國家珍貴古籍名録 10937

《士林詩選》二卷。（明）懷悦輯。明天順五年（1461）懷悦自刻本。二册。綫裝。

【題著説明】卷端題"士林詩選卷上"，次行題"嘉禾懷悦用和編次"，三行題"吳興丘吉大祐校正"。

【著者簡介】懷悦（生卒年不詳），字用和，號鐵松、柳溪小隱、相湖漁隱等，浙江嘉興人。家饒於資，曾於嘉興相湖之畔築南園亭，號爲"懷家亭館"，並於此結交嘉興及周邊地方的官員與文人雅士，詩酒之會盛極一時，後收集其知交友朋之詩，結爲詩集一部，並自行刊印發行，即《士林詩選》。正統間以納粟官通判②。除編輯《士林詩選》外，懷悦還著有《鐵松集》等。其生平事跡主要見於明李日華《味水軒日記》、明焦竑輯《國朝獻徵録》、清盛楓《嘉禾徵獻録》、清朱彝尊《静志居詩話》、《［弘治］吳江志》、《［崇禎］嘉興縣志》、《［雍正］浙江通志》、《［嘉慶］嘉興縣志》等。

【内容】本書爲明代詩歌總集。全書共收録江南地區與懷悦基本同時或

---

① 按，04898 號著録爲"明洪武三年（1370）王舉直刻本"，但並無本書所有的刊印牌記，且封面但言"明洪武間刊本"，這些區別應值得重視。

② 按，《四庫全書總目提要》卷一百九十一集部四十四《士林詩選》提要云懷悦"永樂中以納粟官通判"，是不準確的。見《四庫全書總目提要》第 4 册，河北人民出版社 2000 年版，第 5235 頁。此據《［嘉慶］嘉興縣志》引《徵獻録》更正。

年輩稍早的三十餘位作者的詩作近千首。懷悦本人的作品也被收録其中。本書編成後,經丘吉①校訂,又經吕原、柯潛題序。全書無目録,共上下兩卷。所收詩作按體裁分類編排,卷上收録七言律詩,卷下收録五言律詩、七言絶句、七言古詩、五言古詩。每一體裁下,均以人係詩,每一作者首次出現時,先題其姓名,名下注其字號、籍貫,然後第次列其詩作。重複出現時,僅列作者姓名或字號。

【刊印者】懷悦,見上。

【行款版式】半葉十行,行二十一字。黑口,四周雙邊,雙魚尾。版心中鎸“士林卷上/下”(書首序作“士林前序”、後序作“士林後序”)及葉數。版框21.0厘米×13.7厘米,開本25.4厘米×15.2厘米。

【題名頁牌記】無。

【刊寫題記】無。

【刻(寫)工】無。

【避諱】無。

【序跋附録】書首有吕原《士林詩選序》,後有柯潛《士林詩選序》。書末有佚名《書士林詩選後》。録文如下:

1.《士林詩選序》

嘉興懷用和氏,嗜學,工於詩,其於鄉先生所爲詩歌,求録其藁而珍藏之,累千百篇。久之,念其未得表見於世,爰擇其間五七言律、絶句、長歌、古選等篇,編次爲卷,屬吴興丘大祐校正之,名曰《士林詩選》,將鋟梓以傳。走書請予序。余非知詩者,而重用和之意,弗可辭也。嗟乎!古詩蓋三千篇,孔子删爲三百,選之之精,無以尚矣。漢魏而後,其詩槩見於《文選》。唐詩數百家,王荆公嘗選之,稱“百家”。論者則以爲三司吏亂摽帖。要之精而近古者,莫如楊伯謙之《唐音》焉。宋詩大略見於《皇宋百家詩選》及《麗澤》等集,而元遺山之《中州集》、劉孟簡之《元朝詩選》及《元音》《皇元風雅》等集,則皆金元之詩,雖所選未能盡

---

①丘吉(生卒年不詳),字大祐,號執柔,又號執景道人,明代浙江歸安(今浙江湖州)人。與懷悦大致爲同時代人。著有《順信齋稿》《執柔集》,編有《吴興絶唱集》等。其事跡見於朱彝尊《静志居詩話》、《[弘治]湖州府志》、《[雍正]浙江通志》等。

如伯謙,亦勝於遍閱繁雜者也。我朝承平百年,搢紳賦詠,以昭治世之音者多矣,見諸編集有若《大明詩選》《江西詩選》之類,而詩之出於天下者,豈能一一與選而無遺哉!用和選此,蓋望乎後之選者,有所取也。夫詩不易作,亦不易選。選之善者,作之善也。故李太初云,人人有詩,人人有見,選者之見與作者合,乃能得其佳處。予聞用和所作之詩,有《鐵松集》,觀是編者,必觀其所作,則知其所選矣。用和名悅,世居相家湖之陽,積而能散,尤崇禮好義,爲一時士君子所推重云。旹天順五年歲次辛巳夏五月望日,賜進士及第翰林院學士奉政大夫知制誥秀水呂原序。(序末摹刻"逢原"陽文方印、"學士/之章"陰文方印)

2.《士林詩選序》

嘉興懷均①用和,居相湖之上,上下山水,穿幽透深。絶無嗜好,唯好古今人詩。遐搜博取,得之如拱璧。古詩現有集不復録,獨録今詩,積稿滿窗几,又延致博雅之士,共料揀其精者,名曰《士林詩選》,將刻板傳於人,屬②江西藩幕檢校呂均得之,來求余序。竊惟天地氣運有盛衰,而詩之工拙系之。我朝奄有六合,氣運之盛,自秦漢以來所未有者。列聖繼作,以仁厚之澤,涵育萬物,而鴻生雋老出於其間,作爲歌詩,以彰太平之治。其言醇正,其音平和。前世萎靡乖陋之風於是乎丕變矣。先儒謂三光五嶽之氣分,大音不完,必混一而後大振。其信然哉!君性狷介,不輕許可人,是集所載之詩,皆作於當世之所謂賢者,否則詞雖好,弗取也。蓋君處江湖幽遠之地,思欲與賢者遊,邈不可得,乃取所選之詩,朝夕諷詠。因其言玩繹其意,如與賢者對語於山霞水月之間,又有以見休閒之身,皆聖朝至治之澤所及,心甚樂也。於是又將刻之以傳。推其心,欲以所樂者與天下共之。使或出而有位,其所施爲何如哉!均名悅,字用和,鐵松其別號云。天順辛巳夏五月十又一日,賜進士及第奉訓大夫尚寶司少卿兼翰林院修撰兼修玉牒莆田柯潛序。(序末摹刻"孟/時"、"榕林/書屋"二陽文方印)

3.《書士林詩選後》

古詩未刪之前,繁雜訌紊,謬正混淆,四詩之旨,蠢駁冝別。逮吾夫子一去

①按,"均"當爲"君"。下文"均名悅,字用和"之"均"字,亦當爲"君"。明柯潛《竹巖集》收録此文,兩"均"字皆作"君"。參見明柯潛撰《竹巖集》卷六,清雍正十一年柯潮刻本。
②按,"屬"又作"寓",參見明柯潛《竹巖集》卷六所録《士林詩選序》,清雍正十一年柯潮刻本。

取之，然後《周南》《國風》《雅》《頌》，燦然有序，使人知其懲創感發。後至漢魏六朝、隋、唐皆有詩，直採者尤濫而不精，删者尤踈而不密，是以雖有《文選》《風雅翼》《唐音》諸編，其温柔敦厚皆未始無愧於《三百篇》，然各以其音鳴一代之政教，亦不爲無功。吁！甚矣！采之删之之難有是也。今嘉禾鐵松懷用和，讀書嘗努力於風、賦、比、興中，故立家塾，恒接海内名碩。凡知篇什者，靡不與遊，以倡和爲事。久而蕴之累篋，殆漫漶不可撿，暇日□其良可尾於古者，擇而類編之，題曰《士林詩選》。既成帙，復慮字有豕亥魚魯之失，命予歷閲之，用繡於梓工，既屬予書其意殿於後。予惟用和紈綺之子，能用力於此，任删采之難，其志詎不大歟？且予老耄廢學，無藻鑑之明，竊附名於用和之伍，借踰之罪，孰得逃耶！雖然，贊功成事，擇懲創感發以詒後進，輯温柔敦厚以彰……①

【批校題跋】無。

【鈐印】書首吕原《士林詩選序》首葉鈐“雙鑒樓”朱文長方印、“北京/圖書/館藏/”朱文方印。柯潛《士林詩選序》首葉鈐“江安傅氏/洗心室藏”朱文長方印。卷上、下首葉各鈐“江安傅/沅叔考/藏善本”朱文方印。卷下末葉乙面鈐“江安傅氏/藏園鑒定/書籍之記”朱文長方印。《書士林詩選後》末葉鈐“北京/圖書/館藏”朱文方印。

【書目著録】

1.《藏園訂補邵亭知見傳本書目》集部總集類：“［補］《士林詩選》二卷，（明）懷悦編。明天順五年自刊本，十行二十一字，大黑口，四周雙闌。余藏。此書《四庫》入存目。”②

2.《北京圖書館古籍善本書目》集部總集類著録。

3.《中國古籍善本書目》卷二十八集部總集類斷代18597著録。

【遞藏】傅增湘（1872—1949），字叔和，號沅叔，又號雙鑒樓主人、藏園居士、藏園老人等，四川江安縣（今屬四川宜賓）人。清光緒二十四年（1898）進士，曾官翰林院編修等。入民國後，曾擔任北洋政府教育總長，並任教於清華大學研

① 此處文意似未完，後文或有殘損。
② 《藏園訂補邵亭知見傳本書目》第四册卷十六上集部八總集類，中華書局2009年版，第1551頁。

究院。晚年於北京專事古籍整理與研究。

傅增湘以其畢生的搜求積累,收藏有數量龐大的善本古籍和珍貴碑帖、書畫等,並精於鑒識與校勘,對古籍版本、目録之學作出了很大貢獻。其主要著作有《雙鑒樓善本書目》《藏園群書經眼録》《藏園群書題記》等。此外傅增湘還積極促進古籍整理刊行工作,曾據其所藏刊刻《雙鑒樓叢書》,又提供諸多藏書供《四部叢刊》印行,並主持編纂《故宫善本書影初編》等書籍。

【其他】

1. 本書有個别書葉,如卷下首葉等,略有缺損,曾經修補。

2. 卷上第八十二葉乙面最末兩行《江湖勝覽》詩部分缺失。

3. 卷下第十九葉乙面右半部分空缺。

【按語】

1.《士林詩選》是一部相當稀見的明詩總集。自刊印發行以來,其流傳一直都不廣泛。不但明清兩代曾著録此書的藏書目録爲數有限,其記録在細節上還常有分歧①,或可説明《士林詩選》長期以來都屬於不易得見之書。而一些著名學者和藏書家辛苦訪求此書却仍難一見的經歷,則更能説明《士林詩選》流傳之艱難。如朱彝尊爲整理明詩曾竭力搜求此書,竟“購之五十年始得之”②。本書作爲《士林詩選》如此稀見的傳本之一,歷經明清兩代,能够流傳至今已屬不易,而且作爲目前僅知的《士林詩選》版本,它如實保存了《士林詩選》的原始面貌,

①如《百川書志》和《千頃堂書目》都曾記録《士林詩選》共有“十卷”,説明編目者對此書很可能並未親自經眼。此後《[雍正]浙江通志》等多種文獻都引用《百川書志》,承襲“十卷”之説。而《四庫全書總目提要》之存目部分,則將《士林詩選》的篇幅著録爲“一卷”,清代官修的《續通志》和《續文獻通考》等據《四庫全書》存目提要也都持“一卷”之説。按,所謂“一卷”,可能是以《士林詩選》之“卷上、卷下”兩部分共爲一卷,而“十卷”之説則顯然與實際情况不符,不知是否另有十卷之本,抑或沿襲舊説,有其目而無其書。參見明高儒撰《百川書志》,《宋元明清書目題跋叢刊》四明代卷第 1 册,中華書局 2006 年版,第 820 頁;清黄虞稷撰、瞿鳳起、潘景鄭整理《千頃堂書目》第三十一卷,上海古籍出版社 2001 年版,第 769 頁;《[雍正]浙江通志》卷二百五十二,臺北商務印書館《影印文淵閣四庫全書》第 525 册,第 726 頁;清嵇璜等編《欽定續通志》卷一百六十三《藝文略》,臺北商務印書館《影印文淵閣四庫全書》第 394 册,第 571 頁;清嵇璜等編《欽定續文獻通考》卷一百七九《經籍考》,臺北商務印書館《影印文淵閣四庫全書》第 630 册,第 645 頁。

②清朱彝尊撰《静志居詩話》卷八,人民文學出版社 1990 年版,第 205 頁。

這正是本書的價值所在。

2. 客觀地説，懷悦與《士林詩選》在明清時代所受到的評價並不很高。懷悦以富商出身而積極結交士人、納粟爲官，又編刊刻印詩集並以"士林"名之，明顯表現出了躋身士人階層的願望，但在朱彝尊等著名文人、學者看來，懷悦的這些行動只能説明其人"蓋富而好事者"①，多少流露出一種輕詆的態度。至於對《士林詩選》，不但如前所述，相關書目著録相對匱乏、歧説多出，而且相比於著名詩人和明詩選集，明清兩代論明詩者對《士林詩選》的關注明顯較少，即使偶然論及，往往也少所許可。如《四庫全書總目提要》認爲《士林詩選》"近體最多，持擇亦未精審"②，而輯有《明詩紀事》的陳田則認爲懷悦的相湖詩酒之會雖然"頗有顧阿瑛玉山雅集之風，然用和不及阿瑛，遊客亦不及玉山之盛也"③。長期以來，明清文人對《士林詩選》的態度和此書本身傳播有限的狀況相互作用，使其在衆多明詩選集中，一直處於相對邊緣的位置。

不過，《士林詩選》實際上在多個方面都自有其特殊價值。首先，本書所收録的很多作者，如方謨、岑琬、李進、莫藏等，未曾有文集行世；另一些如所謂"景泰十才子"之沈愚、蘇正等，文集早已不傳④；其他如張淵等，雖有詩文集流傳至今，但本書所收詩作不少都不見於其別集⑤。對他們來説，本書起到了保留其作品的作用。對明詩整體的保存和流傳而言，在客觀上也是有所助益的，同時也爲研究明代相關詩文集的編輯、傳播情況提供了方便。其次，《士林詩選》收録的相當一部分詩歌展示了懷悦所代表的江南商人階層和地方官員、文人群體的關係及其往來互動的情況。對這方面的研究來説，本書可以算是一個很有價值的文本對

---

① 清朱彝尊撰《静志居詩話》卷八，人民文學出版社 1990 年版，第 206 頁。

② 見《四庫全書總目提要》第 4 册，河北人民出版社 2000 年版，第 5235 頁。

③ 清陳田輯《明詩紀事》乙籤卷二十一，上海古籍出版社 1993 年版，第 991 頁。

④ 按，《四庫全書總目提要》卷一百七十五集部二十八別集類存目二《草窗集》提要云："（劉溥）與湯允勣、蘇平、蘇正、沈愚、王淮、晏鐸、鄒亮、蔣忠、王貞慶等稱景泰十才子，而溥爲之首。今九人之集皆未見，惟溥集存。"可見最晚在編修《四庫全書》時，除劉溥的《草窗集》外，景泰十才子之別集就已經全部失傳了。見《四庫全書總目提要》第 4 册，河北人民出版社 2000 年版，第 4630 頁。

⑤ 按，本書收録明代張淵的《送岳郡侯》《遊東岳宮》《送友之金陵》等多首詩作，都不見於其詩集《一舫齋詩》。可參見國家圖書館藏明萬曆刻本張淵《一舫齋詩》（善本書號 14130）。

象。對研究嘉興及周邊地區的地方文化而言,本書也有一定價值和意義。第三,
《士林詩選》所含的部分詩篇記載了懷悦較爲重要的生活經歷和交際關係,有助於
了解其生平履歷,從而幫助判斷文學史上的一些偶然涉及懷悦的具有争議性
的問題①。

東山詞

揚州大學　石任之

中國國家圖書館 07178
國家珍貴古籍名録 01249

《東山詞》二卷。(宋)賀鑄撰。宋刻本。一册。綫裝。存一卷:卷上。

【題著説明】卷端題"東山詞卷上",次行題"山陰賀籌方回"。

【著者簡介】賀鑄(1052—1125),字方回,號慶湖遺老,衛州(今河南衛輝)
人。宋太祖賀皇后族孫,所娶亦宗室之女。自稱遠祖本居山陰,係唐賀知章後
裔,以知章居慶湖(即鏡湖),故自號慶湖遺老。面青貌醜,人號"賀鬼頭"。年

---

① 如學界對《二十四詩品》作者的質疑和重新認定等問題,就與懷悦有一定關係。學者陳尚
君、汪涌豪等於上世紀九十年代撰文指出《二十四詩品》爲唐代司空圖所作的傳統觀點有
誤,該書文本實出自明代懷悦所作的《詩家一指》。這一看法在學界引起了巨大反響和争
議。大致而言,參與討論的不少學者都傾向支持《二十四詩品》署名司空圖爲僞托之説,但
對《二十四詩品》和《詩家一指》有無淵源關係,則各持不同看法。其中部分認可二者有所
關聯的學者曾對《詩家一指》的作者進行了比較深入的考察,其結論又可以分成"明代懷
悦著""明代懷悦輯""元代虞集編著"和"責任者尚難確考"等幾個類型。要而言之,《詩家
一指》及其作者已成爲這場論争中的一個關鍵問題,而這一問題又與懷悦有直接關係。因
此利用如《士林詩選》等與懷悦有關的資料,考察其生平履歷,或可對理解和研究上述問題
提供一定幫助。參見陳尚君、汪涌豪《〈二十四詩品〉辨僞》,唐代文學學會第七屆年會,
1994 年;陳勝長《"流水今日,明月前身"——〈二十四詩品〉發隱兼論作者問題》,《中國文
化研究所學報》,1996 年新第 5 期;張健《〈詩家一指〉的産生時代與作者——兼論〈二十四
詩品〉的作者問題》,《北京大學學報》,1995 年第 5 期;張健《從懷悦編集看〈詩家一指〉
的版本流傳與篡改》,《中國詩學》,1997 年第 5 期;大山潔《對〈二十四詩品〉懷悦説、虞集
説的再考察——根據朝鮮本〈詩家一指〉、〈木天禁語〉及日本江户版〈詩法源流〉》,《唐研
究》,1998 年第 4 期;張國慶《〈二十四詩品〉百年研究述評》,《文學評論》,2005 年第 1 期。

少讀書,博學强記。任俠喜武,喜談當世事,"可否不少假借,雖貴要權傾一時,少不中意,極口詆之無遺辭"(《宋史·文苑傳》)。青年時爲武官,中年後,因李清臣、蘇軾薦,改文職,任承事郎。大觀三年(1109)以承議郎致仕,卜居蘇州。家藏書萬餘卷,手自校讎,以此終老。著有《慶湖遺老集》,詞集有《東山詞》。《宋史·文苑傳》有傳。

【內容】賀鑄詞集又名《東山寓聲樂府》。陳振孫《直齋書錄解題》著錄"《東山寓聲樂府》三卷",黃昇《唐宋諸賢絶妙詞選》亦稱"小詞二卷,名《東山寓聲樂府》,張右史序之"。此書二卷,下卷已佚,僅存上卷一百零九首詞。有上下卷目錄,下卷收詞可以推知。存世賀鑄詞集則源流有二,一稱《東山詞》,二卷,此本即是;另一稱《賀方回詞》,二卷,有清抄本。明清以來賀鑄詞集,大抵皆出此二書。

【刊印者】待考。

【行款版式】半葉十行,行十八字。白口,左右雙邊。舊刻版心已全部殘毀,後補作單魚尾。版框 17.3 厘米×13.3 厘米,開本 23.3 厘米×15.5 厘米。

【題名頁牌記】無。

【刊寫題記】無。

【刻(寫)工】無。

【避諱】無。

【序跋附錄】書首有張末《東山詞序》,錄文如下:

《東山詞序》

文章之於人,有滿心而發肆口而成,不待思慮而工,不待雕琢而麗者。皆天理之自然,而情性之道也。世之言雄暴虓武者,莫如劉季項羽。此兩人者,豈有兒女子之情哉！至其過故鄉而感慨,別美人而涕泣,情發於言,流爲歌詞,含思淒婉,聞者動心焉。□□□□□□□□心而得之哉[1]！直寄其意耳。余友賀方回,博學業文,而樂府之辭婉絶一世。攜一編示予,大抵倚聲而爲之,辭皆可歌也。或者譏方回好學能文而惟是爲工,何哉？予應之曰:"是所謂滿心而發肆

---

[1]《張右史文集》作"此兩人者豈其費心而得之哉",字數與本書不符。按二書字句頗多異處。

口而成,雖欲已焉而不能者。若其粉澤之工,則其才之所至,亦不自知也。夫其盛麗如游金張之堂,而妖冶如攬嬙施之袪,幽潔如屈宋,悲壯如蘇李,覽者自知之。蓋有不可勝言者矣。"譙郡張耒序。

【批校題跋】偶有批語,無甚關要。如《掩蕭齋》"笑拈飛絮冒金釵",冒字書眉批書"姑泫切",《瀟湘雨》下闋眉批書"更何必霖鈴"。

【鈐印】張序甲面鈐"華/伯氏"白文方印、"毛褒/之印"朱文方印、"北京/圖書/館藏"朱文方印、"席氏/玉照"朱文方印、"席鑑/之印"右白左朱方印,框下鈐"鐵琴銅/劍樓"白文長方印、"古里/瞿/氏記"白文橫長方印,書眉鈐"趙/宋本"朱文圓印。

目錄首葉鈐"鐵琴銅/劍樓"白文方印、"古里/瞿/氏記"白文橫長方印。

卷上首葉鈐"○人/○○"朱文方印(模糊不清)、"長州/世家"朱文方印、"○"朱文方印,框下鈐"鐵琴銅/劍樓"白文長方印、"古里/瞿/氏記"白文橫長方印。卷上末鈐"虞山席/鑑玉照/氏收藏"朱文方印、"鐵琴銅/劍樓"白文方印、"古里/瞿/氏記"白文橫長方印、"北京/圖書/館藏"朱文方印。

【書目著録】

1.《鐵琴銅劍樓藏書目》卷二十四:"《東山詞》一卷宋刊殘本,宋賀鑄撰,張耒序。原本上下二卷,今止存上卷。每半葉十行,行十八字。《直齋書録》有《東山寓聲樂府》三卷,殆別一本也。方回詞有'梅子黃時雨'句,世有賀梅子之稱。文潛謂其'滿心而發,肆口而成,雖欲已焉而不能者。若其粉澤之工,則其才之所至,亦不自知也'。舊爲汲古毛氏藏書,不解《六十家詞》本何未刻入也。卷首有'毛褒之印''華伯'二朱記。"

2. 傅增湘《藏園群書經眼録》卷十九集部八:"《東山詞》二卷,宋賀鑄撰。存卷一上。宋刊本。一册。半葉十行,行十八字。版匡高五寸,闊三寸八分,字跡似書棚本,但版微闊耳,皮紙濕墨印。鈐席玉照印二方。常熟瞿氏藏書,癸丑見於罟里。"[1]

3.《北京圖書館古籍善本書目》集部詞類總集著録。

4.《中國古籍善本書目》集部卷三十詞類總集20905著録。

---

[1]傅增湘《藏園群書經眼録》,中華書局1983年版,第1599頁。

【遞藏】

1. 毛褒（1631—1677），字華伯，號質庵，江蘇常熟人。清順治間人。毛晉次子。刊有釋德清《憨山老人夢遊集》，抄本有唐李鼎祚《易傳集解》。

2. 席鑑，見前《國家珍貴古籍名録》03435。

3. 罟里瞿氏藏，見前《國家珍貴古籍名録》00512，具體入藏時代不詳。

【其他】此本原刻殘缺特甚，經後人補紙填字始略可讀。

【按語】

1. 卷一葉一《天寧樂》下注《銅人捧露盤引》，《鴛鴦語》（其二）下注同前（即《七娘子》），《璧月堂》下注《小重山》，《群玉軒》下注同前（《小重山》）等。賀鑄爲詞喜改調名，且每作往往新題一名。如《太平時》一調八首（卷上《艷聲歌》下注“《太平時》七首”，誤，應從目録），即有《艷聲歌》《喚春愁》《花幕暗》《晚雲高》《釣舡歸》《愛孤雲》《替人愁》《夢江南》諸名。蓋自取詞中一語爲調名耳。又《負心期》以《攤破浣溪沙》爲《浣溪沙》，《醉中真》等七首以《浣溪沙》爲《減字浣溪沙》，《醉瓊枝》以《破陣子》爲《定風波》，均與宋人習用調名有出入。《伴登臨》自注“中吕宫《醜奴兒》”，末句四五與《羅敷媚》之《醜奴兒》末句七字相異。南宋王之望《醜奴兒》即本於《伴登臨》此格。賀鑄詞集“東山寓聲樂府”之名或亦從此出。陳振孫《直齋書録解題》別集類載《慶湖遺老集》九卷，拾遺二卷，“其《東山樂府》，張文潛序之”；又歌詞類載《東山寓聲樂府》三卷，“以舊譜填新詞，而別爲名以易之，故曰‘寓聲’”。王鵬運四印齋《東山寓聲樂府跋》謂“即周益公《近體樂府》、元遺山《新樂府》之類，所以別於古也”。朱祖謀《東山詞跋》謂“寓聲之名，蓋用舊調譜詞，即摘取本詞中語，易以新名。後來《東澤綺語債》略同兹例。半塘翁以平園《近體》、遺山《新樂府》擬之，似猶未倫也”。黄昇《中興以來絕妙詞選》謂張輯《東澤綺語債》“其詞皆以篇末之語而立新名云”。所謂寓聲者，寄於舊聲也，施蟄存謂即借債於舊譜。蓋以情辭爲重。

2. 此書入藏瞿氏鐵琴銅劍樓時間不詳。按《鐵琴銅劍樓藏書目》著録有此書，傅增湘癸丑（1913）見於罟里，《北平圖書館善本書目》及《國立北平圖書館善本書目乙編》《國立北平圖書館善本書目乙編續目》則未收此書，或爲瞿鏞至瞿鳳起四代收藏。

3. 張金吾《愛日精廬藏書志》卷三十六集部樂府類著録“東山詞一卷，宋刊本，汲古閣藏書”，並録此書前張末序。此書無愛日精廬鈐印，但有數印模糊不可辨識，是否入藏愛日精廬、何時入藏，尚待進一步考證。

詳注周美成詞片玉集

揚州大學　石任之

中國國家圖書館 08741

國家珍貴古籍名録 01250

《詳注周美成詞片玉集》十卷。（宋）周邦彦撰；（宋）陳元龍注。宋刻本。二册。綫裝。李盛鐸、袁克文跋。朱祖謀校並跋。

【題著説明】卷端題“詳註周美成詞片玉集卷之一”，次行題“廬陵陳元龍少章集註”，三行題“建安蔡慶之宗甫校正”。

【著者簡介】

1. 周邦彦（1056—1121），字美成，號清真居士，錢塘（今浙江杭州）人。北宋元豐七年（1084）獻《汴都賦》，爲神宗所異，名動天下，自太學諸生擢爲太學正。歷官廬州教授、溧水知縣等。徽宗時爲徽猷閣待制，提舉大晟府。著有詩文集《清真居士集》，又著《操縵録》五卷、《清真雜著》三卷，皆佚。詞集《片玉集》今存。事見《宋史·文苑傳》。

2. 陳元龍（生卒年不詳），字少章，南宋時廬陵（今江西吉安）人。

【内容】上册：目録、卷一至四；下册：卷五至十。卷一春景，八調九首。卷二春景，八調八首。卷三春景，十一調十七首。卷四夏景，十調十三首。卷五秋景，十調十首。卷六秋景、冬景，十一調十四首。卷七單題，十調十一首。卷八單題，十調十三首。卷九雜賦，十二調十五首。卷十雜賦，十一調十七首。

【刊印者】待考。

【行款版式】半葉十行，行十七至十九字，小字雙行同。細黑口，左右雙邊，雙魚尾。版心鐫“片玉幾”（序作“片玉序”，目録作“片玉目”），下鐫葉數。版框

18.0厘米×11.8厘米,開本23.5厘米×14.5厘米。

【題名頁牌記】無。

【刊寫題記】無。

【刻(寫)工】無。

【避諱】"匡"字缺末筆,見卷十第四葉"當時相候赤欄橋"句下注"北夢瑣言曰唐李匡威少年好勇"。"慎"字缺末筆,見卷九第三葉《遶佛閣·旅情》"舟下如箭"句下注"慎子云"。書中或有不諱之處,如卷一第一葉乙面第三行注,"玄"字不諱;第八九行注,"讓"字不諱。

【序跋附録】書前護葉附有陳延韡爲袁克文繪《雙片玉龕填詞圖》。書首刻有劉肅序,序後有《詳注周美成詞片玉集目録》。劉肅序録文如下:

辭不輕措,辭之工也。閲辭必詳其所措,工於閲者也。措之非輕而閲之非詳,工於閲而不工於措,胥失矣,亦奚胥望焉。是知雌霓之誦方脱諸口,而見謂知音,白題八滑之事既陳,而當世之疑已釋。梒矢萍實,苟非推其所從,則是物也,棄物耳,誰歟能知?觸物而不明其原,覩事而莫徵所自,與冥行何别?故曰無張華之博,則孰知五色之珍,乏雷焕之識,則孰辨衝斗之靈。況措辭之工,豈不有待於閲者之箋釋耶?周美成以旁搜遠紹之才寄情長短句,縝密典麗,流風可仰,其徵辭引類,推古誇今,或借字用意,言言皆有來歷①,真足冠冕詞林。歡筵歌席,率知崇愛,知其故實者幾何人?斯殆猶屬目於霧中花,雲中月,雖意其美,而皎然識其所以美則未也。漳江陳少章家世以學問文章爲廬陵望族,涵泳經籍之暇,閲其詞,病舊注之簡略,遂詳而疏之,俾歌之者究其事、達其意,則美成之美益彰,猶獲崑山之片珍,璪其質而彰其文,豈不快夫人之心目也。因命之曰《片玉集》云。廬陵劉肅必欽序②。

【批校題跋】

1. 書内多有朱祖謀夾紙手書校語,校與他本異同,主要參校本爲黄丕烈舊

---

① "皆有來歷",本書爲抄補,國家圖書館藏黄丕烈舊藏宋刻陳元龍注本(索書號 08740)作"俱有來歷"。

② 此處有籤條加注云:序之葉四、五行"片玉集云"下,一本有"少章名元龍,時嘉定辛未抄臘"十二字。

藏宋刻本《詳注周美成詞片玉集》，甚爲精詳。校語可見張元濟《寶禮堂宋本書録》①，經核原書，相異者如下：

卷二第一、二葉間夾紙，其中“又，二上，六，舊色，黄本作蒨色”一條，疑非朱祖謀筆跡，或出自葉公綽。

卷二第三、四葉間夾紙，作“卷二，三下，一行注，庾下填寫州翠二字。再校，二行注□，脱薰字。又，二行，人作心”，較張元濟所録多出卷二葉三第一行注“庾下填寫州翠二字”一條。

卷二第四、五葉間夾紙，較張氏所録多“又，又九十行，纜結下注，一本作李白賦醉愁心於垂楊，隨柔條以斜結”一條，“又，五下，六，一本銷作綃”一條亦疑非朱祖謀筆跡。

卷四第二、三葉間夾紙“又，七注，露金井作露井邊”一條，張氏録作“露金井作金井邊”；“又，三下，七注，卒作幾”，張氏録作“卒作辛”。

卷五第一葉與扉頁間夾一紙，書“卷五，前四葉，注，與黄本异處甚多”，張氏未録。

卷六第三、四葉間夾紙，“卷六，四上，十行注，南雨（初書作宫，後圈去改書雨）。再校”，張氏録作“雨作宫”。

卷十第五、六葉間夾紙，較張氏所録多“又，九行，仙侣下注，一本無”“又，六下，六行，最多處下注一本無”兩條。

2. 書後有袁克文、李盛鐸、朱祖謀（孝臧）諸人跋。依葉次録如下：

袁克文跋：

陳元龍註《片玉集》十号，阮元曾以進呈，傳於世間。宋刻惟藝芸汪氏有之。散後渺不可知。此碻爲南宋坊刻，雖少缺諱，而字體之規度存焉，當不可因之而目爲元本也。《汲古閣秘本書目》有元板《片玉詞》，故王半塘據以指此爲元刻，則謬甚矣。乙卯九月寒雲㝷於廠市。

病中强起，取影元本《清真詞》，校填缺字，俾無不能卒讀之憾。惟注無他本可校，姑仍其缺爾。十月十二日燈下。寒雲記。

---

① 《張元濟全集》第八卷，商務印書館 2009 年版，第 137—140 頁。

《汲古秘目》所載元板《片玉詞》二弓，無注，曾歸結一廬。今已散出，不知何屬矣。丁巳（1917）春寒雲。

弓九《繞佛閣》，"舟下如箭"注，慎諱作慎（缺末筆）①。

上跋之左書"卷十，四，上四，匡諱作匡（缺末筆）"，不知作者何人②。

袁克文又跋：

予覯此書時，曾作跋，深以藝芸所藏一本渺不可知爲憾。比獲黃氏藏本，每弓前除"士禮居""丕烈""蕘夫"三印外，尚有"汪士鐘印""閬源真賞"兩印。當即藝芸一本。蓋蕘翁藏弄多鬻諸汪氏也。前之興歎，今則驚且喜矣。此本原藏孫駕航家，展轉流入廠市，爭購者頗夥。予卒以重金覯之，過於覯黃本之值，可謂狂且癡者。此較黃本序尾"集云"下缺"少章名元龍，時嘉定辛未抄臘"十二字。以此定之，則黃本似是原刻也。乙卯冬月十八日。寒雲。

李盛鐸跋：

寒雲初得此本，屬爲審定，余歎爲得未曾有，且決定是宋刊。今又得一精印本，此本似退而居乙。然黃本序尾有嘉定紀年，紙是寬簾，固是宋刊宋印，而此本弟十卷之末葉卻可補黃本之缺。合之則爲兩美也。乙卯長至後五日重觀因記。盛鐸。

朱祖謀跋：

美成詞刻於宋世者，一爲《清真詩餘》，見《景定嚴州續志》；一《圈法美成詞》，見《詞源》；一《清真詞》，見《直齋書錄解題》。又有溧水三英諸本，皆無注。其曹杓注《清真詞》，亦見《書錄解題》，書亦久佚。兹集劉必欽序謂："病舊注之簡略，遂詳而疏之。"疑即据曹注本，故編次與《清真詞》悉合。黃蕘圃藏本與是略同，而劉序稱嘉定辛未，其爲宋刻無疑。此雖删去"嘉定辛未"十許字，然覈其注語，較黃本爲詳明。卷五注中尤相徑庭。其爲少章手自斠改覆刻亦無疑。且當時印布較廣，故視黃本之初槧爲稍漫漶。半塘老人謂爲元刻者，蓋未覿黃本固標明"嘉定"，且有異同也。己未春莫，明訓兄得之，出以見示。漫識數語，且述是帙之遠勝黃本，固不必以印工而軒輊之也。上彊邨民孝臧記。

———————————

①此條未署名，筆意類袁克文。
②此條非袁克文筆意，不知何人書。

【鈐印】書前護葉陳延韡《雙片玉龕填詞圖》落款鈐"陳二"朱文方印。

劉肅序首葉鈐"雲/查"朱文方印、"雪苑宋氏蘭/揮藏書記"朱文長方印、"蔣/祖詒"白文方印、"雋文"朱文長方印、"穀/孫"白文方印、"三晉/提刑"朱文方印、"臣/筠"朱文方印、"寒雲/如意"朱文方印、"侍兒文/雲掌記"朱文長方印、"壺巢/所藏"朱文方印、"宜子/孫"朱文圓印、"宋本"朱文橢圓印、"佞/宋"朱文方印、"密均/樓"白文方印、"皇/二子"白文方印(有龍虎文)。序末葉鈐"祖詒/審定"朱文方印、"密均/樓"朱文方印、"後百/宋/一廛"朱文方印、"玉山珠/海○家"朱文長方印,乙面鈐"寒雲廬倦繡室/温雪齋同鑑賞"朱文長方印、"遐庵/經眼"白文方印、"葉/公"朱文方印、"詞客有靈/應識我"白文長方印、"中華/國寶人/珍保之"朱文方印、"博明/經眼"白文方印。

目錄首葉鈐"皇/二子"朱文方印、"毛""晉"朱文連珠印、"北京/圖書/館藏"朱文方印、"甲"朱文方印、"寒雲/鑒賞/之鉨"朱文橢圓印。末葉鈐"華韻/書堂"白文長方印。

卷一首葉鈐"張南伯/書畫印"朱文長方印、"子""晉"朱文連珠印、"柿邨"白文長方印、"宋履素/書畫印"朱文長方印、"○"朱文方印、"密均/樓"朱文方印、"許"朱文方印、"襄辛齋"朱文橢圓印、"宋本"朱文橢圓印、"三琴/趣齋"朱文方印。

卷四末葉甲面鈐"恭綽/長壽"白文方印、"襄辛/主人"朱文方印、"博""明"朱文連珠印、"蔣祖詒讀書記"朱文長方印、"毛氏/子晉"朱文方印、"雪苑宋氏蘭/揮藏書記"朱文長方印、"劉嶽/之印"白文方印、"駕/航"朱文方印、"孫/楫"白文方印、"流水音"朱文長方印。乙面鈐"寒雲秘笈/珍藏之印"朱文長方印、"三琴趣齋"朱文長方印。

卷五首葉鈐"華韻/書堂"白文長方印、"梅真侍觀"朱文長方印、"毛""晉"朱文連珠印、"穀孫/祕笈"白文方印、"許"朱文方印、"襄辛齋"朱文橢圓印、"密均/樓"白文方印、"壺巢/所藏"朱文方印、"雪苑宋氏蘭/揮藏書記"朱文長方印、"三晉/提刑"朱文方印,"臣/筠"朱文方印、"侍兒文/雲掌記"朱文長方印、"寒/雲"朱文方印、"皇/二子"朱文方印,書眉鈐"宋本"朱文橢圓印、"惟庚/寅吾/以降"朱文方印。

卷十末葉鈐“半塘/○○/飯增”白文方印、“中華/國寶人/珍保之”朱文方印、“博明/經眼”白文方印、“遐菴眼福”朱文長方印、“劉嶽”朱文長方印、“子”“晉”朱文連珠印、“子孫/保之”白文方印、“遺子孫”朱文橢圓印、“張氏/南伯”朱文長方印、“褢辛/主人”朱文方印、“博”“明”朱文連珠印、“北京/圖書/館藏”朱文方印、“雪苑宋氏蘭/揮藏書記”朱文長方印、“髥”朱文圓印、“烏程蔣/祖詒藏”朱文長方印、“駕/航”朱文方印、“孫/楫”白文方印、“密均/樓”朱文方印、“雙玉龕”朱文長方印、“人間/孤本”白文方印。

書末袁克文首跋下鈐“與/身俱/存亡”“後百/宋一廛”二朱文方印。袁克文末跋落款鈐“寒雲/小記”朱文方印。李盛鐸跋落款鈐“李氏/木齋”朱文方印。朱祖謀跋落款由上至下鈐“孝臧”朱文長方印、“彊/邨”朱文方印。

【書目著錄】

1. 毛扆《汲古閣珍藏祕本書目》,清嘉慶《士禮居叢書》本,集部:“元版片玉詞二本,一兩二錢。”①

2. 張元濟《寶禮堂宋本書錄》:“余續得此刻,與前本較,不能定其先後,以示彊邨先生。先生取前本參校,舉其訛脱,謂此刻爲勝,且定爲少章手自斠改覆刻之本。自來剞劂之事,每以初版爲佳,凡後出者大都據以覆刻,故訛文奪句時有所見。不知者就表面觀之,必以此爲原本而彼爲覆本。然覆刻之訛只有疑似而無增減,且是本辭句之不同者,審其文義實有青勝於藍之概,尤以卷五前四葉爲甚。其卷四“訴衷情不言不語”之注亦并無存。彊邨一代詞宗,其定爲斠改覆刻者。所言固自可信,特不解初刊是書者何以如是草草耳。版印不及前本,蓋有初印晚印之别。若竟以此退而居乙,則誠未免皮相矣。彊邨校語,至爲詳密,附錄於後。”②

3.《北京圖書館古籍善本書目》集部詞類别集著錄。

4.《中國古籍善本書目》集部詞類别集 20916 著錄。

【遞藏】

1. 張翼(1434—1512),字南伯,號雲翁,别署長谷真逸,吳縣(今屬江蘇蘇

---

① 按,此書有毛晉藏印,王鵬運謂即此書目所載,蓋毛氏目爲元本。
②《張元濟全集》第八卷,第 136 頁。

州)人。始客岷湘,著《三巴奇觀》。歸即教授不出,遠來從學者數百人。學通九流百家,尤邃地理、字學。著詩文甚富。明正德七年(1512)卒,年七十九。生平略見蔡羽《處士張先生墓碣銘》。

2. 毛晉(1599—1659),見前《國家珍貴古籍名録》01159。

3. 毛扆(1640—1713),見前《國家珍貴古籍名録》01159。

4. 宋筠(1681—1760),字蘭揮,號晉齋,河南商丘人。宋犖子。清康熙四十八年(1709)進士。有《青綸館藏書目録》。

5. 孫楫(1827—1899),字濟川,號駕航,山東濟寧人。清咸豐二年(1852)進士,官至順天府府尹。

6. 袁克文(1889—1931),見前《國家珍貴古籍名録》00565。

7. 蔣祖詒(1902—1973),字穀孫,浙江烏程人。蔣汝藻長子。其先人於道咸間即以藏書名,後多毁於太平軍,至其父一代家業復振。藏書樓名"密韻樓"。祖詒受業於王國維,王氏據其家藏書撰成《密韻樓藏書志》二十卷(當時未刊,後祖詒於1974年影印於臺灣,易名《傳書堂藏書志》)。約1925年前後,蔣家在滬經營之企業遭重創,藏書亦典賣殆盡,遂以販售書畫古玩獲利爲業。建國前經香港至臺灣,後曾任臺灣大學教授。

8. 許厚基,見前《國家珍貴古籍名録》00565。

9. 潘宗周,見前《國家珍貴古籍名録》00565。

【其他】

1. 此書上册封面題"片玉集上""汲古閣舊藏二芺趣齋重裝";下册封面題"片玉集下""宋刊十卷全"。題字者似爲袁克文。

2. 目録卷之六秋景之《醉桃源》(二首,大石)、《夜遊宫》(二首,般涉),冬景之《紅林檎近》(二首,雙調);卷之七單題之《解語花》(元宵,仙吕)、《六幺令》(重九,仙吕)、《側犯》(新月,雙調)、《虞美人》(二首,正宫);卷之八單題之《西河》(金陵,小石)、《黄鸝繞碧樹》(春情,雙調)、《滿路花》(思情,仙吕);卷之九雜賦之《浣沙溪》(三首,黄鍾);卷之十雜賦之《芳草渡》(雙調)、《感皇恩》(大石);其調名下所注宫調係手書補添。卷之八單題之《蝶戀花》(商調,四首),其首數亦手書補添。此皆非原刻所有,玩其字勢,或爲朱祖謀所書。

3. 宋刻原紙之周氏原詞句有殘損處,多經袁克文填寫字畫,袁跋謂“病中强起,取影元本《清真詞》,校填缺字,俾無不能卒讀之憾,惟注無他本可校,姑仍其缺耳”,是也。注語等袁氏未及校填者,時有朱祖謀校填,朱校偶或言及之。

4. 卷一至四,有調名無詞題。例與卷五唯宮調作陰刻異。卷五宮調注於詞題之下,宮調陰刻,加一白邊。卷六至十有調名、有詞題,詞題皆注於宮調之下,與卷五體例不同,且惟詞題作陰刻且加一白邊,少數缺刻白邊;個別詞題係陽刻外加圈。詞題於目錄中多有省略不刻者。卷内所注宮調於目錄中亦時有失刻,朱祖謀或據卷内所注爲補之,然未盡全,亦恐有誤者。

5. 目錄詞調下所注宮調與卷内所注宮調不符者,列如下:

卷一目錄春景之《瑞龍吟》(越調)卷内注作“大石”;《渡江雲》(大石)卷内注作“小石”;《荔枝香》(二首大石)卷内第一首注作“歇指”。

卷二目錄春景之《西平樂》(小石)卷内宮調闕注;《浪淘沙》(歇指)卷内注作“商調”,且“淘”作“濤”。

卷三目錄春景之《少年遊》(二首)卷内於第一首詞調下注宮調“黃鍾”,目錄失之;《垂絲釣》(一首)於卷内注宮調“商調”,目錄亦闕之。

卷四目錄夏景之《點絳脣》(仙吕)卷内宮調闕注。

卷五目錄秋景之《木欄花》(仙吕)卷内注作“高平”;《蕙蘭芳》(歇指)卷内注作“仙吕”,且調名作《蕙蘭芳引》。

卷七目錄單題《解語花》(元宵仙吕)卷内注作“高平”,朱彊村於目錄書作“仙吕”,不知何據;《大酺》(春雨)卷内注宮調“越調”,目錄闕注;《玉燭新》(大石)卷内注作“雙調”;《醜奴兒》(梅花)卷内注宮調“大石”,目錄闕注。

卷七《側犯》卷内調名誤作“倒犯”,目錄不誤。

卷八《西河》(金陵小石)卷内注作“大石”,彊村於目錄書作“小石”,不知何據;《歸去難》(期約)卷内注宮調“仙吕”,目錄闕;《三部樂》(大石)卷内注作“商調”。

卷九雜賦《綺寮怨》(思情)卷内注宮調“中吕”,目錄闕;《拜星月》(中吕)卷内注作“高平”;《尉遲盃》(雙調)卷内注作“大石”;《遶佛閣》(雙調)卷内注作"大石";《如夢令》(二首)卷内注宮調"中呂",目録闕;《點絳唇》(仙呂)卷内注作"黃鍾"。

卷十雜賦《意難忘》(美詠)卷内注宮調"中呂",目録闕;《定風波》(美情)卷内注宮調"商調",目録闕;《玉樓春》(四首)卷内注宮調"大石",目録闕;《夜飛鵲》(別情)卷内注宮調"道宮",目録闕;《早梅芳》(留戀正宮二首)卷内闕注宮調;《芳草渡》(雙調)卷内闕注宮調,朱彊村於目録補書雙調,不知據何本。

【按語】

1.《片玉集》宋刻陳元龍注本,今存二部,皆國家圖書館所藏,字體行款均相近,文字細核則有出入。此本明代曾藏張翼家,後歸毛氏汲古閣,清代遞經宋筠、孫楫收藏,王鵬運四印齋刻《清真集》時曾借校,稱爲"元巾箱本"。另一本舊藏黃丕烈處。朱祖謀曾比勘二本異同,於此本附夾簽書其校語。經朱氏鑒定,認爲黃氏舊藏本爲初刻,而此書是陳氏"手自校改覆刻"之作。但黃氏本書葉有缺損,不及此本完整。

2. 按朱祖謀所書校語,所列皆係其以此本校黃丕烈舊藏本之異同。所得多爲黃氏舊藏本誤而此本不誤,亦多黃氏舊藏本闕注而此本有注者,又有注文引句與黃氏舊藏本不同而此本於義爲勝者。確係此本有誤而黃氏舊藏本無誤者僅爲少數。朱氏據以定其爲陳元龍斠改覆刻之宋本,而以黃丕烈舊藏本爲初刻。此本劉肅序中缺嘉定辛未字樣,王鵬運則以《汲古閣祕本書目》所載元版《片玉詞》爲此本。又此本字形有簡省,多在雙行注中,如"無"作"无","聲"作"声","齊"或作"斉","憐"作"怜","雙"或作"双",避宋諱僅見"匡""慎"二字,袁克文謂當爲南宋坊刻本。而《汲古閣珍藏祕本書目》所載"元版片玉詞二本",或即指此,疑毛氏以其無嘉定年號及避宋諱極不嚴等,故目爲元本。綜觀諸家之説,謂此本有以黃氏舊藏本爲基礎加以斠改者,有之。而以其爲陳元龍手校刻於南宋之本,抑或爲他人覆刻遂至僅遺留少量宋諱,則未可定論。

3. 周美成詞舊有曹杓注本,見《直齋書録解題》,久佚。據劉肅序,陳元龍病舊注簡略,遂詳而疏之,朱彊村疑所謂舊注即指曹注本,其説可從。

花間集

揚州大學　石任之

中國國家圖書館 08615

國家珍貴古籍名録 01254

《花間集》十卷。(後蜀)趙崇祚輯。宋刻遞修公文紙印本。二册。綫裝。(清)楊保彝題款。

【題著説明】卷端題"花間集卷第一",未題著者,著者據歐陽炯序。

【著者簡介】趙崇祚(生卒年不詳),字宏基,開封人。後蜀中書令趙廷隱子。崇祚與同時詞人過往較密,後蜀廣政三年(940)官銀青光禄大夫行衛尉少卿,集晚唐以來十八家曲子詞五百首,編爲《花間集》十卷。

【内容】本書是今存最完整的早期詞家作品選集。陳振孫《直齋書録解題》卷二十一歌詞類著録云:"《花間集》十卷。蜀歐陽炯作序,稱衛尉少卿字宏基者所集,未詳何人。其詞自温飛卿而下十八人凡五百首,此近世倚聲填詞之祖也。詩至晚唐五季,氣格卑陋,千人一律,而長短句獨精巧高麗,後世莫及。此事之不可曉者,放翁陸務觀之言云爾。"

書中收入温庭筠六十六首,皇甫松十一首,韋莊四十八首,薛昭蘊十九首,牛嶠三十二首,張泌二十七首,毛文錫三十一首,牛希濟十一首,歐陽炯十七首,和凝二十首,顧敻五十五首,孫光憲六十首,魏承斑十五首,鹿虔扆六首,閻選八首,尹鶚六首,毛熙震二十九首,李珣三十七首。共計四百九十八首。卷一至五爲一册,卷六至十爲一册。

【刊印者】待考。

【行款版式】半葉十行,行十七字(偶有十八至十九字)。白口,左右雙邊。版心鐫"花間集幾"(序作"序")。下鐫葉數。葉數下有字,破損不可辨。版框16.2厘米×11.8厘米,開本24.7厘米×16.9厘米。

【題名頁牌記】無。

【刊寫題記】無。

【刻(寫)工】版心下方有刻工姓名,模糊不可辨①。

【避諱】卷二韋莊《菩薩蠻》("紅樓別夜堪惆悵")"絃上黄鶯語"、卷四牛嶠《西溪子》("捍撥雙盤金鳳")"絃解語"、卷五毛文錫《臨江仙》("暮蟬聲盡落斜陽")"朱絃凄切"之"絃",均缺末筆。曙、屬均未避諱。

【序跋附録】書首有歐陽炯序,録文如下:

鏤玉雕瓊,儗化工而迥巧;裁花剪葉,效春艷以爭鮮。是以唱《雲謡》則金母詞清,挹霞醴則穆王心醉。名高《白雲》,聲聲而自合鸞歌;響遏行雲,字字而偏諧鳳律。楊柳大堤之句,樂府相傳;芙蓉曲渚之篇,豪家自製。莫不爭高門下,三千玳瑁之簪;競富尊前,數十珊瑚之樹。則有綺筵公子、繡幌佳人,遞葉葉之花牋,文柚麗錦;舉纖纖之玉指,拍案香檀。不無清絶之辭,用助嬌嬈之態。自南朝之宫體,扇北里之倡風。何止言之不文,所謂秀而不實。有唐以降,率土之濱,家家之香逕春風,寧尋越艷;處處之紅樓夜月,自鏁嫦娥。在明皇朝,則有李太白之應制《清平樂》調四首。近代温飛卿復有《金荃集》。邇來作者,無媿前人。今衛尉少卿字弘基,以拾翠洲邊,自得羽毛之異;織綃泉底,獨殊機杼之功。廣會衆賓,時延佳論。因集近來詩客曲子詞五百首,分爲十卷。以炯粗知預音,辱請命題,仍爲叙引。昔郢人有歌《陽春》者,號爲絶唱,乃命之爲《花間集》。庶使西園英哲,用資羽盃之歡;南國嬋娟,休唱蓮舟之引。

唐廣政三年夏四月大蜀歐陽炯序。

【批校題跋】第一册書後護葉楊保彝題:"光緒乙酉十月重加手裝。鳳阿記。"

【鈐印】書前護葉鈐"世德雀/環子孫/潔白"朱文方印、"宋存書室"白文長方印、"海源/殘閣"朱文方印。

歐陽炯序首葉鈐"彦合/珍玩"朱文方印、"臣紹/和印"右上朱左白方印、"北京/圖書/館藏"朱文方印,書眉上鈐"宋存/書室"朱文方印。

卷一首葉鈐"健/菴"白文方印、"乾學/之印"白文方印、"崑山徐/氏家藏"朱文長方印、"聽雨樓/查氏有圻珍/賞圖書"白文方印、"周/暹"白文方印、"楊

---

① 《中華再造善本提要(唐宋編)》著録版心刻工名陳彦、李浩、于岩等,及單字彦、岩、浩、于、良等。

紹和/藏書"朱文長方印。卷五末葉鈐"周/暹"白文方印。第一册書後護葉楊保
彝題識末鈐"保彝/私印"白文方印、"十二宋/硯齋"朱文方印,葉尾鈐"海源/閣
藏"朱文方印。後葉鈐"冬生/草堂"朱文方印。

　　第二册書前護葉鈐"東郡楊/紹和彦/合珍藏"朱文方印、"瀛海/仙班"白文
方印。卷六首葉鈐"周/暹"白文方印、"楊紹和/藏書"朱文長方印,書眉上鈐
"宋存/書室"朱文方印。卷十末葉鈐"東郡楊氏鑑/藏金石書畫印"白文長方
印、"楊印/承訓"白文方印、"周/暹"白文方印、"北京/圖書/館藏"朱文方印。

　　【書目著録】

　　1. 楊紹和藏並編《宋存書室宋元秘本書目》著録①。

　　2. 楊紹和《楹書隅録》卷五:"宋本《花間集》十卷二册。謹案《四庫》所收
《花間集》十卷爲汲古閣毛氏刊本(周叔弢批:字體古拙,或是北宋故紙。印不
精。白口,左右雙邊。李珣南鄉子餘七首。○○李浩、余浩)。子晉所刊各書,
往往與所藏宋本不合,此猶其精審者也。此本爲宋淳熙十四年丁未鄂州使庫所
刊,板印精良,其紙則鄂州使庫公文册也。《花間》一集爲詞家之祖,斯刻則又是
集之祖也。溫庭筠以下十八人凡詞五百首,與《書録解題》所言合。卷一前四
葉,卷十後三葉及歐陽炯序、陸游二跋均佚。毛氏鈔補極工,惟卷尾三葉及子晉
三印,辛酉之秋遭亂復失。世鮮宋槧,無由補寫,致可惜也。予齋藏明人鈔本末
附貫酸齋跋所佚《女冠子》以下十五首在焉。而以毛刻校之,調同而字異者五
首,每半葉十行行十七八字不等。有'冬生/草堂'(周批:朱文方)、'乾學/之
印'(周批:白文方)、'健/菴'(周批:白文方)、'昆山徐/氏家藏'(周批:朱文長
方)、'聽雨樓/查氏有圻珍/賞書畫'(周抹去畫字,書字前加圖,批:白文方)各印。
咸豐乙未獲於都門,水西莊故物也。(周批:"光緒乙酉十月重加手裝。鳳阿
記。")("保彝/私印"白文方、"十二宋/硯齋"朱文方、"瀛海/仙班"白文方、"東郡
楊/紹和彦/合珍藏"朱文方、"宋存/書室"朱文方、"東郡楊氏鑑/藏金石書畫印"
白文長方印、"宋存書室"白文長方、"世德雀/環子孫/潔白"朱文方、"臣紹/和印"
白文方、"彦合/珍玩"朱文方、"海原/閣藏"朱文方、"宋存/書室"朱文方另)"②

────────────

①見《續修四庫全書》第 927 册,上海古籍出版社 2002 年版,第 151 頁。
②《周叔弢批校〈楹書隅録〉》第 2 册,國家圖書館出版社 2009 年版,第 765—766 頁。

3. 冀淑英編《自莊嚴堪善本書目》集部詩餘類："花間集十卷。後蜀趙崇祚輯，宋刻遞修公文紙印本。楊保彝題款，二册。十行十七或十八字不等，白口，左右雙邊。紙背淳熙十一年、十二年鄂州公文，有進義副尉本州指使監公使庫范，鄂州司户參軍戴字樣。"①

4.《北京圖書館古籍善本書目》集部詞類總集著録。

5.《中國古籍善本書目》集部詞類總集 21341 著録。

【遞藏】

1. 毛晉，見前《國家珍貴古籍名録》01159。

2. 徐乾學（1631—1694），字原一，號健庵，江蘇昆山人。康熙九年（1670）進士，官至刑部尚書。明清鼎革，藏書之家多不能守，南北大家之藏書盡歸之，達數萬卷。藏書樓名爲"傳是樓"，多宋元善本。徐乾學善文能詩，著有《憺園集》《憺園文録》《一統志按說》《傳是樓書目》等。

3. 查有圻（生卒年不詳），字小山，浙江海寧人，乾嘉間鹽商，查瑩田嗣子。

4. 楊紹和（1830—1875），見前《國家珍貴古籍名録》03435。

5. 楊保彝（1852—1910），見前《國家珍貴古籍名録》03435。

6. 周叔弢（1891—1984），見前《國家珍貴古籍名録》03435。

【其他】

1. 卷首歐陽炯序一葉、卷一前四葉，字體紙色俱與後大異。序葉字體式較圓轉，卷一第一至四葉與序葉字體不同。當爲抄補。卷十末亡佚，止於第六葉。

2. 書中有朱點。

【按語】

1.《花間集》現存宋本有二：一爲紹興十八年（1148）晁謙之建康郡齋刻本（後詳），明正德十六年（1521）吳郡陸元大校刻本、清光緒十四年（1888）邵武《徐氏叢書》本、清末民初吳昌綬雙照樓影宋本、1955 年文學古籍刊行社影印本均從此出；一爲淳熙十一年（1184）、十二年（1185）鄂州公文紙印本，即此本，王鵬運四印齋覆刻本、中華書局《四部備要》排印本據此。此外又有南宋開禧元年（1205）刻本系統，有陸遊二跋。明毛晉汲古閣《詞苑英華》本源出該本，《四庫

---

① 《自莊嚴堪善本書目》，天津古籍出版社 1985 年版，第 107 頁。

全書》又以毛刻爲底本。

2. 各卷首皆有本卷目録,與卷内實收有出入:

卷一温庭筠《楊柳枝》八首僅存第一首一行即前十七字,《南歌子》七首僅存後五首,之間當闕一葉。

卷三目録總題五十首不誤,其於韋莊下誤注二十五首,實收二十六首。

卷四目録牛嶠名下《江城子》注作二首("二"字上横似爲後添描者),此卷目録總題五十首,而於牛嶠名下總題二十六首,於張泌名下總題二十三首,如以此計則當作四十九首。然卷内實收牛作《江城子》二首,牛詞總數當爲二十七首,誤題二十六首當是未將《江城子》添描作二首時計得。總題五十首則不誤。按《江城子》唐五代爲單調,宋代作雙調,疑宋代刻書者誤將二首單調《江城子》計作一首。

卷五目録歐陽炯名下繫《浣溪沙》四首,卷内實收歐作《浣溪沙》三首,另有《三字令》一首。總數仍爲五十首。

卷五毛文錫名下有《浣沙溪》《浣溪沙》各一首,其《浣沙溪》即《攤破浣溪沙》。

卷八首目録魏太尉承斑,斑誤作班。卷内及其後卷九俱作承斑。

卷九目録所記閻選《浣溪沙》一首、毛熙震《浣溪沙》七首。卷内調名皆題作《浣沙溪》。

卷十目録所記李珣《浣溪沙》四首。卷内調名亦題作《浣沙溪》。李珣《南鄉子》十首僅存前七首。後三首及其後十五首諸葉均闕。

此本《花間集》十卷以實收詞計,實爲四百九十八首,非序所云五百首。紹興十八年晁謙之建康郡齋刻本所收詞人詞作内容總數與此相同。

3. 楊紹和《楹書隅録》記載,書前抄補之葉出毛晉。卷一第五葉原字闕殘處亦已補全。因捻軍之亂,卷十末尾三葉與毛晉三印於咸豐十一年(1861)俱已佚失。《中華再造善本提要(唐宋編)》則認爲卷前抄補葉訛誤迭見,與毛刻《花間集》不同,對毛氏抄補之説表示懷疑。按此本歐陽炯序校以毛刻本,確多訛誤。如毛刻"名高白雪",此本"雪"誤作"雲";"文抽麗錦","抽"作"柚";"拍按香檀",作"拍案香檀";"用資羽蓋",作"用資羽盂"。但《楹書隅録》亦指出,"子晉所刊各書,往往與所藏宋本不合"。本書抄補出於何處,似可再作討論。

花間集

揚州大學　石任之

中國國家圖書館 04979

國家珍貴古籍名録 01255

《花間集》十卷。(後蜀)趙崇祚輯。宋紹興十八年(1148)晁謙之建康郡齋刻本。四册。綫裝。

【題著説明】總目前鎸"花間集一部十卷","銀青光禄大夫行衛尉少卿趙崇祚集"。

【著者簡介】趙崇祚,同前書。

【内容】此書爲《花間集》現存最早版本。與前書淳熙公文紙遞修本所收内容、次第相同,而目録計數訛誤有别。序云"詩客曲子詞五百首",實收四百九十八首。書中有小注十一處,宋時别本異文賴此以存,頗具考證價值。卷一至三爲第一册,卷四至五爲第二册,卷六至八爲第三册,卷九至十爲第四册。

【刊印者】晁謙之(? —1154),字恭道,澶州(今河南濮陽)人。渡江親族離散,謙之極力收恤,因居信州。南宋紹興十五年(1145)以敷文閣直學士、右朝奉大夫知建康府兼江東安撫使,由是刻《花間集》於建康郡齋。卒葬鉛山鵝湖。

【行款版式】半葉八行,行十七字。白口,左右雙邊。版心鎸"花間集第幾"(序作"花間集序",目録作"花間集目録"),下鎸葉數及刻工名。版框 18.1 厘米×11.6 厘米,開本 25.3 厘米×17.4 厘米。

【題名頁牌記】無。

【刊寫題記】無。

【刻(寫)工】鄭珣、周清、章旼、毛仙、劉實、王琮、丁洋①、于洋、林青、黄祥、祥②。

---

①此名僅一見,其後一葉即署于洋,疑即于字之誤。
②此名數見,皆緊接署黄祥葉後,或即黄祥之省。

【避諱】玄（卷二葉五皇甫松《楊柳枝》“玄宗侍女舞青絲”）、絃（卷二葉八韋莊《菩薩蠻》“絃上黃鶯語”）缺末筆。歐陽炯序“今衛尉少卿字弘基”弘字缺末筆，“數十珊瑚之樹”樹字缺末筆。竟（歐陽炯序“竟富鏤前”）、鏡（卷一葉一溫庭筠《菩薩蠻》“照花前後鏡”等處）、竟（卷一葉二溫庭筠《菩薩蠻》“心事竟誰知”）均缺末筆；驚（卷一葉四溫庭筠《更漏子》“驚塞雁”）缺捺筆。

【序跋附録】書首刻有歐陽炯序，與前書多有異文，録文如下：

《花間集序》

武德軍節度判官歐陽炯撰

鏤玉彫瓊，擬化工而迥巧；裁花剪葉，奪春艷以爭鮮。是以唱《雲謡》則金母詞清，挹霞醴則穆王心醉。名高《白雪》，聲聲而自合鸞歌；響遏青雲，字字而偏諧鳳律。楊柳大堤之句，樂府相傳；芙蓉曲渚之篇，豪家自製。莫不爭高門下，三千玳瑁之簪；竟富鏤前，數十珊瑚之樹。則有綺筵公子、繡幌佳人，遞葉葉之花牋，文抽麗錦；舉纖纖之玉指，拍按香檀。不無清絶之辭，用助嬌饒之態。自南朝之宮體，扇北里之倡風。何止言之不文，所謂秀而不實。有唐已降，率土之濱，家家之香逕春風，寧尋越艷；處處之紅樓夜月，自鎖常娥。在明皇朝，則有李太白應制《清平樂》詞四首。近代溫飛卿復有《金筌集》。邇來作者，無媿前人。今衛尉少卿字弘基，以拾翠洲邊，自得羽毛之異；織綃泉底，獨殊機杼之功。廣會衆賓，時延佳論。因集近來詩客曲子詞五百首，分爲十卷。以炯粗預知音，辱請命題，仍爲序引。昔郢人有歌《陽春》者，號爲絶唱，乃命之爲《花間集》。庶以陽春之甲，將使西園英哲，用資羽蓋之歡；南國嬋娟，休唱蓮舟之引。時大蜀廣政三年夏四月日序。

歐陽炯序後有總目，不録。

書末刻有晁謙之跋，録文如下：

右《花間集》十卷，皆唐末才士長短句，情真而調逸，思深而言婉。嗟乎！雖文之靡無補於世，亦可謂工矣。建康舊有本，比得往年例卷，猶載郡將監司僚幕之行，有《六朝實録》與《花間集》之贉，又他處本皆訛舛，廼是正而復刊，聊以存舊事云。紹興十八年二月二日濟陽晁謙之題。

【批校題跋】無。

【鈐印】序首葉鈐"顏仲/逸印"白文方印、"南/州"朱文方印、"張印/繼超"白文方印、"超/然"朱文方印、"張遠/之印"白文方印、"結一廬藏"朱文橢圓印、"徐乃/昌讀"朱文方印、"長宜"白文長方印、"王寵/履吉"白文方印、"子清/真賞"朱文方印、"席氏/玉照"朱文方印、"席鑑/之印"右白左朱方印、"筠"朱文圓印、"北京/圖書/館藏"朱文方印,書眉上鈐"趙/宋本"朱文圓印。次葉甲面框外鈐"軍曲/侯印"白文方印、"永好"白文長方印。

總目首葉鈐"子子孫孫/永保之"白文方印、"佚居/永言"白文方印、"超/然"朱文方印、"張遠/之印"白文方印、"子/清"朱文方印、"仁龢/朱澂"白文方印。

卷一首葉鈐"侯印/富民"白文方印、"永好"白文長方印、"靈石楊/氏墨林/藏書之印"朱文方印、"會稽孫/伯繩平/生真賞"朱文長方印、"永/叔"白文方印、"修"朱文方印、"席氏/玉照"朱文方印、"席鑑/之印"右白左朱方印,書眉上鈐"處順軒"白文長方印、"趙/宋本"朱文圓印。

卷二首葉鈐"席氏/玉照"朱文方印、"席鑑/之印"右白左朱方印、"趙/宋本"朱文圓印。第五葉甲面版框外鈐"長宜"白文長方印。

卷三首葉鈐"席氏/玉照"朱文方印、"席鑑/之印"右白左朱方印、"趙/宋本"朱文圓印。末葉鈐"虞山席/鑑玉照/氏收藏"朱文方印、"釀華/艸堂"白文方印、"桃原/衣冠"朱文方印、"子清/校讀"朱文長方印、"朱澂/之印"白文方印。

卷四首葉鈐"靈石楊/氏墨林/藏書之印"朱文方印、"結一廬藏"朱文橢圓印、"席氏/玉照"朱文方印、"席鑑/之印"右白左朱方印、"趙/宋本"朱文圓印。末葉鈐"永好"白文長方印。

卷五首葉鈐"席氏/玉照"朱文方印、"席鑑/之印"右白左朱方印、"趙/宋本"朱文圓印。末葉鈐"虞山席/鑑玉照/氏收藏"朱文方印、"釀華/艸堂"白文方印、"桃原/衣冠"朱文方印、"子清/校讀"朱文長方印、"朱澂/之印"白文方印,三枚"永好"白文長方印、"南/州"朱文方印、"張印/繼超"白文方印。

卷六首葉鈐"靈石楊/氏墨林/藏書之印"朱文方印、"結一廬藏"朱文橢圓印、"子子孫孫/永保之"白文方印、"趙/宋本"朱文圓印、"席氏/玉照"朱文方印、"席鑑/之印"右白左朱方印。

卷七、卷八首葉均鈐"席氏/玉照"朱文方印、"席鑑/之印"右白左朱方印、"趙/宋本"朱文圓印。卷八末葉鈐"虞山席/鑑玉照/氏收藏"朱文方印、"釀華/艸堂"白文方印、"桃原/衣冠"朱文方印、"子清/校讀"朱文長方印、"朱澂/之印"白文方印。

卷九首葉鈐"靈石楊/氏墨林/藏書之印"朱文方印、"結一廬藏"朱文橢圓印、"趙/宋本"朱文圓印、"席氏/玉照"朱文方印、"席鑑/之印"右白左朱方印。

卷十首葉鈐"趙/宋本"朱文圓印、"席氏/玉照"朱文方印、"席鑑/之印"右白左朱方印。末葉鈐"虞山席/鑑玉照/氏收藏"朱文方印、"釀華/艸堂"白文方印、"桃原/衣冠"朱文方印、"顏仲/逸印"白文方印、"子子孫孫/永保之"白文方印、"處順軒"白文長方印、"南/州"朱文方印、"繼超"白文龍虎文方印,書眉上鈐"佚居/永言"白文方印。

書末晁謙之跋葉鈐"萸山/珍本"朱文長方印、"南/州"朱文方印、"張印/繼超"白文方印、"北京/圖書/館藏"朱文方印、"朱印/錫庚"白文方印、"子清/校讀"朱文長方印、"朱澂/之印"白文方印、"虛静/齋"白文方印、"祖同/伯繩"朱白相間方印(左上右下朱文、右上左下白文)。

【書目著録】

1. 孫祖同《虛静齋宋元明本書目》著録有"《花間集》十卷,宋紹興戊辰晁謙之刻本",並録本書藏印[1]。

2.《北京圖書館古籍善本書目》詞類著録。

3.《中國古籍善本書目》集部詞類總集 21340 著録。

【遞藏】

1. 王寵(1494—1533),字履仁、履吉,號雅宜山人,江蘇吳縣(今屬江蘇蘇州)人。以諸生入國子監。善書,世多傳其書跡。藏書頗多,藏印有"王履吉印""鐵觀齋""雅宜山人珍藏圖籍""古吳王氏""玄微子""辛夷館印""雅宜山人""履吉父"等。著有《雅宜山人集》。

2. 張遠(1650—1724),字超然,福建侯官人。少孤,從母氏受章句,稍長貫

---

①孫祖同《虛静齋宋元明本書目》,《中國著名藏書家書目匯刊》近代卷,商務印書館 2005 年版。

穿經書大義，下筆有奇氣。避耿精忠亂，遊徙無定，後贅於常熟何氏，遂家焉。其詩名甚著。有《無悶堂詩集》十一卷、《文集》七卷。

3. 席鑑，見前《國家珍貴古籍名録》03435。

4. 大興宋氏，見前《國家珍貴古籍名録》04164。

5. 楊尚文（1807—1856），字仲華，號墨林，山西靈石人。藏書處名"連筠簃"。居家奉母，博覽群書。後居北京，廣交名士，與何紹基、張穆等交往甚密。輯刊有《連筠簃叢書》。同治元年（1862）藏書散出。

6. 朱澂（？—1890），字子清，號復廬，浙江仁和（今屬浙江杭州）人。朱學勤長子。同治歲貢，官江蘇候補道。克承父業，繼增家藏至較《結一廬書目》多幾一倍。卒後藏書多歸其婿張佩綸。

7. 張佩綸（1848—1903），字幼樵，一字繩庵，號簣齋，直隸豐潤（今屬河北唐山）人。清同治十年（1871）進士。光緒九年（1883）署都察院左副都御史，與張之洞、寶廷、吳大澂、陳寶琛等評議朝政，號清流派。中法戰爭赴閩會辦海疆事務。對法艦侵入馬尾港不加戒備，致福建海軍被擊潰，馬尾船廠被毀，與督辦福建船政大臣何如璋同被革職遣戍。光緒十四年獲釋，任李鴻章幕僚。光緒二十年遷居南京。光緒二十六年奉命北上協助李鴻章與八國聯軍各國代表談判，因與李意見不合，回南京，遂稱病不出。著有《澗于集》《澗于日記》等。

8. 孫祖同（？—1960後），字伯繩，號破夢居士，浙江山陰（今屬浙江紹興）人，遷居江蘇虞山。藏書有宋版《花間集》《尚書圖》，元版《廣韻》，明版一百四十種。晚年藏書售與北京圖書館。著有《虛靜齋詩集》。

9. 藏書印中所見藏家亦有顏仲逸、張繼超、侯富民等，尚待進一步考證。張繼超疑與張遠有關。

【其他】無。

【按語】

1. 卷一首葉所鈐"永/叔"白文方印、"修"朱文方印二印，疑爲僞造，假托歐陽修舊藏。

2. 核以正文，目録存在訛誤如下：

總目著録牛嶠詞三十三首，誤，實收三十二首；韋莊四十七首，誤，實收四十八首;孫光憲六十一首,誤,實收六十首;毛熙震三十首,誤,實收二十九首。

卷三目録總題五十首不誤,於韋莊下誤注二十五首,實收韋詞共二十六首。

卷四目録漏題總首數。於牛嶠名下總題二十六首,於張泌名下總題二十三首,苟以此計則本卷收詞四十九首。然牛嶠名下《江城子》注作二首("二"字似爲後添一橫),以各調首數相加牛詞當爲二十七首,本卷實收詞當爲五十首。

卷七目録漏題總首數,實收詞五十首,顧敻名下《更漏子》(二首),誤(二字下橫似爲添描),實收《更漏子》一首。

卷九目録尹鶚詞六首,卷内漏題作者名。

卷九目録所記閻選《浣溪沙》一首、毛熙震《浣溪沙》七首,卷内調名皆題作《浣沙溪》。

卷十目録所記李珣《浣溪沙》四首,卷内調名亦題作《浣沙溪》。

此本《花間集》十卷以實收詞計,實爲四百九十八首,非序所云五百首。

中興以來絶妙詞選

揚州大學　石任之

中國國家圖書館 09651

國家珍貴古籍名録 01256

《中興以來絶妙詞選》十卷。(宋)黄昇輯。宋淳祐九年(1249)劉誠甫刻本。四册。綫裝。袁克文跋。姚朋圖、章保世題款。

【題著説明】卷端題"絶妙詞選卷之一",未題著者,著者據黄昇《絶妙詞選序》。

【著者簡介】黄昇(生卒年不詳),字叔暘,號玉林,又號花庵詞客,南宋時人,閩人。早棄科舉,讀書吟詠自適。以詩受知游九功。閩帥樓秋房以泉石清士目之。有《散花菴詞》一卷。

【内容】卷一録康與之等十一家、詞九十九首,卷二劉子翬等十一家、詞八十六首,卷三張鎡等七家、詞七十六首,卷四吴禮之等十五家、詞八十二首,卷五劉光祖等十家、詞七十五首,卷六馬子嚴等三家、詞六十五首。卷七史達祖等六家、詞七十二首,卷八劉鎮等五家、詞五十八首,卷九張輯等十二家、詞六十一首,卷十劉子寰等八家、詞四十八首。附録黄昇自作三十八首。

《中興以來絶妙詞選》爲《花庵詞選》的一部分。《花庵詞選》前十卷名《唐宋諸賢絶妙詞選》,選録唐五代、北宋人詞作,始李白,迄王昴,附方外、閨秀各一卷,共一百三十四家、五百一十五首詞;後十卷名《中興以來絶妙詞選》,選南宋人作品,始康與之,迄洪瑹,附黄昇自作詞三十八首,共八十九家、七百六十首詞。黄氏序云中興部分"得數百家",而今存不及百家,或在初選本基礎上又經剪裁編定。

張炎《詞源》稱"近代詞人用功者多,如《陽春白雪集》、如《絶妙詞選》,亦自可觀"。方回《桐江集》亦稱"黄亦有詩話及《中興絶妙詞選》行世"。可見此書選摭精當,爲宋人詞選中較好的一種。

【刊印者】劉誠甫(生卒年不詳),南宋淳祐間人。按卷十末葉有木刻印"養/真""劉氏/養炁",疑養真(或作養炁)爲其名,誠甫其字。

【行款版式】半葉十三行,行二十三字。細黑口,左右雙邊。各卷版心中鎸"后幾",下鎸葉數。每葉乙面有書耳,鎸本葉詞作者姓字,如康伯可、陳去非、李漢老等。版框18.6厘米×12.3厘米,開本25.9厘米×16.0厘米。

【題名頁牌記】卷十末葉乙面刻有牌記,文字當出劉誠甫手,録文如下:

玉林此編,亦姑据家藏文集之所有朋游聞見之所傳,詞之妙者/固不止此。嗣有所得,當續刊之。若其序次,亦隨得本之先後,非固/爲之高下也。其間躰(體)製不同,無非英妙傑特之作。觀者其詳之。(牌記後摹刻木印:"養/真"朱文爵形印、"劉氏/養炁"朱文方印)

【刊寫題記】無。

【刻(寫)工】無。

【避諱】卷一曾純甫《金人捧露盤》"御溝春水溶"之"溝"缺最末豎筆,卷六姜夔《小重山令·潭州紅梅》"都沁緑筠枝"之"筠"缺末筆。

書中不諱之字甚多,如卷一康與之《瑞鶴仙》"舊日風光,太平再見"之"光"、《喜遷鶯》"碧天如鏡"之"鏡"、《風入松》(碧苔滿地襯殘紅)"緑樹陰濃"之"樹"、《應天長·閨思》"管絃綉陌"之"絃",及陳與義《虞美人·邢子友會上》"不受人間暑"之"暑"，均未避諱。

【序跋附録】書首依次刻有黄昇《絶妙詞選序》，胡德方《詞選序》，《中興以來絶妙詞選綱目》。二序皆作於淳祐九年己酉（1249），録文如下：

1.《絶妙詞選序》

長短句始於唐，盛於宋。唐詞具載《花閒集》，宋詞多見於曾端伯所編，而《復雅》一集，又兼采唐宋，迄於宣和之季，凡四千三百餘首，吁，亦備矣！況中興以來，作者繼出。及乎近世，人各有詞，詞各有體。知之而未見，見之而未盡者，不勝算也。暇日裒集得數百家，名之曰《絶妙詞選》。佳詞豈能盡録，亦嘗鼎一臠而已。然其盛麗如游金張之堂，妖冶如攬嬙施之祛，悲壯如三閭，豪俊如五陵，花前月底，舉杯清唱，合以紫簫，節以紅牙，飄飄然作騎鶴楊州①之想，信可樂也。親友劉誠甫謀鋟諸梓，傳之好事者，此意善矣。又録余舊作數十首附於後，不無珠玉在側之愧。有愛我者，其爲删之。淳祐己酉百五，玉林。（序末摹刻木印："黄／昇"朱文方印、"花菴"朱文葫蘆形印、"玉／林"朱文方印）

2.《詞選序》

古樂府不作，而後長短句出焉。我朝鉅公勝士，娱戲文章，亦多及此。然散在諸集，未易徧窺。玉林此選，博觀約取，發妙音於衆樂並奏之際，出至珍於萬寶畢陳之中。使人得一編，則可以盡見詞家之奇，厥功不亦茂乎！玉林畣棄科舉，雅意讀書，間從唫詠自適。閣學受齋游公嘗稱其詩爲晴空冰柱。閩帥秋房樓公聞其與魏菊莊爲友，併以泉石清士目之。其人如此，其詞選可知矣。淳祐己酉上巳，前進士胡德方季直序。（序末摹刻木印："季／直"朱文方印、"栢嵒／胡氏"朱文鐘形印、"籍／溪／後／學"朱文横琴形印）

【批校題跋】書末有袁克文丙辰年（1916）手書跋及另一跋，又有姚朋圖戊午（1918）、章保世己未（1919）手書觀款各一條，録如下：

1. 書末袁克文跋之一：

此書惟見於《敏求記》，餘無聞焉。況詞集之宋刊獨罕，而選詞尤尠，傳世者今惟海源閣之《花間集》及此兩書耳。詞集之存者，瞿氏有東山、蘆川兩詞，半已缺殘。予以一歲之中竟獲兩《片玉詞注》，合此可以三絶，豪矣。三月十九夜識

---

① 揚州，"楊"爲正字。

於玉泉山舍,寒雲。

2. 書末袁克文跋之二:

《中興以來絕妙詞選》十弖,爲《花庵詞選》後集。故板心一"后"字。《讀書敏求記》云"萬曆二年龍邱桐源舒氏新雕本閒有缺字,此則淳祐己酉所刻本也",所指當即此本。書尾木記後有劉氏木印,蓋即花庵自序所謂親友劉誠甫謀梓諸梓者是也。《天禄書目》有元刻一部,合前後集凡五册,無藏書家印記,且後集配鈔一二兩弖,與此部皆不合。此與《韋蘇州集》同得自滿貴族某氏家,皆爲《天禄書目》未載之書,至可寶也。丙辰三月十一日寒雲記於後百宋廛中。

3. 己未秋觀於贊侯寓齋,長洲章保世記。

4. 戊午上巳三弇姚朋圖觀於都下①。

【鈐印】第一册書前護葉鈐"鉼盦"白文長方印。黃昇序首葉鈐"聽雨/齋"朱文方印、"三琴/趣齋"朱文方印、"侍兒文/雲掌記"朱文長方印、"乾隆/御覽/之寶"寬邊朱文方巨印、"天禄/琳琅"朱文方印、"北京/圖書/館藏"朱文方印。黃昇序末(在木刻三印之右)鈐"聽雨/齋"朱文方印。胡德方序首葉鈐"聽雨/齋"朱文方印、"惟庚/寅吾/以降"朱文方印、"雙玉龕"朱文長方印。胡德方序末(在木刻三印之右)鈐"聽雨/齋"朱文方印。目錄首葉鈐"清/華"白文方印、"澄/中"朱文方印、"聽雨/齋"朱文方印、"郇齋"朱文長方印、"流水音"朱文長方印、"八經/閣"白文方印、"百宋/書藏"朱文方印、"祁陽陳澄中藏書記"朱文長方印。目錄末鈐"聽雨/齋"朱文方印。卷一首葉鈐"陳淳/之印"白文方印、"聽雨/齋"朱文方印,"上第/二子""臣印/克文"雙朱文方連珠印、"佞宋"朱文長方印。卷二末鈐"聽雨/齋"朱文方印、"三琴趣齋珍藏"朱文長方印、"乾隆/御覽/之寶"寬邊朱文方巨印、"天禄/琳琅"朱文方印。

第二册書前護葉鈐"豹岑"朱文方印(字外飾有肖形虎紋)、"袁鉥/克文"白文方印、"曉滄/藏書"朱文方印。卷三首葉鈐"侍兒文/雲掌記"朱文長方印、"聽雨/齋"朱文方印、"上第/二子""臣印/克文"雙朱文方連珠印、"佞宋"朱文長方印、"乾隆/御覽/之寶"寬邊朱文方巨印、"天禄/琳琅"朱文方印、"郇齋"朱文長方印、"祁陽陳澄中藏書記"朱文長方印。卷四末鈐"聽雨/齋"朱文方印、

① 按,此條時間在上條之先,然位在上條之左。

“乾隆/御覽/之寶”寬邊朱文方巨印、“天禄/琳琅”朱文方印、“三琴趣齋珍藏”朱文長方印。

第三册書前護葉鈐“璧珋/主人”白文方印、“百宋/書藏”朱文方印。卷五首葉鈐印同卷三。卷六末、卷七首葉鈐“聽雨/齋”朱文方印。卷七末鈐“三琴趣齋珍藏”朱文長方印、“乾隆/御覽/之寶”寬邊朱文方巨印、“天禄/琳琅”朱文方印。

第四册書前護葉鈐“惟庚/寅吾/以降”朱文方印（與前印不同）、“八經/閣”白文方印。卷八首葉鈐“侍兒文/雲掌記”朱文長方印、“上第/二子”“臣印/克文”雙朱文方連珠印、“佞宋”朱文長方印、“乾隆/御覽/之寶”寬邊朱文方巨印、“天禄/琳琅”朱文方印、“郇齋”朱文長方印、“祁陽陳澄中藏書記”朱文長方印。卷八末、卷九首葉、卷十末葉甲面鈐“聽雨/齋”朱文方印，乙面鈐“北京/圖書/館藏”朱文方印、“陳道/復氏”白文方印、“梅真侍觀”朱文長方印、“三琴趣齋珍藏”朱文長方印、“乾隆/御覽/之寶”寬邊朱文方巨印、“天禄/琳琅”朱文方印。袁克文跋一末鈐“无塵”朱文長方印。章保世觀跋下鈐“佩/乙”朱文方印。袁克文跋二末由上至下鈐“克文/之鈢”白文方印、“寒/雲主人”朱文方印。

【書目著録】

1. 錢曾《讀書敏求記》：“《中興以來絶妙詞選》十卷，萬曆二年，龍丘桐源舒氏新雕本，間有缺字。此則淳祐己酉所刻本也。”[1]

2. 袁克文《寒雲手寫所藏宋本提要廿九種》：“《絶妙詞選》十卷，宋刊宋印，四册。宋黄昇編。目録首行標‘中興以來絶妙詞選’，次行標‘花庵詞客編集’。半葉十三行，行二十字，題名大字兼行。册首淳祐己酉黄玉林自序，行書，大字，半葉六行，行十四字。次淳祐己酉胡德芳季直序，行書，大字，半葉五行，行十二字。次目録半葉，八行，標題大字兼行，二序皆以自書墨蹟入梓。目録字體與黄序同，蓋亦玉林自寫。黄序後有黄昇小方形、花庵葫蘆形、玉林大方形篆文木記。胡序後有季直中方形、柏㘞胡氏鐘形、籍溪後學琴形三篆文木記。第十卷尾有長木記文曰……小字行書，四周雙闌。後有一鼎形木記，文曰‘養真’，其下一方記曰‘劉氏義齋’。宋諱有缺有否，無刻工姓名。板心標‘後’及卷次，抄補

_____

[1]《藏園批注讀書敏求記校證》，中華書局 2012 年版，第 458 頁。

卷七、卷十四、十五兩葉。藏印……《絶妙詞選》玉林序謂：親友劉誠甫謀刊諸梓。此書尾有劉氏木記，蓋即淳祐原刊。舊湖色花綾衣，白絹簽題，曰‘中興詞選’，猶天禄故裝。”①

3. 傅增湘《藏園群書經眼録》：“宋刊本，半葉十三行，行二十三字。細黑口，左右雙闌，每卷第二行有‘宋詞’二字，上加黑蓋子。詞家姓名低一格，大字占雙行，下注其人傳略。篇中涉宋帝空一格。目録每半葉八行，每卷之幾上亦加黑蓋子。有淳祐己酉百王玉林序，又淳祐己酉上巳前進士胡德方季直序。卷尾有木記三行（略）。每册鈐有（略）。戊午閱”②

4.《北京圖書館古籍善本書目》集部詞類著録。

5.《中國古籍善本書目》卷三十集部詞類總集 21362 著録。

【遞藏】

1. 陳淳（1483—1544），字道復，後以字行，更字復甫，號白陽山人，江蘇長洲（今屬江蘇蘇州）人。以諸生入北平監，卒業歸，縱情書畫。曾學畫於文徵明，然文徵明謂：“吾道復舉業師耳，渠書畫自有門徑，非吾徒也。”其畫尤工寫意花鳥，與徐渭齊名。世以稱“白陽青藤”並稱之。亦能詩詞。有《陳白陽集》。

2. 清内府藏書。

3. 袁克文，見前《國家珍貴古籍名録》00565。

4. 陳清華（1894—1978），見前《國家珍貴古籍名録》00528。

【其他】

1. 各册封面題“中興詞選”，其下小字題卷數。

2. 此書多有簡字。

3. 卷七劉潛夫《憶秦娥》後兩葉、《長相思令》等五首及劉伯寵五首，原缺，係手工抄補。玩其筆意，似出袁克文之手。

【按語】

1. 此本《中興以來絶妙詞選》爲宋刻，有陶湘影刻本行世。全《花庵詞選》二十卷有汲古閣《詞苑英華》本等。

---

① 見《宋版書考録》，北京圖書館出版社 2003 年版，145—146 頁。
② 傅增湘《藏園群書經眼録》，中華書局 1983 版，第 1608 頁。

2. 袁克文跋稱："天禄書目有元刻一部，合前後集凡五册，無藏書家印記，且後集配鈔一二兩弓，與此部皆不合。此與韋蘇州集同得自滿貴族某氏家，皆爲天禄書目所未載之書，至可寶也。"而核彭元瑞所編《欽定天禄琳琅書目後編》卷十一"元版集部"，著録"一函五册。宋黄昇編。昇字叔暘，號玉林，閩人。書二十卷。曰《唐宋諸賢絶妙詞選》十卷，李白以下百三十四家；曰《中興以來絶妙詞選》十卷，康與之以下八十八家，而以昇自作三十八首爲附録。每人下各注仕履。中興以來人標其字，間作評語。前有淳祐乙酉昇自序云親友劉誠甫棐諸梓，又胡德方序稱其早棄科舉，與魏菊莊爲友，即編《詩人玉屑》者。併以泉石清士目之。至今倚聲家以《花間》《絶妙》兩集爲金科玉律也"，非袁氏所云元刻缺"一二兩弓"。《天禄琳琅書目後編》卷二十又著録明本一部"闕補《中興詞選》卷一，一、二"，不知是否爲袁氏之誤所本。此書鈐有"乾隆/御覽/之寶"寬邊朱文方巨印、"天禄/琳琅"朱文方印，明爲内府所藏，書中鮮少諱字，又多簡寫，或有可能誤定爲元刻。又故宫博物院《故宫已佚書籍書畫目録》記溥儀於民國十一年賜書"元版絶妙詞選一套"，晚於袁克文得書，二者可能並非一書，亦待進一步考證。

松蔭軒藏黃牧甫印譜八種書志

林章松撰　戴群(雲南省圖書館)補　吳格(復旦大學圖書館)校訂

(一)止軒印印不分卷

(清)黃士陵篆刻　(清)王繼香輯　清光緒十八年(1892)粘貼本　一册

【行款版式】原無版框,後人以藍色圓珠筆劃版框。無書口字樣。版框 10.4cm×18.9cm,開本14.5cm×23.9cm。

【題名著者】扉葉署"止軒印印,光緒十六年十有一月,丁亥新安黃士陵署首"。

【篆刻者】黃士陵(1849—1908),字牧甫、牧父、穆甫、穆父,號倦叟,別署倦游窠主,齋名蝸篆居、延清芬室,安徽黟縣(今屬黃山市)人。早年流寓南昌,光緒八年(1882)、十一年(1885)兩入廣州。繪畫善以西洋法畫彝器圖形,獨具面目。善魏楷及籀篆,書風明快。精篆刻,初學浙派、吳讓之、趙之謙,後取法漢人,脱胎而自成面貌。印文秀勁而富有變化,布局峻險中寓平穩,有超逸之趣。用刀犀利,力能扛鼎。所作印面不事破殘,極盡真率之感。有《般若波羅蜜多心經印譜》《黃牧甫印譜》《籀書吕子呻吟語》《黟山人印存》《止軒印印》《延清芬室印蛻》等存世。

【編者】王繼香（1846—1905），字子獻，一字書林，號止軒、醉顛、蓼齋，別署百悔生、堇山墨丐、蘭渚酒人、小醉鄉主，齋名醉庵（盦）、五雲舊廬，浙江山陰（今紹興）人。光緒十五年（1889）進士，以庶吉士用，散館授編修，官河南開封知府。曾任稽山書院山長。善文詞，工篆隸，精鐵筆，雅愛硯。有《越中古刻九種》《醉庵硯銘》《五雲舊廬印藪》《止軒詩集》《止軒集》《止軒文習初草》《文蛻》《王子獻日記》《函稿》《文稿》《硯影》《止軒印印》等存世。

【內容】王繼香（子獻）編輯黃牧甫所刻之印，總計三十二葉，二葉空白，一葉題耑，二十九葉粘貼印蛻，每葉印一至二方不等，印下間繫邊款，錄印四十六方。

【題名葉牌記】扉葉署"止軒印印，光緒十六年十有一月，丁亥新安黃士陵署首"。

【其他】封面有"止軒印印 壬辰六月編"題籤（隸書）。

（二）延清芬室印蛻不分卷

（清）黃士陵篆刻　（清）黃士陵輯　鈐印本　一冊　成書年代不詳

【行款版式】版框粗綫墨刷。書口上署"延清芬室印蛻"字樣（行書）。版框7.7cm×13cm，開本 11.8cm×19.3cm。

【題名著者】按潘壽培題記，云爲黔人黃小蘭作。

【篆刻者】黃士陵，見前。

【編者】黃士陵，見前。

【內容】黃士陵（牧甫）編輯自刻印而成。全譜計五十二葉，三葉題耑、潘壽培題記，四十九葉鈐印，每葉鈐印一方，印下未繫邊款，亦無説明文字，全譜錄印四十九方。

【題名葉牌記】扉葉有"延清芬室印蛻"題耑（隸書）。

【序跋附錄】扉葉有潘壽培題記、黃士陵小傳各一則，書末又有潘壽培題記一則，與前者內容相同。

1. 潘壽培題記一：

此印蛻爲黟人黃小蘭作，其姪孫雪廬亦以善治印名。顧吾宰黟時，有王容生者，高談雪廬，置小蘭於不論，豈知雪廬猶未能比小蘭乎。近翻黟志，得小蘭之大略，爰嘔誌之。

2. 潘壽培題記二：

此印蛻爲黟人黃小蘭作，其姪孫雪廬亦以善印章名。顧吾宰黟時，有王容生者，銕筆之餘，則高談雪廬，於小蘭若不知名，豈知雪廬固不足言小蘭乎。近翻黟志，得小蘭大略，爰嘔録之。

3. 黃士陵小傳：

黃士陵，字穆甫，號小蘭，黃村人，習金石篆隸之學。先後爲盛祭酒煜、梁方伯鼎芬、吳中丞大澂諸公鉤摹石經及石鼓文字於太學，復經張文襄延入廣雅書局，益肆力於東西漢官私印章，間以宋元人畫理諸新法，對影爲没骨花，尤工緻，名於世。晚入鄂存古學堂，校補石經殘缺字。有《延清芬室印譜》。

【其他】題記作者潘壽培，生卒年不詳，安徽桐城人。工書，擅詩詞。

（三）黟山人印存不分卷

（清）黃士陵篆刻 （清）蔣迺勛輯 鈐拓本 二册 成書年代不詳

【行款版式】版框粗綫灰刷。書口有"黟山人印存"字樣（楷書）。版框 11.2cm×17.1cm，開本 15.8cm×26cm。

【題名著者】封面題"黟山人印存"。

【篆刻者】黃士陵，見前。

【編者】蔣迺勛。生卒年不詳。河北宛平（今屬北京市）人。一作乃勳、迺勳，字華甫，別署古愚老人，齋名爲鯤遊別館。光緒間進士，與黃牧甫私交甚篤。工詩文，擅書，嘗挂單於北京琉璃廠，善行、楷，有聲於時。黃牧甫曾多次爲其製印。

【内容】册一計三十葉，三十葉鈐印，每葉鈐印一方，印下間附邊款，録印三十方；册二計二十八葉，二十八葉鈐印，每葉鈐印一方，印下無繫邊款，録印二十八方。全譜總録印五十八方。

【其他】封面有"黟山人印存"題籤（隸書）。

（四）黃牧甫印存手稿（黃穆甫印存續補）不分卷

（清）黃士陵篆刻　（清）黃士陵輯　鈐拓本　十三冊　清光緒三十四年（1908）鈐拓完成

【行款版式】無版框，一葉一印，間附邊款。無序跋，書口無字。各册開本尺寸不等：册一 10.2cm×19.1cm；册二至六 10.1cm×20.3cm；册七、八 11.3cm×20.2cm；册九 10.9cm×20.6cm；册十至十三 11.0cm×20.7cm。

【篆刻者】黃士陵，見前。

【編者】黃士陵，見前。

【拓者】黃士陵自拓。

【内容】黃士陵（牧甫）生前手鈐自刻印而成。册一計一百零三葉，一百零三葉鈐印，每葉鈐印一方，印下無繫邊款，録印一百零三方；册二計五十七葉，五十七葉鈐印，每葉鈐印一方，印下間附邊款，録印五十七方；册三計六十二葉，六十二葉鈐印，每葉鈐印一方，印下無繫邊款，録印六十二方；册四計四十七葉，四十七葉鈐印，每葉鈐印一方，印下繫邊款，録印四十七方；册五計三十五葉，三十五葉鈐印，每葉鈐印一方，印下間附邊款，録印三十五方；册六計三十五葉，三十五葉鈐印，每葉鈐印一方，印下繫邊款，録印三十五方；册七計一百零五葉，一百零五葉鈐印，每葉鈐印一方，印下無繫邊款，其中有重複印蜕，録印一百零五方；册八計五十二葉，五十二葉鈐印，每葉鈐印一方，印下無繫邊款，其中一葉雙面印，録印五十三方；册九計四十三葉，四十三葉鈐印，印下繫邊款，録印四十三方；册十計四十葉，四十葉鈐印，每葉鈐印一方，印下繫邊款，録印四十方；册十一計四十四葉，四十四葉鈐印，每葉鈐印一方，印下無繫邊款，録印四十四方；册十二計三十七葉，三十七葉鈐印，每葉鈐印一方，印下繫邊款，録印三十七方；册十三計三十七葉，三十七葉鈐印，每葉鈐印一方，印下繫邊款，録印三十七方。全譜十三册，總録印六百九十八方。譜終於光緒三十四年（1908）。

　　是譜泰半係在廣州所治印，隨刻隨鈐，少部爲晚年在武昌所刻，故開本規格未全一致。每葉一印，間附邊款，大多以蠟墨磨拓。其中屬專人用印集者有王秉恩、李師沆、李茗柯、歐陽務耘、俞旦二册及自用印集，另有專册爲在武昌所刻。

　　【序跋附録】

　　1. 鄧爾雅序：

　　黟縣黃穆甫先生爲吳愙齋門下士，博綜小學，諳究六書，工寫篆籀，既青於藍，私淑完白，上追二李，淵懿樸茂，直入神品。其於印也，有筆有墨有刀法，尤長於布白，方員并用，牝牡相銜，參伍錯綜，變化不可方物。印大方二寸強，小不及三分，或多至卅册言不易排列，亭勻便嫌板滯者，獨能疏密㢢扁互見，宜稱雍容安閒，心手相忘。《初集》光緒乙酉四十七字長印元跋“多字印排列不易，亭勻便嫌板滯，疏密則見安閒”。實以璽印，合鼎彝、石鼓、碑版、專瓦、權量、符節、竟、幣、刀布，乃至古玉、古陶諸彝董，冶於一鑪，調齊去聲而鎔鑄之，據篆室以出入。《初集》“化筆墨爲雲煙”六字巨印元跋“善乎魏丈稼孫之言曰，完白書從印入，印從書出。卓見定論，千古不可磨滅”。集印人之大成，完白而後，允推黟山，爲學者所公認。梁節厂丈與先大夫書云，穆甫印今推海內巨擘，信爲定論。先生高足弟子李茗柯舊藏先生印稿十九，爲《印存》初、二集，所未收者今歸澄海高子貞白，自欣奇獲，寶若璆珣，擬付影印，傳諸久遠，題曰《續補》，索余序言。附録舊作七言律詩，用志贊歎，且幸眼福。

　　2. 鄧爾雅書後：

　　讀黟山人印存書後

　　懷寧印後誰神者？惟有黟山集大成。

　　布白幾何入三昧，衝刀旁午敵千兵。

　　即論皖派承私淑，先生有自刻“私淑完白”四字小印。亦類斯翁至小生。李陽冰語“斯翁之後直至小生”。

　　譜録今看釿鍔在，先生衝刀全依古法，執刀極豎，不異筆正，白文尤顯易見。每作一畫，自起訖收，平直無些子窒礙。如久積印泥，先滌至净，試以刀輕劃之，果然。李茗柯云。竊云當以殿明清。

　　弟七十八丁亥夷則月，後學鄧爾疋。

【遞藏】

1. 黄士陵,見前。

2. 李尹桑(1882—1945)[①],字茗柯、酩柯、槙柯、師實,號壺父、璽齋、鉥齋、秦齋、若虛、朱華、公之佗。齋堂爲綠雲軒、大同石佛龕、異鈞室、宣靈館、雙清閣、長生安樂之室。原籍江蘇吳縣,後家廣東番禺。隨黄士陵游。工書法,臨摹秦、漢諸碑,饒有金石氣。畫以花卉見長。刻印爲黄士陵高足,精治小璽,印文方折硬挺,用刀生辣犀利,布局謹嚴穩重中多變化,作品載譽嶺南。與黄賓虹、易大庵、鄧爾雅交善。晚年除嘗爲小吏外,均以鬻印爲生,印之流佈嶺海及省外者至夥。存世有《大同石佛龕印稿》《李璽齋先生印存》《異鈞室璽印集存》《戊寅印稿》及與易大庵合輯《秦齋魏齋璽印合稿》。

3. 高秉蔭(1906—1992),又名貞白,號伯雨,筆名有林熙、秦仲龢、溫大雅等,廣東澄海人。出身豪門,留學英國,主修英國文學,歸國後在上海工作。好交游,周旋於各界名流之間,以故熟諳掌故。抗日戰争期間回港,以報刊隨筆專欄馳譽香港文壇。著有《聽雨樓隨筆》。另譯述有《英使謁見乾隆紀實》《紫禁城的黄昏》。

【按語】按此譜另名《黄穆甫印存續補》。原係黄士陵(牧甫)拓贈予其弟子李茗柯者,李茗柯極珍寶之,晚年窮困,他物變賣殆盡,惟存此譜,所惜終因生活所迫,將此譜歸高貞白先生收藏。高氏擬付印廣傳,並請鄧爾雅撰序,序成於1947年,因故至今未刊行。鄧爾雅先生所撰之序,亦因印刷公司失火而散失,幸於《南金雜誌》有影印發表,因此得以留存。高老先生後將此譜傳於余,今譜存於松蔭軒處,乃屬孤本。

(五)黟山人黄牧甫先生印存不分卷

(清)黄士陵篆刻　　(清)黄廷榮輯　　1935年上海西泠印社影印本　　四册

---

①《李尹桑印存》馬國權序載其生日爲1882年農曆11月6日,卒於1943年農曆12月4日。《廣東印人傳》載李氏生卒年爲1880—1945年。《近代印人傳》則載其生日爲1882年12月16日,卒於1945年1月9日。兹從後者。

【行款版式】版框粗綫品字格墨刷，書口有"黟山人黃牧甫先生印存"字樣。版框 10cm×18.5cm，開本 13.3cm×29.9cm。

【題名著者】上集首冊扉葉有王禔"黟山人黃牧父先生印存上集"題耑（篆書）。

【篆刻者】黃士陵，見前。

【編者】黃廷榮（1879—1953），一名石，小名多聞，字問經，號少牧、少穆、肖牧、石盦居主、黃山、黟山老農、嘯莫，齋名爲問梅花館、石盦居。安徽黟縣人。黃士陵之子。官南城令。善繪拓彝器，所作全形分陰陽向背，《陶齋吉金録》半出其手。工篆刻，繼承家法，作品嚴正挺拔，不作狂怪之態，印文結構方圓結合，硬朗勁辣，深得其父神韻。

【内容】此譜係黃廷榮（問經）輯其父黃士陵（牧甫）刻印拓影印而成。分上下兩集，每集兩冊。上集首冊前有黃氏肖像一幀，又有喬曾劬及羅惇曧序各一則；下集首冊前有"乙亥四月"字樣，有王易序一則、黃節題詞一則；下集冊二有易忠籙、徐文鏡、李尹桑、黃節等人序跋。共收八百九十八方印。末有《少牧印附》（黃廷榮篆刻），計六十九印。

【題名葉牌記】

上集首冊扉葉有王禔"黟山人黃牧父先生印存上集"題耑（篆書）。

下集首冊扉葉有羅惇曧"黟山人黃牧父先生印存下集"題耑（章草），有"乙亥四月"字樣。

【序跋附録】

上集

1. 黃士陵自題小影：

券游窠主五十三歲小景

光緒壬寅，游笈停鄂州，食武昌魚。適逢賢東道主，既無彈鋏之謂，又樂嘉魚之美，處之稘年，而兒加豐，景相寄八弟厚甫，厚甫爲之圖。距今五年，老病交至，已非故吾矣，爰識之以證今日之吾。

丙午春正月，券叟黃士陵自識。

2. 喬曾劬黃先生傳：

黃先生傳

華陽後學喬曾劼拜譔

先生名士陵，字牧父，安徽黟縣人也。生於縣之黃村，故別號黟山人。父仲穌，道德文章爲一鄉望，有《竹瑞堂集》，尤精許氏學。先生幼受庭訓，旁及篆刻。清咸豐、同治間，洪楊擾徽州，廬舍蕩然，家道中落。父卒，母謝夫人殉焉。先生形毀骨立，蔬食三年，孝行聞於鄉。服闋，詣燕京，肄業國子監南學，從盛伯羲、王廉生、吳清卿游，學大進。伯羲重橅阮氏覆宋本《石鼓文》，置韓文公祠壁，先生手刻焉。清卿巡撫廣東，延入幕府，諷以納粟爲官，先生夷然不屑。坐是清卿調撫湖南，先生不從，僑寓粵中，專事書畫篆刻，得直自給。作篆極淵懿樸茂之勝，治印自秦漢鉨印而外，益取材鐘鼎、泉幣、秦權、漢鏡、碑碣、匋瓦，故於皖、浙兩宗以次衰歇之後自樹一幟，並世學者尊爲黟山一派云。間作畫，本南唐徐崇嗣“没骨法”，別具風概。窮年兀兀，不求聞達，晏如也。五十以後，息影黟山，存卹孤寡，周給困乏，擲筆墨辛苦所入無少悋，自奉儉約，不改恒度，鄉里翕然稱道至今。子四：廷榮，能世其學，歷知江西南城、永豐、新建縣事；廷惠、廷穀、廷彝，殤。

贊曰：余觀近世印人，轉益多師固已。若取材博則病於蕪，行氣質則傷於野。能事盡矣，而無當於大雅。兼之而盡善者，莫如先生。夫惟超軼之姿，輔之以學問，冠冕一世，豈不盛哉。

3. 羅惇曧序：

牧甫先生篆刻力追三代吉金、秦漢鉢印，間仿泉幣，旁及瓦當，古茂淵懿，峭拔雄深，無法不備。或莊若對越，以方重而轉奇；或俊若跳趯，以欹斜而反正。隨道變化，位寘天成，氣象萬千，姿態橫出。前有撝叔，後有缶廬，可謂印人中之絕特者也。余弱冠時肄業廣雅書院，而先生方在書局校讎，人事匆匆，每以不獲乞治一印爲憾。今歲與令子少牧兄相見白下，過從甚歡，因得盡觀先生印稿，益服精詣。會少牧加以董理，將付影印，爰綴數言，用誌贊歎。癸酉冬十一月望，羅惇曧。

下集

1. 王易題識：

印章之昉，遠自周京。《周禮·地官·掌節》“貨賄用璽節”，《司市》“凡通貨賄用璽節出入之”，《秋官·職金》“辨其物之媺惡數量楬而璽之”，皆官印也。衛宏云：“秦以前民皆以金玉爲印，龍虎鈕唯其所好。”蔡邕云：“天子璽以玉螭虎鈕，古者尊卑共之。”則私印亦已作焉。東周文字異形，制作多詭。逮漢，則六體中有“摹印”，於是篆法漸一，結體有章。顧事物之進，始爲實用，繼求美觀，雅藝之所由成也。有如唐虞作繪，用以彰服，緜至戰國，宋、鄭始以妙稱，而“五等”“六要”之説起矣。倉沮造書，用以舒意，降及漢末，師梁始以工著，而“四體”“八法”之術興矣。至摹印之藝，演進較晚，魏晉以後，古器多淪，典型漫失，代雖有作，不審工拙。洎元吾丘貞白《學古編》始略著法，明文、何輩甫以能名，周櫟園遂傳印人，斯道始立。有清百藝俱昌，印人則浙西爲盛，作者蔚起。其挺於皖中者，巴蓮舫、鄧頑伯爲傑出，皆冥心敦古，自闢蹊徑者也，而發揚光大之者，則有黟山黃牧甫先生。先生幼更亂離，不事舉業，篤學嗜古，多識博聞。同光間僑居章門，鬻書治印。先大夫時爲諸生，亦好金石，與先生過從頻數，常就質正焉。嗣先生歷客吳愙齋、張廣雅、端匋齋諸公幕，聲譽藉甚。己亥秋，先大夫遊羊城，相別十餘年，復得把晤。出示所作，則瑰奇閎奧，上下古今，鎔籀斯爲一家，納泰華於方寸，歎觀止矣。易生也晚，不獲親炙先生，惟趨庭之餘，所聞若此。歲戊午，嗣君少牧作令江西，相見於迻情雅集，展叙先德，因得悉觀先生手蹟，驚歎眩瞀，不知所云。竊以爲暖姝摹擬，凡執斨者類能之，獨是出入規矩，變化神明，學古而不泥，積厚而流光，則非雄才大智者不能幾。孫卿所謂“法法以求統其類”，莊周所謂“技而進乎道者”此耳。先生遺棄世榮，神與古會，萃五十年之精力，集二千載之大成，豈偶然哉。今少牧彙先生所刻印以行世，屬易一言，爰自述其高山嚮往之懷，意後之覽者當知此非易一人之言也。乙亥人日，南昌王易敬識於京師寓廬。

2. 黃節題詩：

滄海遺塵一歎傷，南園休問校書堂。

低徊尚似承平事，正是先生客五羊。

題牧甫先生印集

甲戌，黃節。

3. 易均室題記：

并世篆刻之纍纍，吾滄浪一舸，蓋自識外舅萬季海先生示以黟山印拓始。

時安吉吳缶廬方以皖宗易幟江左，稱海内宗匠。黟山則遠歷五羊，其學乃大被于領嶠。後數年，識李壺父尹桑、鄧爾疋萬歲、馮康侯彊、家大厂憙，皆領表印人，胖韰黟山。壺父尤負親炙師門，餉余刻最夥，相與闡揚宗風，往往一石之成，十數易稿。既乃爲識一印曰"悲厂之學在貞石，黟山之學在吉金。悲厂之功在秦漢以下，黟山之功在三代以上"，余極服其語。爾疋、大厂時且以詩詞相詔，聲氣所播，鄂渚、湘江，亦遂有起而稱之者。壬戌之秋，晤謝研谷善詒於十髮翁鹿川閣座上，知有印癖。次日，持季海先生所摹黟山諸石示之。意跱躇，不忍釋手。後爲乞得壺父手拓黟山領南諸精製，得報書曰：津逮在晚敔居，冥搜三古，騰天潛淵之勢，生是使獨，悲厂尚遜其博奧，當清季一大家歟。第諸子所論鮮及運刀，余昔觀季海先生摹黟山作，多取切勢。又嘗屬内史靈蕤從友人王福厂問印學，則知皖宗自完白山民平削以來，悲厂博以衝，黟山通于切。并漢、宋入雙管，萃徽、杭于一堂，旁摭匋泥，啟途來兹，黟山之門庭爲大。其題記短篇，亦復越箭達犀，朔碑畫翠，幾于凌轢黃奚，齊趣茂苑，百世之下，猶令企踵塵躅于弗置耳。奏刀之先，意徵落墨，是在能篆。黟山篆勢，閎肆精融，接軌鄧、吳，下開窣齋、師鄴數子，薪傳今在問經。余交問經二十載，曩客燕臺，爲治十印，兼惠篆籀，宛然詩禮家風。此册前年在漢上曾示讀經月，并商理董付印，屬題記。回憶自季海先生以來，所識海宇印人半黟山門下士，而余亦乞問經爲製一印曰"私淑黟山"，是誠未能已于言者。乙亥上巳，稽園易忠籙。

4. 徐文鏡叙：

黟山黃牧父先生篆刻，于浙、皖兩宗外自闢蹊徑。僑粵有年，南中印人皆法之，謂之"黟山派"。哲嗣少牧道兄，紹其學而勿替，余慕之。甲戌冬，傾蓋京華，一見語合，承以先生《印存》見贈，上集已印行，下集待付版，屬爲叙。余以不學，何敢贊一辭。顧先生治印剛健中正，遒勁樸茂，學皖而不爲皖所拘，得龍泓、完白之長，成一家言。蓋先生邃于金石之學，取鼎彝布化鉢匋碑碣，融一鑪而冶之，不期然而然，豈僅以印言印也。昔人論篆有云：功侔造化，冥契鬼神，謂之神。筆畫之外，得微眇法，謂之奇。執精于一，規榘方圓，謂之工。繁柬相參，布置不紊，謂之巧。噫，微先生，其誰與歸？

乙亥小滿，後學徐文鏡敬叙于新都古唱經樓。

5. 李尹桑序：

先師黟山先生，摹印上溯周秦，下窺漢魏，獨往獨來，無少顧忌，故能自樹一幟。趙悲盦所謂"爲二百年來摹印家立一門户"者，先師庶足以當之。其生平治印未嘗輯譜，僅存印稿十餘册，都二千餘印，置之篋衍，亦未示人，故朋舊多未之見。先師故後，嗣君少牧即欲以印稿影印，俾公諸世，衹以人事倉皇，遷延未果，時以爲憾。桑耿耿於心，亦同此情。今春少牧書來，謂已將先師印稿重加董理，影印成帙，桑聞之驚喜欲狂，蓋海内渴望先師印集已久，今竟印成，寧非一大快事。即先師在天之靈，亦可稍慰矣。少牧克承家學，於先人手澤尤能善爲保守，其孝行有足多者，書此以志欽佩。

甲戌孟秋七月，受業李尹桑謹識。

少牧印附

黃廷榮跋：

天下無難爲之事，亦無易就之功。即一藝之微，必經數十年之辛苦，竭數十年之心力，深入其中，然後神明與之俱化，不求其工而自無不工。此理固確不可易者。先公通六藝，精許氏學。兄八九歲時，詩禮之暇，旁及篆刻，自鳥跡蟲篆以及商槃周鼎、秦碑漢碣，無不廣爲臨摹，至今積二十年，酷暑嚴寒，未嘗暫廢，其嗜之之篤至於如此。天下事未有嗜之而不工者，其所造亦可想矣。近鎸《多心經》一卷，章法典雅，運刀如筆，余不工篆刻，亦能辨之，顧以弟譽兄，未有不笑以爲私者，然所刻具在世間，豈無真有眼力之人哉。

此先叔父志甫公題府君《多心經印譜》跋語也。其時先輩弟兄，年才及壯。《多心經》諸印後亦散失殆盡，僅存"行深般若波羅蜜多時"一章，已編入上集。先叔工古文辭，宗桐城，中藏卓然成家，教諭全椒，桃李滿門，爲邑人士宗仰。此跋蓋早年所題，廷榮謹録於後，亦以見難兄弟各隨性近，或以金石，或以文章，互相砥礪，以成其業也。府君治印垂五十年，學問年齒，相與展進，故能不囿所學，獨樹一幟，誠如先叔所謂"神明與之俱化"矣。今集存印八百九十八方，以自用印冠其首，餘則編以年次，分爲上、下集，付諸影印，藉廣流傳。集末數印俱爲友好先後拓貽，故次序不免凌錯。廷榮有媿析薪，實惄負荷，艾年已過，碌碌無聞，篆刻之微，亦難紹述。編末附以拙刻六十八方，自知有忝先人，皇悚無地，聊以誌永慕之感云爾。

民國二十三年冬,長男廷榮編後謹記。

【諸序跋作者小傳】

羅惇㬊(1873—1954),字照嚴、子燮,號敷盦、復堪,或作敷闇、復闇、復庵、復厂,又號悉檀居士,齋堂爲三山簃、陶周閣,廣東順德人。康有爲弟子。工書,能畫,所作花卉,秀逸脱俗,其章草書法之嫵媚多姿,尤飲譽士林。歷任司法部文案、教育部參事、内政部秘書。(又,《書譜》第五十五期刊羅氏《書法略論》,編者載其生卒年爲1876—1956年。)

徐文鏡(1895—1975),字問徑,號鏡齋、竟齋,筆名徐大悲、徐孃,齋堂爲古唱經樓、紫泥山館,浙江寧海人。博學多才,工書,善畫,精篆刻。擅操琴,詩詞文學,均有所長。亦能自製印泥。書以籀篆見稱,畫以墨竹爲能。篆宗秦漢,印作風格雅潤端莊中見其秀美。操琴則爲當代名手。惟天妒英才,晚年寓港,不幸失明,致憂鬱以終。(又,生年一作1894年。)

王易(約1879—19?),原名朝綜,字曉湘,江西南昌人。活動於清末民國年間。多才博學,工書善刻,通音律。父亦好金石。曉湘與黃牧甫過從頻數,常就質正焉。存世有《國學概論》《詞典史》《樂府通論》。

黃節(1873—1935),原名玉昆,字純照,一作純熙,號晦聞、佩文、蒹葭樓主,廣東順德人。齋堂爲蒹葭樓。工詩、善書,與梁鼎芬、羅癭公、曾剛父,稱嶺南四書家(亦稱嶺南四詩家)。歷任國粹學報編輯、兩廣師範教席、廣東高等學堂監督、北京大學教授、廣東省教育廳廳長及廣東省通志館館長。死後墓誌爲章炳麟所撰,余紹宋所書,張爾田篆蓋。此三人者,皆浙省名士也。

易均室(1886—19?),名忠菉、忠錄、忠录,字均室,號穉園,別署病因外史、病因生、滄浪散人等。湖北潛江人。清末畢業於日本早稻田大學,旋參加同盟會。歷任湖北省圖書館館長,西北大學、四川大學教授。後任四川省文史研究館研究員。工書法,篆尤精湛。篤好藏印,平生積聚元明以來名家手跡數百鈕,朋儕爲刻者亦數百鈕。存世有《古印甄》《均室璽印》《明清印人印集》《錦里篆刻徵存》《古籀臆箋》《静偶軒金石題跋》《隔雲集》。

李尹桑,見前。

【案語】此譜非鈐拓本,而係民國影印本,存世尚多。然其所據底本精良,當係黃牧甫舊留之印蛻,故印面完整,鈐拓極精,惜邊跋似用蠟墨拓,故效果稍遜。又此譜成書較早,收印衆多,影響甚大,且多爲後之出版物翻印所據,於黃氏諸譜中自有重要參考價值。故亦入書志。

(六)黃牧甫印存(黟山人黃牧甫印存)不分卷

(清)黃士陵篆刻　張咀英輯　1936年鈐拓本　二册

【行款版式】是譜版框淡墨刷。書口楷書"黟山人黃牧甫印存"字樣。版框7.8cm×17.2cm,開本13.4cm×30.5cm。

【題名著者】據封面、扉葉題記,爲黃牧甫刻、張魯盦集。

【篆刻者】黃士陵,見前。

【編者】張咀英(1901—1962),原名張錫誠,更名張英、張咀英,字魯盦、魯庵、魯厂,以字行,齋名爲望雲草堂、春在堂,浙江慈谿(今寧波)人。生於金石好古世家,家境優裕,以收藏、臨仿明清兩代名家印譜聞名於世。篆刻師學趙時棡。於古璽、漢印之規摹,頗入師法。四十歲後仿鄧石如,幾可亂真。曾自謂會寫、會刻外,也要製印泥。遂以重金聘人分析配方,創製"魯盦印泥",可謂印壇之通人是也。西泠印社早期社員。有《魯盦仿完白山人印譜》《魯盦藏印譜簡目》《秦漢小私印選》《張氏魯盦印選》《何雪漁印譜》《橫雲山民印聚》《黃牧甫印存》《金罍印摭》《退庵印寄》《鍾矞申印存》《松窗遺印》等存世。

【內容】此譜係張咀英(魯盦)編輯、黃士陵(牧甫)刻印而成。册一計四十一葉,一葉題耑,四十葉鈐印,每葉鈐印一方,印下繫邊款,錄印四十方;册二計四十一葉,一葉題耑,四十葉鈐印,每葉鈐印一方,印下繫邊款,錄印四十方。全譜總錄印八十方。

【題名葉牌記】

扉葉有趙叔孺"黃牧甫印存"題耑(隸書),下署"魯盦所集,丙子秋月,趙叔孺題"。

册二尾附書牌一則:"原拓《黟山人黃牧甫印存》都兩册共印八十方。定價國幣捌圓正。民國廿六年一月一日孝水魯盦張咀英輯於上海望雲草堂。"

【其他】

1. 封面有王福厂"黄牧甫印存"篆書題籤,下署"魯盦所集,丙子秋月,王福厂書"。

2. 此譜又名《黟山人黄牧甫印存》,均用張魯盦所藏原石鈐拓,相當精好。多爲王秉恩、潘蘭史等諸家之用印。(另,《書譜》第十七期第二頁載《晚清篆刻大師黄牧甫》一文謂此譜成書於 1937 年。)

(七)黟山人印譜不分卷

(清)黄士陵篆刻　無名氏輯　鈐拓本　四册　分四卷　成譜時間不詳

【行款版式】版框粗綫灰刷,無書口字樣。版框 8.3cm×19.4cm,開本 16.3cm×29.1cm。

【題名著者】據題名葉牌記爲黄士陵所刻。

【篆刻者】黄士陵,見前。

【内容】册一計二十五葉,一葉題耑,二十四葉鈐印,每葉鈐印一方,印下繫邊款,邊款拓於另葉,録印十二方;册二計二十六葉,一葉題耑,二十五葉鈐印,每葉鈐印一至二方,印下繫邊款,邊款另葉,録印二十八方;册三計二十五葉,一葉題耑,二十四葉鈐印,每葉鈐印一方,印下繫邊款,邊款另葉,録印十二方;册四計二十三葉,一葉題耑,二十二葉鈐印,每葉鈐印一方,印下繫邊款,邊款另葉,録印十一方。全譜總録印六十三方。

【題名葉牌記】每册扉葉分别有墨書"黟山人印譜之一、二、三、四"題耑。

(八)剛齋舊存黄牧甫印作不分卷

(清)黄士陵篆刻　楊廣泰輯　1993 年鈐拓本　綫裝　一册

【行款版式】無版框,書口無字。開本 13.9cm×30.4cm。

【題名著者】據黄大同序,爲黄士陵刻、楊廣泰輯。

【篆刻者】黃士陵,見前。

【編者】楊廣泰(1956—),河北河間人,現居北京。工書,精篆刻,富收藏。師承頓立夫。著有《新出封泥匯編》《中國古璽印新編》《印史留遺》《續印史留遺》《黃牧甫印聚》《頓立夫印聚》《徐新周印聚》《文雅堂宋元古印輯》《楊廣泰印存》《頓立夫治印》《頓立夫治印續》《頓立夫篆刻作品集》《寧斧成印譜》《黃文寬印譜》《楊廣泰刻心經印譜》等存世。

【拓者】據黃大同序,或爲楊廣泰所拓。

【內容】楊廣泰編輯、黃士陵(牧甫)刻印而成。是譜所錄黃士陵印作,均爲黃文寬家傳印石。封面有黃大同題簽,次見黃大同序一則。全譜五十五葉,二葉黃大同序,五十三葉鈐印,每葉鈐拓一印,印下繫拓邊款,錄印五十二方。

【序跋附錄】

黃大同序:

黃士陵,字牧甫。清末篆刻家,黟山派創始人。其治印早年師承鄧石如、陳曼生,後汲取諸古文字之意態,獨辟蹊徑,自成一體。牧甫居粵共一十八年,對嶺南印壇影響極大。其印作流落粵地當亦不少,唯經上百年變遷,傳世已較罕見,現能集中成批者更爲稀少。

先父嗜好篆刻,廣求印譜及名家石作,觀賞摹習。數十年纍積,堪稱可觀。惜遭丙午之亂,幾乎喪失殆盡。原有牧甫印作二百餘方,現僅存五十餘,除個別爲丙辰後重新購得外,均爲僥倖於花盆泥下逃過劫難者,故亦可稱"劫餘印存"矣。

觀此五十餘方印作,多爲未署治印年份者,但從印文及邊款風格推斷,應爲牧甫中晚期作品,較充分體現出牧甫篆刻薄刃衝割、挺拔光潔、粗細掩映、疏密有致之風貌。此中大部分(約四十方)嘗見刊於臺灣一九七七年出版曾紹杰編《增選黃牧父印存》,另西泠印社所編《黃牧甫印譜》亦曾刊出數印。唯與曾編《印存》鈐迹比較,現存印石經世歷劫,殘損之痕歷歷在目,殊可歎也。

楊廣泰先生秉宏揚印藝之志,與余商議鈐拓這批印作刊世,此誠有益於印壇,亦告慰於先人之舉,因共協力成此印譜。是爲序。

癸酉仲春,台山黃大同於羊石梅庵。

【其他】封面有黃大同題簽：“剛齋舊存黃牧甫印作，大同題。”案黃大同（1949—），筆名洞天，別號廉泉布衣、沙河散客、茶亭憩客、詩書畫印四拙翁、四拙翁，齋號爲梅庵、曬網亭，祖籍廣東省台山縣，生於廣州。黃文寬子。隨父學習篆刻與書法，遵循傳統風格，涉獵各家流派。此外，自學格律詩詞創作。爲中國書法家協會會員，曾任嶺南篆刻學會第二任會長。現爲廣東省書法家協會會員，廣州軍區老幹部大學篆書班教師。

北京師範大學圖書館藏
稿鈔本書志（經部選萃）

北京師範大學圖書館　楊　健

周易經傳集解三十六卷

（宋）林栗撰。清鈔本。王禮培跋。太史連紙。綫裝十册。每半葉八行，行二十字，烏絲欄，黑口，上下魚尾，四周雙邊。框高 20.4 厘米，寬 13.9 厘米。版框外鐫"四美堂寫定未刻本"。前有四庫館臣所校正之"提要"。

林栗，字黄中。福清人。紹興十二年進士。官至兵部侍郎。與朱子論《易》及《西銘》不合，遂上疏論朱子。時太常博士葉適、侍御史胡晉臣皆助朱子劾栗，因罷知泉州，又移明州。卒謚簡肅。事跡具《宋史》本傳。

栗書"因王弼之例，集經傳而解之，又益之以《序卦》《雜卦》"（卷一）。其於淳熙十二年四月嘗進書於朝廷，朱彝尊《經義考》卷二十六録林栗自序及《進書表》云："所有《周易經傳》三十二卷，《繫辭》上下二卷，《文言》《説卦》《序》《雜》本文共爲一卷，《河圖》《洛書》《八卦九疇大衍總會圖》《六十四卦立成圖》《大衍揲蓍解》共爲一卷，總三十六册，謹隨表上進。"今本卷數與之合。又《曝書亭集》卷四十二《書林氏周易經傳集解後》記"崑山徐尚書原一爲其弟子納蘭容若彙刻《經解》，黄中是書業開雕矣。客語尚書曰：'黄中獲罪朱子，若刊其書，是亦朱子之罪人矣。'乃斧以斯之"。是書清代未見有刊印本。《四庫全書》據朱氏曝書亭本採録。《鐵琴銅劍樓藏書目録》卷一著録有舊鈔本，前有自序，題"朝議大夫寶文閣權發遣潭州軍州主管荆湖南路安撫司公事臣林栗上進"，又淳熙十二年《進表》及《貼黄》《獎諭》《敕書》。又《緣督廬日記抄》"丙辰七月初一日"

録:"林栗《周易經傳集解》藍格鈔本,前有《進書表》及敕書,似從宋本傳録。"此本卷前無林栗自序及《進書表》等,有四庫館臣撰之卷前提要,應從《四庫全書》本出。《中國古籍善本書目》著録。

扉頁有王禮培墨筆題跋:"此四美堂寫定未刻本。培案:通志堂已刊,因栗與朱子爲難,復毀其板,此書遂孤行矣。得之者其寶諸。宣統元年十二月重理舊架將開祭書會,因記。佩初氏。"

藏書印有"禮培私印""小招隱館""掃塵齋積書記""曾藏沈燕謀家"。王禮培(1864—1943),字佩初。湖南湘鄉人。光緒十九年(1893)舉人。藏書甚富,多抄校本,爲葉德輝之後湘中著名藏書家,"掃塵齋""小招隱館"均爲其藏書樓。沈燕謀(1891—1974),學名繩祖,號南村,以字行。江蘇南通人。化學家,實業家。雅好藏書。

讀易質疑二十卷

(清)汪瑢撰。稿本。竹紙。綫裝八册。每半葉九行,行二十字,藍絲欄,白口,上魚尾,四周雙邊。框高 19.8 厘米,寬 12.6 厘米。版心下鎸"儀典堂"。卷端題"新安默菴汪瑢文儀甫著"。卷前有康熙乙卯(1675)汪之禎序、康熙二十七年(1688)姚淳燾序、康熙壬申(1692)張夏序、康熙辛巳(1701)葉良儀序、康熙辛巳江皋序、康熙癸未(1703)張兆鉉序。卷末附康熙癸未汪均(汪瑢子)跋。

汪瑢,字文儀,學者稱默菴先生。休寧人。曾講學東林,力嚴陽儒陰釋之辨。著有《讀易質疑》二十卷,又有《大學章句繹義》《周易補注便讀》《評點學部通辨》《語餘漫録》《悠然草》等。《[道光]休寧縣志》有傳。

是書《四庫全書總目》入易類存目,《提要》云:"其書置象數而專言理……隨文詮釋,無所穿鑿,而亦無所發明。"此本爲謄清稿,卷端鈐"文義""汪瑢之印",汪均跋後鈐"汪均鄰石之印"。書内有朱、墨筆增删、校改,應爲覆校時所爲。如卷一首頁第七行"蓋聖人之言衝口而出",朱筆改爲"蓋聖人見得道理分明,衝口而出"。第三十頁"天即人,人即天也",墨筆增"其所以不合者,以有我之私陋之也,無私則與道爲體,而自合矣"。卷四第二十三頁首行"李隆山曰"以下整段文字均删。卷七第九頁删去"無復向時之阻抑困窮矣"。卷十七、十八多處文字改動較大，故以墨筆書於籤條上，再粘覆原文。比對《四庫全書存目叢書》影印遼寧圖書館所藏清康熙汪氏儀典堂刻本，刻本均與改動後文字同。另刻本較此稿本序文多出康熙甲申陳鵬年序、康熙癸未施璜序，正文前多出圖説、卦歌、筮儀。而稿本亦有文字多出刻本者：卷前《説易私質》，稿本於"汪璲謹識"後多出一段文字，强調"聖人設象立卦繫詞之本旨"；卷六"噬嗑卦"後附有《釣金束矢考》，刻本無。稿本又有數處朱筆眉批、夾批，亦不見於刻本。如卷三詮釋"小畜卦"之"密雲不雨"，有眉批："陽氣勝，則散而爲雨。何也？蓋陽倡陰，道之常也。得常則和，和故雨。陰倡陽，則常畢而不和矣。不和，焉得雨。自我西郊，陰倡陽也，故不雨。"

查戴名世《南山集》卷四有《讀易質疑序》，略云："吾友汪君聖功出其族人默菴氏所著《讀易質疑》示余，余讀之，實有獲於余心焉。其書折衷群説，而一以朱子爲宗，條分縷晰，燦若黑白，而據文疏義，引伸觸類，時亦有補朱子所未及者。"此序稿本、刻本均未見，或藏書者因"《南山集》案"後畏禍而抽毁之。

藏書印有"紹縣沈氏所藏""研易樓藏書印""研易樓""沈仲濤讀書記""仲濤讀易之印"等。沈仲濤（1892—1980），現代藏書家。號研易樓主人。浙江山陰（今紹興）人。1949年遷居臺灣，藏書後捐入臺北故宮博物院。

讀易輯要十卷

不著撰人名氏。清康熙鈔本。竹紙。綫裝二册。每半葉九行，行二十四字，無欄格。無序跋。

書按《易傳》十篇，每篇一卷，凡十卷。每篇逐句注釋，或輯録諸家之説，或直接闡發己意。其所録學者之説，以"吴敬菴"爲多。查《四庫全書總目》"易類存目四"著録有《易經本義翼》十二卷，云："卷首題籤云'蘇州府學附生曹澐手輯吴敬庵《羲經本義》二十本'……蓋江南諸生録送提學之本，不知吴敬庵者爲何人也。"按：吴敬庵，即吴曰慎，字徽仲，號敬庵（一作静庵）。歙縣人，諸生。明末清初理學家，曾講學紫陽、還古兩書院。《清史稿》入"儒林傳"。《[光緒]重修安徽通志》著録其《周易本義爻徵》《周易本義翼》《周易愚按》《周易集粹》等書數十卷，今僅《周易本義爻徵》二卷存世。書中另輯録程曾遠之説。按：程曾遠生平不可考，僅見清初余光耿《蓼花詞》中有《醉蓬萊·悼程曾遠》，不知與此書中之程曾遠是否同一人。其餘皆明以前諸子之説，較多者有宋李舜臣（隆山）、馮椅（厚齋），元張清子（中溪）、胡炳文（雲峰），明蔡清（虛齋）、陳琛（紫峰）、余本（子華）、來知德（梁山）、林希元（次崖）等。大抵所引諸説，應以吳敬庵、程曾遠爲最晚。故此書之纂輯，約在清順、康時期。

書中避諱，“玄”字缺筆，“弘”“曆”“寧”均不缺筆，故定爲康熙間鈔本。

藏書印有“對山樓藏書”。

尚書講義二十卷

（宋）史浩撰。清顧沅藝海樓鈔本。竹紙。綫裝四册。每半葉八行，行二十一字，藍絲欄，白口，上魚尾，四周雙邊。版心下鎸“藝海樓”。框高22.3厘米，寬13.7厘米。卷前有四庫館臣恭校之“提要”。

史浩（1106—1194），字直翁。明州鄞縣（今屬浙江寧波）人。紹興十五年（1145）進士，初官餘姚尉，歷溫州教授、太學正、國子博士、秘書省校書郎、宗正少卿。三十二年（1162），孝宗繼位，授參知政事。隆興元年（1163），拜尚書右僕射，淳熙十年（1183），除太保致仕。事跡具《宋史》本傳。

據宋《館閣書目》載，淳熙十六年（1189）正月，史浩進《尚書講義》於朝廷，詔藏秘府。其説以注疏爲主，參考諸儒舊説，間附己意，融而貫之。《宋史·藝文志》著録爲二十二卷，至明王圻《續文獻通考》、陳第《世善堂藏書目録》仍録爲二十二卷。至清初朱彝尊《經義考》云未見，知當時傳本已佚。四庫館臣自《永樂大典》各韻中輯出，釐爲二十卷，是爲今本。

繆荃孫等撰《嘉業堂藏書志》著録有顧沅輯《藝海樓續經解》二十四種，“大半皆《大典》輯本，容若所不及見者”。此本不見於子目中，是顧氏《續經解》不只二十四種之數。卷前“提要”署“乾隆五十年”，應抄自文瀾閣本。又葉德輝《結一廬書目》序稱，朱學勤藏書“多得之長洲顧氏藝海樓，仁和勞氏丹鉛精舍”，查《結一廬書目》著録有“尚書講義二十卷，宋史浩撰，藝海樓傳抄閣本”，是此書經顧沅、朱學勤遞藏。

尚書諸家引經異字同聲考一卷

（清）丁顯撰。稿本。竹紙。綫裝四册。每半葉十一行，行二十五字，紫方格，白口，上下魚尾，四周單邊。框高 19.6 厘米，寬 14.4 厘米。前有同治丁顯序，末有光緒十年後序。

丁顯，字西圃，號韻漁。山陽（今屬江蘇淮安）人。咸豐九年（1859）舉人。同治時選爲睢寧訓導，在睢十七年，以老罷歸。平生講求經濟之用，有《淮北水利說》《復淮故道圖說》等。又精於音韻，有《丁西圃叢書》，彙刻其音韻學著述。傳見《[宣統]續纂山陽縣志》卷十。

丁氏有感於"有經書字係本義，而引證字爲轉聲者；有轉引字係本義，而經書字爲轉聲者。不明乎此，則妄釋經義，疑惑愈深"，故撰爲"《十三經諸家引書異字同聲考》，俾知聲類之互轉，因方言而殊，因時代而異"（光緒刻本《十三經諸家引書異字同聲考》總序）。《尚書諸家引經同聲考》爲《十三經諸家引書異字同聲考》之卷二（故版心題"卷二"）。按丁顯後序，言其於段氏之書（即段玉裁《古文尚書撰異》），精心考核，並旁參諸家之說，反復研窮，"將字之聲相近者，悉心考校，廣爲徵此"。

此本爲付刻之謄清稿，行款與刻本同，每頁眉端標有統計字數之特殊符號，應爲抄手所爲，以便核算工錢。脱誤之處，有墨筆勘補於旁。

胡氏禹貢錐指勘補十二卷

（清）姚燮撰。清馮成勳思滌軒鈔本。竹紙。綫裝二册。每半葉十行，行二十四字，綠絲欄，白口，上魚尾，四周雙邊。版心下鎸"思滌軒"。框高 13.9 厘米，寬 9.8 厘米。卷前有姚燮《胡氏禹貢錐指勘補序目》。卷端題"鎮海姚燮箸、慈谿馮成勳手錄"。

姚燮（1805—1864），字梅伯，晚號復莊，又號大梅山民。鎮海（今屬浙江寧波）人。道光十四年（1834）舉人。其治學廣涉經史、地理、釋道、戲曲、小說。工詩畫，尤善仕女、梅花。有《復莊詩問》《復莊駢儷文榷》《疏影樓詞》等。

是書是姚燮對胡渭《禹貢錐指》之勘正補充。按姚序，其早年閲胡渭《禹貢錐指》，嘆爲無復加，"久之，復覺疑竇百出，迷障益生，爰反覆推求，益證以他書之未經引據者，眉志書上”。弱冠後，因家貧，遊歷四方，業遂中輟。此爲其晚年整理本，“取原本，力疾釐訂一週①，分爲十二卷”。每卷各數十條，每條先列《禹貢錐指》原文，後爲姚燮之勘正補充。

董沛《正誼堂文集》卷十七《姚復莊先生墓表》列姚燮經學著作，有《禹貢錐指勘補》，《［光緒］鎮海縣志》“藝文”著録《胡氏禹貢錐指勘補》十二卷，爲“大梅山館藏本”（即姚氏家藏本），此外未見其他著録。是此書流傳不廣，亦未付之梓人。

禹貢譜二卷

（清）王澍撰。清鈔本。竹紙。綫裝二册。每半葉九行，行二十字，無欄格，上下黑口，上下花魚尾，四周單邊。框高 19 厘米，寬 13 厘米。前有丁亥（康熙四十六年，1707）毛乾乾序。

王澍（1668—1743），字若林，或作箬林、箸林，號虛舟，別號竹雲。金壇人。康熙五十一年（1712）進士，入翰林，累遷至户科給事中，雍正時改吏部員外郎。績學工文，尤以善書名。傳見《清史稿·列傳》第二百九十。

其書以圖譜爲主，著經文於前，圖譜在後，圖中有釋解。州爲二圖，一言疆界，一言貢道。又有導山、導水、山川、田賦、九州全譜、五服等圖譜，凡四十幅。《四書全書總目》言其書“皆本蔡《傳》，而參以諸家之説。條理簡明，頗易尋覽。然多因仍舊説，依違遷就，不能折衷歸一，與胡渭《錐指》蓋未可同日語也”。

此精鈔本，圖皆彩繪，神彩焕然。内封面題：“金壇王澍箬林，休寧金詢于菣考定。”毛乾乾序有“王、金兩君《禹貢譜》之所爲”及“此兩君之所以不譜他書而獨譜《禹貢》之深意”。據《美國哈佛大學哈佛燕京圖書館藏中文善本書志》著録，此書清康熙積書巖刻本有初印、後印本之别。初印本校訂姓氏頁題“金壇王澍箬林考訂”，毛序作“箬林王君之所爲”“此箬林之所以不譜他書而獨譜《禹貢》之深意”。又查《四庫全書存目叢書》影印湖北省館藏康熙四十六年積書巖刻本，姓氏頁亦題“金壇王澍箬林，錢塘金詢于菣考定”，毛序前有“王、金兩君《禹貢譜》之所爲”，而後文“此箬林之所以不譜他書而獨譜《禹貢》之深意”，“箬

---

①按，疑爲“過”之誤。

林”猶未改爲“兩君”。此鈔本“篘林”已改爲“兩君”，則此鈔本之底本較《四庫全書存目叢書》之底本更晚。

藏書印有“曉帆”“法式善印”“簶齋”“陳印介祺”“閬珊”“阿彦達印”“彭印亞慶”“寶恕堂藏書印”“藏齋”“壽考維祺以介景福”。

詩經疑問七卷

(元)朱倬撰；附詩辨説一卷，(元)趙惪撰。清鈔本。佚名録吴翌鳳朱筆題識。竹紙。綫裝二册。每半葉十一行，行二十一字，無欄格。卷二前有劉錦文序。

朱倬，字孟章。建昌(今屬江西南城)人。至正二年(1342)進士，官遂安縣尹。傳見《新安文獻志》卷四十九。趙惪，宋宗室，曾舉宋末進士，入元，隱居豫章(今江西境内)東湖，著書自娱。劉錦文，字叔簡。元代建陽刻書家。

《詩經疑問》(一作《詩疑問》)略舉《詩經》中各篇大旨進行發問，並引各家之説列於其下以答疑，亦有闕而不答者。劉錦文序稱書中間或有問而不答者，“豈真以爲疑哉，在乎學者深思而自得之耳”。又稱舊本率多紕繆，先後無序，“特爲之釐正，使旨同而辭小異者，因得以互觀焉”，據此，則書經劉錦文重編，非朱倬所撰之舊本。有問而不答者，應爲傳寫過程中的脱漏，並非如劉錦文序所言爲作者故意爲之。所附《詩辨説》内容大體與《詩經疑問》相類。後人以朱倬爲元代忠烈，趙惪爲高隱，其著作内容亦相近，故合兩書爲一帙。朱睦㮮《授經圖》、焦竑《國史經籍志》並作六卷，蓋爲傳寫之誤。

是書有元至正七年建安書林劉錦文刻本，清康熙成德刻《通志堂經解》本、《四庫全書》本。《通志堂經解》本從元劉錦文本出，而改易行款，凡原本漫漶處，多作墨丁，亦有以臆定之者。此鈔本亦自元劉錦文本抄録，行款字數悉依原本，原本漫漶處，多以臆定之。如卷七首條“所謂恭敬齊莊以□□王之德”，《通志堂經解》本“□□”作“以昭”，此鈔本作“以變”，按《詩集傳》卷九，應爲“以發”。又如“‘何草不黄’，周室將亡，征役不息之詩也，居小雅之□，□哉?”，《通志堂經解》本“□□”作“終宜”，而鈔本則作“□室”。按文意，《通志堂經解》本勝於鈔本。

鈔本卷前有佚名録吳翌鳳朱筆題識,内容雖與本書無關,然有關清代藏書家事跡,故迻録如下:

經學而外,史子兩集,浩如星海,學者不能遍覽盡識。予潛心於此有年矣。竊見單行之本未經鋟板者,隨所見聞,不惜館穀輒購得之。又偕我友鮑君緑飲、黄君蕘圃輩,時相往來,出所未見,如子、史兩集中有善本,不憚鈔寫。予適楚回里,家居十餘載,積有數十篋。前已集成《藝海彙編》《古香樓彙叢》等十餘巨帙。兹又得史、子兩集,内雜野二乘及醫學、天文口門諸書,無美不搜,展玩之下,益人學術,積有若干種,亟彙裝之,顏曰《秘籍彙鈔》。雖未能付鋟行世而隨積隨編,隨編隨裝,庶傳寫善本不至散佚失傳。質之同人,當無嘆予之不憚煩,則予願差慰矣。古吳枚葊吳翌鳳識。

藏書印有"履芬讀過"。

毛詩庶物疏補遺一卷詩傳校異一卷

(清)吳唐林撰。稿本。(清)宗源翰等題識。竹紙。綫裝三册。每半葉十行,行二十一字,無欄格。前有同治元年(1862)莊忠棫序。

吳唐林,字晉壬。陽湖(今屬江蘇常州)人。咸豐辛酉舉人。浙江候補知府。有《橫山草堂詩集》。傳見《晚晴簃詩匯》卷一百五十七。

此書亦名《毛詩品物疏補義》,是對《毛詩正義》中動植物疏的拾遺補漏,分草、木、鳥、獸、蟲、魚六類。按莊忠棫序:"《毛詩》其止詳於訓詁,略於名物。康成作箋,雖多舉正,其弊亦同。此草木蟲魚之疏,元恪所以繼毛、鄭而起也。迄至有唐創立正義,孔沖遠一疏詳且盡矣,然亦間有罅漏甚矣。"(按:元恪即陸機,三國時吳國人,著有《毛詩草木鳥獸蟲魚疏》。)晉壬"專力治《詩》,嘗苦陸氏之書精而不備,而孔疏所引諸家之書亦多脱略,於是爲《毛詩品物疏補義》,取孔疏之不足者補之,盡孔疏之所引之書而止,如有可旁證者,則别爲條釋附於其後"。另附《詩傳校異》,以戰國秦漢典籍所引《詩經》與《毛詩》相較,輯録異文數百條。

《毛詩庶物疏補遺》前有宗源翰、楊昌珠(壬戌)、徐元鎧(癸亥)、羅菜(丁卯)、蔣曰豫(癸亥)閱後題記。書内偶見有簽條,以墨筆訂補疏文。蔣曰豫題記言:"此編義例俱精,惟將來付栞,尚須檢舊本《爾雅》注及陸氏原疏重校一過。

僕繙閱時雖稍附鄙見,尚未能詳審舉示也。癸亥正月曰豫讀。"則書内簽條或爲蔣曰豫所爲。

春秋諸國統紀不分卷

(元)齊履謙撰。明秦柄雁里草堂鈔本。白棉紙。綫裝一册。每半葉十行,行二十七字,烏絲欄,白口,四周單邊。框高 20.1 厘米,寬 14.6 厘米。前有延祐四年(1317)齊履謙序。

齊履謙(1263—1329),字伯恒。大名(今屬河北邯鄲)人。幼通算術,自星曆生累遷授時郎秋官正,仁宗即位,擢國子監丞,改國子司業,未幾,僉太史院事。立升齋、積分等法。泰定中以太史院使奉使宣撫江西、福建,黜罷官吏之貪污者四百餘人。至順間追諡文懿,著述頗多,多散佚,僅《春秋諸國統紀》行世。傳見《元史·列傳》第五十九。

其自序稱:今之《春秋》,蓋孔子合二十國史記而爲之。自三《傳》既分,學者專言褒貶,對於諸國分合與《春秋》所以爲《春秋》,概未及之,故叙類此書,以備諸家之缺。全書共有二十二篇,依次分别爲:魯、周、宋、齊、晉、衛、蔡、陳、鄭、曹、秦、薛、杞、滕、莒、邾、許、宿、楚、吳、諸小國、諸王國。《目録》稱前二十篇皆國史具在,聖人(孔子)據以作《春秋》者,後二篇皆無國史,只因二十國事所及而載者。皆先於各國下列叙大勢與其排比之意,題曰"某國春秋統紀"。

此書存世最早有元延祐刻本。後世明鈔本、《通志堂經解》本、《四庫全書》本皆從元本出。館藏此本爲明秦柄雁里草堂鈔本。秦柄(1527—1582),字汝操,號邗塘,無錫人。喜抄書、藏書,雁里草堂爲其藏書室,所鈔有《百衲居士鐵圍山叢談》《禪月集》《毛詩名物解》《詩集傳名物抄》《元豐九域志》《廣川書跋》《穆天子傳》等。與元刻本相較,鈔本喜用簡體字,如"於"寫作"于","變"寫作"变"。鈔本有脱漏,如齊履謙序,元刻本"世之學者類皆務以腐敗爲工",鈔本脱"類";目録第一,"聖人所書",鈔本脱"所"。又有訛,如目録第五,元刻本爲"近代永嘉陳氏",鈔本"近代"誤爲"代近"。又有異文,目録第一,元刻本"不足證也是",鈔本"證"作"徵"。

藏書印有"雨香書屋陳記圖書""南通馮氏景岫樓藏書""馮雄印信"。爲近代藏書家馮雄舊藏。

陳學士先生論語貫義二卷

(明)陳懿典撰。清鈔本。毛邊紙。綫裝三册。每半葉九行,行十九字,無欄格。前有《張(延登)中丞荐揭》一篇。無序跋。卷一卷端首行題"陳學士先生論語貫義卷之上";次行題"秀水陳懿典孟常父著";三行題"子婿曹憲來、孫愫恂、悧恪較"。

陳懿典,字孟常,號如岡。秀水(今屬浙江嘉興)人。明萬曆二十年(1592)進士,選庶吉士。二十二年,授編修,任正史纂修官。後轉任中允、諭德,受命册封魯藩,因目疾假歸。葉向高薦之,起南翰林學士,不赴。里居三十餘年,擁書萬卷,卒年八十五。著述甚豐,有《陳學士先生初集》《論孟貫義》《士陛紀略》《讀左漫筆》等十數種。傳見《嘉禾徵獻録》卷二十二。

《張中丞荐揭》云:"(陳懿典)著述未可枚舉,而新刻上下《論語貫義》一編,推廣聯絡,統歸於一。……近該總憲曹于忭題准諮訪理學名臣,有不願出山,宜請加銜致仕,且有在籍通政使周汝登近例可援,則本宦所當照例加銜,以風恬尚崇理學者也。"是當時《論語貫義》已有刻本。

全書凡二十篇,意在發明《論語》分篇之意。據《陳學士先生初集》卷一《論語貫義序》,言:"《論語注疏》各篇之首有《正義論次》一篇,次第之意,孔穎達所著也。朱子傳注,亦間有之。予偶爲推廣聯貫,始於《微子》一篇,後因漸演,積久成帙。"繼《論語貫義》後,陳懿典又撰《孟子貫義》,言其"在京邸時曾爲《論語》衍其義數篇,歸來始竣。後又演《孟子》前三篇,病冗寢閣。已巳復爲續之,庚午春仲始卒業。"兩書合稱《論孟貫義》。朱彝尊撰《經義考》時,兩書均存世。今據《中國古籍善本書目》,《論語貫義》僅北京師範大學圖書館存清鈔本,《孟子貫義》則未見傳本。

避諱不謹嚴。"玄""弘"字不缺筆,而"曆"作"厤"、"寧"作"寕"。

莆陽二鄭先生六經雅言圖辨八卷

不著撰人名氏。清鈔本。竹紙。綫裝八册。每半葉八行,行十六字,無欄格。無序跋。卷端題"甲科府教許一鶚家藏,甲科府教方澄孫校正"。

"二鄭",即宋鄭樵及從兄鄭厚。鄭樵(1104—1162),字漁仲。興化軍莆田(今福建莆田)人。世稱夾漈先生。一生不應科舉,專事讀書、著述。紹興三十一年(1161)成《通志》二百卷,入爲樞密院編修。鄭厚(1100—1161),字景韋。宋紹興五年(1135)進士,授左從事郎,泉州節度推官。秦檜弄權,被罷職。檜死後又起用爲昭信軍節度推官,後改左承事郎,知湘鄉縣。著《藝圃折衷論》。清代陸心源《六經雅言圖辨跋》(《儀顧堂題跋》卷一)考訂許一鶚、方澄孫履歷及校訂此書時間,云:"許一鶚,字國深,莆田人。淳祐元年進士。餘無考。方澄孫,字蒙仲,淳祐七年進士。廷對萬言,請錮秦檜子孫,竄史嵩之,調邵武軍學教授……歷官泉州通判,爲趙葵參議官,遷知邵武軍。卒年四十九。見《福建通志》。書爲澄孫校正,結銜但題府教,不題通判泉州及知邵武軍,必澄孫官教授時所刊,事在淳祐末寶慶初矣。"

是書《文淵閣書目》、焦竑《國史經籍志》及黃虞稷《千頃堂書目》均有著録,而卷數不同,《國史經籍志》作"四卷",《千頃堂書目》著録爲"十卷一作四卷"。此本與《拜經樓藏書題跋記》《皕宋樓藏書志》著録之明鈔本卷數同,均爲八卷本。卷一六經,卷二詩,卷三書,卷四、卷五易,卷六禮、樂、禮記,卷七周禮,卷八春秋。

吳騫《六經雅言圖辨跋》(《愚谷文存》卷四》)謂是書"與通志堂所刊《六經奧論》名異而書略同,但諸圖與卷次多寡、行款、先後微別耳。"又云:"今此書題莆陽二鄭者,或疑謂漁仲與其從兄景韋。然予觀《天文總辨》中論'鬼料竅'。有曰'夾漈鄭先生得而讀之'云云。則不但非漁仲所著,亦並不出於湘鄉之手。且書中間有引朱文公之説,漁仲没於紹興之末,而朱子得諡在嘉定之初,相距四五十年,其非漁仲又不待辨矣。"陸心源承繼吳騫説法,並言"書中徵引南宋人箸述尚多……辭句序次顯然後增,皆門弟子所附益也。蓋亦猶胡安定《周易口義》《公是先生弟子記》之例,爲門弟子述其師之説,故不題撰人姓名,而但稱'莆陽二鄭'。雅言者,口義語録之變文。不然,但曰'六經圖辨'足矣,何必曰'雅言圖辨'乎!"至於《六經圖辨》與《六經奧論》的關係,陸心源謂:"《文淵閣書目》有《六經圖辨》,無《六經奧論》。至董氏《元賞齋書目》始有《六經奧論》,可見成化以前無此名，必黎溫刊板所妄改耳。”（按：明成化四年劉氏日新堂刻《新刊宋學士夾漈先生六經奧論》，卷端題：“危邦輔家藏，黎溫校訂，劉克常刊行。”前有黎溫序。）

書中於“玄”“弘”等字均缺末筆，“曆”作“厯”，當爲清鈔本。

藏書印有“范氏天一閣藏書印”“東山鎦氏收藏”。

易律神解四卷

（清）沈光邦撰。清沈琛鈔本。太史連紙。綫裝八册，金鑲玉裝。每半葉十一行，行二十四字。無欄格。無序跋。每卷前有該卷目錄。目錄頁首行題“易律神解目錄卷之幾”，次行題“臨海沈光邦皆山著，侄孫琛崑圃氏抄”。正文卷端無題名。

沈光邦，字廷颺，號皆山。臨海人。康熙五十九年（1720）舉人，雍正時官内閣中書。少穎異，能自製刻漏壺。精於易説、律學，著《易律通解》，一名《易律神解》。傳見《兩浙輶軒録》卷十五。

是書《四庫全書總目》列爲樂類存目，《提要》云：“《易》爲天地自然之數，律吕亦本天地自然之數。故推而衍之，其理可以相通。然《易》不爲律作，律亦不爲《易》作，無容牽合而一之也。是書引律以合《易》，以天地五十有五之數畫爲三角圖，與算家開方廉率立成之法相類。所用過揲之數以九八不以九六，策數以五十五不以五十，於律義頗多抵牾。至律管不用圍徑，又於十二律之外，增小吕、含少二律於無射之後，亦自我作古也。”《四庫全書總目》所據爲浙江巡撫採進本，作八卷。《清文獻通考》《通志》《清史稿·藝文》亦作“八卷”。

《四庫全書存目叢書》據故宫博物院圖書館藏清鈔本（以下簡稱故宫本）影印，爲四卷本。兩本相較，故宫本卷前録有嘉慶十年黄河清《沈光邦傳》及宋世犖《易律通解跋》，館藏本均無。故宫本目錄頁首行題“易律通解目錄卷幾”，次行題“内閣中書沈光邦著，裔孫元朗、仲羲、元霖、維哲全録”。館藏本雖題“易律神解”，然其内容同於故宫本。卷四目錄頁，館藏本於題名下又題“總論律家得失”六字，故宫本無。館藏本卷四目録又析分爲“黄虞五篇”“周四篇”“六經八篇”“兩漢六朝十一篇”“唐宋十一篇”“明十篇”，似按朝代分類。故宫本無以上類題，直接列具體篇名，各類間空一行相隔。又故宮本目録及正文均闕"黄帝制十二筒第一"篇目及正文。故"黄虞"時期僅存四篇。疑所據底本即闕。

據故宮本卷前《沈光邦傳》云："乾隆三十七年詔徵天下遺書，浙省開局於宗陽宫，其子庠生大職録上《易律通解》四卷進呈，語具《浙江搜求遺書總目》中。"《易律通解跋》云："右《易律通解》四卷，計一百五十七篇，同邑沈皆山先生所著。"又云："初爲《律吕卦義大成》三卷，既而廣採旁徵，增爲四卷，謂之《易律通解》。"《沈光邦傳》中所言"《浙江搜求遺書總目》"應即《浙江采集遺書總目》，有乾隆三十八年刻本。此書"易類"著録有《易律通解》，亦爲八卷本，云其書"本易數以闡律吕之義，頗有創見"。疑當時進呈本確爲八卷，而今所存者皆據四卷本抄録。

故宮本避康熙、乾隆諱，"玄""弦""絃"字缺末筆，"弘"作"宏"，館藏本僅"玄"缺末筆，"弦""絃""弘"均不缺筆。結合抄録者，館藏本爲"侄孫"，故宮本爲"裔孫"，則館藏本抄寫年代應早於故宮本。

藏書印有"林屋鑒藏"。

説文引經考不分卷

（清）程琰撰。清姚氏咫進齋鈔本。竹紙。綫裝一册。半葉十三行，行二十二字，緑方格，上下緑口，左右雙邊。框高 19.9 厘米，寬 21.7 厘米。版心下鐫"咫進齋鈔本"。前有程琰叙例、後叙，題"長洲程琰東冶譔"。

程琰，原名琰，字東冶。後避嘉慶帝諱，改名際盛，字焕若。長洲（今屬江蘇蘇州）人。乾隆四十五年（1780）進士。官至湖北道御史。著有《稻香樓詩集》《説文古語考》《禮記古訓考》《周禮故書考》等。傳見《［道光］蘇州府志》卷一百二。

"咫進齋"，爲清末藏書家姚覲元室名。姚氏於光緒九年輯刻有《咫進齋叢書》。

程氏此書，取許慎《説文》所引諸經之同異者，裒爲一書。書中既指明引文之來源，又多比勘異同，亦間有考辨。除館藏咫進齋鈔本外，此書另有嘉慶十年程世勳刻本。鈔、刻兩種《説文引經考》在内容體例存在明顯差異。鈔本所引諸經，爲《易》《書》《逸周書》（附）《詩》《周禮》《儀禮》《禮記》《左傳》《公羊》《孝經》《論》《孟》《爾雅》，刻本另多出《國語》《穀梁》《逸論語》《老子》《莊子》《楚辭》《山海經》諸書。鈔本引經依其出現於許書的卷次臚列，刻本則據其在各經中出現的順序排列。刻本共搜得許氏引經共計二千五百九十三條，而鈔本條目遠較刻本爲少。如許書引《周易》，刻本列一百十五條，鈔本僅八十三條；《逸周書》刻本列十七條，鈔本僅十條。而考釋之文字，刻本亦較鈔本爲詳實。據刻本後附乾隆庚戌（1790）程際盛跋，稱是書始輯於乾隆丙申（1776），兩年後其入都，復抽繹考證，與惠棟《九經古義》相校對，再逾年而卒業。頗疑鈔本所據底本爲程琰著述之初稿本。又作者既題“程琰東冶譔”，也證明其底本確爲嘉慶前的舊稿。

函套書簽題“説文引經考，清長洲程琰撰，思進齋姚氏鈔本”，鈐“景鄭心賞”印。首頁鈐“潘承弼藏書印”。是此本爲潘景鄭舊藏。潘氏《著硯樓書跋》著録，云：“丙子冬，賈人攜此一帙求售，蓋姚氏思進齋傳鈔本也。審所繕録行款，與《叢書》本合，意當取付梓而未逮者，或知其書已經剞劂，遂輟勿爲。余重其爲鄉賢遺著，不肯釋手，賈人知予意在必得，益懸值不少讓，議再三，斥二十金克諧，遂珍諸篋笥，視爲秘本。”

廣諧聲表不分卷

（清）黄以愚撰。稿本。竹紙。捻裝二册。每半葉八行，行二十字，紅口，紅方格，四周雙邊。版心上鎸“鴻遠書屋”，下鎸“老益泰製”。框高 18.7 厘米，寬 12.2 厘米。前有道光丙申（1836）叙。

目録及正文均未署撰者名。唯叙言有“以愚遵家大人之命編纂是書”。據日本學者臼田真佐子《黄以愚與〈廣諧聲表〉的古韻分部》（《語言學論叢》2016年第1期）考證，“以愚”即黄以愚，“家大人”即其父黄式三。黄式三（1789—1862），字薇香，號儆居。定海人。歲貢生。博綜群經，治《易》、治《春秋》，而尤長《三禮》。著有《復禮説》《崇禮説》《約禮説》《論語後案》《儆居集》等。傳見《清史稿·列傳》卷二百六十九。黄以愚爲其長子，副貢生。黄以愚又著有《聲訓緯纂》（稿本，今存國家圖書館），臼田真佐子逐段比對《廣諧聲表·叙》及《聲訓緯纂·叙》，内容非常相似。

叙云："是書分部隸聲，以諧聲表爲之主。其中幽、侯二部可合，真、文二部可合。孔氏《詩聲類》、嚴氏《説文聲類》於真、文亦復合之。於東部内分冬部，孔氏《詩聲類》始之，段先生亦以爲然，而《説文聲類》又以冬、覃合之。今此書分部十五而幽部之侯、真部之文、覃部之中、微部之祭，雖可合者依舊分之。"而叙後之目録及正文則分古韻爲二十二部。正文依分部及諧聲聲符排列並注解各字。臼田真佐子認爲：黄以愚在叙中分十五部是希望遵照其父的想法和囑咐（黄式三《儆居集·雜著四·答許印林書》："以臆見言之，古音當分十五部。"），而實際編纂中，黄以愚發現分爲二十二部是更爲合理的。

書内有涂改添補，當爲稿本。"玄""弘""琰""寧"等字缺筆，而"胤"不缺筆，避諱不甚嚴謹。

詩聲類十二卷詩聲分例一卷

（清）孔廣森撰。清掖均尻鈔本。羅振玉題識。竹紙。綫裝二册。每半葉九行，行二十字，小字雙行同，白口，烏絲欄，四周雙邊。框高 18.8 厘米，寬 12.9 厘米。版心下題"掖均尻"。卷末有孔廣森撰"後記"。

孔廣森（1752—1786），字衆仲，又字撝約，號㞋軒。曲阜人。孔子六十九代孫，其祖孔傳鐸襲封衍聖公。乾隆三十六年（1771）進士，官翰林院庶起士、檢討，後以養親告歸，及居大母與父喪，哀毁而卒。曾受經於戴震、姚鼐之門，對諸經皆有博涉，尤精於《公羊春秋》和《三禮》之學。著有《公羊春秋經傳通義》《大戴禮記補注》《詩聲類》等，彙爲《㞋軒孔氏所著書》。傳見《清史稿·列傳》第二百六十八。

《詩聲類》爲孔氏研究古音韻部之書，分古韻爲十八部，其中陽聲韻九部，即原、丁、辰、陽、東、冬、緱、蒸、談；陰聲韻九部，即歌、支、脂、魚、侯、幽、宵、之、合。"此九部者，各以陰陽相配而可以對轉。"又孔氏不立入聲，蓋以入聲創自江左，非上古中原之舊音。《詩聲分例》爲探討《詩經》的押韻條例之作。其將條例歸納爲：偶韻例、奇韻例、偶句從奇韻例、疊韻例、空韻例、二句獨韻例、末二句換韻例、兩韻例、三韻例、四韻例等，凡二十七種。

　　扉頁有羅振玉題寫書名並題識,云:"此書已刻入《㪉軒孔氏所著書》中,取刻本對校,並無異同,此當是未付刊時鈔本,每葉書口有'㪔均尻'三字,疑即孔氏原藁清本也。卷耑有'渭仁''紫珊所得善本'印,蓋隨軒售藏。光緒辛丑春得之上海。戌申正月十七日上虞羅振玉記。"

　　按:羅振玉跋所言刻本,即清乾隆五十七年(1792)孔廣廉謙益堂刻《㪉軒孔氏所著書》本。與鈔本對校,僅個別字的寫法有差異。"㪔均尻"應爲劉家鎮室名。劉家鎮(1788—1844),字夬爲。侯官(今福建福州)人。清嘉慶二十三年(1818)舉人,大挑補南安縣學訓導。精於音韻之學。藏書萬卷。

　　藏書印有"渭仁""紫珊所得善本""臣玉之印""唐風樓""羅振玉印"。

北京師範大學圖書館藏
稿鈔本書志(史部選萃)

北京師範大學圖書館　程仁桃

史記不分卷

(漢)司馬遷撰。明鈔本,佚名朱筆批。綫裝八册。每半頁十行,行二十四字,無欄格。外盛以紅木匣,上刻"香光墨寶,小楷史記八册,小萬柳堂珍藏"。外封題簽:"香光選録史記真跡。"

"香光",指董其昌。董其昌(1555—1636),字玄宰,號思白、香光居士。松江華亭(今屬上海)人,明著名書畫家。明萬曆十七年(1589)進士,授翰林院編修,官至南京禮部尚書,卒後謚"文敏"。"小萬柳堂"爲廉泉和吳芝瑛夫婦的室名。廉泉(1868—1931),字惠卿,號南湖,別署岫雲山人。無錫人。光緒二十年(1894)舉人,官户部郎中。精鑒別、富收藏。著有《潭柘記遊詩》《南湖東遊草》等。吳芝瑛(1868—1933),字紫英。桐城人。廉泉之妻,吳寶三(號鞠隱山人)之女,吳汝綸侄女,工詩文,善書法。

此書選録《史記》三十九篇,即《三皇本紀》《五帝本紀》《夏本紀》《殷本紀》《周本紀》《秦本紀》《秦始皇本紀》《項羽本紀》《吳太伯世家》《齊太公世家》《燕召公世家》《管蔡世家》《曹叔世家》《陳杞世家》《衛康叔世家》《宋微子世家》《晉世家》《楚世家》《越王勾踐世家》《鄭世家》《趙世家》《魏世家》《韓世家》《田敬仲完世家》《孔子世家》《伯夷列傳》《管晏列傳》《孟嘗君列傳》《平原君虞卿列傳》《信陵君列傳》《春申君列傳》《樂毅列傳》《廉頗藺相如列傳》《刺客列傳》《扁鵲倉公列傳》《司馬相如列傳》《遊俠列傳》《滑稽列傳》《貨殖列傳》,另録《謚法解》《評史諸家姓氏》。據扉頁查昇題跋，謂此書是董其昌平日習古文時所抄。查昇題跋云：“董文敏公手抄《史記》四卷，余得之吾鄉陳氏，舅氏語余云：思翁前輩未遇時讀書於錢氏之雲間洞天，手摘古文十餘卷，簡練以爲揣摹，其時藝皆從古文中出，觀萬曆己丑墨，知先生得力之所在矣。唐宋諸卷不可得，惟此四卷元圖積玉尚在人間，付爾一以爲作文之程，一以爲學書之準。余謂：語先生之技，書畫過於文，此四卷天姿秀逸，飄飄欲仙，陳眉公稱香光書法之妙，筆下無疑，謂動中楷法也。余故珍藏之，以比《黃庭經》《樂毅論》云爾。康熙壬申三月既望後二日，龍山後學查昇跋。”查昇（1650—1707），字仲韋，號聲山，又號漢中。海寧人。清書法家、藏書家。康熙二十七年（1688）進士。選翰林院庶起士，授編修，供職南書房多年，後累遷至少詹事。著有《澹遠堂集》。

卷末有吳汝綸跋語：“董書重於世三百年矣，人得其佛經荒誕書寫本，尚傳刻珍貴之，況此所録爲六藝後之第一書乎，真海内尤物也。文敏在明世，文學未爲至高，能篤好太史書，至手寫成巨帙，視今士束書不讀，其相去遼遠矣。卷末所列明人史記本不及歸熙父，至今日則歸書獨重於世，而卷中所列諸公之書已若存若亡，書之高下閱世久而論乃定。淺識者，顧求名於一閧之市，不亦悲乎。光緒庚子十二月桐城吳汝綸記。時帝在西安。”

藏書印有“查昇之印”“茞林審定”“爽庵”“執父”“衣白山人”“南園”“帆景樓”“岫雲山人”“紫英”“紫英女史”“鞠翁之女”“小萬柳堂”“廉吳審定”“静嫻室”“廉泉之印”“偶遂亭主”“肅親王”“成哲親王曾孫”諸印。經查昇、梁章鉅、吳汝綸、廉泉、吳芝瑛夫婦、清宗室載鏗、肅親王善耆等收藏。

戰國策釋地不分卷

（清）張琦撰。手稿本。紙捻裝六册。每半頁八行，字不等，藍格，白口，四周雙邊。

張琦（1764—1833），初名翊，字翰風，又字玉可，號宛鄰。陽湖（今屬江蘇常州）人。張惠言之弟，與張惠言合稱“毗陵二張”。嘉慶十八年（1813）舉人。官山東鄒平、章邱知縣。工詩文，有《宛鄰詩文集》《戰國策釋地》《素問釋義》等傳世。《清史稿》有傳。

　　此書簽題“戰國策釋地”，然僅前二册爲《戰國策釋地》，後四册爲《直省建置議》及全國各府縣地名及地理位置概況。《戰國策釋地》有道光刻《宛鄰書屋叢書》本，稿本中“直省建置議”等文未見刻本。據《戰國策釋地》刻本目録後張琦自序：“凡《戰國策》三百七十四事，世傳《戰國策》三家，鮑彪病高誘之疏略，吳師道又譏鮑之謬妄，以余觀，誘注《吕覽》《淮南》，稱爲詳善，而此書獨簡略如此，蓋缺失久矣，吳氏於鮑多所糾正，而違失亦往往而有，於地理爲甚。遂乃不揆淺陋，據《史》《漢》諸書，隨方辨證，不知則缺之，舊注合者但釋今之府縣，至義有未安，輒復有所論述，要之地理爲本，嘉慶二十年夏四月陽湖張琦。”據刻本自序時間，稿本當完成在嘉慶二十年（1815）之前。比對稿本和刻本，二者内容上均含西周策、東周策、秦策、齊策、楚策、趙策、魏策、韓策、燕策、宋、衛、中山策，但二者在體例、具體内容上都不盡相同。體例上，稿本先記篇名，篇名下記鮑注、吳注、高注，注下有翊（即張琦）按語，另外，在行間或眉上亦有作者按語；刻本的體例爲：首行記地名，地名下小字雙行注其出自的篇名，次行記鮑注、吳注、高注，翊釋另起一行。内容上，大體相同，但也有相異處，如稿本“秦令樗里疾，鮑注：其居在渭南陰鄉樗里，故號樗里子”旁注：“在今西安府東北十里，長樂坡之西。”刻本“樗里”條：“釋曰在今西安府城西十四里，故長樂宮之西。”大抵在刻此書前，作者又經過考證、校改。

　　鈐“張燿孫讀書記”印。又卷末有“道光壬午仲冬趙申嘉讀竟”，並鈐“芸西居士”印。按當指張燿孫（1808—1863），字仲遠，又字昇甫，晚號復生，江蘇陽湖人，道光二十三年（1843）舉人，歷任武昌、漢陽等地知縣，爲張琦之子。趙申嘉，字芸西，江蘇陽湖人，嘉慶二十一年（1816）舉人，趙翼之孫，有詩才，“毗陵後七子”之一，有《芸西集》行世。

　　周史八卷

　　(清)朱寧龍撰輯。謄清稿本。紙捻裝八册。半頁行、字數不等，無欄格。有圖。卷前有乙亥朱寧龍自序。

　　朱寧龍，生卒、履歷不詳。

　　自序撰是書寫作緣起，云：“乙亥之歲，家居多暇，遂以各國人物之事跡，圖形注典，其中忠佞聖奸、節孝隱逸之行事，國家癈興存亡、成敗吞滅，無不條分縷晰，考覈詳明，使讀者易明而易記，亦可爲小補云耳。”卷一爲“象緯圖”“天文圖”“列國圖”“九邊圖”“省郡圖”，次“列國考略”“秦置三十六郡”“十二分野”“各國年數考”、周齊二國人物源流像注；卷二爲魯、燕二國人物源流像注；卷三爲衛、鄭、宋三國人物源流像注；卷四爲楚、陳、蔡三國人物源流像注；卷五爲晉國改名翼國源流像注；卷六爲秦、吳、越、曹、許、郭、邾、杞、滕、薛、管、鄧、魏、霍、南燕、小邾、申、西戎、偪陽、莒、郫、紀、虞、虢、戴、隨、郳、任、郕、唐、徐、沈、胡、頓、鄅、巴、蜀、潞、代、邢、中山、息、北翟、西戎、無終、山戎、孤竹、北狄等四十八國人物源流像注（西戎凡二見，實爲四十七國，北翟亦同北狄）；卷七爲後齊、後韓、後魏、後秦、後趙五國人物源流像注；册八爲“人物故典”，含列國故典、五伯四君、列國大將、列國勇士、列國隱士、俠士、劍士、醫士、相士、樂師、射師、仙道、列國朋友、列國殺逆、列國人君不得善終、列國閨閫、列國婦女名目、列國墳墓等。各卷述各國源流像注時，先載各國源流及諸王世系，次圖文注典，上文下圖，易讀易記。

“玄”“弘”字不避諱。書中行政區名，如盛京奉天府、江南、直隸等，均清代設置。

鈐“質義堂龍”。

未見刻本傳世。《中國古籍善本書目》僅著録本館藏有。

雪交亭集不分卷

（明）高宇泰撰。清光緒間六一山房鈔本。（清）苻廬校並跋。毛裝四册。每半頁十行，行二十一字，紫格，白口，左右雙邊。版心下鐫“六一山房鈔”。卷前有清全祖望撰“雪交亭集序”及作者自序，卷末有咸豐元年何樹崙跋。

高宇泰（1614—1678），字元發，又字虞尊，別字隱學，號蘖庵。鄞縣（今屬浙江寧波）人。少負才名。明亡後，參加抗清活動，曾五次被捕入獄，雖經保釋出獄而家産全部被没，致家道中落。著有《雪交亭集》《敬止録》《肘柳集》等。《海東逸史》卷十八有傳。

是書爲高氏所輯明季死難諸烈傳記，分年爲紀，自甲申迄癸巳，又有附紀、特紀。傳三百七十餘人，凡忠臣、義士、烈婦，皆有小傳。諸傳之後附有遺作、絕筆詩文，而同時哀輓之作亦間及之。此書爲高氏未定之稿，因而書名有不同，全祖望《鮚埼亭文集》稱是書爲《雪交亭集》，勞敩篠鈔本《明季紀事》、劉世瑗《徵訪明季遺書目》亦題《雪交亭集》，但全祖望另作《續甬上耆舊詩》又作《雪交亭正氣錄》十六卷，祖望言曾見手稿。近人張壽鏞據何樹崙寫本校刊，名曰《雪交亭正氣錄》，收入《四明叢書》。

“六一山房”爲董沛的藏書樓。董沛（1828—1895），字孟如，號覺軒，浙江鄞縣人。清光緒三年（1877）進士，歷官署江西建昌、上饒等縣知縣，嗜學，聚書五萬卷，著有《六一山房詩集》等。

全書共四册，第一册扉頁題“甲申紀”，第二册爲“乙酉紀”，第三册爲“丙戌紀、丁亥紀、戊子紀”，第四册扉頁缺，據内容應爲“己丑紀、庚寅紀、辛卯紀、癸巳紀、特紀、附紀”。中闕壬辰紀。（據《四明叢書》本《雪交亭正氣錄》標明此紀“原闕”，張壽鏞按語稱：“諸家鈔本均未錄，無從校補。”）全書有墨筆校注，各册書末有“光緒乙亥十二月十一夕燈下苹校”“光緒乙亥十二月十一夕三鼓雨窗燈下苹校”“光緒乙亥十二月十三夕雨窗燈下苹校”“光緒乙亥十二月十四夕明月映窗燈右苹校”。第四册書末跋云：“同治戊辰修《鄞志》，開局借予家藏書，黄南山《簡要志》亦在其中，光緒乙亥還書，缺《簡要志》，問之，云董覺軒交寫官邵子英另鈔一册，而子英匿而不還，予謂《簡要志》是先世藏本，且此書近今罕見，囑其再三尋覓而終烏有。歲莫，志局送《雪交亭集》一册來，予殊惜得不償失也。陳親家詠橋徵士有此書，借校一過，其中脱誤頗多，還須訪求善本再校。十二月望苹廬志。”苹廬疑爲范邦棠，鄞縣人，道光十六年（1836）歲貢。據苹廬跋，此書爲修志局賠償書，同治時修《鄞縣志》，同治十三年編完，光緒三年刊成，是時徐時棟、董沛等主修志事。苹廬跋言其《簡要志》丢失的原因爲董沛修志時讓人另鈔一册，鈔人不還，志局則以《雪交亭集》作爲賠償之書。晚清藏書家沈德壽《抱經樓藏書志》載《雪交亭集》十二卷，“卷中有六一山房藏書朱文方印、董氏六一山房藏朱文方印”，而此本無六一山房鈐印，當爲董沛命人據自家鈔本另抄者。

海岱人物志三十六卷

（清）侯登岸撰。稿本。綫裝十册。每半頁十行，行二十字，無欄格。前有道光丁酉侯登岸序。次“凡例”。書內夾兩紙，爲手書侯登岸兩種書的內封題名，一爲“國朝海岱文士小傳　咸豐辛酉刊”，一爲“讀餘札録　咸豐辛酉刊”。《國朝海岱文士小傳》，疑即《海岱人物志》。

侯登岸（約1787—約1860），字穆止，號瘦鶴，又號華樓山人。掖縣（今山東萊州）人。同治間曾任山東冠縣主簿。嘉道間地方史志學家。著有《掖乘》《續掖縣志》《海岱人物志》《萊郡經籍志》《漢大司農康成鄭公年譜》《兩漢碎金》《勝國遺民》等。《［光緒］三續掖縣志》卷二有傳。

此爲海岱間人物傳記。據作者自序，是書取《史》《漢》以下諸史審閱而摘取之，分門排纂，以品之輕重爲先後，事著美不著惡，録巨不録細，重大節，正史以外間取別書之可證者，郡縣志則置而不問，而於有明一代尤加慎審，寧遺毋雜，此爲是書之大略。分十一門，即勳業、循吏、忠節、清直、儒林、文學、武功、孝義、卓行、高隱、方技。各門先述其收録範圍、原則，後按朝代撰寫名士小傳，包括字號、籍貫、履歷、嘉行等。書內有校改，或在原字上添改，或貼條重寫，應爲謄清後修改稿。翻檢他家書目，未見著録，亦無刻本傳世。

秋燈課詩之屋日記不分卷

（清）王彦威撰。稿本。綫裝二十一册。每半頁十行，字不等，紅格箋紙（第七册、二十册、二十一册爲藍格箋紙），版心印“秋鐙課詩之屋日鈔”（第九册、十六册版心印“藜盦日鈔”；第十一册、十三册、十四册、十五册版心印“旨還讀我書齋”）。

王彦威（1842—1904），原名禹堂，字弢甫，號藜庵，黄岩（今屬浙江台州）人。清同治九年（1870）舉人。歷任工部衡司主事，營繕司員外郎，軍機章京，江南道監察御史，太常少卿。著有《西巡大事記》《樞垣筆記》《史漢校勘記》《秋燈課詩屋圖記》《藜庵叢稿》等，與其子合編之《清季外交史料》二百十八卷最稱巨制。

日記書衣多題“秋燈課詩之屋日記”，亦有題“緑楊春恨盦日記”“緑楊春影樓日記”“己卯日記”“藜盦日記”“回鑾日記”“甲辰日記”者。有光緒二年、三年、五年、六年、十年、十一年、十四年、十五年、二十六年至三十年之日記。據作者自述，光緒十五年之後十餘年未作日記，後從光緒二十六年又重新記之，迄至光緒三十年。溫州市圖書館亦藏有一册王彦威《秋燈課詩之屋日記》，日記起止時間爲光緒己丑冬十月朔至十一月止。光緒己丑爲光緒十五年，查本館所藏日記此年的起止時間爲光緒十五年八月二十日至十月初六日。二者内容不重複，前後能銜接。本日記内容繁蕪，官私行記、師友往來、讀書札記、唱和詩作等皆按日記之。光緒二十六年至二十七年，慈禧太后挾光緒帝逃往西安，王彦威隨扈行在，故這兩年的日記中對此事亦有記録，具重要的史料價值，這部分的資料後編成《西巡大事記》。最後三册爲商部札子及《西域傳》《山海經》《前漢書識小録》等雜抄。第十四册、十九册有佚名眉端或浮簽校注。

原鈐“王彦威”印。

于滇日記不分卷旋粵日記一卷

（清）譚宗浚撰。清鈔本，佚名墨筆箋條校。綫裝二册。每半頁五行，行十八字，無欄格。

譚宗浚（1846—1888），原名懋安，字叔裕，南海（今屬廣東佛山）人，譚瑩子。清咸豐十一年（1861）舉人，同治十三年（1874）進士，授翰林院編修，歷官四川學政、雲南糧儲道權按察使。少承家學，工詩及駢文，著有《荔村草堂詩鈔》《芳潔齋賦草》《希古堂詩文集》《遼史紀事本末緒論》等。《清史稿》附“譚瑩”傳後。

清光緒十一年（1885），作者離京外任雲南糧儲道，此書即爲作者赴滇上任之紀程、詩作和札記。日記記自光緒十一年五月初六日接上諭補授雲南糧儲道起，經過一番籌備，八月初二日起程，走水路，乘運河船至天津、山東、上海、江蘇、江西、湖北等，復經貴州入雲南，十二月初十日至昆明。作者將沿途所見所聞按日記録，間附以詩作，内容豐富，凡沿途自然風光、民風民俗、地方經濟、物産氣候等均一一記録在册，具較高的史料價值。書後另附有《旋粵日記》，清光緒十四年（1888），作者在雲南以病告歸，二月初八日奉憲檄回籍，二月十九日起程，記至三月十六日行至廣西南寧止，是年，作者卒於廣西隆安縣。書内有佚名箋條校注。方國瑜《雲南史料目録概説》：“《于滇日記》稿本爲趙藩所得，方朣仙藏副本,瑜假讀之。"趙藩(1851—1927),雲南劍川人,著名學者,編纂《雲南叢書》。檢《雲南叢書》,並未收入此書。查各家書目,僅雲南省圖書館藏《于滇日記》一册,但版本不詳。

江叔海日記不分卷

江瀚撰。稿本。綫裝四册。藍格紙或紅格紙。藍格紙每半頁十行,字不等。四周雙邊,版心上鐫"宰相必用讀書人"。紅格每半頁九行,四周雙邊。版心下鐫"榮寶齋""興發厚製"。

江瀚(1857—1935),字叔海,號石翁,室名石翁山房、慎所立齋,亦稱慎立齋,福建長汀人。先後任四川布政使易佩紳、龔照瑗、江蘇巡撫聶緝規、廣西巡撫柯逢時等幕僚。清光緒十九年(1893),主講重慶東川書院,光緒二十四年(1898),清廷詔開經濟特科,得江蘇學政瞿鴻機疏薦。後赴日本考察教育,歸國後任江蘇高等學堂監督兼總教習。至民初,任京師圖書館館長、參政院碩學通儒參政、第一届高等文法官考試主考官、總統府顧問,京師大學堂代理校長等。著有《慎立齋稿》《北遊草》《東遊草》《南遊草》等。

每册書衣題寫日記時間,分别爲"光緒廿七年辛丑""光緒廿三年丁酉""光緒卅四年戊申""宣統元年己酉"。四册日記具體時間爲光緒二十三年(1897)一至十一月;光緒二十七年(1901)一至十月;光緒三十四年(1908)全年;宣統元年(1909)全年。江瀚初在四川入幕,1898年始游歷四方任職,故日記對這段輾轉四方的幕僚生涯、師友往來、履職經歷等多有記録,間或記載私人雜事。此日記是研究江瀚個人及清末的社會、政治、文化、制度、人物、教育等難得的資料。

《江瀚日記》除本館所藏四册外,另有四册在江家後人處,馬學良先生在整理《江瀚日記》時聯系到江家後人,將藏於兩處的日記合爲一璧,於2016年收入國家圖書館出版社《珍稀日記手札文獻叢刊》,影印出版。江家所藏之《江瀚日記》大致屬同一時期,四册日記時間分别爲光緒二十一年乙未(1895)全年;光緒二十四年戊戌(1898)一至七月;光緒二十五年己亥(1899)七至十二月;光緒二十八年壬寅(1902)全年、光緒二十九年癸卯(1903)全年,與本館所藏這四册在時間上前後銜接、互有補充。

雲南礦務案牘類編十六卷首一卷

(清)唐炯輯。謄清稿本。綫裝十六册。每半頁十三行,行二十二字,藍格,單魚尾,左右雙邊。版心上印"雲南礦務案牘類編"。

唐炯(1829—1909),字鄂生,晚號成山老人。貴州遵義人。唐樹義之子。清道光二十九年(1849)舉人,歷四川南溪知縣、綿州知州、四川綏定府知府、川督、雲南巡撫等職。曾鎮壓李永和、藍大順起義。喜收藏,善書法,著書立説,成果頗豐,有《成山老人自撰年譜》《成山堂公牘》《成山廬詩録》《雲南礦務案牘類編》《四川官運鹽案類編》《援黔録》《丁文成公年譜》《雲南金石志稿》等。

光緒十三年,唐炯授雲南巡撫,督辦雲南礦務近二十年,此書即爲唐炯督辦雲南礦務的資料彙編。凡十六卷,首一卷,内容包括:上諭一卷、奏摺五卷、部諮五卷、諮文一卷、札文並告示一卷、各督撫諮及司祥一卷、銷册三卷。卷首收上諭十九篇,從上諭中可看出清廷對雲南礦務的重視。卷一至卷五爲唐炯上報朝廷的奏摺,按年編排,含光緒十三年至二十九年的相關奏摺一百五十七篇,涉及雲南辦礦的難點、當時礦務實情等。卷六至卷十爲部諮,收光緒十三年至二十八年諮文一百四十三篇,涉及店員、運員的收入、清廷對人員和鐵銅的管理、運送工具及運送突發事件的處理、撥款情況等内容。卷十一補收前幾卷中未收入的諮文,共二十九篇,多爲有關運員的諮文。卷十二收札文三十五篇、告示七篇,内容爲運員報銷文件、京銅運送事務、運費查辦、開辦礦務公司、礦廠具體的經營管理辦法等。卷十三收各督撫諮五篇、司祥十二篇,内容涉及辦運京銅、銅本銀的管理等。卷十四至卷十六爲銷册三卷,含廠務銷册、陸運銷册、京運銷册。廠務銷册爲滇省采辦京銅自光緒二十四年至二十六年廠務項下收支銅銀各款報銷總册等;陸運銷册爲陸運各店自光緒二十四年至二十六年收發銅斤領支銀兩報銷總册等;京運銷册爲東店自光緒二十四年至二十六年收發銅斤領支銀兩報銷清册等。從内容上看,此書輯録全面、種類齊全,雖然在内容上有重複之處,但爲全面研究晚清雲南礦務提供了直接詳盡的資料,史料價值高。

此書當爲待刊之前的稿本,查檢各家書目,未見有刊本行世。

大越史略三卷

不著撰人姓名。清鈔本。綫裝二册。每半頁十二行,行二十二字,無欄格。

此書收入《四庫全書》,更名《越史略》。《四庫提要》云:"《志》(《安南志略》)又載陳普嘗作《越志》,黎休嘗修《越志》,俱陳太王時人。太王者,陳日煚之謚,則此書或即出普、休二人手,未可知也。"學界亦有認爲撰者爲吳士連在《大越史記全書》序文中提到的胡宗鷟。

書分三卷,上卷記趙陀以下諸王、隸屬中國歷代王朝的牧守及獨立後的吳朝、丁朝、前黎朝的事跡;中卷爲"阮記",記載李太祖至李仁宗的事跡;下卷記載李神宗至李昭皇的事跡。此書編成後不久即散佚,後傳入中國,明代《文淵閣書目》《千頃堂書目》均有著録。本館所藏鈔本題名爲《大越史略》,成思佳《現存最早的越南古代史籍——大越史略若干問題的再探討》一文,從書名、册數、内容校勘、避諱等方面進行考證,認爲本館所藏之鈔本爲未經四庫編者所修訂的保存較爲原始的版本。鈔本襯紙爲清初刻本《空明子文集》,"弘"字不避諱,據此推測,此鈔本當爲清乾隆以前。後之《守山閣叢書》本、《皇朝藩屬輿地叢書》本皆從《四庫全書》本出。

全書有朱、墨兩色校改跡。癸巳季夏伯庸題簽。書衣有伯庸識語:"道光壬辰菊秋晉聞喬伯庸識於京寓之梅隱書屋。"藏書印有"棟亭曹氏藏書""長白敷槎氏菫齋昌齡圖書印""茂雪堂珍藏""家沬水邊""聽雨樓查氏有圻珍賞圖書""橫水南院喬記""伯庸珍藏書畫之印"等。"棟亭曹氏藏書"印主爲曹寅。曹寅(1658—1712),字子清,號荔軒,别號棟亭,曹雪芹祖父。曹寅藏書後歸於其甥富察昌齡,"長白敷槎氏菫齋昌齡圖書印"即爲昌齡印。昌齡,富察氏,(敷磋氏),字晉薇,號菫齋,滿洲鑲白旗人,清雍正元年(1723)進士,官翰林院編修、侍講學士。"聽雨樓查氏有圻珍賞圖書"印主爲海寧人查有圻。查有圻(1775—1827),原名江公源,著名官商。喬伯庸,履歷不詳,據印章及題記,當爲道光間居於北京之人士。從鈐印可知此書流傳有緒,是曹寅故物,後歸富察昌齡,之後爲查有圻所得,最後歸於喬伯庸。

楝亭書目不分卷

(清)曹寅藏並編。民國間巽盦鈔本。綫裝二册。每半頁九行,字不等,紅格,白口,單魚尾,四周雙邊。書衣題簽:"巽盦手録汪柯亭舊本,此目世無刻本,足稱珍秘。"

曹寅(1658—1712),字子清,號楝亭,又號荔軒、柳山居士等。漢軍正白旗人。曹雪芹祖父。官至通政使司通政史,曾任蘇州織造,江寧織造,兼領兩淮巡鹽御史。工詩詞,善書。著有《楝亭詩鈔》《楝亭書目》《詞鈔》《詩別鈔》《文鈔》《續琵琶》等。喜藏書、刻書,奉旨主持刊刻《全唐詩》《佩文韻府》,又彙刊《楝亭五種》《楝亭十二種》等。《清史稿》有傳。

巽盦疑即崇彝。崇彝(1885—1945),姓巴魯特,字泉孫,號巽庵、梅隝,六十後號裕庵,別署梅隝散人、選學齋主人。蒙古正藍旗人。官至户部文選司郎中。喜收藏,精鑒賞。著有《選學齋集外詩》《選學齋書畫寓目筆記》《選學齋書畫寓目續編》《咸道以來朝野雜記》《選學齋詩存》等。汪柯亭,名文柏,字季青,號柯庭。安徽休寧人。康熙間任北城兵馬司指揮。清藏書家、書畫家。

此書按類編輯,分書目、經、易、詩、書、春秋、禮、樂、小學、理學、史、鑒、明史、外國、經濟、釋藏、道藏、子、文集、詩集、漢魏六朝人集、唐人集、宋人集、元人集、明人集、詞、曲、韻學、字學、書畫、類書、説部、地輿、醫部、雜部,共三十五類凡三千多種,每類後多有補遺、附,補遺是後收録的藏書,附多爲類似傳説、逸文之書。每種書書名下略記著者、册數、卷數等。全書偶見校注。此目爲曹寅晚年整理、編輯其藏書而成,編成後未見刊刻,長期以鈔本流傳。民國時由金毓黻先生輯入《遼海叢書》。《遼海叢書》本《楝亭書目》前有題記,謂:"此本乃其家藏書目也,無卷數,以類分隸,凡三千二百八十七種。"館藏此本與《遼海叢書》本比較,類別順序不同,例如館藏本韻學、字學類在曲類之後,而《遼海叢書》本在理學類後等。關於各書的著録也有不同,館藏本《古今書目》下注:"鈔本,二册。"《遼海叢書》本著録爲:"《古今書目》,鈔本,一册。"書下之注,二本亦有差別,對著者籍貫、衘名,二本互有增删。如館藏本《毛詩鄭箋》:"漢趙人毛萇傳,北海鄭玄箋,唐國子祭酒孔穎達序,二十卷,四册。"《遼海叢書》本《毛詩鄭箋》:"漢毛萇傳,鄭玄箋,唐孔穎達序,二十卷,四册。"

國史經籍志六卷

（明）焦竑撰。清初鈔本。綫裝五册。半頁十一行，行二十四字，小字雙行同，無欄格。卷末署"順治二十九年十月朔日録完"。

焦竑（1540—1620），字弱侯，號漪園，又號澹園，江寧（今南京）人，祖籍山東日照。明萬曆十七年（1589）進士，官翰林修撰。學殖淵深，著述頗豐。有《澹園集》《焦氏筆乘》《焦氏類林》《國朝獻徵録》《國史經籍志》《老子翼》《莊子翼》等傳世。《明史》卷二百八十八有傳。

此書乃焦竑爲修國史而作，收録自三代以來至明代現存之書。書凡六卷，卷一爲制書類，記明代的御製書，下分四目；卷二經類，分十一目；卷三史類，分十五目；卷四子類，分十六目；卷五集類，分五目並附詩文評；卷六爲糾繆，糾舉自漢以來的幾種前代史志書目之錯誤。各卷後均有小序，集類各目亦均有序，闡明分類宗旨。著録之各書，首記書名，次卷數，卷下以小字雙行略記撰者或加小注。明萬曆二十二年（1594）焦竑開始編寫此書，萬曆二十五年（1597）初稿成，初稿編成後，即在搢紳間傳抄，萬曆三十年（1602）始由門人陳汝元函三館校刻梓行。萬曆末，錢塘書坊徐象樗曼山館又據陳本翻刻。清雍正間《古今圖書集成》收録此書。咸豐元年（1851）伍崇曜再次進行翻刻，收入《粵雅堂叢書》第五集。後之刻本多據粵雅堂本翻雕。此爲是書刊刻之大貌。除刻本外，還有多種鈔本，《中國古籍善本書目》即著録有十三種清鈔本。館藏此本題"太史北海焦竑輯，門人東越陳汝元校"，行款與萬曆三十年陳汝元本相同。從内容上看，陳汝元本在缺文或不明卷數處，則空而不刻，如《文華寶鑒》卷，館藏本亦缺之。館藏本唯缺焦、陳二序，並偶有抄錯之處，如卷二"《周易》十卷，漢孟喜章句"，館藏本誤抄爲"漢孟吾章句"。據此，館藏此本乃清初據明萬曆三十年陳汝元函三館刊本抄録。順治帝僅在位十八年，而鈔本署"順治二十九年"，不知何故。

避諱不嚴謹，"玄"或避諱或不避諱，"弘"不避諱。

鈐"錢唐嚴傑借閲"印。嚴傑（1763—1843），字厚民，號鷗盟，浙江錢塘人。乾嘉時期經學家，著有《小爾雅疏證》《毛詩考證》等。精校勘，曾助阮元編刊《十三經注疏》《皇清經解》等。

程氏慶源家乘十三卷

（明）程有亮等纂修，（明）程夢穆增修。明萬曆三十六年（1608）程充國鈔本。綫裝三册。每半頁八行，行二十四字，小字雙行同，白口，單黑魚尾，四周雙邊。框高24.1厘米，寬17.3厘米。前有明嘉靖三十一年（1552）程有亮序、會里遷派圖、凡例、目録等；又程大昌撰《宗譜説》《會里名辯》；程天經《慶源録前序》《慶源録後序》《慶源録贊》；程汝楫《會里續譜前序》《會里續譜後序》；程明遠《會里統宗譜序》；程敏政《會里辯》等前序舊文九篇。

存十卷（一至十）。

程姓始祖伯符，仕周成王，食邑廣平程國，以國得姓（本譜爲始祖休父，仕周，佐宣王有功，封程伯，因以爲氏）。始遷祖元譚，伯符四十五世孫，東晉初由東阿來守新安，居歙之黄墩。程澤由黄墩徙居會里，而成會里之祖。

程氏家譜歷代均有修撰。據卷一明萬曆三十六（1608）程夢穆撰《重録家乘説》，此譜據元程天經、程汝楫、程明遠撰本並參校明嘉靖程有亮本增輯而成，“故今抄録，惟遵孝隱、清隱二公，補六世於十三府君之前，而以澤府君爲會里第一世祖……《統宗譜圖》俱照嘉靖壬子印譜……總之爲十三，計其工始於仲夏丁未，成於季秋庚辰，誰其書之，長子充國旨”。則此書爲明萬曆三十六年程夢穆長子程充國鈔本。

程有亮（1510—1555），字汝貞，號松坡，嘉靖二十七年（1548）倡率修輯《程氏慶源家乘》。程澤二十三世孫。

程夢穆，字希周，號春野。生嘉靖三十三年（1554）。程澤二十四世孫。

凡十三卷。卷一至卷九爲圖：會里派總圖、八少傅程畎長子大昌湖州安吉派圖；次子淑昌珠光派圖；三子全昌下莊金川派圖；四子世昌會里溪頭縣市朱村溪口派圖；五子道昌中澤山頭田里朱村派圖；六子文昌會里派圖；各派枝系總圖；統宗譜圖；會里舊譜總派圖。卷十：御書二十餘道；卷十一：碑記志名、行狀、傳記；卷十二：五世行實、焚黄、祭語文；卷十三：墓圖經理。本譜圖系與一般族譜五世一圖、圖盡再起不同，是先書某世，然後另立一行書某房，次名諱，生平行第、娶葬、生子等注於名諱之下，低一列書子嗣。若於下列只書子嗣名者，則在次世上列而特書；若於下列書子嗣名且詳其終始者，則其次世無特書。

原鈐"程夢稷印""春埜"等印。

據《中國古籍善本書目》著録,僅北京師範大學圖書館收藏。

程氏慶源家乘十九卷首一卷

(明)程有亮等纂修,(明)程鵬先補修。明萬曆三十六年(1608)程鵬先鈔本。綫裝二册。每半頁十四行,行四十字,白口,四周雙邊,單黑魚尾。框高 40.7 厘米,寬 24.9 厘米。前有明嘉靖三十一年(1552)程有亮序;會里遷派圖、凡例、編纂人名首創編輯、各派督率、目録等;又記程大昌撰《宗譜説》《會里名辯》;程天經《慶源録前序》《慶源録後序》《慶源録贊》;程汝楫《會里續譜前序》《會里續譜後序》;程明遠《會里統宗譜序》;程有亮撰《會里支派辯》;程敏政《篁墩會里辯》;徽國朱文公撰《答泰之書》等前序舊文九篇於卷首。卷一首附明萬曆三十五年(1607)程鵬先《重録家乘説》。卷末有萬曆三十六年(1608)程鵬先撰《重録家乘後説》二篇。

程鵬先,字飛卿,號翼冥,生隆慶五年(1571),以詩經補南雍太學生。程澤二十六世孫。

此譜與我館藏另一部《程氏慶源家乘》(十三卷本)相較,内容多有增擴,兩本前九卷均爲圖系;此本之卷十與十三卷本之卷十二爲五世祖行實、焚黄等;此本於碑記志名、行狀、傳記、墓圖經理等篇章較十三卷本有增加;此本另增詞説頌賦、狀議志銘、詩文。内容記至明萬曆三十八年(1610)。按程鵬先前、後序:"故今抄録仍遵孝隱、清隱二公,補六世於十三府君之前。""吾家有嘉靖壬子續編《慶源家乘》,其收而藏之者,夢熊叔公……夢稷叔公再三索之,夢熊叔公至不得已乃應命,而餘輩得觀家乘實自此始。因細加披閲……故今依次抄録。"此本當與十三卷本抄録的祖本相同,均據元程天經、程汝楫、程明遠撰本並參校明嘉靖程有亮本增輯而成,而内容較十三卷本又有增加焉。

此譜圖系,首書世次,次書支派,次圖,五世一圖,圖盡再起,行第、生平、娶葬、子嗣注於名諱之下。

卷一後原鈐"程鵬先印""翼冥""劍士"等印。卷末鈐"京機""鵬先""翼溟"等印。

《中國古籍善本書目》著録,此本僅北京師範大學圖書館收藏。

劍橋訪書記

——學院圖書館藏漢籍經眼録

中國科學院自然科學史研究所　鄭　誠

　　劍橋大學的中國古籍,以大學圖書館藏品爲大宗,約兩千部,可瀏覽在綫目録[①]。組成劍橋大學的三十一家學院擁有各自獨立的圖書館。13 至 16 世紀間成立的十六所學院往往是一院兩館——新館設施現代,供師生日常使用;老館仍居歷史建築,保存舊藏,珍本甚富。部分學院圖書館所藏中文古籍,向無專門目録,外界難知其詳。

　　2015 年 10 月至 2016 年 4 月,筆者得到“發現中國——古代軍事工程科技獎學金”資助,至劍橋李約瑟研究所訪學半載,藉機調查當地漢籍。學院圖書館、院系圖書館亦在尋訪之列。經與二十所學院(俱在 1900 年前成立)圖書館電郵聯絡,咨詢是否見藏 1900 年之前的中國或日本舊籍,十一家圖書館給予肯定答復[②]。筆者先後走訪十家學院圖書館,以及劍橋大學植物園圖書館,共得中

[①]劍橋大學中日古籍收藏及編目情況,參見拙作《英國訪書便覽》(2016-05-24):https://www. douban. com/note/559718466/.

[②]十一家即 Christ's College,Clare College,Corpus Christi College,Emmanuel College,Gonville and Caius College,Magdalene College,Peterhouse,Queens' College,St Catharine's College,St John's College,Trinity College。覆信云經查未見者八家 Downing College,Girton College,Jesus College,King's College,Newnham College,Pembroke College,Selwyn College,Trinity Hall。未明確回應者一家 Sidney Sussex College。此外,劍橋大學亞洲中東研究系(FAMES)、菲兹威廉博物館(Fitzwilliam Museum)、考古學與人類學博物館(MAA)皆回信告知未發現中文古籍收藏。

文舊籍四十部、日文舊籍二部①(2020 年彭布羅克學院發現明刻本一部,參見本文補遺)。

這批古籍來自 17 世紀至 20 世紀累代捐贈,不乏珍稀之品,更是中英交往四百年的歷史見證。

明刻本十九部,萬曆間坊刻爲主,舉業、類書、醫藥、通書、小説、尺牘之類,建本居多,幾乎全爲殘本零卷,且無漢文藏印。不少應是 17 世紀初荷蘭商船運回阿姆斯特丹出售者②。南明永曆大統曆四部,均係鄭經贈與造訪臺灣的英國東印度公司商人。這類綫裝書多已重加精裝,皮製封面與原書不乏上下顛倒者。對於 17 世紀的英國人(或歐洲人)而言,中文書籍與其説是讀物,不如説是海外珍玩,作爲一種奇異文字的樣本收藏。今日劍橋大學、牛津大學,以及大英圖書館藏有不少類似性質的明末刻本,三地之書間或同屬一套,殘本可相互配補。

清代刻本、活字本、鈔本,凡十七部。其中康熙刊本五部,乾隆刊本三部,嘉慶刊本一部,鈔本兩部;19 世紀新教出版物五部、新學書一部。清代圖書大都來自 19 世紀校友捐贈。罕見之品,如康熙刻《花乳齋閲茶品》,爲閔汶水後人刊印之廣告;《萬首唐人絶句》,似是鎮江文宗閣四庫全書零本。乾隆間刊《絃笛琵琶譜》等七部,則係 1804 年劍橋學者 James Inman 自廣州攜回之物。另有和刻本兩部,20 世紀前期入藏。

①目驗 41 部。唯 Clare College 所藏《永曆二十五年歲次辛亥大統曆》,未及往觀。
②自 16 世紀前葉開始,已有中文書籍流入歐洲。17 世紀初,中文書籍一度在歐洲市場成批出售。1601 年 4 月阿姆斯特丹公司(荷蘭東印度公司的前身)首次派遣艦隊前往東南亞海域,1602、1604、1605 年船隻陸續回港。1605 年 9 月,中國貨物在阿姆斯特丹大宗出售,轟動一時。同年,荷蘭大書商 Cornelis Claesz(1609 年卒)在阿姆斯特丹出版了一部拉丁文版的中文圖書銷售目録(*Chinensium variorum librorum Bibliotheca*),號稱首次進口中文書。標題使用 Bibliotheca 而非 Catalogus,似是解題目録。1609 年同一商行的銷售目録中已無中文書,則此前當已售罄。有一種推測,這批中文書可能來自一艘葡萄牙商船,1603 年 2 月在馬六甲附近被兩艘荷蘭戰艦俘虜。1604 年 8 月,來自該船的中國商品(瓷器、香料、家具、武器、繪畫等等)在阿姆斯特丹拍賣。惜 1605 年書目似已失傳。參見 Bert van Selm, "Cornelis Claesz's 1605 stock catalogue of Chinese books", *Quaerendo*, 13(4), 1983, pp. 247–259.

揭示學院圖書館所藏漢籍,龍彼得(Piet van der Loon,1920—2002)等先生導夫先路,諸多綫索見載何大偉(David Helliwell)編著之《歐洲現存 17 世紀所獲中文圖書》(以下簡稱 Helliwell),著録劍橋大學及學院藏品十九部[1]。今復增若干種。學院圖書館家底深厚,相信日後還會有新發現。

以下按各學院首字母順序,逐一列述藏品。附録分類簡目,略從四部次第。希望這些文獻能够得到更爲充分的利用。

本次調查先後得到二十餘位學院圖書館工作人員的幫助和支持,是所銘感。劍橋大學圖書館中文部艾超世先生(Charles Aylmer)、牛津大學圖書館中文部何大偉先生(David Helliwell)、李約瑟研究所圖書館莫菲特先生(John Moffett)、聖約翰學院周紹明教授(Joseph P. McDermott),多與指點,統此致謝。2016 年 9 月 17 日。鄭誠謹識。

一、基督學院(Christ's College,1505)

2015 年 12 月 15 日訪 Old Library,所見明刻本兩部。

丹溪心法附餘二十四卷首一卷(存一卷:卷二十四)　(明)方廣輯　明後期刻本　一册(洋裝)　DD.4.11

半葉十二行,行廿四字,白口,單魚尾,四周單邊。方體字,似嘉靖間風格。

首尾殘,第二十四卷存 1b 至 99b,闕 1a 及 100a 以下《丹溪翁傳》末數葉。

Edward G. Browne《劍橋大學及學院圖書館藏阿拉伯字母所書寫本目録續編》(1922)著録 DD.4.11,"Chinese medical work,lithographed"[2]。來源不詳。

此本與三一學院圖書館藏本 R.8.9、R.10.1(G),以及大學圖書館藏本 Sel.3.273 似是同版。《中國古籍善本總目》著録相同版式行款明刻本兩部,分

---

[1]David Helliwell,"Chinese Books in Europe in the Seventeenth-Century"(29 March 2016):http://serica.ie/17thcent/17theu.html.

[2]Edward G. Browne, *A supplementary hand-list of the Muhammadan manuscripts:including all those written in the Arabic character preserved in the libraries of the University and colleges of Cambridge.* Cambridge:University press,1922. p.313.

藏南京圖書館、大連圖書館①。

按,劍橋大學圖書館善本部(Rare Books Room)藏《丹溪心法附餘》一册(Sel. 3. 273),存卷二十二至二十三。該本原屬荷蘭東方學家 Thomas Erpenius(1584—1624)。1625 年,Erpenius 所藏東方文獻爲白金漢公爵 George Villiers(1592—1628,時任劍橋大學名譽校長)整體收購。1632 年 6 月,公爵遺孀將 Erpenius 舊藏贈與劍橋大學圖書館。這本《丹溪心法附餘》也成爲大學圖書館擁有的第一部中文書②。至于劍橋大學收藏的第一部中文書,可能是 1628 年 Adam Bowen 贈與三一學院的《故事君臣大全》(後詳)。

據 Helliwell 統計,歐洲現存明刊十二行本《丹溪心法附餘》十七册(主要在牛津、劍橋兩地),可拼成兩套,均不完整。牛津大學圖書館藏殘本(Sinica 32),卷首書衣題籤印有"姑蘇重刊丹溪心法附餘",卷二十四末刊"書林唐氏梓行"。

論語十卷(存五卷:卷一至五)　(宋)朱熹集注　明後期刻本　一册(洋裝)　DD. 3. 9

半葉九行,行十七字,小字雙行行字同,白口,單魚尾,四周單邊。無行綫,葉碼或有或無,顏體字。似係明代福建坊刻。

首尾殘,闕第一卷 1a《學而第一》"人不知而不愠"以上,第五卷存至《鄉黨第十》"必表而出之"。第二卷卷首大題"論語卷之二",同行署"朱熹集注",下空兩格。

書後護葉題:"Ex dono Caroli Hale/Col. Christ:. Alumni,/Anno Domi. 1685. "即 1685 年基督學院畢業生 Carol Hale 贈書。

按,此本與牛津大學圖書館藏萬曆間建陽鰲峰堂刻《論語》(Sinica 1)版式行款、字體風格一致,唯刀工小異,尚非一刻。

附記:基督學院老圖書館,展櫃內置 18—19 世紀間清代科考作弊夾帶小抄

---

① 翁連溪編校《中國古籍善本總目》第三册子部,綫裝書局 2005 年版,第 852 頁。

② J. C. T. Oates,*Cambridge University Library:a History. From the beginnings to the Copyright Act of Queen Anne.* Cambridge:Cambridge University Press,1986. pp. 164-166,223.

兩幅(40cm×40cm),紙質極薄,蠅頭細字。每幅抄録時文約三十篇。館內又存無款識青緑山水江城圖長卷一軸、明治十三年雲溪春爲三橋津田書馬太福音書第五章耶穌上山之語拓片一軸。

二、克萊爾學院（Clare College, 1326）

未及造訪。Fellows' Library 藏南明刻本一部。

大明永曆二十五年歲次辛亥大統曆一卷　南明永曆二十四年（1670）刊藍印本　一册　G1.3.44

按 Helliwell,此書係 1701 年 Joseph Maryon 贈與克萊爾學院 Fellows' Library。Joseph Maryon 自 1668 年起登記爲本院學者,有 Leeds Scholar 頭銜。2010 年 9 月,劍橋大學現任漢學教授、克萊爾學院學者胡思德先生（Roel Sterckx）發現本書。

又按,英藏南明大統曆流傳始末,詳見本文第六節莫德林學院。

三、基督聖體學院（Corpus Christi College, 1352）

2016 年 1 月 18 日,造訪 Parker Library,所見康熙刻本一部。

增定便考萬病回春善本八卷　（明）龔廷賢編　清康熙元年（1662）錢塘汪淇刻本　八册　MS 227

半葉八行,行二十六字,白口,無魚尾,四周雙邊,方體,附刊句圈。

第一卷尾殘,末 76b 殘半葉。第二卷尾殘,存至 110b。第七卷卷首 1a 書口兩側各殘三四行。册一、三、四、六、八存封面,墨筆題"回春"某卷及卷類名次（如"回春三卷""三忠"）。七眼紙捻裝訂,今置一紙盒内。

附英文手書説明一葉,無署名,似 19 世紀末 20 世紀初作,謂據書序,本書係 1600 年前後出版。又附書志學者艾思仁打印説明一葉（"J. S. Edgren, Princeton 2010. 06. 25"），略云："Zengding biankao wanbing huichun shanben, 8 *juan*. Gong Tingxian (fl. 1577 – 1593). Wang Qi (c. 1600 – aft 1668). Hangzhou: Huanduzhai, 1662. 8vols. " 又引據 Ellen Widmer, 著錄内閣文庫(今公文書館)藏本一部①。Edgren 增錄浙江圖書館藏本一部②。

　　William Stanley 編《基督聖體學院圖書館藏鈔本目錄》(1722) 著錄："CCXX-VII. A collection of Chinese manuscripts. "③ Montague Rhodes James 編《基督聖體學院圖書館藏鈔本解題目錄》(1912) 著錄："227. A parcel of Chinese printed book. Entered in manuscript in the College copy of Stanley's Catalogue, as no. 50 of the *Libri ab alienis donati*. "④據館員云前引 Stanley 書目係 17 世紀末編成，則該書入藏時間應不晚於 1700 年。

四、伊曼紐爾學院(Emmanuel College, 1584)

　　2016 年 2 月 16 日過訪學院圖書館，所見明刻本四部四册，存一皮夾内。

　　按 Edward Bernard 編《英國與愛爾蘭各圖書館藏鈔本目錄》(1697)，伊曼紐爾學院圖書館項下著錄："53. 53. Japanica nescio quae & Sinensia Cortice scripta plus simplici libello. ""67. 67. Codex sinensis mutilus in sine. "⑤18 世紀編伊曼紐爾學院圖書館藏鈔本書目稿(Lib. 1. 8)⑥，著錄"mss. Orientalia" "53/20/2/Sinensia & Japonica quadan"。19 世紀編館藏書目稿(Lib. 1. 9) 著錄："MS

---

①Ellen Widmer, "The Huanduzhai of Hangzhou and Suzhou: A Study in Seventeenth-Century Pub-lishing", *Harvard Journal of Asiatic Studies*, Vol. 56, No. 1(Jun. ,1996) , pp. 77–122.

②公文書館藏一部，索書號 301 – 113，存九册，闕第七卷。浙江圖書館藏一部，索書號善 2617，三册。

③William Stanley, *Catalogus librorum manuscriptorum in Bibliotheca Collegii Corporis Christi in Cantabrigia: quos legavit Matthaeus Parkerus, Archiepiscopus Cantuariensis*. London, 1722. p. 300.

④Montague Rhodes James, *A descriptive catalogue of the manuscripts in the library of Corpus Christi College, Cambridge*. Volume 1. Cambridge: University Press, 1912. p. 527.

⑤Edward Bernard, *Catalogi librorum manuscriptorum Angliæ et Hiberniæ in unum collecti, cum in-dice alphabetico*. Oxford: 1697. p. 90.

⑥Catalogue of Manuscripts，封面有 1763 年 2 月 12 日院長 R. Farmer 手書注記。

226/III 2. 17/Chinese Calendar & School books"。Edward G. Browne 編《劍橋大學
及學院圖書館藏阿拉伯字母所書寫本目録續編》(1922)著録"3. 2. 20(ch)","A
Chinese Book"①。目前書號爲 MS. 3. 2. 17。

名公翰墨林四卷(存二卷:卷三至四)　(明)虞邦譽輯　明萬曆間金陵書
林余象箕刻本　一册　MS. 3. 2. 17

半葉十行,行二十八字,白口,無魚尾,四周單邊。多無行綫。寫刻。竹紙。
書口最上作"翰墨林"、中作"求索三卷"等,下刊葉碼。四眼紙捻裝。
卷三首殘尾全,存 1b—40b。存求索類、假借類、浼託類、薦舉類。
卷四首全尾殘,存 1a—34a。存慰安類、勘戒類、懷別類、情書類。卷端大題
"□公翰墨林四卷",第一字版刻漫漶。未署編者。

作者有祝士禄、汪道昆、王百穀、王煒、袁宏道、俞安期、凌湛初、甯士衛、馮
大受、張汝霖、屠赤水、張希虞、王稺登、馬香蘭等。

按 Helliwell,牛津大學圖書館藏《名公翰墨林》余象箕刊本,存卷一至卷二
殘本一册(Sinica 62)。牛津與劍橋兩處藏本可配全一套。

又按,哈佛燕京圖書館藏一部(T5773/2357),題"姑孰逸史茂實虞邦譽彙
輯/三台主人星一余象箕校刻"。前有王煒序。卷一請召類、邀約類;卷二饋送
類;卷三求索類、假借類、浼託類、薦舉類;卷四慰安類、勸戒類、懷別類、情
書類②。

新刻何玄子先生增補素翁四民便覽幼學須知鰲頭雜字大全二卷　(明)佚
名編　明末刻本　一册　MS. 3. 2. 17

框内分三欄。上欄半葉十四行,行七字。中欄半葉十二行,行八字,雙行小
字十六字。下欄半葉十行,行十四字,雙行小字同。白口,單魚尾,四周單邊。

---

① Edward G. Browne, *A supplementary hand-list of the Muhammadan manuscripts*: *including all
those written in the Arabic character preserved in the libraries of the University and colleges of Cam-
bridge*. Cambridge: University press, 1922. p. 323.
② 沈津《美國哈佛大學哈佛燕京圖書館中文善本書志》,上海辭書出版社 1999 年版,第 571—
572 頁。

寫刻。竹紙。有朱墨筆圈點,少量墨筆批注。五眼紙捻裝。

　　按,何楷(1594—1645),字玄子,福建晉江人,天啟五年(1625)進士。此或明末福建書坊託名之雜字書。

　　上卷首殘尾全,存2b—58b。39、40版心最下刊"玉"字。下卷首全尾殘,存1a—44a。題如前,未署作者。上欄爲日記故事(二十四孝)、功過格、家書式、柬貼、書式、禁約、契式、禁式(以上卷上),狀式、審語(以上卷下)。中欄爲"字義",按平上去入四聲分類,卷下末爲"百家姓郡望"(趙匡景唐等)。下欄爲"雜字",分家私門、餚味門、菜酒門、五穀門等等,分類匯集詞彙短語,各門後有"注解""故事",卷下最末爲千字文。

　　大明永曆二十五年歲次辛亥大統曆一卷　南明永曆二十四年(1670)刊藍印本　一册　MS. 3. 2. 17

　　半葉十一行,行字不一,無魚尾,四周單邊。

　　殘本。闕封面、首葉(紀月)。存"年神方位之圖"(1a—b)、正月至十二月曆日全(12葉)、紀年(存1a—b,闕2a—b),凡14葉。二眼紙捻裝。

　　補記:2018年2月27日,Helen Carron博士電郵告知,近日於伊曼紐爾學院圖書館發現永曆二十五年大統曆黃色絲綢封面兩枚,并寄贈書影。兩件織物所印標題、告白,以及朱文"招討大將軍印",與莫德林學院藏本絲綢封面相同。其一織有蓮花紋圖案,他本未見;並書英文題記,略云1671年9月13日,伊曼紐爾原任學院學者(former fellow)Benjamin Whichcote博士贈書。按Benjamin Whichcote(1609—1683)係英國神學家,伊曼紐爾學院畢業生,劍橋大學國王學院院長。這本大統曆刊行一年內即傳至英國,於彼時可謂速矣。

　　新刻官板周易本義四卷首一卷(存二卷:卷首至卷一)　(明)成矩編　明嘉靖萬曆間建陽書林張閩嶽新賢堂刻本　一册　MS. 3. 2. 17

　　半葉十一行,行大字二十字至二十五字,小字二十二字,白口,無魚尾,四周單邊,多無行綫。寫刻。竹紙。天頭開闊。五眼綫裝。

　　內封上欄繪"三元及第"一甲三進士騎馬遊行圖,下欄題"龍光易經本義/張閩嶽梓”。

“周易序”（朱熹周易本義序）存第一葉，自“易之爲書”至“至哉易乎其”。下闕一葉。

存總目、周易朱子圖説，書口題作“總目首卷”“總目圖説”。卷一題“新刻官板周易本義卷之一/周易上經”。板心上刊“易經　上經”，下刊葉碼。首全尾殘，存 1a—74a（至“黄離元吉”）。

Helliwell 著録：牛津大學圖書館藏同版全本一部（Sinica 59），卷四末刊牌記“書林新賢堂/張閩岳精鎸”，又一部，存卷二（Sinica 114）；又引龍彼得，謂劍橋大學圖書館藏本書卷三、四殘葉。按，遍檢大學圖書館書目，未查得此殘卷。

《中國古籍善本書目》著録：《新刊玉堂周易本義》四卷首一卷明萬曆元年書林新賢堂張閩嶽刻本，四川省圖書館藏本；《新刻官板周易本義》四卷，明書林新賢堂張閩嶽刻本，故宮博物院圖書館藏本[1]。按，建陽張閩嶽新賢堂，嘉靖末萬曆初刻書多種[2]。

五、岡維爾與基斯學院（Gonville and Caius College，1348）

2016 年 1 月 15 日過訪。學院圖書館租用科克雷爾樓（Cockerell Building），與學院東牆一街之隔，1840—1930 年代曾是大學圖書館，空間宏敞。所見四種，清刻本二部，萬曆刻本一部，四庫零本一部。

Montague Rhodes James 編《岡維爾與基斯學院圖書館藏鈔本解題目録》第二卷（1908）著録“699. Chinese MS. in a wooden box”[3]。今書號爲 699/766，置一文件夾中，凡四册，分别装入白色紙套，外標“Item A”至“Item D”。附卡片四張，手書注記，均書“Shewn to Prof. Giles/1 June 1900”，引用劍橋大學第二任漢學教授翟理斯（Herbert Allen Giles，1845—1935）鑒定意見，簡略説明内

①影印收入《故宮珍本叢刊》第一册，海南出版社 2000 年版。
②瞿冕良編著《中國古籍版刻辭典》，蘇州大學出版社 2009 年版，第 903 頁。
③Montague Rhodes James，*A descriptive catalogue of the manuscripts in the library of Gonville and Caius College*. Volume 2. Cambridge：University Press，1908. p. 681.

容、版本，似係 1900 年學院圖書館員所書，又有李約瑟（Joseph Needham，1900—1995）紅字加筆。另附 1960 年 3 月 28 日李約瑟（時任本院圖書館長）致劍橋大學圖書館館長 Harry Creswick 信札複印件，說明贈與院藏四庫零本《萬首唐人絶句》複製品事，謂根據乾隆御印，推測該本出於鎮江（文宗閣）。

禱告文全書十四卷（文言本） （英）麥都思譯 清咸豐五年（1855）香港聖保羅書院刻本 一册 699/766 A

半葉十一行，行二十八字，白口，單魚尾，四周雙邊，無行綫，附刊句讀。魚尾上刊"禱告文"，下刊卷次、卷名，最下刊葉次。

黄紙内封："乙卯年仲夏/禱告文全書/香港聖保羅書院鎸。"

"禱告文目録"一葉，自"清晨禱告文 卷一"至"信主規條 卷十四"。各卷無書名大題。

禱告文全書十四卷（白話本） （英）麥都思譯 清咸豐五年（1855）香港聖保羅書院刻本 一册 699/766 B

半葉十一行，行二十八字，白口，單魚尾，四周雙邊，無行綫，附刊句讀。魚尾上刊"禱告文"，下刊卷次、卷名，最下刊葉次。

黄紙内封："乙卯年仲夏/禱告文全書/香港聖保羅書院鎸。"

"禱告文目録"一葉，自"早晨禱告文 卷一"至"信主規條 卷十四"。各卷無書名大題。

按，以上兩種文言本及白話本《禱告文全書》係麥都思（W. H. Medhurst，1822—1885）所譯，即聖公會之公禱書（Book of Common Prayer），同牛津大學圖書館藏本（Sinica 2920）。

新刻玉堂彙補詳注引蒙起鳳對類（存九卷：卷十一至十九） （明）蕭雲舉輯 明萬曆間刻本 一册 699/766 C

上欄半葉十八行，行七字。下欄半葉十二行，行二十七字，小字雙行行字同。白口，無魚尾，四周單邊。寫刻。

上欄爲"備採聯對"。下欄爲語料（分平仄）并注。卷十一，首殘尾全，存4a—16b。書口作"衣服門"。卷十二，首全尾殘，存1a—13a。大題"新刻玉堂彙補詳注引蒙起鳳對類卷之十二/飲食門"。卷十三，首尾全，存1a—20b，文史門。卷十四，首尾全，存1a—10b，珍寶門。卷十五，首尾全，存1a—5b，采色門。卷十六，首尾全，存1a—6b，卦名門。卷十七，首尾全，存1a—2b，干支門。卷十八，首尾全，存1a—3b，數目門。卷十九，首全尾殘，存1a—24b，通用門。又殘葉若干，另裝一信封内。

上海圖書館藏蕭雲舉輯《新刻玉堂彙補詳注引蒙起鳳對類》一册，存卷一至卷七（綫普508992），天文、地理、時令、人物、花木、鳥獸、人事等七門。卷前間有插圖。内封題"起鳳對類大成"及刻書告白，署"劉龍田端"。"起鳳對類引"一葉，末署"玉堂學士蕭雲舉輯"。又"起鳳對類凡例""習對定式"。"習對歌"列天文、地理等二十一門，與現存卷次順序略有别，全書未必分爲二十一卷。卷一大題次行署"太史玄圃蕭雲舉輯"，他卷卷端無署名。按，蕭雲舉（1554—1627），字允升，號玄圃，廣西宣化人，萬曆十四年進士。

萬首唐人絶句九十一卷（存四卷：七言卷二十一至二十四）　（宋）洪邁編　清乾隆間文宗閣四庫全書本　699/766 D

半葉八行，行二十一字，白口，單魚尾，四周雙邊，朱絲欄。五眼紙捻裝。

前後封面及書脊尚有少量絲綢書衣殘跡，近土棕褐色；封面左上題籤，僅存"全"字左半。

書前護葉背面右下方貼黃色長方紙籤，墨書"詳校官通政使司通政臣夢吉"。書後護葉正面右下方墨書"總校官編修臣吳裕德/檢討臣徐鑑/校對監生臣謝揚鎮"。卷二十一1a，鈐"古稀/天子/之寶"白文方印。卷二十四18b，鈐"乾隆/御覽/之寶"朱文方印。

該本鈐印、校對人符合南三閣四庫本特徵，非北四閣書。按1960年代毛春翔編《文瀾閣四庫全書版况一覽表》，著録"萬首唐人絶句九十一卷　原抄"①。是書文瀾閣本尚存浙江圖書館。又按李斗《揚州畫舫録》，文匯閣四庫全書集部

①浙江圖書館古籍部編《浙江圖書館古籍善本書目》，浙江教育出版社2002年版，第962頁。

書衣用"藕合色絹"①。麟慶《鴻雪因緣圖記》述道光二十年訪文匯閣所見庫本，亦云集部絹面爲"藕合色"。劍橋本殘存絹面，與現存文瀾閣庫本集部書封面絹質色彩近似，而非藕合色。由此看來，這本《萬首唐人絕句》最有可能出自鎮江文宗閣②。具體來源不明，僅知爲 1900 年之前入藏本院。

《萬首唐人絕句》文淵閣本凡一百卷，包括七言詩七十五卷、五言詩二十五卷，二者獨立計卷。文淵閣本書前提要略云："七言原缺第十八、十九、二十、二十一、二十二。五言原缺第十七、二十三、二十四、二十五。共九卷。無可校補，今亦仍之焉。"③文淵本(文津本同)正文部分，上述七言卷十八等九卷卷題仍保留，下注"原闕"。劍橋藏本存七言卷二十一至二十四④，實即文淵本七言卷二十六至二十九的内容。看來該本并未遵循文淵閣本體例，保留七言部分原闕五卷(卷十八至二十二)名目，而是直接將卷二十三改題作卷十八，以下連續計卷。文瀾閣本亦爲九十一卷(杭州出版社 2015 年影印《文瀾閣四庫全書》集部第 1391 册)，分卷方式與劍橋本相同。

六、莫德林學院(Magdalene College,1428)

2016 年 2 月 12 日，訪 Pepys library。Samuel Pepys(1633—1703)，莫德林學院畢業生，王政復辟時期曾任海軍部首席秘書、皇家學會主席，後世以其事無巨細、生動直白的日記著稱。本館專藏 Samuel Pepys 遺贈，圖書三千册、書櫃十二個。原書原櫃，世守三百載。

---

①李斗《揚州畫舫録》卷四,23a,《續修四庫全書》史部第 733 册影印乾隆六十年自然盦刻本,第 623 頁。
②太平天國戰争之前,文宗閣已有流散者。1842 年 7 月末,英軍攻占鎮江。8 月初隨戰艦轉赴南京之前,年僅 14 歲的巴夏禮(Harry Parkes,1828—1885)造訪了鎮江金山寺文宗閣。按巴夏禮日記:登樓("皇家圖書館")所見圖書保存甚佳,凡數千册,盛樟木箱中。閣中書籍爲當地僧人取走不少,現已加派哨兵一名,阻止擅取。參見 Stanley Lane-Poole, *Sir Harry Parkes in China*. London:1901(reprint,Taipei:1968). pp. 24-25.
③洪邁編《萬首唐人絕句》,《景印文淵閣四庫全書》第 1349 册。
④劍橋本七言卷二十一始杜牧《詠襪》(鈿尺裁量減四分)。

　　所見康熙刻本、南明刻本,兩種合訂,洋裝一册,前後護葉分別貼有 Pepys 藏書票。

　　康熙二十五年丙寅曆法璇璣通書不分卷　（清）洪致玕、洪召南編　清康熙二十四年（1685）漳州書林吳起祥刻本　PL 1914（1）

　　半葉十行,行字不一,白口,單魚尾或無魚尾,四周單邊。

　　內封分內外雙框。內框右欄題“康熙二十五年丙寅曆法璇璣通書”;左欄上半爲陰陽八卦日月圖,下半左側署“漳鴻江洪致玕男召南著（內附臺法七政）”,右側刊廣告語四行:“曆法有一定之局,璇璣爲運轉之微,研究或爽,造福致差,比比然也。因是細詳諸書,併合卦數,取其定例,可識吉凶趨避,參之曆數,以知往來推動。標曰曆法璇璣,庶無負於作者之心,有俾於覽者之用云。”內外框之間,四面分題十二地支（子起右下角,逆時針爲序）。外框外左下題“擇日館寓石碼內鹽魚市　漳城東坂後書林吳起祥梓行”。

　　首尾全。“選擇條例引”半葉（1a）,下署“漳鴻江致玕男召南洪□□刊”,紙殘傷字;背面（1b）“虞書日永日短圖”,書口刊“鴻江洪致玕曆法璇璣”。諸多選擇法,凡 24 葉,書口上端刊“洪致玕真選”,中刊葉次,下端刊“男召南識”。又康熙二十五年具注曆,凡 26 葉,書口上下端同前,魚尾下刊某月上/下、大/小,及葉次。

　　大明永曆二十五年歲次辛亥大統曆一卷　南明永曆二十四年（1670）刊藍印本　PL 1914（2）

　　半葉十一行,行字不一,無魚尾,四周單邊。

　　黃綾封面:嗣藩　頒製/皇曆遥頒未至本藩權宜命官依/大統曆法考正刊行俾/中興臣子咸知/正朔海內士民均沾厥福用是爲識（以上小字五行）/大明中興永曆二十五年大統曆（以上大字通行）。鈐“招討/大將/軍印”朱文方印。

　　正文凡 16 葉,首尾全。大小月節氣時刻 1 葉,年神方位之圖 1 葉,全年曆日 12 葉,紀年表 2 葉。

按,以上兩種,Pepys 自編書目(1700—1703)記作"Two Chinese MSS"①。C. S. Knighton 編《莫德林學院皮普斯圖書館藏書目》補編第一卷(2004)著録,引用未發表之龍彼得筆記,略云《康熙二十五年丙寅曆法璇璣通書》似係孤本,或來自東印度公司駐厦門商站②。

《大明永曆二十五年歲次辛亥大統曆》即 1671 年曆書。1670 年 6 月,東印度公司駐萬丹(Bantam)商站代表 Henry Dacres 派遣 Ellis Crispe 指揮兩船達到臺南,協商在臺建立商站;11 月船隊回程,次年 1 月達到萬丹,攜回禮品中,有鄭經所贈曆書五十部③。從明朝傳統看來,鄭經贈書之舉,猶如向番邦屬國頒曆,有宣示主從之意。彼時英人對此未必會意。

據 Helliwell 統計,永曆二十五年大統曆現存八部,永曆三十年、三十一年大統曆各存一部,散在大英圖書館、牛津大學、劍橋大學三地。

七、彼得學館(Peterhouse,1284)

2016 年 2 月 16 日造訪 Ward library。彼得學館是劍橋最古老的學院。古籍收藏屬於院牆之内的 Perne Library。申請閱覽,則送至學院東北面相鄰的 Ward library(原爲劍橋大學古典考古學博物館)。所見兩種,天啓刻本一部,康熙刻揭帖一幅。

天啓七年丁卯造福日子統宗不分卷　(明)林斗璣等編　明天啓間刻本一册(洋裝)　B. 6. 13

行字不一,白口,無魚尾,四周單邊。寫刻。竹紙。

---

①David McKitterick,*Catalogue of the Pepys Library at Magdalene College,Cambridge.* Volume 7,*Facsimile of Pepys's catalogue.* Woodbridge:Brewer,1991. Pt. 1 sec. 1 p. 99. sec. 2 p. 41. Pt. 2 p. 156. 又見 N. A. Smith, *Catalogue of the Pepys Library at Magdalene College, Cambridge.* Volume 1,*Printed books.* Cambridge:Brewer,1978. p. 94,173.

②C. S. Knighton,*Catalogue of the Pepys library at Magdalene College Cambridge.* Supplementary Series. Volume 1,*Census of printed books.* Cambridge:Brewer,2004. p. 198.

③Taiwan University(ed.),The English factory in Taiwan,1670—1685. Taipei:Taiwan University,1995. p. 79,document 12. 轉引自 David Helliwell, "Southern Ming calendars" (2 January 2012):https://oldchinesebooks. wordpress. com/2012/01/02/southern-ming-calendars/

　　黄紙内封,分多欄,題有:天啟七年丁卯造福日子統宗。造福堂選。閩清漳林斗璣精選,同邑門人顔玉杓、男耀斗全訂。書林嘉濟廟邊鄒家賣。書坊刻多混真故以河洛立標買者請認河圖爲識。等等。

　　書内無大題,書口多刊"林斗玑(璣)"。首全尾殘。存 1a—48b(19a—48b 爲天啟七年具注暦),52a(時家尅應),又小片殘紙(或即 52b)僅餘末行下半,題"造福小通書終"。

　　封二手書題:Volumen hoc Chinense/ D. D. / Lucas Faune Civis et/Stationarius Lond[iniens]is/Bibliothecae M[agistr]i et/Sociorum Coll[egii] S[ancti] P[etri]/ in Acad[emia] Cant[abrigensi]/Ita testor La[zarus] Seaman.

　　按拉丁文題記并彼得學館圖書館在綫目録,此書係 Luke Fawne(1666 年卒)捐贈[1]。Helliwell 引 Scott Mandelbrote(Perne Library 館長)語,Luke Fawne 係 17 世紀倫敦書商,1631 至 1666 年間在聖保羅大教堂墓園一帶經營。Lazarus Seaman(1675 年卒),曾任彼得學館院長、劍橋大學常務校長(1653—1654)。

　　册内夾有 1983 年 1 月 27 日 Gregory B. Lee(利大英)英文打字稿説明一張,題爲 Report on Peterhouse Seventeenth Century Chinese Printed Books:Tian qi qi nian ding mao zao fu ri zi tong zong。略作解題考證,推測入藏時間在 1644 至 1660 年間。又手書補筆,謂此書裝幀風格(鳶尾花圖案)類似 1620 年代劍橋裝訂者。

花乳齋閲茶品　　(清)閔聖裔撰　清康熙間刻本　散葉一幅　B.6.13

　　凡三十七行,行廿二字,四周單邊。方體,附刊句圈。框高 18.4cm,寬 41.9cm,紙幅長寬略大。

　　首"花乳齋閲茶品"(行 1—23),後"附收貯烹茶法"(行 24—36),末署"海陽花乳齋主人閔聖裔識"(行 37)凡七百餘字。框外右上角鈐"花乳齋"朱文橢圓印。文末鈐"海陽/閔氏"朱文方印、"聖/裔"白文方印。折疊夾於《天啟七年丁卯造福日子統宗》内,來源不明。前引 Gregory B. Lee 打字稿説明未提及此件。

---

①彼得學館圖書館在綫目録:library. pet. cam. ac. uk 可檢索書名拼音"ri zi tong zong"。

　　按,此件係花乳齋閔茶廣告,作者閔聖裔,自稱閔汶水之孫,閔子長之子,海陽人(徽州休寧縣海陽鎮)。張岱的名作《閔老子茶》(《陶庵夢憶》卷三),記崇禎十一年(1638)九月訪南京桃葉渡茶室主人閔汶水,後者自稱"年七十"。劉鑾《五石瓠》(《昭代叢書別集》本)"閔茶有二"條略云:"休寧閔茶,萬曆末閔汶水所製。其子閔子長、閔際行繼之。既以得名,亦售而獲利,市於金陵桃葉渡邊,凡數十年。最後有余友建昌陳允衡作《花乳齋茶品》。"并引其文。陳允衡(?—1672)言自崇禎十六年客金陵,與閔際行交游最久。其文與閔聖裔所作同名,措辭亦有相類處,近百字。如陳文讚美閔茶"大抵其色則積雪,其香則幽蘭,其味則味外之味"。聖裔文小變語序。閔聖裔謂"九十年來閔茶之名"云云,似未嘗親炙汶水。由此推測,散葉刊印時間約在康熙中期,17世紀末。此件似是孤本,標點錄文附後。

　　花乳齋閔茶品

　　茶之見賞於先哲久已。杜詩云"山實東吳(北)[秀],茶稱瑞草魁",歐詩云"雀舌未經三月雨,龍芽先占一枝春",坡詩云"揀芽分雀舌,賜茗出龍團"。自古詞人韻士,採建溪春色,以舒清嘯,不獨盧氏七椀歌也。顧閔茶之製于花乳齋,何昉乎? 余世系海陽,先王父汶水隱君,雅有茗戰之癖,和煙帶露,結就龍堆,甌底濤翻,綠塵飛動,無異玉泉之乳,烹蒙頂之花,遂就花乳名焉。一時風雅名流,如程孟陽、宋北玉輩,皆有吟詠,品題閔氏之茶,爲松蘿之禪。而董文敏顔其堂曰"雲腳閒動"。蓋珍汶水君之品,因珍汶水君之所好也。君歿而僞茶漸出,到處竊閔茶之名。先君子長,負性醇謹,與世無争。雖曲盡旗槍,然一掬之春,幾更竄于射利傭夫之手。幸四方有真賞者,不限關河,必訪花乳齋之閔茶爲嫡派。裔生也晚,甫數齡而先嚴見背。及長,稍解採山,一一遵汶水君秘法製之,與俗手迥異。其香則幽蘭,其色則積雪,其味則味外之味。想時賢所揄揚,與往哲所鑒賞,諒不過是。爰是不禁喟然三嘆,曰九十年來閔茶之名,差可不墜先聲矣。敢以陽坡之異種,公爲海内所共珍。庶兩腋清風,喚醒青州從事;而一團明月,常留碧澗偞芽。第恐山澤多暌,真贋難辨。伏冀賜顧君子,辨明花乳齋名,認真海陽世業。不惟八公訪道,得逢甘露之真言;抑且深禁含春,共羨縷金之上玩。仙掌雲生,御恩香染,識者鑒諸。

附收貯烹茶法

貯茶宜錫器,次者砂瓶、箬簍耳。最忌磁器,以天陰吐潮,易敗茶味。

烹茶宜銀鐺,錫鐺,次者砂吊。最忌者銅鐵,以銅鐵鐺帶腥,最奪茶味。

水宜江水、山泉、雨水。至於雪水雖妙,而寒茶性,只宜夏月用之。蘇長公云茶貴活火新泉,信然。

投茶,春秋傾水一半下茶,復添水滿壺,謂之中投。夏宜傾水七分下茶,謂之上投。冬則先下茶,後傾水,謂之下投。此分以天時也。至吟風嘯月,寒燠不齊,各酌其時而烹之。

茶性至潔,染味則淫。必先淨巾盥手滌茶具畢,覆行格控乾備用。壺蓋須仰放,如合放,則几案一切氣味俱竊入矣。陸鴻漸云腥甌膩鼎,切須忌之。

海陽花乳齋主人閔聖裔識

八、王后學院(Queens' College,1448)

2016年3月3日、3月16日,兩訪 Old Library,所見二種。

耶穌基利士督我主救者新遺詔書八卷(存七卷:闕卷五使徒行書)　(英)馬禮遜譯　1823年馬六甲英華書院翻刻1814年廣州刊小字本　七冊　L. II. 20

半葉八行,行二十二字,白口,單魚尾,四周雙邊。無行綫。方體。附刊句讀、專名號。天頭少量出框加注。

各冊書衣均存書名籤及目錄籤,如第一冊封面貼"新遺詔書第一本""第一本/馬寶書"。

冊一黃紙內封:"耶穌基利士督我/主救者新遺詔書/俱依本言譯出。"

目錄(3葉)首題"新遺詔書各卷次第並每卷內章數若干開列於左",末刊"時耶穌降生一千八百一十三年鐫/新遺詔書各卷次第目錄終"。卷一題"聖馬寶傳福音書卷一”。

卷一 3a 第二章首句作“夫耶穌生於如氏亞之畢利恒”，自“生於”以下十四字，占據十格長度，與大英圖書館藏 1814 年廣州刻小開本（版式行款相同）同葉“夫耶穌生於畢利恒”有別①。當是翻刻本，文字有修訂。

按，1813 年馬禮遜譯成《新約全書》，同年 12 月於廣州刊刻完成寫刻體大開本八册，1814 年 6 月，開始刊刻印刷方體字小開本（即小字本）八册。1815 年底，小開本書板被當地書商銷毀避禍。1823 年，馬禮遜於馬六甲英華書院（Anglo-Chinese College）合刊新舊約全書，名之《神天聖書》，分《舊遺詔書》十七册，《新遺詔書》四册。《新遺詔書》據 1814 年小開本翻刻，文字稍有修訂，版式行款仍舊。1823 年版《新遺詔書》亦有分作八册者②。

又按，此書係 Samuel Lee 遺贈，館内尚未編目。Samuel Lee（1783—1852）爲英國東方學家，先後擔任劍橋大學阿拉伯文、希伯來文教授。

周會魁校正四書大全十八卷（存卷十一：孟子公孫丑）　（明）胡廣等輯，周士顯校正　萬曆間建陽刻本　一册（洋裝）　Gg. 2. 65

半葉大字七行，行十六字；中字十一行，行十九字，小字雙行同。上白口，單魚尾，下黑口或白口，四周雙邊。無行綫。寫刻。行間另有小字注音義。天頭出框一欄，未見刻字。

魚尾上刊“四書大全”，下刊“孟子十一卷”、葉次。存 3a—90b，又殘片一張（91a?）。

正文大字存“曰管仲曾西之所不爲也”（3a）至“久於齊非我志也”（90b），即《公孫丑上》第一節至《公孫丑下》末句。

Helliwell 著録萬曆中坊刊《周會魁校正四書大全》十八卷，署“京山思皇周

①書影參見蘇精《馬禮遜與中文印刷出版》，臺灣學生書局 2000 年版，第 48 頁。
②Eliza A. Morrison, *Memoirs of the Life and Labours of Robert Morrison.* London：Longman et al, 1839. pp. 370,374,376,381–383,393,401,407,437,438,441. T. H. Darlow and H. F. Moule, *Historical catalogue of the printed editions of Holy Scripture in the library of the British and Foreign Bible Society.* Volume 2. Pt. 1. London：The Bible House,1911. pp. 183–184,186. 蘇精《馬禮遜與中文印刷出版》，臺灣學生書局 2000 年版，第 41、47—48 頁。

士顯校正”,七行十六字,四周雙邊,黑口或白口,單魚尾。牛津大學圖書館藏二十六冊,牛津大學基督聖體學院藏一冊,或屬於三套至四套。可見劍橋藏本當即同書零冊之一。按,周士顯,字思皇,湖廣京山人,萬曆二十九年進士,萬曆三十四年前後任建陽知縣。萬曆三十三年建陽書林余氏刻《周會魁校正易經大全》二十卷①。《校正四書大全》初刻亦當在本年前後②。

入藏來源不詳。書脊燙金題“CHINESE FRAGMENT OF CONFUCIUS”。書前護葉手書注記,又見 Thomas Hartwell Horne 編《王后學院圖書館藏書目》(1827)書末補録第 520 號:“A volume(in Chinese)of the Sze-shoo-ta-tseuen, or Four Books of Confucius, with a Commentary. 8vo.［Ii. 8. 10.］This volume contains part of Meng tsze(Mencius), the last of the four Books;it is imperfect, both in the beginning and at the end. ”③

九、聖凱瑟琳學院(St Catharine's College, 1473)

2016 年 2 月 19 日過訪,所見兩種,俱係 Thomas Jarrett 遺贈。Thomas Jarrett(1805—1882),英國東方學家,聖凱瑟琳學院畢業生,後成爲該院學者,劍橋大學皇家希伯來文講席教授。

新約全書注釋(存卷一馬太福音)　(清)何進善選輯　(英)理雅各校訂
清咸豐四年(1854)香港英華書院活字本　一冊(洋裝)　Ja. 20. 5
半葉十一行,行二十三字,小字雙行四十二字,白口,單魚尾,四周雙邊。方

---

①中山大學圖書館藏本。
②遼寧大學圖書館見藏萬曆刻全本一部。復旦大學圖書館藏《周會魁校正四書大全》,内封題“九我李太史纂訂/大方名儒四書大全/周譽吾留畊堂藏版”,下細黑口,字體刀工與萬曆本小異,係明末翻刻本。
③Thomas Hartwell Horne, *A catalogue of the library of the college of St. Margaret and St. Bernard, commonly called Queens' College in the University of Cambridge.* Volume 2. London:Printed for the Society of Queens' College by S. and R. Bentley, 1827. p. 1006. 書影參見 https://archive. org/details/acataloguelibra00horngoog

體,附刊句讀。

內封:"咸豐肆年/新約全書注釋/香港英華書院活字板。"

新約全書注釋序(咸豐四年孟冬南海居士何進善)、凡例、馬太福音注釋序。卷首題"新約全書注釋卷一/南海何進善選輯　英國教士理雅各校訂/馬太傳福音書"。正文凡十四章,54 葉。

遐邇貫珍第三卷(第一號至第十二號) 　(英)麥都思主編　清咸豐五年(1855)香港英華書院活字本　一册(洋裝)　**Ja. 24. 43**

即 *Chinese Serial*, Vol. 3. No. 1-12. Hong Kong, 1855.

十、聖約翰學院(St John's College, 1511)

2016 年 1 月 7 日、1 月 8 日兩度過訪,所見十一部。兩部爲早期收藏明末刻本。另有九部,尚無書號,計開:1805 年 James Inman 贈書七部,內清刻本六部、鈔本一部;1844 年 Vincent Stanton 贈活字本一部;1937 年 Joseph Larmor 贈和刻本一部。

重刊日記故事(存卷上) 　(明)佚名編　明後期書坊刻本　一册(洋裝)
S. 52

半葉十行,行二十字,白口或無口,單魚尾或無魚尾,四周單邊,無葉碼,寫刻方體之間。單葉出圖,刻於框內上部,八字高,十行寬。

首卷僅存末葉一角,尾題"新刊二十四孝首卷終"。卷上首葉存一角,大題"重刊日記故事卷之上/南京□使山泉□",紙殘傷字。

全書存"學知""親愛""寬洪""勤儉""恬退""自適""親睦""家法""不忠""方便""陰德"諸門,各數條不等。

按,首卷《新刊二十四孝》末葉,與牛津大學圖書館藏《新刊二十四孝故事》(存卷一)明刻本(Sinica 41)版式、內容相同,刀工小異,非同板。

Helliwell 引 Jonathan Harrison(聖約翰學院前任圖書館員)語,本書原屬 William Crashawe(1572—1626)，後 Crashawe 藏書售歸第三代南安普頓伯爵 Henry Wriothesley(1573—1624)。Henry 也是莎士比亞的恩主。1635 年，第四代南安普頓伯爵 Thomas Wriothesley 將乃父藏書轉與聖約翰學院。按，學者 William Crashawe、南安普頓伯爵父子都是聖約翰學院畢業生。

大明永曆三十年歲次丙辰大統曆一卷　南明永曆二十九年(1675)刊藍印本　一冊(洋裝)　S.14

內封黃紙，下半殘闕。題"皇曆未至本蕃權依/　大統曆法命官考［訂刊行俾］/中興臣子咸知/正朔用是爲識/大明永曆三十年［歲次丙辰大統曆］"(方括號欠字據永曆二十五年大統曆內封例補)。內封中部鈐"招討/大將/軍印"朱文方印，僅存上半。

內封天頭手書題："Anno Domini/1676/This Almanack was given to Mr. John Dacres/merchant in ey［＝the］East Indys by/Pun Poin,then King of Tyon."

卷首題"大明永曆三十年歲次丙辰大統曆"。正文凡 16 葉，首尾全。

早期重裝，誤以行綫爲橫行，將原書天頭合訂，如一寬幅賬本狀，外加硬封。書脊燙金題"CHINESE ALMANACK"。

按 King of Tyon(大員國王)Pun Poin，當即鄭經。1676 年贈與英國東印度公司商人 John Dacres。Helliwell 引 Jonathan Harrison，謂本書入館時間、來源俱不詳。

以上兩種爲學院早期收藏。

六合內外璅言二十卷卷首繡像二卷　題黍餘裔孫編、乘瀑山人校　清嘉慶初廣東刻本　十冊　二函

按，黍餘裔孫即屠紳(1744—1801)。

第一、第二冊爲插圖。正文無魚尾，四周雙邊，無行綫，版心上端刊"繡像"、篇名(如首篇"長鬚君長")，下端刊葉次及"上/下"。繡像每 b－a 兩半葉合一幅。第一冊內封題"六合內外璅言圖説"，書前冠姬金麟"六合內外璅言序"。正文凡七十四葉。卷末(74b)圖內刊"羊城林顯繡像""古滇鹵樓子監製"。第

二册凡九十三葉,卷末(93b)圖内刊"鹵樓子監製"。

第三册至第十册爲小説。半葉九行,行二十字,白口,單魚尾,左右雙邊。無行綫,附刻句圈,方體字。第三册目録一葉,題"六合内外瑣言卷一目/黍餘裔孫編/乘瀑山人校",下以題篇名"長鬚君長"等九篇。卷首題"六合内外瑣言卷一/黍餘裔孫編"。第十册卷二十後有湛若海"六合内外瑣言跋"。

用原函套,淺藍色布面,貼有印刷題籤"六合内外瑣言　上函/下函"。第一册夾條籤印刷注記:"Chinese tales. 12 volumes. 1770. The 2 binders are signed by James Inman(*Senior Wrangler* 1800) February 1804. "

三才發秘九卷　(清)陳雯編　清康熙三十六年(1697)序刊後印本　八册

半葉十行,葉二十一字,白口,單魚尾,左右雙邊。方體字。

本書分天部二卷,地部三卷,人部四卷。

第一册夾條籤印刷注記:"Eight volumes dealing with Chinese astronomy, geography and arts(Volumes 1-4 astronomy; volumes 5-7 geography; volume 8 arts known and practiced at Peking). Signed by James Inman February 1804. "

晚笑堂畫傳一卷明太祖功臣圖一卷　(清)上官周繪撰　清乾隆八年(1743)序廣東刊後印本　三册

半葉十二行,行二十二字,白口,單魚尾,左右雙邊。手書上板。

第一册内封題"晚笑堂竹莊畫傳",下鈐朱文方印"讀史想像"。

上官周(1665—?)自序,云年七十九。當即乾隆八年(1743)。歷代人物圖七十六人,明太祖功臣圖四十四人,凡一百二十圖。精刻,然非初印本。

第一册夾條籤印刷注記:"Portraits of famous persons. 3 volumes. C. 1700. All signed by James Inman February 1804. "

無雙譜不分卷　(清)金古良編繪　清康熙二十九年(1690)序刻本　一册

無格,半葉内四周單邊,手書上板。

紅紙内封,題"於越金古良撰/無雙譜"。冠陶式玉"無雙譜序"、金古良"無

雙譜自叙"、盧詢題辭。宋俊"弁言",署康熙二十九年庚午(1690)。毛奇齡
(1623—1716)"引言"署"七十七老人",當在康熙三十八年(1699)。王士禛"讀
無雙譜復言",不避"禛"字。董良櫥"讀無雙譜引"。目録首題"南陵無雙譜
目",末刊"男可久德公可大業侯較"。收録漢宋間人物四十幅。精刻,早期
印本。

夾條簽印刷注記:"Portraits of famous persons. 1 volume. C. 1700. Signed by
James Inman February 1804. "

**新刻書經體注六卷卷首圖一卷(存二卷:卷首圖至卷一)　(清)顧豹文鑒
定　(清)范翔參訂　清乾隆六十年(1795)振賢堂刻本　一册**

分上下兩欄,大略平分葉面。(卷一)上欄半葉二十三行,行二十五字,無行
綫,白口,無魚尾。下欄半葉九行,行十七字,小字雙行行字同,白口,單魚尾。
四周單邊。

內封黃紙題"乾隆六十年新鎸/范紫登先生訂　合纂諸子解説/書經體注/
字遵部頒正韻/振賢堂梓行"。首卷冠仇兆鰲序。第一卷卷端上欄題"新刻書經
體注",次兩行署"西陵顧且菴先生鑒定　苕溪范翔紫登參訂　孫渭鴻舉　姪孫
潛南何　同鈔"。下欄題"書經卷之一　蔡沈集傳"。

封面手書題記:"Part of the Chinese History/a Book much esteemed by the
Chinese. "夾條簽印刷注記:"Volume 1 of the Chinese History. 1795. Signed by
James Inman February 1804. "

英漢詞彙對照表　清嘉慶間鈔本

擬題。無署名。歐洲紙散葉三張,對折成小册(凡十二頁)。其中八頁有
字,六頁分左右兩欄。大都先英文,次注音,再次漢字(墨筆書)。例如"Hand
souchee 手指"、"Mandarine Low ya 老爺","I go 我"、"Thou Nee 你"、"He Ku
佢",東南西北、年日月時刻、數字一至百(部分)、千、萬、百萬等等。

絃笛琵琶譜一卷　題南溪主人鑒定　清乾隆三十五年(1770)富文堂刻

本 一册

半葉十行,行二十一字,白口,無魚尾,四周單邊,無行綫。板心上端刊"簫引",下端刊葉次。

内封作"乾隆庚寅新刻/絃笛琵琶譜/富文堂梓"。正文凡五葉。卷首有"引"(1a):"余亦稍好樂,第不能審音,故艸艸録之,聊以備口耳之□云耳。南溪主人鑒定。"次"絃笛目録",開列"四大景""水龍吟"等,至"雞公仔"凡十三題。2b 繪簫、笛、三絃三種樂器圖。2—5 葉,爲十三種曲之工尺譜。

夾條簽印刷注記:"Book on playing musical instruments,containing pictures of 3 instruments. Signed by James Inman February 1804. "

以上七種,係 1805 年 James Inman 贈書。James Inman(1776—1859),聖約翰學院畢業生,數學家,1803 年至 1804 年,作爲隨船天文學家,乘英國軍艦前往澳洲海域考察。回航途次,1803 年 12 月中旬一度在廣州逗留,中文書籍當由此入手①。《六合内外璅言》《晚笑堂畫傳》即廣東刻本。英漢詞彙對照表使用粤語詞彙,爲日常生活所需,或係 Inman 自用。

救世主耶穌新遺詔書　(英)麥都思譯　1839 年新嘉坡堅夏書院刻本二册

半葉十行,行二十六字,白口,單魚尾,四周雙邊。無行綫,文字右側附刊句讀、專名號,經文原行數號。方體。

封面分别印題簽"救世主聖書卷一""救世主聖書卷二"。内封(二册同)黄紙,題"新嘉坡堅夏書院藏版/救世主耶穌新遺詔書/依本文譯述"。書内四福音書分題卷一至卷四,聖差言行傳題卷之五,其餘各篇則無卷次。

第一册夾條簽印刷注記:" New Testament in Chinese. C. 1820 - 40. 2 vol-

---

① 參見"'Odd little book' revealed to be Chinese musical gem"(5 Mar 2014):www. cam. ac. uk/research/news/odd-little-book-revealed-to-be-chinese-musical-gem

Yang Jian(楊建),"Ancient Chinese Musical Notation Discovered in the Old Library of St John's College,Cambridge". *East Asian Publishing and Society*. 2014(4). pp. 175-180.

umes. / Presented by Vincent Stanton（BA 1843）March 1844. ”即 1844 年 Vincent Stanton 贈書。

按，書名據内封。本書係麥都思（W. H. Medhurst）翻譯，郭實獵（K. F. A. Gützlaff）修訂之全本新約聖經。

算法天元録三卷（存二卷：卷上卷下）　（日）西脇利忠編集、由良貞明考訂　日本元禄十年（1697）書林村上清太郎、大井七郎兵衛刻本　二册

闕卷中。附劍橋大學日本學教授、書志學家 Peter Kornicki 英文手書説明一葉。

按藏書票，Joseph Larmor 贈書，1937 年入藏學院圖書館。Joseph Larmor（1857—1942），物理學家、數學家，聖約翰學院畢業生，曾任劍橋大學盧卡斯數學教授。

附記：

形數顯觀法　趙曾儔著　民國十七年（1928）鉛印本　一册（洋裝）

按，本書係作者自印本，上海商業印字房代印。1929 年 5 月作者簽贈 Joseph Larmor。内夾 W. M. Cheo 致 Larmor 英文書札一葉。

内夾條簽印有注記：“Book by Tsung-Chew Chao presented by him to Joseph Larmor, May 1929. ”按藏書票，Joseph Larmor 贈書，1937 年入藏學院圖書館。

十一、三一學院（Trinity College，1546）

2016 年 1 月 5 日、1 月 8 日兩度過訪 Wren Library。該館 17 世紀末建成，係著名歷史建築，宏偉精美。書室大廳盡頭，拜倫全身石像座下，設桌椅若干，閲覽預約文獻。所見明刊本十部，洋裝四册，其中一册合訂裝入七部明刊殘本。

按 Edward Bernard 編《英國與愛爾蘭各圖書館藏鈔本目録》（1697），三一學

院圖書館見藏“623.33. Libri Sinici”①。Montague Rhodes James 編《三一學院圖書館藏西文鈔本書録》（1901）著録中文書四册，注明 R.8.8、R.8.9、R.8.15 即 Bernard 目録之 623 號，簡單著録作“Chinese”，紙本，并記高寬；又 R.10.1，記作“Woodcuts. Chinese”②。

又按 Edward G. Browne 編《劍橋大學及學院圖書館藏阿拉伯字母所書寫本目録續編》（1922），三一學院另藏“Chinese books”，R.13.93、R.13.95 兩册③。申請提閲，館員未找到。

新刊官板批評正百將傳十卷（存五卷：卷一至五）　（宋）張預集、（明）趙光裕評　明萬曆十七年（1589）金陵書林周曰校仁壽堂刻本　一册（洋裝）　R.8.8

半葉九行，行二十字，白口，單魚尾，四周單邊，方體字。間有朱墨圈點，墨筆批注。

萬曆十七年己丑趙光裕序，首殘，存末二葉及倒數第三葉 b 上半幅。卷五存至 34a 半葉，下闕關羽傳後半、張飛傳全部。

丹溪心法附餘二十四卷首一卷（存二卷：卷二十二至二十三）　（明）方廣輯　明後期刻本　一册（洋裝）　R.8.9

半葉十二行，行二十四字，白口，單魚尾，四周單邊，方體字。

第二十二卷首殘尾全，存 2a 至 73b。第二十三卷首全尾殘，存 1a 至 23a。

按，本册與基督學院藏本 DD.4.11、三一學院藏本 R.10.1（G）似是同版。

故事君臣大全四卷故事金璧大全四卷　（明）吴誠等編　明後期福建刻

①Edward Bernard, *Catalogi librorum manuscriptorum Angliæ et Hiberniæ in unum collecti, cum indice alphabetico.* Oxford：1697. p. 101.

②Montague Rhodes James, *The western manuscripts in the library of Trinity College, Cambridge：a descriptive catalogue.* Volume 2. Cambridge：University Press, 1901. pp. 245-247, pp. 274-275.

③Edward G. Browne, *A supplementary hand-list of the Muhammadan manuscripts：including all those written in the Arabic character preserved in the libraries of the University and colleges of Cambridge.* Cambridge：University press, 1922. p. 320.

本　一冊(洋裝)　　R. 8. 15

上欄出像,圖題在右。下欄半葉十三行,行十九字,小字雙行同,上下黑口,雙魚尾,四周雙邊。顔體寫刻。竹紙小册。

擬題,各卷題名不同。多用七言八句詩,每句次行下退一格注故事,又雙行小字注音釋字詞。

故事君臣大全四卷第一卷首殘尾全,卷末題"增注全璧君臣故事卷之一"。第二卷首全尾殘,卷端題"[訓]解故事君臣大全卷之二/後學永豐雙江吳誠信忠增注/門人汀城素庵黄慶景福點校/金川中立齋李紀大正校補"。第三卷首全尾殘,卷端題"訓解合璧故事君臣大全卷之三/後學永豐雙江吳誠信忠增注/後學金川中立李紀大正校補/四賢後裔文會軒西園主人書"。第四卷首尾全(凡7葉),卷端題"[訓]解直音金璧大全故事卷之四/後學修山林景平/永豐訥齋吳誠信忠"。

故事金璧大全四卷第一卷首全尾殘,卷端題"新增訓解故事金璧大全卷之一/後學修山林景平增編/永豐訥齋吳信忠音訓/後學金川李紀校正"。第二卷首尾全(凡7葉),卷端題"新增訓解音音金璧故事大全卷之二/後學修山林景平增編/永豐訥齋吳信忠音訓/後學金川李紀校正"。第三卷首尾全,卷端題"新增訓解直音金璧大全故事卷之三/後學修山林景平增編/永豐訥齋吳誠信忠音訓",卷末(10a)題"新增訓解直音金璧故事大全卷之三"。第四卷首全尾殘,卷端題"新增注解君臣表忠故事大全卷之四/建昌府知府長樂謝士元仲仁[?]/後學修山林景平增編/後學永豐雙江吳誠信忠增注/後學金川中立李紀大正校補"。本卷篇名用四言("比干固諫""岳飛恢復"等),退一格注故事,附"詩曰"詠其事。全書間有闕葉。

書後護葉題記:"Lingua Indostani siue Indiae/intra Gangem, ex Dono/Adami Bowen. / 1628."大意爲印度斯坦或恒河地區語言,1628 年 Adam Bowen 贈書。此本很可能是劍橋大學最早入藏的中文書,比大學圖書館獲得《丹溪心法附餘》尚早4年。Adam Bowen 曾在英國東印度公司倫敦總部擔任文書[1]。三一學院

---

[1]"Adam Bowen was a clerk in the Company's counting house, and was also employed to draw up sailing directions from the journals, and to prepare fair copies of charts." 參見 Clements R. Markham(ed.), *The Voyages of William Baffin*, 1612—1622. London:Printed for the Hakluyt Society, 1881. p. 39. Adam Bowen 的身份,承蒙 Helliwell 先生提示。

另藏有他捐贈的兩部《古蘭經》(R. 8. 12,R. 13. 4。1628、1632 年入藏),以及一部波斯文—土耳其文鈔本(R. 13. 32)。牛津大學鮑德林圖書館則藏有 Bowen 捐贈的《四書》萬曆間建陽書林鰲峰堂刊本(Sinica 1)、《鼎雕趙狀元四書課兒提醒約解》萬曆四十一年余文杰自新齋刻本(Sinica 25)殘冊,後者可與三一學院藏本(R. 10. 1(C))配補。

以下明刻本七種,合訂洋裝一冊,索書號 R. 10. 1。

內夾英文標籤七張(原序號 A–G),手書略記書名大意。

新鋟全像大字通俗演義三國志傳二十卷(存四卷:卷四至七)　明後期書林喬山堂刻本　R. 10. 1(A)

半葉十五行,行三十三,白口,單魚尾,四周單邊。無行綫,方體字。

上欄出像(八字高,十三行寬),上欄外天頭刊圖題。魚尾上刊"出像三國志傳",下刊卷之幾,葉次。

第四卷首殘尾全,存 6a—30b。卷末(30b)題"全像三國志傳卷之四終"。第五卷首尾全,存 1a—38b,卷端題"新鋟全像大字通俗演義三國志傳卷之五/書林喬山堂梓行/張遼義説關雲長",卷末(38b)題"三國志傳卷之五畢"。第六卷首尾全,存 1a—32b,卷端題"新鋟全像大字通俗演義三國志傳卷之六/曹操倉亭破袁紹",卷末(32b)題"三國志傳六卷畢"。第七卷首全尾殘,存 1a—35a,卷端題"新鋟全像通俗演義三國志傳卷之七/書林喬山堂梓行/玄德三顧諸葛亮"。卷五、卷七卷首大題次行刊"書林喬山堂梓行"。

Helliwell 著録牛津大學圖書館藏《新鋟全像大字通俗演義三國志傳》二十卷全六冊一部(Sinica 51),有"笈郵齋藏版"(內封)、"書林喬山堂梓行"(卷一)、"書林劉龍田梓行"(卷十三)、"閩書林笈郵齋梓行"(卷二十末牌記)、"三泉刻像"等刊記;又大英圖書館藏同版卷八至十三殘本一冊(15333. e. 4),德國國家圖書館藏卷十七至十八殘本一冊(Lib. Sin. 139)。按,劍橋藏本當屬同一書。

二刻音釋圈點分章分節鳳吹四書正文（存二卷：卷一大學、卷二中庸）
（明）張蕭校正、（明）丘兆麟圈點　明萬曆間建安書林周慶伯刻本　R. 10. 1（B）

半葉十行，行二十一字，白口，單魚尾，四周單邊。無行綫，附刊句圈，寫刻。
魚尾上刊“二刻鳳吹正文”，下刊“大學一卷”/“中庸二卷”，葉次。

卷一題“二刻音釋圈點分章分節鳳吹四書正文卷一卷/華亭張蕭世調父校
正/臨川丘兆麟毛伯父圈點/閩建書林周慶伯繡梓”，卷末（15a）題“大學一卷
終”。卷二題“二刻音釋圈點分章分節鳳吹四書正文二卷”，無署名，卷末（8b）
題“中庸二卷終”。

鼎雕趙狀元四書課兒提醒約解六卷（存四卷：卷一至四，大學中庸上論下
論）　（明）趙秉忠輯著、（明）邵景堯校正、（明）楊九經參訂　明萬曆四十一年
（1613）余文杰自新齋重刻本　R. 10. 1（C）

分上中下三欄。上欄半葉二十四行，小字九字。中欄二十七行，小字五字。
下欄十五行，大字八行間以小字七行，大字行十七字，小字三十四字。寫刻。

上欄旨意，中欄考語，俱雙行，下欄正文并小字注文。魚尾上刊“四書提醒
約解”，下刊“大學一卷”至“下論四卷”，最下刊葉次。

第一卷大學，首尾殘，存 6b—15a。第二卷中庸，首尾全，存 1a—31b。卷端
題“鼎雕趙狀元四書課兒提醒約解中庸卷之二/甲榜第一人崌陽趙秉忠輯著/第
二人芝南邵景堯校正/閩後學鞭垓楊九經參訂/自新齋泰垣余文杰重梓”，卷末
（31b）題“中庸二卷終”。第三卷上論，首尾全，存 1a—64a。卷端題“鼎雕趙狀
元四書課兒提醒約解上論卷之三”，署名同前，卷末（64a）題“上論三卷終”。第
四卷下論，首全尾殘，存 1a—68a。卷端題“鼎雕趙狀元四書課兒提醒約解下論
卷之四”，署名同前。

Helliwell 著録牛津大學鮑德林圖書館藏《鼎雕趙狀元四書課兒提醒約解》，
萬曆四十一年建陽書林余泰垣刊本（Sinica 25），存卷五至卷六一册，牌記刊“龍
飛萬曆癸丑仲秋穀旦謹題”“自新齋余泰垣繡梓”。手書注記捐贈人 Adam Bow-
en。按，牛津、劍橋兩地殘本可配成一套。前述三一學院見藏《故事君臣大全》，
1628 年 Adam Bowen 贈書。則《約解》或係同時入藏。

新刻演義全像三國志傳(存四卷:卷十二至十五)　明後期黎光閣刻本
R. 10. 1(D)

半葉十五行,行三十四字,白口,單魚尾,四周單邊。無行綫,方體。上欄出像,高七字,寬九行,天頭出框加圖題。魚尾上刊"三國志傳",下刊卷次、葉碼,最下間刊"黎光閣"。

卷十二首殘尾全,存 2b—29a。卷末(29a)題"十二卷終"外加框。3a 圖題"張魯下馬投降曹操"。卷十三首尾全,存 1a—26a。卷端題"新刻演義全像三國志傳卷之十三/劉玄德即位漢中王/卻説玄德既得漢中"云云。卷末題"全像三國志傳卷之十三終"。卷十四首尾全,存 1a—22b。卷端題"新刻演義全像三國志傳卷之十四/曹子建七步成文/卻説曹丕傳旨"云云。卷末題"全像三國志傳卷之十四終"。卷十五首全尾殘,存 1a—17a。卷端題"新刻演義全像三國志傳卷之十五/白帝城先主託孤/章武二年"云云。本卷存至"老叟指引孔明甘泉"(17a 圖題)。

按 Helliwell,牛津大學圖書館藏黎光閣刊本《新刻演義全像三國志傳》卷十五至二十殘本一册(Sinica 55),手書注記捐贈人倫敦書商 Octavian Pullen,1659年 7 月 6 日。

孟子七卷(存三卷:卷一至三)　(宋)朱熹集注　明後期刻本　R. 10. 1(E)

半葉九行,行十七字,小字雙行同,白口,無魚尾,四周單邊。無行綫,附刊句圈,寫刻。天頭間有出框注字音。版心刊孟子某卷,葉次。

朱熹序説首尾殘。卷一至卷三,首尾俱全。第一卷 12a,天頭有拉丁文題記,上半裁去傷字。

舉業須知元韻三書(存孟子一卷)　(明)佚名編　明後期刻本　R. 10. 1(F)

分上下兩欄。下欄半葉十行,行二十字,小字雙行同,有行綫,行間附刊圈點評語。上欄刻講解,皆小字,半葉二十二行,行七字,無行綫。白口,單魚尾,四周單邊。寫刻。魚尾上刊"舉業須知元韻三書",下刊"孟子一卷"、葉次。

書名據板心題名。首尾殘,存 46a—110b,即"厚則是以所賤事親也"(《滕文公上》）至"不王者未之有也何必曰利"（《告子下》）。

丹溪心法附餘二十四卷卷首一卷（存三卷：卷五至七） （明）方廣輯 明後期刻本 R. 10. 1（G）

半葉十二行行廿四字，白口單魚尾，四周單邊，方體字。

卷五，首殘尾全，存 5a—36b。卷六"暑門"全，存 1a—38a。卷七"濕門"，首全尾殘，存 1a—14a。

按，本冊與本館藏本 R. 8. 9，以及基督學院藏本 DD. 4. 11，似是同版。

十二、劍橋大學植物園（Botanic Garden）

2016 年 3 月 21 日至城南劍橋大學植物園，訪 Cory Library，所見和刻本一種。

草木圖説前篇二十卷 （日）飯沼慾齋著述，田中芳男、小野職慤增訂 日本安政三年（1856）刻明治七年（1874）增訂本 二十冊

書名據卷題。封面題籤作"新訂草木圖説 草部"。内封題作"新訂草木圖説"。第二十冊後半書口殘損。

各冊封面多有手書"C. F. R. Allen 1882 Ningpo"并開列本冊所載之植物諸科拉丁學名，冊内間有手書拉丁學名，注於日文假名之側。

按，Clement Francis Romilly Allen（1844—1920），漢名阿連璧，曾任英國駐華領事，以英譯《詩經》（1891）著稱[1]。

補遺：彭布羅克學院（Pembroke College, 1347）

天星日子不分卷 （明）莊詠蓼編 崇禎三年刻本 一冊 LC. I. 34

白口無魚尾，四周單邊。内封題"崇禎四年辛未歲""天星/郡庠生莊詠蓼

---

[1]Clement Francis Romilly Allen, *The book of Chinese poetry；being the collection of ballads，sagas，hymns，and other pieces known as the Shih Ching；or，Classic of poetry.* London：Kegan Paul, Trench, Trübner, 1891.

致/日子"。

本書爲崇禎四年(1631)通書。按彭布羅克學院 17 世紀捐獻記録(Benefactors' Book,MS LC. II. 77),1633 年倫敦商人 Edward Tines 贈與學院中文書籍一部(libellum chinensi charactere),當即本册。牛津大學基督聖體學院(Corpus Christi College,Oxford)藏同版者一部(MS. 216),内封上方紙殘,闕"崇禎四年辛未歲"一行①。

附録:劍橋大學學院圖書館藏漢籍分類簡目(43 部)

經部

新刻官板周易本義四卷首一卷(存卷首至卷一) (明)成矩編 明嘉靖萬曆間建陽書林張閩嶽新賢堂刻本 MS. 3. 2. 17【Emmanuel College】

新刻書經體注六卷卷首圖一卷(存卷首圖至卷一) (清)顧豹文鑒定、(清)范翔參訂 清乾隆六十年(1795)振賢堂刻本【St John's College】

論語十卷(存卷一至卷五) (宋)朱熹集注 明後期刻本 DD. 3. 9【Christ's College】

孟子七卷(存卷一至三) (宋)朱熹集注 明後期刻本 R. 10. 1(E)【Trinity College】

周會魁校正四書大全(存卷十一:孟子公孫丑) (明)周士顯校正 明萬曆間建陽刻本 Gg. 2. 65【Queens' College】

鼎雕趙狀元四書課兒提醒約解六卷(存卷一至四:大學中庸上論下論)(明)趙秉忠輯著、(明)邵景堯校正、(明)楊九經參訂 明萬曆四十一年(1613)余文杰自新齋重刻本 R. 10. 1(C)【Trinity College】

二刻音釋圈點分章分節鳳吹四書正文(存卷一大學卷二中庸) (明)張蕭校正、(明)丘兆麟圈點 明萬曆間建安書林周慶伯刻本 R. 10. 1(B)【Trinity College】

①詳見 David Helliwell,"More seventeenth-century finds"(2020-11-28):serica. blog/2020/11/28/more-seventeenth-century-finds/

舉業須知元韻三書（存孟子一卷）　（明）佚名編　明後期刻本　R. 10. 1
（F）【Trinity College】

子部

兵家類

新刊官板批評正百將傳十卷（存卷一至五）　（宋）張預集、（明）趙光裕評
明萬曆十七年（1589）金陵書林周曰校仁壽堂刻本　R. 8. 8【Trinity College】

醫家類

丹溪心法附餘二十四卷首一卷（存卷五至七）　（明）方廣輯　明後期刻本
R. 10. 1（G）【Trinity College】

丹溪心法附餘二十四卷首一卷（存卷二十二至二十三）　（明）方廣輯　明
後期刻本　R. 8. 9【Trinity College】

丹溪心法附餘二十四卷首一卷（存卷二十四）　（明）方廣輯　明後期刻本
DD. 4. 11【Christ's College】

增定便考萬病回春善本八卷　（明）龔廷賢編　清康熙元年（1662）錢塘汪
淇刻本　MS 227【Corpus Christi College】

天文算法類

大明永曆二十五年歲次辛亥大統曆一卷　南明永曆二十四年（1670）刊藍
印本　G1. 3. 44【Clare College】

大明永曆二十五年歲次辛亥大統曆一卷　南明永曆二十四年刊藍印本
MS. 3. 2. 17【Emmanuel College】

大明永曆二十五年歲次辛亥大統曆一卷　南明永曆二十四年刊藍印本
PL1914（2）【Magdalene College】

大明永曆三十年歲次丙辰大統曆一卷　南明永曆二十九年（1675）刊藍印
本　S. 14.【St John's College】

天啟七年丁卯造福日子統宗不分卷　（明）林斗璣等編　明天啟間刻本
B. 6. 13【Peterhouse】

天星日子不分卷　（明）莊詠蓼編　崇禎三年刻本　LC. I. 34【Pembroke
College】

　　康熙二十五年丙寅曆法璇璣通書不分卷　　(清)洪致卬、洪召南編　清康熙二十四年(1685)漳州書林吳起祥刻本　PL 1914(1)【Magdalene College】

　　算法天元録三卷(闕卷中)　　(日)西脇利忠編集、(日)由良貞明考訂　日本元禄十年(1697)書林村上清太郎、大井七郎兵衛刻本【St John's College】

術數類

　　三才發秘九卷　　(清)陳雯編　清康熙三十六年(1697)序刊後印本【St John's College】

藝術類

　　無雙譜不分卷　　(清)金古良編繪　清康熙二十九年(1690)序刻本【St John's College】

　　晚笑堂畫傳一卷明太祖功臣圖一卷　　(清)上官周繪撰　清乾隆八年(1743)序廣東刊後印本【St John's College】

　　絃笛琵琶譜一卷　題南溪主人鑒定　清乾隆三十五年(1770)富文堂刻本【St John's College】

譜録類

　　花乳齋閔茶品　　(清)閔聖裔撰　清康熙間刻本　B. 6. 13【Peterhouse】

　　草木圖説前篇二十卷　　(日)飯沼慾齋著述、田中芳男、小野職愨增訂　日本安政三年(1856)刻明治七年(1874)增訂本【Botanic Garden】

類書類

　　新刻玉堂彙補詳注引蒙起鳳對類(存卷十一至十九)　　(明)蕭雲舉輯　明萬曆間刻本　699/766 C【Gonville and Caius College】

　　新刻何玄子先生增補素翁四民便覽幼學須知鰲頭雜字大全二卷　　(明)佚名編　明末刻本　MS. 3. 2. 17【Emmanuel College】

　　重刊日記故事(存卷上)　　(明)佚名編　明後期書坊刻本　S. 52【St John's College】

　　故事君臣大全四卷故事金璧大全四卷　　(明)吳誠等編　明後期福建刻本　R. 8. 15【Trinity College】

小説類

新鋟全像大字通俗演義三國志傳二十卷(存卷四至七)　明後期書林喬山堂刻本　R. 10. 1（A）【Trinity College】

新刻演義全像三國志傳(存卷十二至十五)　明後期黎光閣刻本　R. 10. 1（D）【Trinity College】

六合内外璅言二十卷卷首繡像二卷　題黍餘裔孫編，乘瀑山人校　清嘉慶初廣東刻本【St John's College】

基督教類

耶穌基利士督我主救者新遺詔書八卷(闕卷五使徒行書)　（英）馬禮遜譯　1823 年馬六甲英華書院翻刻 1814 年廣州刊小字本　L. II. 20【Queens' College】

救世主耶穌新遺詔書　（英）麥都思譯　1839 年新嘉坡堅夏書院刻本【St John's College】

新約全書注釋(存卷一馬太福音)　（清）何進善選輯、（英）理雅各校訂　清咸豐四年(1854)香港英華書院活字本　Ja. 20. 5【St Catharine's College】

禱告文全書十四卷(文言本)　（英）麥都思譯　清咸豐五年(1855)香港聖保羅書院刻本　699/766 A【Gonville and Caius College】

禱告文全書十四卷(白話本)　（英）麥都思譯　清咸豐五年(1855)香港聖保羅書院刻本　699/766 B【Gonville and Caius College】

新學類

英漢詞彙對照表　清嘉慶間鈔本【St John's College】

遐邇貫珍第三卷　（英）麥都思主編　清咸豐五年(1855)香港英華書院活字本　Ja. 24. 43【St Catharine's College】

集部

萬首唐人絕句九十一卷(存七言卷二十一至二十四)　（宋）洪邁編　清乾隆間文宗閣四庫全書本　699/766 D【Gonville and Caius College】

名公翰墨林四卷(存卷三至四)　（明）虞邦譽輯　明萬曆間金陵書林余象箕刻本　MS. 3. 2. 17【Emmanuel College】

書名索引

W

晚笑堂畫傳一卷。明太祖功臣圖一卷。(清)上官周繪撰。清乾隆八年(1743)序廣東刻後印本。劍橋大學聖約翰學院。268

萬首唐人絕句九十一卷。(宋)洪邁輯。清乾隆內府寫文宗閣四庫全書本。存七言卷二十一至二十四。劍橋大學岡維爾與基斯學院699/766 D。257

無雙譜不分卷。(清)金古良編繪。清康熙二十九年(1690)序刻本。劍橋大學聖約翰學院。268

五代名畫補遺一卷。(宋)劉道醇纂。明末毛氏汲古閣影宋抄本。天津圖書館Z41。國家珍貴古籍名錄04677。102

五經文字三卷。(唐)張參撰。清初席氏釀華草堂影宋鈔本。中國國家圖書館07973。國家珍貴古籍名錄03435。3

X

遐邇貫珍第三卷(第一號至第十二號)。(英)麥都思主編。清咸豐五年(1855)香港英華書院活字本。劍橋大學聖凱瑟琳學院Ja.24.43。266

絃笛琵琶譜一卷。題南溪主人鑒定。清乾隆三十五年(1770)富文堂刻本。劍橋大學聖約翰學院。269

詳注周美成詞片玉集十卷。(宋)周邦彥撰;(宋)陳元龍注。宋刻本。李盛鐸、袁克文跋。朱祖謀校並跋。中國國家圖書館

08741。國家珍貴古籍名錄01250。174

新加九經字樣一卷。(唐)唐玄度撰。清初席氏釀華草堂影宋鈔本。中國國家圖書館07974。國家珍貴古籍名錄11536。3

新刊官板批評正百將傳十卷。(宋)張預輯;(明)趙光裕評。明萬曆十七年(1589)金陵書林周曰校仁壽堂刻本。存卷一至五。劍橋大學三一學院R.8.8。272

新刻官板周易本義四卷首一卷。(明)成矩編。明嘉靖萬曆間建陽書林張閩嶽新賢堂刻本。存卷首至卷一。劍橋大學伊曼紐爾學院MS.3.2.17。254

新刻何玄子先生增補素翁四民便覽幼學須知鰲頭雜字大全二卷。佚名輯。明後期刻本。劍橋大學伊曼紐爾學院MS.3.2.17。253

新刻書經體注六卷首圖一卷。(清)顧豹文鑒定;(清)范翔參訂。清乾隆六十年(1795)振賢堂刻本。存卷首圖至卷一。劍橋大學聖約翰學院。269

新刻演義全像三國志傳□卷。明後期黎光閣刻本。存卷十二至十五。劍橋大學三一學院R.10.1(D)。276

新刻玉堂彙補詳注引蒙起鳳對類□卷。(明)蕭雲舉輯。明萬曆刻本。存卷十一至十九。劍橋大學岡維爾與基斯學院699/766 C。256

新鍥全像大字通俗演義三國志傳二十卷。